国家出版基金项目

分卷主编　张丽

中华民国时期
外交文献汇编

1911—1949

第三卷

中

中华书局

（三）有关汉、浔等案的交涉

说明：上海五卅惨案发生后，全国各地民众纷纷起而抗议，面对中国人民的爱国行动，帝国主义列强依然是重施故伎，遂在汉口、九江、镇江、南京、广州等地酿成屠杀中国人的多起惨案。事发后，北京政府命令地方交涉署就各惨案进行交涉。本节反映的即是汉口、南京、九江、重庆等地事件的交涉情况，并选译若干英文资料，以呈现中外双方对于事件截然对立的认知与判断。

1. 各地冲突事件总览

英美法意日荷六国公使致外交部照会
1925 年 6 月 17 日

为照会事，中国纷扰状况流传不息，祸及外人身家财产，本公使以驻京各公使及本使名义应请中国政府严重注意，沪案发生时驻京各关系国公使早向中国政府提醒须负维持秩序之重大责任，自此以后，他处发生事端层见迭出，其性质极为严重。汉口地方击毙外人一名，之后即有大众执棍掷石攻击英国租界，出言恐吓谓将置外人于死地，保卫租界者欲以救火水龙喷散群众无效，不得已使用武器击退攻击之人。九江扰乱之时，群众攻击英日领馆及日本银行，该银行完全被焚，二领馆亦受损害。中国官吏于事实发生前一日已得报告，完全担负维持秩序之重责，唯以日本水兵不登岸为条件，外国官吏业已承认，不料事实发生之日中国官吏对于迭次之要求毫不注意，经三小时之久始得调遣军队就地维持秩序。镇江排外之扰动尤为严重，外人不得已只得将妇女小孩由船送往上海。至上海方面，东租界以外地方有一外人被手枪击毙，其随行之外国妇女一人亦被击伤。以上所列各端，据本公使等所知最为严重之事实,唯据各方面报告,排外意想及破坏倾向在中国日甚一日,此为本公使等所最疑虑者也。本公使等深愿将各项足以变更中国与各国政府固有睦谊之原因先行消灭,故特重请中国政府将现在严重情形及处置之必要办法特别注意。须至照会者。

中国第二历史档案馆藏广州国民政府档案

外交部致六国公使

1925 年 6 月 20 日

　　来照业已阅悉,所称各处发生严重情形,本国政府早经郑重注意,惟查来照所开各案与地方报告有不尽符合之处。如:

　　汉口事。当肇事之先,群众在大智门一带集会,交涉员与英领事面商防卫办法,曾声明无论何时不得开枪,英领事业经面允决不开枪,即至万不得已时亦不过向空中施放,不致伤人,乃仅逾数十分钟,英义勇队突然开枪,以致击毙华人八名,伤十一人,并伤中国弹压巡士二名。此项群众均系徒手,乃竟采用最激烈之手段,租界当局处置实属失当,应负全责。

　　九江案。系少数工人拟在太古码头登岸,租界巡捕骤加干涉,至发生龃龉,适有久经闭歇之台湾银行屋内突然起火,秩序因之微乱,军警入界弹压将火扑灭,始得无事。查悉英日领馆及一二商行因救火之际一时忙乱,什物略有损坏,此系偶然发生之事,并无他项目的。

　　镇江案。学生因沪案游行租界事前已得英领允诺,并饬巡捕缴回枪械,学生游行时并未穿入租界,讵租界内工部局工人在工部局旧址等处发生冲突,当有便衣西人向空放枪数次,市民受有伤害。

　　至上海方面英人被击一事,据地方报告出事地点系在工部局越界新筑之开司惠克路,该处系荒僻之乡,凶手究系何人及其持何目的,尚在侦缉查明。工部局越界筑路,既未得中国许可,亦未请中国设警,致有此不幸之结果,甚为可惜。

　　总之,除上海英人被击原因尚待查明外,其余各处事故之发生,无不由于沪案未得即时公允解决所致,绝无所谓排外或破坏之倾向,此本总长深愿贵公使暨有关系各国公使予以谅解者也。且自沪案发生后,曾奉明令严饬率循正轨,静候解决,并通电各省军民长官责成维持治安及保护外人生命财产。唯本国政府鉴于目下之情势,深冀驻京有关系各国公使对于上海之惨案迅依公理人道之原则,早日解决,则不平之民气自可归于静止,应请贵公使及有关系各国公使特别注意。至本总长迭次所提之抗议,仍当继续维持。相应照复贵公使查照。须至照会者。

中国第二历史档案馆藏广州国民政府档案

公使团致外交部

1925 年 6 月 23 日

为照会事:关系国外交团之代表,业经接到本月二十日外交总长之照会,深为荣幸。惟中国政府于该照会中,对于代表等前次提出照会中所叙述之事件,经代表等慎重审议结果,业经认为事实属真相者,竟故意为反对之陈述,此实不胜遗憾。而于促进此等事件圆满解决相反之中国方面态度,亦诚堪慨叹。至于上海事件之迟不解决之中国政府之无根据的强辩,亦不能承认。盖本月二十日致外交部之照会中所述,实可谓为关系国外交团宁愿励精勤勉以图解决,从而关于事件解决迟延之责任,亦一切不能代负也。须至照会者。

《中华民国史料》第 3 册,第 123 页

1925 年中国事务年报

1925 年

汉口

105. 汉口中国当局最初似乎倾向于制止约始于 6 月 6 日的示威活动,但最后屈服于民众的呼号,实际上允许示威者自由行动。

106. 6 月 11 日,两名中国苦力在太古洋行码头发生争吵并导致暴乱,其间一伙中国暴徒穿入堤岸,袭击多名外国人。看来形势危急,来

自英国船"奈特"号(Gnat)的特遣队上岸,而且没有动用枪炮就成功地把暴徒驱赶回去。

107.下午7点半,全面警报召集来义勇队,国际防卫计划付诸实施。计划包括在港的英、意、法、美军舰的特遣队登陆。

108.英王陛下代理总领事波特先生①五次尝试与外事交涉员联系,都没有结果。到晚上9点15分中国当局才意识到形势的严重性。与此同时,英国义勇队的某些队员因杆子戳、石块砸而受伤。不过,暴徒们在黄陂路附近袭击了一些日本人商店并打死一名日本人以后,他们才壮足了胆量攻击义勇队队员。中国消防队员用救火车向暴徒连续喷射约20分钟,未能阻止他们前进。形势最终表明英国皇家海军"蜜蜂"号(Bee)的埃利斯中尉(Ellis)必须下令开枪,当时他正在命令派海军士兵增援义勇队。因此,对空连续鸣放9枪示警,未见效果,接着使用两挺刘易斯式机枪直接射击暴徒约五、六秒钟,有4人当场毙命,10人受伤。

109.在汉口和在其他地方一样,中国军事当局和政府当局可悲的无能在很大程度上要对这些令人遗憾的事态发展负责任。

110.7月23日,外事交涉员代表汉口中国当局拟定以下诸项要求:

(译者注:略,请参阅本书中文资料的有关内容。)

111.由于中国人的态度,在此基础上关于解决办法的讨论陷入僵局,他们还提出了向6月11日晚的死伤者赔偿785,000元的十分荒谬的要求。

112.年底时的情况是,关于以上各项的谈判仍在进行中。

九江

113.6月8日,九江开始实施联合抵制,抗议上海事件。上海密使

---

① Porter,时任英国驻汉口代理总领事——译者注。

于前一周到达，兴风作浪，他们的第一个努力目标是省会南昌，那里发生了学生集会和游行。接着，派学生代表从南昌去往九江组织类似的游行，这是宣布联合抵制的一个必要预备步骤。

114. 英王陛下的代理领事戴维森先生①立即采取行动提醒九江当局，并确保他们予以合作。游行于 6 月 8 日如期举行，示威者破坏了沿途所有的外国广告，并大量散发通常的煽动性传单。

115. 6 月 13 日，外国租界又发生了严重得多的暴乱。12 日下午，收到了英王陛下驻汉口总领事的电报，告知汉口枪击中国暴徒事件，戴维森拜访了警长，警告他这些事态的发展，并请求他采取预防措施，防止九江发生性质如此严重的类似动乱。警长似乎认为，最近的游行中他成功地维持了秩序，因此，他有能力成功应付任何可能出现的局面。所以，如果没有外国武装部队上岸，他对维持秩序承担全部责任。当晚，许多年轻学生采取了破坏租界堤岸的行动。第二天（6 月 13 日）上午，人群开始聚集。租界巡捕无疑是察觉到有危险，拒绝上岗值勤。向巡捕和防务专员发出了援助的请求。这个时候人群变得越发大胆，开始打破租界东边房屋的窗户，其中包括英国领事馆的房子。随后不久人群破门而入亚细亚火油公司和台湾银行，并纵火焚烧。与此同时，人群强行闯入日本领事馆下半层楼大肆破坏。英王陛下领事没有在场，他已前去向当时在港的日本"蒿之船"号（Warabi）驱逐舰寻求海军援助。起码有多达百人的一大群人闯入英国领事馆并开始进行破坏。英王陛下领事的母亲和另一位女士那时正逗留在领事馆，她们把自己反锁在卧室里避难，最幸运的是暴徒怎么用劲也打不开房门。

116. 暴乱分子把大量办公家具堆放在领事馆一层，放火焚烧。领事馆的旗子连同旗绳都被扯下付之一炬。

117. 幸运的是，没有让暴乱分子控制太长时间，因为防卫部队士兵几乎立即携刘易斯式机枪到达，其中一人对空鸣放 3 枪，使得楼里的中

① Davidson，时任英国驻九江代理领事——译者注。

国人蜂拥溃退。接着迅速扑灭了点燃的三处火堆。不过,要不是救援人员这么快赶到,英王陛下领事馆就会遭到与台湾银行同样的命运——台湾银行的内部设施完全被毁。

118. 英王陛下代办因焚烧英国国旗提出了强烈抗议。可是,他得到了滑稽可笑的答复,说因试图保护旗子免受旁边的台湾银行大火殃及,可能意外地毁坏或烧毁了国旗。

镇江

119. 6 月 2 日,英王陛下(驻镇江)领事哲述森①注意到,排外宣传的小册子正在城里散发,他立即于当晚送信给外事交涉员,提醒他其中所蕴含的风险,并请求向地方当局发出必要的指示。

120. 第二天是国王寿诞,主要中国官员悉数出席,趁此机会强调了采取措施防止 6 月 5 日发生暴乱的必要性——学生们定于这一天举行游行,还可能会试图穿过租界。外事交涉员以及在场的其他官员口头上宣称他们会阻止游行队伍穿越租界。英王陛下领事告诫所有外国人可能存在的危险,并建议他们减少在华界的活动以避免有可能造成麻烦的任何行动。

121. 6 月 5 日上午,外事交涉员的秘书和地方行政长官双双造访英王陛下领事,解释说,为避免一切可能冒犯的理由,不会关闭租界大门,还会撤回穿制服的警察代之以便衣警察。

122. 约在下午 3 时,学生的游行队伍开始经过位于租界外的领事馆。到 3 点半,英王陛下领事最强烈的恐惧开始变成现实。看见了烟柱从租界升起,在那里暴徒们进入警长的房子并焚毁了家具。

123. 这时,人群捣毁了租界的一扇门,用铁棒武装自己进行抢劫。中国警察作了些非常敷衍塞责的尝试,想把暴徒挡回去。英王陛下领事力图夺回领事馆,在从暴徒中挤过去时被打了一两次,那时暴徒们已

---

①　E. G. Jamieson,时任英国驻镇江领事——译者注。

经完全失控。与此同时,外国人已武装起来,并得到了租界巡捕房的支援,他们对空鸣枪约 50 响,并用枪托袭击暴徒,这样从租界南门把暴徒们驱赶出去。

124. 英王陛下领事一直徒劳地试图与军事司令部电话联系,空隙间他尽力把妻子和家人安顿在安全的地方,并与租界的外国人保持着联系。最终,他成功地得到了 500 名中国士兵的增援,这些人被安排警卫租界的不同地点。

125. 由于暴乱的结果,警长房屋的内部设施完全被毁,隔壁盐务署官员的房屋也是一样。

126. 鉴于城里的骚乱依然严重以及很有可能发生新的暴乱,英王陛下领事决定将妇孺安顿到一艘轮船上,该船于 9 日带着她们驶往上海。

127. 我想特别提请注意的是,英王陛下领事在特别困难的情况下所表现出的机智和不寻常的克制。租界的外国人和巡捕房面对最严重的挑衅保持镇定,而且在形势变得绝望时只是对空鸣枪,可能只是这样才解救了危局。如果有任何中国人被打死,全城就会起来武装斗争,我要说的就会是一个不同的事件了。

128. 地方行政长官和警官们没有采取适当的防范措施,没有做充分的努力,令人失望,而军事当局应该为这么久才派出援兵大受责备。耽搁的原因在于,要每人先领到一个月的饷钱,将军才敢信任他在租界的军队。王将军还是个瘾君子,没人敢打扰他传递英王陛下领事的电话消息。

129. 这些事件发生后,租界的少数外国人自己组织了一支保卫部队,但是,考虑到非常辛苦,来自英国船"伍德拉克"号(Woodlark)的一小队海军上了岸。

130. 暴乱之后本地银行对租界的态度值得注意。这些银行有助于消除动乱后的不安定感。当上海的支票和汇票因罢工不能流通时,他们向工部局董事会提供资金,明显地把自己与反英煽动活动分离开来。

他们还对地方当局的软弱态度表示了遗憾和谴责。

南京

131. 南京的骚乱事件系上海事件之反应，集中于国际出口公司仓库附近。公司在当地的中文名称为"和记"。

132. 6月5日，和记洋行南京工厂的中国雇员举行罢工。罢工系由学生煽动，6月4日有几千名学生在工厂外面游行示威并恐吓工人。如果工厂停工，冷藏存货变质的危险相当大。存货主要是供出口的冷藏蛋品，价值约50万英镑。因此，美国船"福特"号（Ford）的一支武装卫队上了岸，以保证维持冷藏设施运转。

133. 中国当局没有能力而且不愿意对付学生，洋行雇员阻止处理正待移至工厂的一船蛋品，即是明证。

134. 经过和记买办和代表工人的工头谈判，双方达成了一项满意的协议。可是，这些安排没有使学生们满意，他们认为自己被放在了交易之外。因此，学生们暴力绑架了买办，买办后来被警察拘留。扣留买办激怒了希望复工的工人——买办是他们的同乡，约800名工人在城里示威反对学生。

135. 与此同时，有关中国当局继续进行着惯常的、不慌不忙的密商。7月17日，大多数苦力复工了。可是，好景不长。7月31日，在学联的煽动下，和记洋行的大多数苦力拒绝接受开给他们的工钱，必须派英国船"德班"号（Durban）的一支特遣部队上岸清理工厂。

136. 苦力们与中国警察在工厂外发生冲突，警察开枪打死了一名苦力并打伤其他一些人。要不是和记洋行的一名英籍职员蠢不可及地随后立即离开工厂，事件可能就到此为止了。他被从黄包车里拖出来，受到严厉的对待，最后被带往学生指挥部。不过，经英王陛下总领事紧急抗议，他被立即释放，但不得不将他送往医院。

137. 8月5日，和记华员同意接受开给的工资，事件结束。

138. 中文报纸在扬子江流域和北京散播的虚假宣传给英王陛下公

使馆造成很大的麻烦,这些宣传指控和记洋行职员和来自"德班"号的武装卫队向苦力开枪。

重庆

139.四川的连年内战极大地帮助了学生和煽动分子在重庆的反英、反日运动。

140.6月15日,一群苦力攻击了海关的两名外籍雇员,其中一人是河道副稽查、英国人贝蒂(Beatty),他被滑竿打得焦头烂额。重庆的英商大多住在江对岸一个叫龙门浩的地方,英王陛下军舰也在此停泊。这些事件发生后,英商们不再过江进城了。他们的买办和办公室职员受到了学生们的恐吓,无论如何是不可能做生意了。这时还有许多传教士住在山上的平房里,这里距重庆有约1小时的路程。

141.排外情绪现在非常激烈,而名义上负责维持秩序的地方军事长官的态度又非常不确定,所以,6月17日,英王陛下领事决定把他的办公室转移到当时停泊在龙门浩的英国船"野鸭"号(Widgeon)上。6月17日下午,阿尔澈先生①放弃了领事馆,由几十名传教士陪伴穿过行人稀少的街道,飘着英国皇家海军旗的汽艇把他送到"野鸭"号上。

142.离弃了领事馆,英王陛下领事与海军高级军官,并通过无线电与下游港口以及英王陛下公使馆都有了更密切的联系,与大多数英国侨民的联系也更加紧密,实际上只有极少数英侨还在重庆城里。

143.英王陛下领事馆有部分遭到了中国士兵的抢劫,此后,领事馆最终被置于当地警察当局的保护之下,保护是真是假姑且不论。

144.总的来看,到那时为止,比原来的预期更成功地避免了真正危险事件的发生。

145.7月1日,必须得派遣一队海军上岸保护某些英国商行的财产并最终驱散中国暴徒,暴徒们用石块打砸登陆部队。在这个过程中,

①　Mr. Archer,时任英国驻重庆领事——译者注。

一名中国苦力被刺刀扎伤腹部,另有 3 人受了轻伤。幸运的是没有被迫采取更为严厉的行动。由于这个事件,必须要疏散山上布道站里的所有英国臣民;约在 7 月 9 日成功完成了疏散,他们都登上"万通"号(Wantung)轮船被送往下游。

宁波

146. 宁波的反英示威早在 6 月 2 日就开始了。尽管有英侨要求,但英王陛下领事(翰垒德①)认定,这时就请求英国炮艇保护是不明智的,而且是挑衅。可是,由于杭州及其他地方的一些英国传教团体好管闲事的态度,遇到了很多麻烦,这些传教团体对他们份外的政治问题发表意见。6 月 22 日,海关华员、日籍帮办与一名人力车夫间的争执酿成暴乱,暴乱中海关下等食堂完全被毁,所有家具被付之一炬。海关帮办们藏身在一些大水缸中才得以逃生。

厦门

147. 相对而言,厦门没有出现危险的骚乱和狂纵的暴乱,这在很大程度上归因于英王陛下领事许立德②和海军上校林国赓爵士(Lin kuo-keng)之间友好密切的关系。林国赓爵士在日德兰半岛的英王陛下海军服役,并指挥厦门港的海军。此外,许立德先生过去经常款待学生,在他们中间有许多朋友,这也帮了大忙。

148. 6 月 25 日上午 9 时到下午 1 时半,厦门发生了排外示威活动,不过,尽管已决定不请求英国海军的援助,示威活动还是平安无事地过去了,这表明依靠林上校不是没有效果的。

149. 但是,形势依然极度困难,要求外国领事们及其侨民极为机敏。因而主要是由于英王陛下领事的信誉以及他所运用的和平说服的

---

① Handley–Deny,时任英国驻宁波领事——译者注。

② Hewlett,时任英国驻厦门领事——译者注。

方法,所有排外示威的主要发起人林仲馥被争取到温和派一边。正是因为这一点,在一次群众集会上,已定于7月1日举行的罢工被延期到8月1日,林亭浩在会上大胆发言反对罢工。最为不幸的是,当他从会上回来时,竟然遭到罢工者的报复。4名打手在街道上攻击他,并杀害了他。

150. 8月1日晚,英国船"毛地黄"号及时抵达,同时收到了北京的电训,这使得林上校和中国当局的态度变得强硬起来,这是极受欢迎的。由于这个缘故,学生们大肆宣扬的罢工被明确搁置起来,而且没有进一步的重要进展。

汕头

151. 在通商口岸与中国人交往的历史上,英王陛下领事歌尔克①在整个漫长夏季里所受到的侮辱罕有其匹。要说明汕头港恶毒的反英情绪的原因,必须记住,这里极易受到广州布尔什维克宣传的毒害。事实上,现在难以设想,没有皇家海军"风铃草"号(Bluebell)指挥官史密斯威克(Smithwick)代表英王陛下海军给予坚定的支持和帮助,歌尔克如何能够坚守阵地。

152. 7月1日,一群暴徒闯进华裔英国臣民拥有的3家旅馆和1家仓库以及日本人拥有的3家旅馆和2家商店,将其彻底捣毁。破坏事件发生在警察局完全能看到的地方,距警察长的办公室只有几百码的距离,但他们没有试图制止暴民。

153. 7月2日,英国侨民所有的家庭佣工都弃雇主而去,他们的职员和办公室人员也是一样。所以从这时起,英王陛下领事在家里或办公室都没有任何帮手,被迫去做最低级苦力的工作。中方甚至拒绝为英、日炮艇提供补给,直接违反了《天津条约》。舢板或人力车拒载英、日乘客,也不允许店主向英侨或日侨出售食物。简言之,城里的所有居

① Kirke,英国驻汕头领事——译者注。

民都受到工会的恐吓,而且,汕头唯一行使权力的中国当局只有工会。

154. 广东省这个地区的煽动活动还表现出激烈反基督教的性质。英王陛下领事从周边地区得到的报告证明了这一点。例如,7月1日,广州的军队在五经富攻击了英国长老会传教团,而且提前几个小时通知,强迫全体人员迅速离开。其中一名传教士遭到毒打,差不多被剥光了衣服,用刀子威胁他,还试图用手挖他的眼睛,两名女传教士也遭到毒打,但勉强躲过了更痛苦的折磨。

155. 来自潮州府的英国传教士已撤往汕头,同时,英王陛下领事还建议上杭和汀州(福建)的传教士离开。

156. 8月里,汕头太古俱乐部遭到了抢劫,共济会会堂以及英王陛下副领事的居所也遭到洗劫。

157. 到年底时,从厦门来了家庭佣工,英王陛下领事个人生活的困境稍有缓解。但是,不允许这些人走出院子,否则马上会遭到绑架,而且,所有的食物不得不从香港供应。

BDFA,Part II,Series E Asia,Vol. 19,pp. 323-328

2. 关于汉案的交涉

(1)汉口惨案发生及在北京的交涉

公民通讯社新闻稿
1925年6月12日

公民社云:继上海之英人杀华人消息到京后,朝野又为之扼腕。闻政府方面已将此案提出于昨日阁议。根据萧耀南、胡钧两电,讨论结果,除一面电令萧、胡切实调查外,一面拟照沪案办法,特派大员前往办理一切。至鄂萧之电,内中详情尚未探悉。惟知该电有业派兵一旅环驻租界,以资保护。等语。据此汉口形势之严重可想见矣。又据汉口电,英商团惨杀华人后,已宣布戒严。陆战队完全登岸,并搜索华人住宅。租界与华界交通断绝，武汉人心大愤，商店多闭市。萧耀南调大兵防卫租界，并会同租界当局禁止各报登载激烈文字，各界联合会已通电各省一致声援。至死亡确数及姓名尚未调查明晰。又闻：昨日政府亦接到武汉公团之急电，报告惨案经过。原电如左：北京段执政钧鉴：沪案惨杀，(极)〔激〕全国震怒。湖北工、学、商各界，昨日为援助太古罢工同胞游行，被英兵开枪击毙八人，伤者无数。群情愤激，誓以全力与之抵抗。万恳迅饬外交部与英、日两使，严重交涉，提出抗议。武汉各团体联合会叩。文。

中国第二历史档案馆藏临时执政府京畿卫戍总司令部档案

萧耀南①通电

1925 年 6 月 13 日

各部院、各省军民长官、各法团、各报馆钧鉴：窃沪案发生，风潮震撼，武昌学界得讯，拟与沪上取一致之行动，作演讲、罢课、游行，大抵与各省普通情形相似。耀南迭电教育、警察各厅竭力化解维持，幸尚未越范围。至汉口五方杂处，又与沪上消息相通，深恐受其传播，卷入漩涡，曾迭电该管警察厅及军事各机关严密防范，亦复恪守秩序。惟正值沪潮澎湃之际，忽有英国太古公司过磅人殴伤码头夫余金宿之事，以致激起众怒，抛掷石片，已调解无事。忽又有英捕房副保正，由太古行经江岸，因误会争嚷，辗转入于租界，军警探知飞奔弹压，而武装例不得拦入。英商团与华民冲突，忽开机关枪，向众射击，竟毙华人七名，有年岁、籍贯、姓名可查，并经地检厅相验拍照。华民人众虽多，然皆徒手，机关枪乃抵御大敌唯一利器，竟不顾人道，施此激烈险毒手段。耀南恐群情忿极，复酿意外巨变，仍漏夜分防，安慰消弭。奈(剧)〔创〕巨痛深，民意愈为激昂，惟有一面设法镇抚，一面力与交涉，已饬提出严重抗议。耀南承乏桑梓，同深义愤，誓必力申公理，以报国人。除已报告中

---

① 督办湖北军务善后事宜兼省长。

央外,合再通电奉达,即希公鉴。萧耀南。元。

中国第二历史档案馆藏临时执政府内务部档案

朱彭寿①报告汉口惨案密电

1925 年 6 月 13 日

北京执政府军务厅张将军钧鉴:彭密。真日晚,工人与外人因事冲突,租界捣毁甚多,工人、巡捕双方角斗,租界陆战队开射机关枪,华人伤亡数人。文日租界与内地断绝交通,租界巡捕撤退,由杜镇使、刘师长派队担任保护,维持现状。元日平静。再,卢司令不肯兼理第八师师长,因恐激起他变,有人主张改编两混成旅或急速简放刘建章为师长,免生意外。彭寿叩。元。

中国第二历史档案馆藏临时执政府档案

外交总长会晤白拉瑞

1925 年 6 月 13 日

总长云:上海之事尚未了结,汉口又发生英国义勇队击毙华人多名事件,本总长闻之深为骇异。顷已照会贵代使严重抗议,并声明俟查明情形后再提相当之要求,一面并请电饬驻华各处贵国领事暨租界官民,不得再有此类事件。

白代使云:贵部尚未接到详细报告,即先照会本署,本代使至以为憾。查本日晨报暨某通信社稿,对于汉口事件,任意捏造,偏枉事实,以便激动排英恶感。据本国驻汉口英总领事来电报告,当日经过情形如下,十一日下午七时,有中国暴徒二百余人闯入租界,用石块、木棍攻击巡捕及外国侨民,于是英国海军赶紧上岸,暴徒逃散,求地方官派遣得力中国军队弹压保护,万勿自走极端,致酿巨变。

白代使云:此次汉口本国领事实系先请贵国地方官派兵保护,无如

---

① 曾任湖北宜昌监督。

贵国军队开到,为时已晚。汉口之事,至属不幸,吾人早已顾虑及此,盖人民被谣言鼓动,最易发生意外,贵国此时排英风潮甚炽,若不及早制止,或致伤害中英两国友谊,为此本代使兹特提出照会,抗议贵国此时排英之言论,并请设法立予制止,一面本代使并拟公布此件照会。

总长云:是否有公布之需要。

白代使云:余以有此需要,盖贵国政府迄未设法遏止排英举动,亦未对于国民解释误会。

总长云:执政已发极严厉训令,通饬各省地方官保护外国侨民,上海事件尚未了结,汉口之事又起,余实为之痛心,彼此总须注意两国邦交,贵国官民不应迭次自趋极端,其最要紧者,须迅速结束上海事件,以免再生意外。

白代使云:汉口之事本国官民不能负责,彼为自卫计,亦只有开枪之一途,至于杀毙人命,吾人俱深悼惜。惟防范人民暴动,贵国官府应负全责。

总长云:无论如何,贵国官民不能随意开枪袭击,肇此惨祸,应负责任。

白代使云:英人辛博森所办东方时报馆内,有中国雇佣多人现在外间威逼该工人等通同罢工,否则将有性命之忧,辛君请求警厅保护而不可得,此亦排英之一证也。

白代使云:上海最近有无消息。

总长云:本国委员刻正与各方磋商办法。

白代使云:本代使对于沪事颇抱乐观。

总长云:余之看法亦同,只盼别处不再有开枪袭击之事。

《中日关系史料——排日问题》,第 479—480 页

外交部致英国公使

1925 年 6 月 13 日

为照会事。据汉口报告,六月十一日晚间,英国义勇队开放机关枪

击毙华人八名,伤十一名,并伤中国弹压巡士二名各等情。本总长闻之深为骇异,查上海租界捕房开枪伤毙华人一案,经本国政府提出严重抗议照会驻京义国公使转达贵代理公使在案。乃该案尚未解决之时,汉口又复发生惨祸,如此蔑视人道,情形实属重大,相应照会贵代理公使提出最正式之抗议,并声明保留俟查明详细情形后再提相当之要求,一面并请电饬驻华各处贵国领事及租界官民不得再有此类情事,是所至要。须至照会者。

中国第二历史档案馆藏广州国民政府档案

英国公使致外交部

1925 年 6 月 14 日

为照复事:接准贵总长昨日(十三日)来照,述及汉口近日发生不幸事件。敝公使得闻之下,深为关心,与贵总长表示同情。但据贵照会以观,深悉贵总长并未探悉此案之真情,兹特说明于下。上星期四(即六月十一日)晚七时,中国工人暴徒一股约两百名,闯入汉口英租界内,直至江堤,遂以身边携带之石子,抛击警察及当时行至该地之工部局人员。此种事实,为英国柏义号轮船所目睹,水兵遂即登岸,暴徒等因之散去,但并未开枪射击。唯当时时局似趋紧张,遂饬义勇队出发。是时该暴徒等竟用木杖与石子攻打义勇队与海军驻防兵,予以微小之损失,而义勇队尽力约束,虽暴徒等攻至义勇队刺刀时,义勇队亦未放枪。是晚九时,英国总领事向中国交涉员交涉,请其予以保护。该交涉员耽搁甚久,方始设法调遣军队。惟是时该暴徒等又曾攻击并抢劫日本某商店,且将店内之寄居人,加以殴打,结果有一人因伤殒命。该暴徒等大为激动,且呼"扑杀外人"。后又攻击用铁网保卫之英兵驻扎所,英兵遂将华人射放之救火喷水机从事动用。经二十分之久,暴徒等始行退却。但暴徒等旋又迫至铁网之前,竟携带长杆攀缘而过,且以砖块抛击守卫者,结果受重伤者数人,旋即开始放枪,击毙三四名,伤三四名,暴徒等遂即退去,受伤者则送至英国医院。因此所有各国海军均行援助,保护英法俄租界地。由此可知贵总长于上述事实中,所谓人道法律竟为汉口英人所蔑视一节,完全为不确矣。盖彼英人等与其他外人,不能不保卫一己之生命,以抵制杀人之暴徒。该暴徒等从事包围租界,且已杀死一人,最后不得已时,遂行开枪射击。是以敝公使不能承认此事之责任,系由英国当道负担。盖彼等因未能谋得华人官吏迅速与以相当之保障,不得不设法自卫。故敝公使势必向贵总长说明,敝使业经迭次警告中国政府允许现时之仇英举动,而不加以制止,所负责任之重大。汉口所发生不幸之事项,足以证明敝公使警告之正当。敝公使方面业已饬令中国全境之英国领事官,必须尽力设法,以期防止再有同样之事项发生。是以敝公使以诚意恳乞贵总长竭力设法取缔此种致使发生有害结果之行动。敝公使昨晚与贵总长晤谈时,当将登载汉口不翔实之事项传单报纸等相示。据该传单及报纸所载,指为英人开枪射击无辜之游行学生团。敝公使本早又于北京街上见其所张贴传单,内中所载亦完全不确之消息。敝公使以为此种谣言之传播,殊属极端危险。因人民之性情本属无定,一波未平,他波即可因之又起,致生不幸之结果。敝公使深信贵总长可早日谋一机宜,发表宣言,而使华人明了此案之真情,以期铲除谣传所发生之偏见与误会,实为至盼。特此敬复。须至照会者。英代使白拉瑞。

《中华民国史料》第 3 册,第 118—120 页

(2)在汉口的交涉

湖北交涉署致英总领事
1925 年 6 月 13 日

为照会事。本埠华人因太古工人事与外侨冲突,市面不靖。十一日晚由本特派员与贵总领事在敝署面商防卫办法,曾声明:

贵国军队无论如何不可开枪,致蹈上海覆辙,曾荷贵总领事面允决不开枪,至万不得已时亦不过对天施放,不致伤人,当时本特派员深佩

贵总领事维持大局,主持和平之厚意,乃仅逾数十分钟,贵国军队突然开枪,且开放者系机关枪,以致击毙华人多名,重伤者甚众,彼乌合群众,多系徒手,即令有携木棍掷瓦石者,亦何至非用机关枪不能抵御。此种举动贵总领事及发令放枪者应负全责,本特派员合先提出抗议,除俟查明实在情形呈报中央政府并^省署继续办理外,相应先行照会,将抗议理由保留,即希查照。至各地方已由本国军警周密设防,贵国水兵应即令其回船,其义勇队亦应请即行转谕,嗣后不得再有开枪情事,合并郑重声明,统望见复为荷。须至照会者。

中国第二历史档案馆藏广州国民政府档案

英总领事致湖北交涉署

1925 年 6 月 15 日

　　为照会事,准昨日照会,对于十一日夜间开枪一事提出抗议,请令本国水兵回船并谕义勇队嗣后不得再有开枪情事等因。查文内贵交涉员所言殊多误会,则本总领事亟应将实在情形详细说明。是日晚有暴民群众无故闯入本国租界,损坏产业甚多,捣毁日本商店八家,拆毁本界围墙,殴毙日人一名,打伤英日人民多名。即如贵交涉员所言必于万不得已之时始可开枪,此时情形即已实无他法可以抵御,始行开枪也。该处防御者仅有快枪九枝、机关枪二架,始系用快枪朝天开放,继见暴民群众不稍退避,并冲上前来,遂开动机枪,该项机枪固属猛烈,果以扫射伤亡必多,若以攻我者为数百之众,其能幸免者恐不过数名耳,唯此次乃偏向而直射,故受伤总数仅十四人,除在街心一人外,余均伤于路旁,可为考证,亦足见本国军队于急谋自卫之中,犹能尊重人道。按保护安宁,责在中国官厅,唯此次则扰乱事实已成,中国官始出维持。查是日下午七点钟时,突有多数暴民由海关地方攻入本国租界,险象已成,逾两小时之久,又有群众暴民在大智门地方攻击本界,当由本总领事亲赴贵署告警。贵交涉员欲往华界会警察厅长商议办法,谓俟第二日再与领袖美总领事相商云云,本总领事以事已危急,再三邀请同往一查,遂即偕往扰乱地方,目睹本界义勇队员一人腿部受伤。贵交涉员始承认危险。比时本总领事愿将自己汽车请贵交涉员乘之警厅,乃坚欲坐人力车前往,因之多延时刻,相持又逾半点钟,其间曾以电话两致镇守使署派兵维持无效,是时万不得已始行开枪,以资保护租界内之生命财产。嗣见一次开枪已足抵御无再开之必要,即未续行施放。故今甚盼贵国官厅维持得法,以免租界内再有自卫之必要。至于水兵回船一节,昨闻贵交涉员面告外面犹多仇恨本国之人,嘱劝避入租界之英商、教士暂勿回转,故实不敢令其撤回。果能过此危险时期,本国官民极愿其从速撤退也。

夫以贵国地方官未能预先制止煽惑运动,而致此种暴动。前数日发生于镇江,昨又发生于九江,英日两领事馆均被抢劫,并有外商之房屋被焚。按九江事件早经请地方官防范,乃彼答以如东洋水兵不上岸,彼愿负完全保护责任云云。证诸此事,地方官切实允任之保护尚难凭信,对于此种全国风行之排外运动,能不亟谋自卫而专赖于华官耶? 再者,租界内警号一鸣之后,关系所有旅汉各国之治安,非为一国单独之治安,即以各国军舰中官级最高之舰长为总指挥。十一日下午七点半钟鸣警号之时,(沿)〔恰〕逢英国军舰之舰长官级为最高,即为此次之总指挥,小理此次治安之事,而非为一国之事,其责任则由所有旅汉各国担负。各国兵士一受此项保护租界之命以后,领事官仅能对其商议和解,即无令其进退之权,非俟地方官弹压无事,秩序恢复之后,本署总领事与本国舰长于个人方面或英国官方面,均不负责,准照前因,相应照复贵交涉员,请烦查照。须至照会者。

中国第二历史档案馆藏广州国民政府档案

湖北交涉署致英总领事

1925 年 6 月 18 日

为照复事。准昨日照会,贵总领事说明十一日夜间开枪情形,颇有误会,尤多掩饰,本特派员当亟为驳复。来照云,是晚有暴民一千之众无故闯入本国租界,损坏产业甚多,捣毁日本商店八家,拆毁本界围墙,殴毙日人一名,打伤英日人民多名等语。查租界内地向归领事及巡捕维持治安,何以令多数人民闯入日本商店?人民既住贵租界内当受保护,何以视若化外,划出防线?假令贵租界内能按界把守,则我国军警自能将多数民众解散,假使贵兵勇设防,包括日店在内何至重受损伤?此贵总领事事先布置未当者一也。

该处防御既有快枪,何以必用最猛烈之机关枪?先用快枪朝天开放一语,可惜当时并未实行,中外人士证据多端,岂能掩饰?至如来照所言,果以扫射伤亡必多,数百之众幸免不过数名,此次乃偏向而直射,故受伤总数仅十四人,足见本国军队于急谋自卫之中,犹能尊重人道等语,细绎语意,贵总领事岂以为此次伤毙华民不多,此间市民及官厅尚须顶礼叩谢贵国能枪下留情耶!如果先放空枪或仰天施放,民众必然惊散,此次趁多人不防,即用机关枪射击,以致伤毙多命,违背人道,宁可讳言。此贵总领事及司令官临时应付失宜者二也。

保护安宁,责在中国官厅固也,但不可以例租界。假使中国官厅早知贵总领事无维持治安能力,不必拘守约章,不俟商准贵总领事遽然入界驱遣民众,则此事早了。未知贵总领事承认此种办法合于租界章程否也?当贵总领事来署面商防卫时,本特派员即告以我国军警已在界外栏边严密布防,惜不能入界。贵总领事力言并无其事,始偕往该地查阅,但因贵军队设防过于缩入,不能明了界外军警真相,始告贵总领事须亲往军警长官处询查(彼时另雇汽车往杜镇守使宅,并非坐人力车多延时刻,有刘科长为证)。比见杜镇守使、周警察厅长始知军警早已布置就绪,足证本特派员所言之不谬,但因军警只能布于界外,民众已拥入界中,贵军布防又深入界内,即拟与周厅长驰赴贵领署商允中国军警入界保护事,而枪声作矣。事变已成,不能不再图补救,本特派员即与周警厅长同赴贵领事署接洽,由中国军警入租界沿边防卫。乃自十二日早二时起,中国军警防卫至今,地方安谧如常。假使肇事之先有自由入界防护之权,决不致肇此巨祸,此尤可为惋惜者也。本特派员第一次照会郑重声明发令开枪负责之人,今来照既承认为英国军舰舰长为此次总指挥,责任既明,以后交涉不难迎刃而解也。至于来照所有枝节问题无关宏旨,可省辩驳,相应照复,即希查照。须至照会者。

中国第二历史档案馆藏广州国民政府档案

英总领事致湖北交涉署

1925 年 6 月 24 日

为照会事。准十八日照复,内有查租界内地向归领事及巡捕维持治安一语,诚如贵交涉员所言,无如是日之暴动情形,实已超过巡捕维持之能力矣。又谓本总领事事先布置未当,本总领事查贵国划给租界,原为本国商人便于安居乐业之所,即按条约所订中国官厅亦应保其安居乐业也,偶然发生变乱,如中国官厅不能即时派兵弹压,或不能将作乱之徒设法解散或不能阻其闯入租界,则本租界不能不唯力之所能以谋自卫。但欲阻多数暴民之攻入,除非筑有围城掩护,始克有济。贵国若以此法为然,即请划给城墙基地,准建围城,则足以阻群众暴民之攻入,而待贵国之照约派兵保护。按照当时情势,唯有随机应变一法。查是晚一见巡捕之能力不足维持,随召集义勇队请兵船派兵登陆,然而有地方可以堵防,延至三小时之久,有地方则不能久持,即如大智门一带暴众涌集,形势严重,防御者又抱定不开枪宗旨,则不能不急速退守,但仍不免受有砖石掷击、木棍之打伤,遂自直路退进。亦以有数处早经置有辖管木鹿角网之防御物,且系窄狭路口易于防御,即在本国军勇不肯开枪后退之时,该群众暴徒趁此得以殴打日人,捣毁日本商店,并于此时将本界围墙拆毁。是时贵国军队果排立于租界外,何以容此多数暴民冲进,且若此举众行凶杀人毁物攻入租界,而贵国军队乃袖手旁观,犹待租界之请,天下宁有是理哉。若谓本总领事事先未请设法妥为保护,则更属不合。查是日两句钟本总领事由电话告警于贵交涉员,当答以太古方面已有中国军警设备严妥,绝无疏虞。至七点半钟租界警号大鸣,分明警告形势紧急,巡捕之力已不足维持,嗣自八点至九点致电话五次,但未能通。最后本总领事亲赴贵署面商约半句钟之久,嗣经再三邀请,始允偕出查看,比时贵交涉员尚谓俟至明天再行商定办法云云。贵交涉员岂能犹以肇事之先,假使入租界防卫,决不至肇此巨祸为言耶?贵交涉员如拟诿卸住租界内之日本人身命财产责任,本署总领事决不能任听尊便。再,前以维持各租界及特别区等地之治安,其责任统由旅汉各国担负,业经郑重声明,贵交涉员如再有何议论,请径向领事团领袖领事接洽可也。至于来照尾开所有枝节问题无关宏旨等语,本总领事不但认为有关,且认为关系甚大。所谓担任保护全责,假使专靠华官而不加自卫,若以汉口事业区域之大,其受损失扰害恐比九江、镇江甚易加巨矣。准照前因,合再照会,即烦查照为荷。须至照会者。

中国第二历史档案馆藏广州国民政府档案

湖北交涉署致英总领事

1925 年 6 月 26 日

为照复事。二十四日接到廿一日照复内开:贵交涉员如再有何议论,请径向领事团领袖领事接洽等因。本交涉员再四考查,此次情形,实有不容贵总领事诿卸者:一、此事起因于英商太古货栈与印捕虐人等事;二、肇事在贵租界地点;三、司令放枪者为贵国军官;四、十一日来与本交涉员筹商保卫贵租界情形者,为贵总领事而非他人,实无法舍贵总领事而与其他无关之人抗议,缘是再对贵总领事来照辩驳如下:查来照谓偶然发生变乱,如中国官厅不能即时派兵弹压,或不能将作乱之徒设法解散,或不能阻其闯入租界,则本租界不能不唯力之所能以谋自卫等语,可知贵总领事当时应于召集义勇队兵船派兵登陆之先,切实请中国派兵保护,最少限度亦宜有若何派兵之切实答复,然后动作,乃是晚一见巡捕能力不足维持,随召集义勇队请兵船派兵登陆,而贵总领事到敝署请中国派兵保护,乃在召集义勇队水兵登陆数小时之后,而责本交涉员之迟缓,及中国军队之迟到耶。况贵总领事来敝署所询者中国军队是否出发,尚未言及中国军队入界保护治安之事,故彼时中国政府所负之责任只在界外而不在界内。

来照又谓是时贵国军队果排立于租界外，何以容此多数暴民冲进，且若此举众行凶杀人毁物攻入租界，贵国军队乃袖手旁观，犹待租界之请，天下宁有是理等语。查是时民众来路不一，决非由此一方面冲入者，最大原因系由贵总领事一面召集义勇队水兵堵截人民入租界之路，一面下令关闭入中国街之三铁闸门，人民无路可走，辗转由太平路而入湖北路一带。次则江岸各码头工人晚间多由江岸而往后方者，至于大智门至新昌里，本有通路三处之多，在未肇事之先，岂能禁止人民来往？

贵租界内发生有聚众滋事之事，敝国军队格于租界成例不能径行制止，而必待贵租界当局之允许，此至为可惋惜之事。而贵国军队负保护租界之责任者，乃留此瓯脱，纵容闲人，缩入中街，袖手旁观，天下真无此理矣。是日两点钟贵总领事与敝署通电话时，本交涉员答以太古方面已有中国军警设备严妥，绝无疏虞，此非虚言，所以中国军警管辖地面并无事变发生。至七点余，租界警号大鸣，警告形势紧急，乃贵国自召集义勇队及水兵，此警号非召集中国军警也，就来照所言八点至九点致电话五次不通，何以不于一次二次电话不通时贵总领事或派人或亲身来，岂不更早一二点钟，何必更待至九点半钟始与本交涉员相商，延迟时间之咎，岂本交涉员所应负。本交涉员与贵总领事借出查考之事，只在中国军队已经开到界外与否，本交涉员确知中国军队已开至界外，并已告知贵总领事，本交涉员不负其他责任。试问贵总领事能承认肇事之先，中国军队能自由入贵国租界执行保卫权乎？如其能也，何以事后本交涉员尚须偕周厅长驰赴贵领署相商，贵总领事尚须电召义勇队长相商，我等数人尚须一同驰赴两方军队所在地相商，如此麻烦乎？至于日本商民生命财产之责任，在法律上明明有负责者，此固无待辩论也。总之，贵总领事一方面责备中国军队不能早行保护租界，一方面又言不能专靠华官而不加以自卫，此种辩论有无矛盾？望明察之。

来照又有谓，欲阻多数暴民攻入，除非筑有围墙掩护等语，此真迷信强权之言。中西历史上筑高城以自固者多矣，设竟强权自恃，违反人道公理,同情一失,物质焉足恃者。此虽贵总领事近似滑稽之言,而本交涉员窃以为在人和不在地利也。准照前因,合再照会,请烦查照为荷。须至照会者。

日总领事致湖北交涉署

1925 年 6 月 13 日

　　径启者,本月十一日下午八时许,集聚当地英租界北向栅栏外之多数暴徒闯入该租界,在湖北路之日商大江洋行、荣信洋行、日比野洋行、安记洋行、大丰洋行、真崎洋行、堀井誊写堂、东孚洋行等店内,商品器具均被毁坏,其时并向行路之日人数名加以殴击,内有水谷邦次因受致命重伤,于是夜十二时半在天主堂医院死亡。余如中坂末男、楠本甚三、吉本武助、柴田保市及本署署员吉竹贞治等,亦各致负轻重等伤。关于贵国人有排斥日人行动,自从前年以来,曾迭请贵国官宪严行取缔,而今有此不祥事件发生,本总领事深为遗憾,亦为贵国官宪责任极重之事,特先函达,即希查照为荷。此致
外交部特派湖北交涉员胡

湖北交涉署致日总领事

1925 年 6 月 14 日

　　径复者。顷准贵总领事来函译意略称:本月十一日下午八时许,寓在英租界湖北路日商大江洋行、荣信洋行等八商店被人毁坏货物器具,并加以殴击,以致日人水谷邦次因受重伤于是夜十二时半在天主堂医院死亡,及中坂末男等五日人各负伤轻重不等,深为遗憾,为中国官厅责任极重之事,特先函达,等因,准此本特派员细按前夜滋事情形,实为无识群众受沪事影响致日人商店不幸被毁,日侨竟有伤亡,本特派员实深悼惜,惟考其肇祸地点在英租界以内,实为中国军警维持力量之所不

能及，其责任究将谁属，将来自有定论。

贵总领事夙称明达，当能烛照无遗，至此次肇事经过各情形，业已陆续分别电呈外交部暨本^督署鉴核，准函前因，相应函复贵总领事，即希查照为荷。顺颂公绥。

中国第二历史档案馆藏广州国民政府档案

日总领事致湖北交涉署

1925 年 6 月 17 日

径启者。本月十一日晚间，贵国人之暴徒越过英租界北方境界，闯入该租界湖北路附近一带，日人生命财产以致被害一事，曾于十三日经本署第一二七号公函先行布达在案。接准十四日贵署复函内开，此事发生在英国租界内，为中国军警维持力量所不能及，其责任究将谁属，将来自有定论，等因，阅悉。查该暴徒等为破坏北面境界以闯入英国租界者，贵国军警若按照前年以来本总领事向贵国官宪叠所请求者，以为严厉取缔华人之排日运动，此事本可预防，是以贵国政府不能免除责任。除俟奉到本国政府训令再行布达外，合先检同被害状况之照片二十八张，及被害者之验断书，除轻伤者未列入外，照抄七份一并函送贵交涉员，即希查收为荷。　　此致
外交部特派湖北交涉员胡

中国第二历史档案馆藏广州国民政府档案

湖北交涉署致日总领事

1925 年 6 月 19 日

径复者。查十一日夜不幸之事，贵国店铺人民受有损伤，本特派员奉督办命令往贵领署慰问。前接贵署第一二七号公函，当即照复在案。兹又接第一二八号来函谓，有暴徒破坏北面境界以闯入英国租界为敝政府责任。查当夜大智门英租界聚人之多，原因不一，有因花楼铁栅关

闭沿路而来者,有在太古怡和日清各码头向后街行走在此经过者,有因英租界警号惊动驻足围观者,由北面入界者不过居其少数耳。且英巡及军队既为保护租界而设,何以听其在界聚众,并听其由北面破界而入。尤不可解者,贵国商店住民既已托庇英租界,何以视若化外,划出防线而置贵国生命财产于不顾?故贵国人生命财产之损失,其责任将来自有公判。计数日来贵领署叠有电话、公函、单册,对于华界日商与敝署接洽,或有径与警察机关接洽,要求我国官厅保护者,此则我官厅应负之责任。假使保护英租界日商为我国官厅之责任,何以贵领署事前不要求我国官厅保护?即此时贵领署亦只要求保护华界日商,并未要求保护租界内之日商,可见我国官厅不能负租界内保护之责任。对于贵国商民损害,感矜恤之同情,我官厅、我国民皆有之,至于责任,不独以前在租界者不能负责,租界存在一日,即一日不负责,此可预为声明者也。至来函所谓排日运动,曾经贵总领事请求我官宪严厉取缔,此事本可预防等语,查排日运动,自屡经防禁之后,渐见消解,于此案未可牵合。此案以受沪事影响而致,如无沪案,则此次风潮对贵国绝无何等关系,大抵两国人民感情必互相调和,始能互相谅解,感情谐洽,其责任不仅在一方面,希贵总领事了解此意也。所有附赍照片二十八张、抄件七份当暂存本署,俟将来或有需用时查阅。相应函复,即希查照。此颂公绥

中国第二历史档案馆藏广州国民政府档案

湖北交涉署致美领袖总领事

1925 年 6 月 20 日

为照会事。本月十七日奉督办湖北军务善后事宜湖北省长萧会令,案准贵领袖总领事六月十二日照会内开,昨日下午七句钟,有中国苦力聚众暴动,冲入英国租界向巡捕及居民抛掷石块,英国海军随即登陆,不待施诸武力,暴徒旋亦暂时退散。嗣见形势愈见紧急,始行召集商团在租界各处放哨,以资抵御。随见暴徒各执长竿、石块,将英国租界大智门一带铁

栏拆毁，趋至湖北路，抢掠日人开设之店八家，殴击日人，当时打死日人一名，重伤者数人。随又以竹竿、石块攻打，英国步哨略受微伤，幸不久即退。晚十时又有暴徒数百名吆喝前进至北京路英国海军驻扎处，该处横路设有电网，是时只求无流血之惨，故开动救火水管向彼等喷射，约二十分钟之久，始将彼等阻住不能前进。当时并发给紧急命令，非至最后无可补救之时不得开枪。讵知暴徒冲近电网，向救火队抛掷石块，如雨点而下。当时救火员多受重伤，前排暴徒正拟翻越电网，故不得已始令开枪。然而只放排枪一次即生效力，暴徒随向后跑，遗下受伤者十四人。当时检查，死者四人，受伤者十人，其中十人抬送天主堂医院，四人送至万国医院分别诊治，后有三人死于医院。当暴徒初动之时，英国总领事即认为形势严重，于九时三十分亲至交涉署请中国军队帮助，交涉员即同英国总领事至放哨地点，亲见当时情形，旋往华界警厅。十一时半与警察厅长同莅英国领事署，谓拟在太古码头、太平路、湖北路一带以及前俄租界边界，设置武装警察及岗警防卫，英国总领事当即认可，旋亦照办。是晚亦无他变。迨至本日早，又有群众纠集于江汉关门前，向防哨抛掷石块，随请中国军队赶散。按运动排外，激动大众心理抵制外人一事，各国领事已于前数日函达贵督办请为预防，是故勿待本领事团多为赘叙。官厅任听学生等领发传单、揭帖，聚众演说、开会，难免不无此种结果。昨晚之事，贵督办及中国当局如果迅速预防，不以无力量之和解办法敷衍，决无此事发生。现时贵督办谅知此处情形严重，外人生命财产必有以正当办法为之保护，此本领事团堪以依靠者也。按本领事团所望办法，务请禁止罢工、抵制外货、散发排外传单，拘拿煽惑及造乱之徒，调查排外阴谋，其为首之人无论为何等之人，务须一并拿办，等因，准此。查此案，华人受伤者多人，毙命者当时已有八人，续死三人，情形之惨，至不忍闻。本拟径向提出抗议，因外交部特派有该员专司交涉，又驻在汉口，当日情形又系所目击，即此次美领来照亦谓交涉员与英领同至放哨地点，则所言自属确当，故迳令就近据理交涉。该员已将抗议稿录送，今欲辨明本案之是非曲直，必将事实之前后顺序首为认定。

　　查自沪案风潮传播，武汉各界人心异常愤激，正值官厅苦心竭力慎重防维之际，又不幸而有此案发生。调查起衅之由，因太古洋行管磅人扭打脚夫余金山，余不服，陈厚成举筹签木架向余金山抛击，将余头部打伤，血流如注，于是旁观脚夫均抱不平，同声喊诉，该洋行管磅人见苦力等不服，又呼同类多人用木棍乱打，并将余金山扭至行内交印捕看管，锁以手铐，因之全码头等约聚多人，幸经官厅调停维持，化解无事，而人民之感想已不言可知矣，此为肇事之主因。此事甫经停罢，旋又有英捕房二保正持自由棍，偕工程司及保险公司外人亲赴太古洋行，适有年约十余岁之小儿多人，见该保正入太古洋行，因触前事，向之呼喊。该保正又由行往英租界，小儿仍尾随其后，讵该保正不先开导而即将电水管放开，向人民猛烈冲击，遂各奔溃，即美领来照所谓不待施诸武力，旋亦暂时退散者也。然一时虽被冲散，而受此迎头打击心自不甘，此又为肇事之诱因。逾时彼方又有男女二人乘汽车，由一码头向人丛驰骤，群众追视，英保正忽鸣警笛，即救命汽管，须臾英兵大队至，即持枪作欲射击势，并将华界前后花楼门同时锁闭，华人一概不准出入，来照所谓拆毁铁栏，殆即由此，则又为肇事之近因。天下事有因必有果，因有最初该洋行打伤、锁禁余金山之事，即入人人民脑筋，遂生以下二事之结果，有下列二因遂致激出旁事，惹起他祸，即来照之所谓死伤日人、抢掠日店者。是纵有此事，皆由以上诸因，势禁形驱，辗转误会，小儿、苦力无多知识，致被殃及，然正可见群众并无仇视英民观念。以本署所调查，当日华民均皆徒手，实未携带器具，不惟无扰害租界之能力，且无必欲加害英民之成见，可以断言。即退一步专就美领来照自叙事实而言，其所加之罪，亦无非掷石块、持长竿冲近电网诸语而已。试问，以上诸物对租界能否发生重大危险，况有电网布置防卫，且有曾经施放得效之电水管运用在先，实无遽行开枪之必要。即来照所云不得已之故，一则曰冲近电网，再则曰正拟翻越电网，夫既曰冲近，其必未径进可知，翻越电网而冠以正拟二字，则尚未实行翻越可知，以莫须有之词而为不得已之故、外交无此惯例。何况又毙我手无寸铁华民至十一人之多,已伤而存亡莫卜者不计其数乎? 来照不得已之下赘以然而只放排枪一次,即生效力两语,玩忽侮辱态度跃跃纸上。查凡值肇事人众不得已而施防卫之时,纵有必须权宜威吓情形,向系先发空枪,如放空枪历过若干时限而仍不退再实弹其中,又必向上对天试演,因不命中而再不退始得施正当手段,所谓不得已之情形者,类于此。今来照自认只放一次,且所放者系排枪,既未经过以上情序,枪既成排,并非一人所放之枪,足见英租界当局之有意杀人,且有意在杀多人,以致演此极大惨剧,更何况以本署之所访闻,系用杀人对敌极剧烈、极敏速现架该界之机关枪乎! 总之,此案无论如何,华人受弹击而死者已共有十一人,伤者尚未知生命若何,致死之由皆以徒手而无利器。本案之前因后果肇始归纳,均在彼方应担负完全重大责任。准照前因,即由该交涉员根据事实逐一核明驳复,以免饰词无理抵塞。至来照附叙官厅任听学生等发传单、揭帖、演说、开会等事,谓难免不无此结果,牍尾则请禁止罢工抵货以为进一步之要求,此尤本省官厅绝对不能为其虚诬抵制者也。开会集社演说游行,皆文明各国习见之事,苟非法外举动,应受官厅保护,何况本省对于此事取缔至再至三,早已见之各报,悬之通衢。不过事系我国官吏应有职务,无逐件告之彼方之必要。且前次美领来函,并已漏夜将取缔防卫情形专函详述,至谓为无力量和解,更属昧于事情。照例取缔开会、游行等,皆保安警察之事,本督办兼省长格外注重,于警察外辅之以宪兵、各师旅军队,往来武汉,有目共睹,彼方岂无闻见。至罢工、抵制外货,为人民权利,思想、营业、贸易各自由,各国神圣宪法所许予,官厅只能劝导。仰该交涉员先将本案即日严重抗议,查明主使执行枪击之人,受伤者予以保辜,一面将类此举动预为制止,以恤人命而保国权,仍将遵办情形具报等因,奉此。查贵总领事照会所陈之事理,^{督省}署会令内业经分晰辩驳,毋庸赘言。惟本特派员所不能不声明者,贵总领事照称英国海军不得已始令开枪,只放排枪一次即生效力等语,与英总领事复本特派员抗议文内云,该处防御者仅有快枪九枝、机关枪二架,初用快枪朝天开放,继见暴民群众不稍退避并冲上前来,遂开动机关枪等语颇有不合,贵总领事谓只放枪一次,所放者系快枪,英总领事谓放枪二次,先放快枪继始放机关枪,按当时实在情形只放枪一次,贵总领事所言者为合,杀人者系机关枪,英总领事所言者为合也。此节为交涉重要之点,故不得不郑重声明,中美素敦睦谊,贵总领事雅抱虚怀,乐于解纷,本特派员素所钦佩。此次惨案,仍希以解纷为意,从事调和,则尤鄙怀所深盼者也。相应照会即希查照为荷。须至照会者。

　　按:美总领事以领袖领事名义照会督办,奉会令转行下署,并本署复美总领事照会原为三件,惟本署复照内已全叙美总领事照会及会令全文,故未将美总领事原照及督省会令提出另录,合并声明。

中国第二历史档案馆藏广州国民政府档案

日总领事致湖北交涉署

1925 年 6 月 26 日

　　径启者。本月十一日晚间,华人暴徒闯入英租界,日人致受损害,其全部责任应在贵国官宪等情,曾经本署第一二七号及第一二八号公函布达在案。接准本月十八日贵署来函内开:当夜大智门英租界聚人之多,有由太古、怡和、日清各码头行走经过该处者,其由北面入界者不过居其少数,日人被害者既已托庇英租界,故其生命财产之损失将来自有公判。关于排日运动,屡经防禁,与本案无关。此案以受沪事影响而致,对日无何关系,等因,敬已阅悉。惟所称多与事实不符,意欲避免应有之责任,是为本总领事至为遗憾者。查当夜之暴徒最初起自太古码头,复渐西行,以移至湖北路,此乃事实。且该暴徒等至英租界北境铁栅附近之后,复有多数暴徒将铁栅毁坏,闯入参加,以成一大势力,至令英国警备队不得不退至第二防线,并该铁栅被毁长及数百尺,亦可证明毁壁闯入者为数不少,破坏实况曾经摄影函送查阅。至谓排日运动屡经防禁,(暂)〔渐〕见消除,与此案无关等语。查关于排日运动及宣传情事,以前本总领事对于贵国官宪所请取缔次数,多至不胜枚举,惟未为彻底办理,迄今尚有新闻传单等以激烈言词宣传排日,连日未绝。若谓此次事变与排日无关,想为颠倒黑白之语,且于湖北路被害者仅限于日人商店,毫未伤及华商,由是观之,亦足视为排日运动之结果,即为贵国官宪所不能卸责。

贵国人之暴徒闯入英租界,日人商店致受损害之事,不独限于此次。前于民国四年五月间曾有殆与此次同样之事件发生,其时湖北段督军与丁特派交涉员立即负责赔偿日人损害,令人感觉贵国官宪之办法正大光明。既有前例,应请贵交涉员笃念贵我两国睦谊,自觉贵国政府责任之重大,是所企荷。此致
外交部特派湖北交涉员胡

林久治郎启
中国第二历史档案馆藏广州国民政府档案

湖北交涉署致日总领事

1925 年 6 月 29 日

径复者。顷接到贵总领事第一三七号公函,以本特派员本月十八日送达公函所称各节多与事实不符,意欲避免应有之责任,等语,实由贵总领事未能悉心体察事实所致,殊为遗憾。查本特派员十八日之公函,对于贵总领事第一二八号公函谓中国人从北方境界闯入一语,详细声明谓该民众系由各路会合,其由北面入界者不过一小部分,兹贵总领事谓当夜之民众自太古码头复渐西行,移至湖北路,至英租界北境铁栅之后,复有多数暴徒将铁栅毁坏参加,以成一大势力。不知英租界北面自新昌里以至大智门有通路四条,而大智门一路宽至十丈许,可并行数十人,何必费尽气力毁坏铁栅,始行越入?盖铁栅栏实因人数既多,互相推挤以致拆毁耳,故谓该处必须拆毁铁栅始能入界者,非事实也。

至来函谓英国警备不得不退至第二防线者,亦非事实。以本特派员当时亲眼观察及各处确实报告,英国警备队自始即未立于界边,不独肇事之地点如此,凡英租界内各街均系如此。假使当时英国警备队均

立于界边,则处处截断,何能聚集此多数人民? 即贵国商店托庇于英租界者,又何至受重大损失? 望贵总领事平心观察,无为左右袒可也。

贵总领事又谓,本特派员公函言此次事变与排日运动无关,想为颠倒黑白之语,尤不可不明晰辩白之。查本特派员上次公函谓,排日运动自屡经防禁之后渐见消除之语,实有确据。贵总领事在汉数年,当知此间今年五七运动较去年、前年何如? 非渐见消除之证乎? 假令排日风潮即或消除未尽,此际亦何原因而致暴发,敝国人民既欲使两国消除隐患,益敦睦谊,在贵总领事亦不必过事牵合,使又为他日开衅之诱因。至来函又谓湖北路被害者仅限于日本商店,华商毫未伤及,亦非事实。查彼处华商及住户受损害者有十四家之多,已由洋务公所夏口县检察厅各机关查明列表,报告在案,因与贵国无关,故未通知。

贵署来函又谓,民国四年有此先例。其时湖北段督军与丁前特派交涉员立即负责赔偿日人损害等语。查两事情形各别,实未可牵合并论。就此次事变而言,本特派员本良心上之主张,法律上之观察,惜万无可以通融之理。相应将敝国官厅不能负责理由再行申明,统希查照为荷。此颂

公绥

汉口英国总领事致胡钧[①]

1925 年 7 月 6 日

为照会事:上月二十六日来照仍不过将迭次来照错误之点重述一过。查此案事实具在,固无庸重述也。本总领事所请贵交涉员注意者,即本月一日本埠报纸所载汉口商界沪案后援会致省议会一函。该函完全为中国此一机关报告彼一机关之文件,恐足加重贵交涉员之责任矣。总之中国暴徒于六月十一日无故攻击英租界,使吾等不能不开枪自卫,

---

① 外交部特派湖北交涉员。

即再有此类事件发生,吾等亦惟有取同一方法自卫耳。吾人唯一之遗憾,在错自忍耐,未速开枪,不及将日本侨民从暴徒骚扰行动中救出。至于本案,实无磋商之余地。相应照复,烦为查照。须至照会者。

英总领事拍达

《中华民国史料》第 3 册,第 130—131 页

湖北交涉员致英国总领事
1925 年 7 月 6 日

为照会事:案奉湖北督办兼省长训令,准贵领事照会关于六月十一晚之事,对于湖北省议会养电及执政代表邓汉祥感电有所诘责,谓为虚构事实,煽惑人心,至欲将前允撤退之水兵及义勇队重行调集团防以图自卫等语。查该晚惨剧,全国人民义愤填胸。省议会为立法机关,邓汉祥为执政代表,对于此案业经切实调查,证据确凿,故先后发出通电,以伸正义。该总领事,不知悔悟,又以虚构事实煽惑人心等语相诘,冀以骇人耳目之言,掩其逞凶杀人之实。每一念及,深用痛心。至租界治安,本兼长业经通令军警一律认真保护在案。若该总领事竟以省议会、邓汉祥两电藉口欲将前允撤退之水军及义勇队重行调集团防,是乃无事自扰,倘成事实,则租界治安本兼长不能负责等因,奉此。合行函达,即希查照为荷。

《中华民国史料》第 3 册,第 135 页

湖北交涉员致汉口英国总领事
1925 年 8 月 24 日

径启者:查本特派员奉内外长官命令与贵总领事会议本年六月十一日惨案,本月二十二日已至第八次,所有先决条件五条业经提出互商。除第一条第一项撤退英军舰双方承认应移京办理外,其余各条贵总领事现经遵照贵国驻京公使训令次第议办,自当互本职责,次第进行。惟自开议以来,仅仅于第二条华警在租界添设岗位及派华警梭巡

办法表示同意,军事布防问题亦将次议定。又于第五条担保英人及华印捕虐待工人之事,允为取缔。此外各条件迄未详加议及。本特派员正拟与贵领事次第磋商,俾该案各条早告结束。乃于本月二十二日,尚未正式开议闲谈之时,贵总领事竟遽尔离席。揆之国际礼仪上,双方尊重本案之意,殊为遗憾。本特派员自开议以来,推诚相与,期竟全功,决不愿睹此中途停顿之现象。兹定于本月二十八日(星期五)上午十一时仍在敝署继续会议,届时务希贵总领事莅临,共申诚意,迅图解决此案,于两国政府睦谊暨两国国民情感关系极巨,应请贵总领事特别注意,并希见复是荷。

《中华民国史料》第 3 册,第 148—149 页

汉口英总领事致胡钧

1925 年 8 月

径复者:接准二十四日来函。订于本月二十八日继续会议六月十一日汉案之条件五条等因。准此。本总领事已将罢议之原因并声明似此徒劳无益之会议不愿再有各情节,照会萧督办矣。查前在贵交涉员以会议为请之时,曾预先声明关于汉案华民方面决无丝毫冤枉,华官如向敝国提出要求,本总领事绝对不能承认。又以贵交涉员谓如我等会议一开,中国官厅即可藉以弹压民气之嚣张,本总领事始允赞助贵国维持秩序。当经呈请本国驻京大臣核示,旋奉指令准予会商,惟不准应允就地不能议办之事。遂向贵交涉员说明愚意,以两国官员亟谋会同保护办法,以免再有六月十一日之事件发生为最紧要。贵交涉员亦表赞同,允照办理,随于开会时迭次讨论,已将华英警捕协同办法商定。而军界方面则不愿会同,谓非准其派兵驻扎界内不能本其职责保护。敝方当以华兵如长驻租界,平时则易生误会,一遇国内战争或其他事变,恐本界更受影响,是故不能赞同。会议遂成相持不下之势。现在惟望中国警察会同本界之保卫机关,足资保卫,不令再有暴民闯入滋扰情事而已。至于其他各条,敝方既难允准,则亦势所不能矣。须知此次本总

领事所以允予会议者,系因贵交涉员事先声明,藉此可以抵制风潮及游行运动,讵料今乃不加制止,反从而和之,奚会议为。此复查照为荷。

《中华民国史料》第 3 册,第 147 页

（3）临时执政府与交涉员的来往文电

外交部致胡钧

1925 年 6 月 12 日

十一日电悉。英界义勇队开枪击毙华人,向英使提出抗议,惟沪案现正进行交涉,各地方即有游行讲演,亦不宜有轨外举动,致贻口实,务希商承严加防范,并切实保护租界内外外人生命财产为要。外交部。

《中日关系史料——排日问题》,第 470 页

邓汉祥[①]报告汉案

1925 年 6 月 27 日

万急。北京段执政钧鉴:密。此次奉派调查汉案,其主要事实,业于感电谨陈,谅蒙睿览。伏思此案交涉,非政府与人民打成一片,难收胜利。既期民力为后盾,即宜先以民意为根据。故祥与萧督暨胡交涉员详商,拟嘱地方各法团本诸民意提出最妥善之条件,由交涉员先向驻汉英领交涉,如能圆满解决,诚属幸事,否则中央有所据以继续办理。日来综查京津沪粤各方面情形,人民示威运动将更扩大,就交涉利益权之,则以缩小范围为宜。似应设法引导,使人民了解罢学罢市,在彼毫无损害,在我等于自杀,勿庸积极进行。如至万不得已时,只单独对于英商范围内,实行罢工及经济绝交,以制其死命。如此办理,一则范围缩小,易于持久;二则英人直接感受痛苦,不难就范;三则政府与人民趋于一致。政府对外既坚持到底不稍退让,则人民自然谅解,不惟减除反

---

① 北京政府特派调查汉案专员。

感,亦且乐为后盾,则政府自立于不败之地;四则利用外交生政治作用者,见政府人民沟通一气,亦无间隙之可乘。以上所陈,不过一得之见,是否有当,并祈睿裁。汉祥叩。感二。

《中华民国史料》第3册,第126页

邓汉祥报告汉案

1925年6月27日

（衔略）汉祥奉令调查汉案,遵于养（二十二）日启行,敬（二十四）日到汉。连日向地方官厅团体遍询当日发生惨剧之始末,综合已得实情,谨撮要陈之。自沪案传来,沪汉各界,愤激异常。不幸本月十日有英太古码头工人余金山激成该码头全体罢市,事后经调解而民众未周知也。旋于十一日有英舰一只,越界停泊江汉关上侧苗家码头,群众疑为因昨日罢工事英人将以武力压迫,且欲观其究竟,不觉愈聚愈众。是日又有英水兵在江汉关附近以利刃戳伤太古打包工人刁国厚之事,以故人心益加愤激,奔走求救,络绎于途。英人不以和平方法解散,反将前后花楼铁栅门关闭,断绝交通,一面又招集义勇队及海军陆战队以作战形势堵截之。是时呼救工人及围观市众,为刀枪所逼,无就近退入华界之路,只得绕赴旧大智门以便逃入华界。市民陡闻英水兵戳伤工人及义勇队海军陆战队将施压迫之警耗,自亦奔赴租界观视,各处交通断绝,亦只得绕出旧大智门,入者出者,互相阻碍,麇集之人遂多,不得已致有挤入英人防线之趋势。英人不察,遽用机关枪轰击。事后检验,华人死八名,伤十一名,且毙有未成年之华工及前往弹压之巡士。至死者之手无寸铁,则皆同也。且英人欲为灭迹计,并有以铁甲车强拖被击死尸抛弃江心,死者当不止上述之数。如此蔑视公理,违背人道,盖不问为何如人、何如事,一律野蛮对待,于此已可概见。事先胡交涉员钧闻其海军陆战队上岸,曾驰告英领约以不得开枪,并许即派军警前往保卫,二者英领皆允。乃一面正在商军警入租界办法,一面枪声遂作,英人似有以速杀为快者,于此又可概见。此当日汉案惨杀之实在情形也。

综上以观,此案交涉有应注意者数点。

(一)汉案远因起于援助沪案,近因起于英人调兵舰越界示威及水兵戳伤工人,民众互相求救,并非暴徒暴动有排外性质。

(二)民众徒手根本上不应用枪,准诸当时情形,亦无开枪必要。英人突然开机关枪向群众轰击,未经履行应有之警告及面允胡交涉员之条件,实属不合。

(三)地方军警已予以相当保护,格于不能自由入界之例,对租界内发生事故,决不能负责。

(四)英人不于旧大智门毗连租界地方设防,特留出隙地又迫引群众进聚该处酿成惨杀,实属故意。

此数者,均由事实上研究而出,应请饬部提出严重抗议,以申公理而维国权,无任企祷。邓汉祥叩。感。

《中华民国史料》第 3 册,第 127—128 页

萧耀南通电
1925 年 6 月 28 日

各部院、各省区军民长官、各法团、各报馆、各外交后援会钧鉴:准湖北省议会养日通电,提出汉案交涉条件六项:一、本案调集军队系英领,发令开枪系英海军舰长,实施枪击系陆战队及义勇队,均属本案之重要罪犯,应请英政府分别撤惩。二、停泊汉口之英军舰,应一律退出境外,并解散英租界义勇队。三、收回汉口英租界。四、所有本案之伤亡抚恤以及因本案所受之损失,应由英政府分别赔偿。五、英公使向我政府道歉。六、废止中英间缔结之一切不平等条约。以上六条,系为保全国际和平起见,并非苛求,应请中央及本省政府援案提出交涉,以保国本而重人道。在本案未解决之前,誓与英人经济绝交,不达到目的不止。等因。查所提六项对于汉案交涉极为扼要,当经电达外交部,并令行特派湖北交涉员主持办理在案。此次沪案未决,汉案继起,各界同伸正论,诸君共抱热忱,特电奉达,尚祈协助幸甚。萧耀南。勘。(武昌

来电）

中国第二历史档案馆藏临时执政府内务部档案

萧耀南关于汉案交涉电

1925 年 7 月 11 日

北京段执政钧鉴：各部院钧鉴：沪警甫告，汉案继生，哀我同胞，惨遭屠戮。耀南除迭电中央吁请力争外，并督饬交涉员再三向英提出严重抗议，冀促彼方觉悟，扫除致衅之祸根，永维双方之睦谊。乃英领一味强横，罔恤公理。日前竟以省议会之通电及中央特派员邓汉祥报告调查汉案真象于彼不利，诬诟为虚构事实，煽惑人心，以缓撤租界警卫之词相恫（喝）〔吓〕，向本署提出抗议。经饬交涉员据理驳复，并声明如果必设警卫，该租界之治安，省政府不能负责等语。而英领致文交涉员犹复强词夺理，掇拾报端无稽之言，希图诿过于人，卸免其开枪杀人之责任。事实具在，公理犹存，自无难据理驳斥。惟审查彼方情态，始终以强力对付吾民，虽经种种证明其会（？）在彼，犹一再怙过饰非，悍然置之不顾。近者沪案交涉移京办理，事经多日，闻亦尚无头绪。若非全国上下一致坚持，确立所以自立不败之策，使中外舆论对我悉表同情，不足折伏强权，关其口而夺之者。我钧座、大部及朝野诸公怵目时艰，疚心国难，伏望宏抒筹策，共同主张，杜纵横捭阖之阴谋，建御侮折冲之大计。耀南无似，亦当殚竭智能，效其一得，勉从诸君子后，以为国家力争存亡。济兹多难，根本攸关，非惟沪汉问题已也。迫切陈词，伫惟韬安。萧耀南叩。真。

中国第二历史档案馆藏广州国民政府档案

萧耀南关于汉案交涉电

1925 年 7 月 18 日

段执政钧鉴：各部院鉴：汉案发生，瞬经月余，政府忧劳于上，国民呼号于下，悲愤同深，群谋救济。耀南以职责与乡土关系，百感填膺，痛尤难言,日督有司对英交涉,一面仍劝导民众,静候解决,一切步骤,纳诸正轨。方冀英领稍存悔祸之心,藉为补牢之计。乃死者血迹未干,而英人杀机仍炽,政府之抗议不顾,群众之呼吁无闻。如近日来照,指省议会之通电,谓为淆惑人心。对邓专员之报告,谓为虚构事实,侮辱中国政府及法团人格,已属公然不讳,复于七日照会特派交涉员,于开枪行凶之事,更称为自卫办法,抹杀交涉员一切抗议之文。一则曰:嗣后再有此(称)〔种〕情形,仍须以此自卫。再则曰:本界深悔宽忍过分,以致延长时刻。玩其语意,是何居心,不啻以惨杀华人之举,为分所当为,且示以残杀华人之心,仍兴犹未已。此种蔑视人道行为,出诸公理战胜国家,吾国人固属忍无可忍,即求之古今中外,亦且闻所未闻。似此蛮横无理,全无常识,恐世界各国亦无此外交官。耀南半生戎马,忧患久经,遭此强横,肝胆俱裂,凡有利国家,誓当惟力是视。除饬交涉员严切驳诘,并即日提出全案要求条件外,谨电奉达,伏冀垂察,并请外部照会英使为荷。督办湖北军务善后事宜兼省长萧耀南叩。巧。

中国第二历史档案馆藏广州国民政府档案

萧耀南关于汉案交涉电

1925 年 7 月 18 日

执政钧鉴:外交部沈总长鉴:案准湖北外交委员会函开:案准贵兼省长发交湖北省各法团外交后援会来函,并附汉案交涉条件,拟由敝会加意审察,除全体容纳外,有无补充条件,请公同研究。同时复准函开:外交案件,向有国家与地方之不同,汉案虽起于地方,而性质实隶于国家,应提条件请公同研究。各等因。准此。当经敝会于七月九日第一次会议期内,指定委员审查,嗣经审查完竣,于是月十三日第二次会议期内提出详加讨论,议决:就原条件所分先决与本案两项,规定一由湖北交涉署办理,一由外交部办理,并将原条件次序略加整理,以利进行。所有准交审议缘由,是否有当,相应缮录修正汉案交涉条件全文,函复贵兼省长,请烦查核,电请外交部并令湖北交涉员提出抗议,分别施行并见复为荷。

等因。并抄附条件到署。准此。查此案前据湖北各法团外交后援会推举代表并赍条件,经耀南亲受,一面按照外交委员会第一条及第五条第一项之规定,提交该会审议在案。兹准前因,并附修正条件,计:

甲、先决条件由湖北交涉员办理:

一、撤退英军舰,并解除英租界义勇队及巡捕武装。

二、英租界完全由中国军警驻扎保护。

三、赔偿伤亡及因本案所受之一切损失。

四、撤销太古公司在租界之行栈、码头及一切建筑物。

五、英领事声明担保不再有伤害、侮辱华人之行为。

乙、本案条件由外交部办理:

一、收回租界,撤销领事裁判权,并废除一切不平等条约。

二、撤惩开枪之员有直接责任者,及引起此次重大纷扰之主要人。

三、英军舰以后不得航泊中国内河,非依国际法不得航泊中国内海。

四、取消海关雇用英人办法。

五、英人在中国内已设立之工厂,须完全服从中国法律。

六、英政府向中国政府及本案发生地方政府道歉。

函请分别咨行。除训令交涉员知照外,合行电达,请赐查核见复,以凭饬遵。督办湖北军务兼省长萧耀南叩。啸。

中国第二历史档案馆藏广州国民政府档案

湖北省各法团外交后援会通电

1925 年 7 月 21 日

北京段执政、外交部、各部院、外交委员会、湖北同乡会,各省区督办、省长、都统、总司令、镇守使、省议会、各法团、各报馆钧鉴:报载汉口英领对于外交部特派湖北交涉员为汉案第三次抗议之驳复,一则以当时容忍太过,开枪太迟为恨;再则曰日后如有事故发生,仍当采取前此自卫办法。此不惟措词狡展,希图卸责,其灭绝人类之公理,至斯已达极点。查汉案事实，民众具瞻，责在英人，讵能狡卸。而该领所谓日后仍取开枪手段者，不啻自画其前此故意杀人之招。所谓开枪太迟者，直是以死伤吾百十同胞之数为尚不足以慰其故意杀人之快。横强不法，举世无两，凡有血气，宁不痛心。本会誓当援助政府，力与此人道恶魔坚持奋斗，不达公决交涉之目的不止。尚望各界同胞，一致抗争，杀其凶暴之焰，启其悔祸之心，微特吾国之幸，而世界和平实利赖之。敬布血忱，伏乞公鉴。湖北省各法团外交后援会叩。马。印。

中国第二历史档案馆藏临时执政府陆军部档案

萧耀南关于汉案交涉电

1925 年 7 月 29 日

外交部沈总长鉴：顷由汉交涉员抄送贵部复该署廿五日电，知敝处啸电已呈览。查此案询据交涉员声称：汉案条件，原分先决与本案两类，先决者已照议定办法，由职署与英领开始谈判，并声明照原议本案各条，应待大部主持。各等语。查该员与英领叙及本案各条应待部办，即系声明保留之意。除关于偿恤问题，仍饬由该署据本署外委会议决概括数目，径呈由贵部核定，及其他先决条件，仍继续饬令就地磋商外，至关于各法团外交后援会原定之本案各条件，事属国家性质，应请贵部核明酌夺，径与英使提出，以策进行而慰喁望，提携并进，内外相维。一面希将提出情形见示，备纾公谊。萧耀南。艳。

中国第二历史档案馆藏广州国民政府档案

胡钧致外交部

1925 年 8 月 22 日

北京外交部钧鉴：汉案先决条件已会议七次，本日为第八次会议之期。早十一时英总领事柏达、副领事鄂克登来署会议，首由柏领述前日（十九日）所交之赔款表。昨（二十一日）接驻京公使来电，不许开议，将来或由敝公使与贵国外交部协议。钧询以当开议之初，曾闻贵总领事言贵公使已准许关系地方可议之条件范围内,准贵总领事接议;该赔偿条件是否出乎范围之外? 柏领乃言赔偿数目过巨,每人平均约四五万元。钧言既不开议,不必说到赔偿数目。柏领又言彼等皆系苦力,每月不过十余元生活,设以二千元存款生息即可够用。钧言谈到此处,即系开议以后之事,请先解决开议本条问题。柏领又言,彼等皆系攻击英界之凶人,钧言彼等皆系徒手,何谓凶人。柏领言彼等在英界打死人,何谓非凶人。钧言既系凶人,何以英界当时不行捕获,柏领瞠目不能答,即率副领拂衣扬长而去。旋派刘科长明钊往英领馆询问,柏领藉口事冗拒不见,遣鄂副领代见。询其何故出此态度,副领答称以所云日本人在英租界被人打死何以不捕凶手一语为侮辱,遂不愿继续谈判等语。查柏领既谓不能开议,何以屡及该项数目辩论。当晚不幸之事,文字上会议席上数见不鲜,何以此次言及为侮辱? 如论辩为侮辱,则柏领未俟谈判之终,即拂袖而去,其为侮辱耶非侮辱耶? 此种外交上之失态,不独侮辱钧个人,且侮辱我国机关。设因此致汉案会议停顿而生损失,均应由柏领负其全责。除陈明湖北督办兼省长外,理合电请示祗遵。胡钧叩。养。

《中华民国史料》第 3 册,第 147—148 页

湖北交涉员报告汉案交涉电

1925 年 9 月 18 日

外交部总次长钧鉴:前奉电令,即设法与英柏领继续谈判事,由领袖领事从中转圜。柏领遂于今日上午来交涉署,双方继续开议。但彼言除第三条外,似无要件可议。钧言继续开议之必要有两要义。(一)凡交涉必求一归宿。此种破裂的形势永远存在,不独吾辈责任未尽,一般人民误会过多,甚至中英外交上留一恶例,此形势必须续议者。(二)事实方面须调和两国人民感情,设不续议,两国感情终不调和,贻害匪浅,希贵领事能了解此义。彼始承认赔偿外均可议。查各条中惟太古搬迁较难,不能不延长时间。钧意其他各条可先作一结束,以防中变。太古仍随时交涉,期于达到目的。是否有当,敬请钧部转呈执政训

示祗遵。胡钧叩。巧。

《中华民国史料》第 3 册，第 152 页

3. 关于南京事件的交涉

南京和记洋行报告
1925 年

工人无理取闹，和记并未违背条件，未放一枪，未伤一人。工人不服警察劝导，在煤炭港发生冲突。

望大家注重当时真确的事实，勿轻信虚伪的宣传。

本行所办的鲜货因为罢工的原故十成坏了八成（损失洋一百多万），只有二成能用，所以工作时期不能延长下去。本行初意本想多作二三百万银子的生意，今年暑期不停厂，继续办下去，无奈所设各处的分庄受了抵制影响，不能买货，都已撤回。厂里存货既已作完，新货又不能来，拿什么去工作呢？所以没法想，只得停厂，辞退职工。有少数不安分的工人额外强索七月份全月的工资，不准辞退职工，放工时不肯出厂，发给半月的工资不肯拿，哄闹不休。查七月十七号复工至三十一号早晨工作完毕止，共计工作十四天半，当日下午发给半个月的工资，本系依照第十一条的规定。第十一条载明，头老、写字、过磅、发筹人等不满一年不得辞退，工人不满十五天辞退者应给半月工资，过十五天辞退者，应给工资一月。如因无工作停厂或停一部分之工作，所有辞退职工不在此例。

诸位想想，他们这种要挟是不是无理取闹——当时由警署所派周巡官、第十师所派李连长和厂内的工头向他们宣读条文，一再劝导不要暴动，他们不但不听，反将打蛋里用具捣毁，我们见情势险恶，为保全生命财产计不得不请兵舰水兵到厂弹压。后来他们走出厂去，我们正庆幸没有闹出事来，不料他们到了煤炭港，因不服警察的劝导，殴瞎了警员一只眼睛，才发生冲突打伤的事情。本行写字克那克因事后乘人力

车想回城里的寓所,被他们工人抓下车饱打,架到东南大学去了,这回事我们和记英人及陆战队自始至终决没有放一枪,决没有殴伤一人,务望各界人士注意当时真确的事实,勿轻信虚伪的宣传。

中国第二历史档案馆藏广州国民政府档案

英舰长致英总领事(译文)

1925 年

为报告和记工人肇事,奉示派本舰水兵登岸保护事。查于三十一日下午五句钟,本舰奉示派水兵二十名至和记码头登岸,当由该行副办接见,以现有被辞退工人六百名,因不愿领半月工钱要求全月工钱,不达目的不愿出厂,尚有多数工人仍在厂内,遂由副办导至人群会集之处,系在厂内大堆栈一间。因工人数百聚集一处,难以辨明其已被辞退者与未辞退者,并机器厂内亦有聚集多人,当时因副办见问,舰长答以不便用武驱逐工人出厂,万一厂内执事因驱逐工人出厂而致危及英人生命财产,则本舰长自有相当办法保护之。当时本舰长不以进厂为然,唯在厂外守望以便指挥,遂遣弁目一名,随该行西巡头目及他西人三名进厂,驱使工人出厂,以便传达消息,后派兵数名把守栈门,以防工人拥入。正布置间,即有省会警察二名到场与工人争论,而本舰长仍整余队未动,续得弁目报告消息,栈内工人不服理论,竟将毁坏机器,并攻击进栈之西巡头目以及他西人,遂领一部分水兵进栈,意在实力驱逐之。到肇事之地点时,则见工人分散出栈而去。又据弁目所报告,当进楼上时,即有激昂工人持洋钱箱向其掷击,为自卫计,乃以枪梢回击工人,西雇员亦持武器以抵御,以致被打,而无受重伤者,不一时工人遂散。嗣经楼下工人多数出栈后,群聚江边。又得报告,工人拟向厂内接江面水管方面攻击,本舰长遂又领水兵驰往防止,工人见水兵赶到,工人虽激昂险恶,然亦渐次退去。中国警察亦促其速散。本舰长续以厂内外工人确已离去,遂撤回堆栈防守水兵,遣进办公处,复得中国警察于东南门外与工人冲突,因被工人攻击,开枪击死工人一名之消息,本舰长遂出外调查真相,于六七十码内见有工人多名围绕被击工人。本舰长于下午八点半消差后,仍见该工人一名被击躺卧于门外。移时又得报云,和记西人克勒出厂途中被击并被掳去,和记买办住宅被毁,岗警亦被掠去云。所有以上肇事,均经随时报告英总领事以及中国警察。现厂四周均安靖,本舰长已有准备,遇有暴徒冀图破坏或毁坏机器等情,本舰长自有相当办法防止。本舰长消差后,于八点半由英舰小队少佐接替保护。再者,当肇事之际,水兵未开一枪,且只有弁目一名与中国人接近,此肇事时水兵上岸保护之情形也。

舰长斯派尔

中国第二历史档案馆藏广州国民政府档案

英商和记洋行致英总领事(译文)

1925 年 7 月 31 日

为报告本厂工人肇事事:本日(即卅一日)本厂正在准备发放半月工钱时,忽闻工人有不服之谣,并要求全月工钱,当时除已发放工人二十余名半月工钱领去后,并通知厂内各部工人领款时,不幸工人众口一声,要求全月工钱,非达到目的不出厂云。其时系在下午五点,即由英舰豆尔本号派水兵二十名上岸,进厂内第四号门,当水兵进厂时,英舰长号令水兵镇静,本厂同人即与商量以稳妥办法驱使群众出厂,舰长即发表意见云,于工人未先行毁坏厂内财产与危及英人生命时,决不用武。嗣即派英弁目二名及印巡三名上楼与工人理论,不料未及登楼,工人即以洋铁箱等物掷下相击,英弁目一名即邀水兵上楼。此时工人见有水兵在场,不敢声张,遂驱使出厂。工人出厂之后,即在江边聚群,渐次纷散。二十分钟后,始得本厂第八号门外警察与工人发生冲突之消息,以致有警官一名受重伤,续有警察到场弹压,亦被攻击,警官即号令开枪,以致工人一名闻饮弹而死,此当时肇事情形也。

和记洋行克来斯

中国第二历史档案馆藏广州国民政府档案

江苏省会警察厅呈稿

1925 年 8 月

呈为和记洋行争执工资发生冲突经过情形,及下关区署长呈请转呈饬拨相当军队分驻防范,报请鉴核示遵事:

本年七月卅一日,据下关区署长许桐呈称:本日下午三时接和记洋行电称,今因厂内无货可作,所有各工人应发半个月工资,工人要求非一个月工资不可,情势严重,请速派官警维持,以免影响地方治安等语。当即饬派该管分驻所三等巡官周书润,率同一等巡长梁恩诚、三等巡长吕怀恭、三等巡警赵玉和、韩先海、备补巡警陈子衡等十余人,会同该派出所长警前往弹压。该官警等奔至该行门前,见工人等云按约计日应发一月工资,彼时工人有九百余名,英舰陆战队业已登岸入厂,罗买办坚请周巡官进厂力劝工人今日出厂,明日再议。劝后双方争执约三小时之久,各工人方现和缓,且多有出厂者,突因该行洋人驱逐工人,并有将工人殴打者,于是内外工人因此大起纷扰,亦扬言外人枪毙三人,打伤十六七人,声势汹汹,愤不可遏。又有二人高叫外人欺辱同胞,警察仍压抑工人,须将打死,纷纷呼打,拳足交加,甚至木棍铁器等物,任意乱殴,致巡官周书润身受棍伤五处,左眼被铁钩钩二处,深一寸,长宽五分,能否成残疾尚未可知。巡长吕怀恭右腿受有铁棍伤,皮破伤骨,亦流血如注。巡长梁恩诚被殴内伤,吐血数口。巡警韩先海、赵玉和、备补巡警陈子衡、刘金胜均受棍打轻伤。当时亦撕毁巡长梁恩诚、吕怀恭、巡警赵玉和、陈子衡等军衣四套,失落长警吕怀恭等铜质佩章六面、佩刀两柄、刺刀四柄,当纷扰乱打之际,该行写字房英人密司克勒克一名,经工会副会长王海潮及工人数名拥上汽车,驰往城内。寻又有工人三百余人驰至商埠街罗买办住宅,该宅门前请愿。巡警张传灼见人甚多,人声嘈杂,势颇凶猛,当将铁门关闭,并一面向大众劝告。各工人竟将铁门冲开,一拥而进,将该警张传灼一名,连同手枪一支,无子弹有皮带,全副佩刀一柄,架至中西旅馆,交由学生提倡国货抵制仇货协进会办事处看管,亦将罗宅门内之大厅玻璃纱窗、花盆、包车等物打毁。署长驰往中西旅馆,与该办事处之检查队长任云祥及姚尔宽等并工人多名严重交涉,竟将该警张传灼连同手枪、佩刀及皮带等件一并索回,乃彼等互相推诿,坚不交出手枪等件。后经奉军宪兵司令部及警备司令部职员并赵代厅长会同交涉,依然无效。又据第八派出所巡警魏文贵报称,顷值宝塔桥守望时,见工人将周巡官、吕巡长打倒,带去长警数名亦被工人群殴,警亦被打,喊杀喊打之声趋向街市,警因情势紧急,遂将子弹装入枪膛,喊曰:枪弹无眼,大家快散! 讵有工人居然奔〔来〕夺取枪械,触动机钮走火一响,那时警被人打倒于地,曾否伤人,故不得而知,合亟报告等语。署长当饬该管署员赵寿祺前往调查,据称查见一人受伤倒地,系和记工人徐麻子,名徐长贵,所受枪伤系在左腿,业经抬往鼓楼医院医治。后经署员前往该医院问询,据受伤人徐长贵云:所受之伤,系当时被魏姓巡长枪击等语。受伤之巡官周书润神志不清,呼吸短促,连同受伤之巡长吕怀恭,抬至下关协和医院诊治,经医士在吕怀恭腿部取出新铁片一小块,并查明常川在中西旅馆办事处办事之工人代表系薛发德、李兴旺、李知发、黄金贵、新玉德五名,再查和记男女工人其数约有数千之众,平素赖以生活,相安无事者,全恃此作工以为衣食住之需要。前次罢工期内尚有学生筹资,按名发给接济费,暂可勉维生计,兹该行以缺货停工,既难期开工于何日,更转念接济之未能,似此多数贫乏工人终日荒荒,将何为继? 保无不藉端生事,妨碍安宁。查下关轮船交通商务极盛,往来行旅丛集其间,诚为省垣出进冲要之地,署长身膺斯职,自当随事随时竭力维护,第以警力究嫌单薄,设若此等闲散工人在外遇事生风,妨及治安,扰害行旅,实属防不胜防,务请转呈军民两长饬拨相当军队,分住东炮台、宝塔桥、煤炭港等处,严行防范,以维危局。又接北区署长刘焕章呈称,七月卅一日晚六点钟余时,据第一分所署员王炳南电报,顷据东南大学请愿,巡长尚仁电称:有下关和记洋行工人五六人,同该行一英人密斯克勒克者乘坐汽车来至该校,该工人等以该英人不履行所议条件及有不法举动,送请该校内外交后援会办理。署员带同官警驰至该校,见学生宛希俨、吴致民、王恒潜等代表后援会出而接洽。署长闻报，以事关外交，遂约同交涉员署黄主任宗仪即赴东南大学，到时水陆警备司令部副官长陈毅亦已到校，同与该会代表等交涉。是时，学生围聚甚众，该工人等参杂其内，莫能分辨。旋经议妥条件，该英人可由警备司令部带去，唯无后援会及工人同意，不能将该英人送回，当由陈副官长、黄主任面允负责，该代表等始允照办。当时赵代厅长亦即赶到，该英人随由陈副官长、黄主任及工会副会长王海潮并学生二人，同乘汽车送至警备司令部，理合报请鉴核，各等情到厅。当经饬令司法科长郝达仁前往鼓楼医院，讯据受伤人徐麻子即徐长贵供称，年卅四岁，淮阴县人，老家住淮阴闸口地方，家有父亲，名耀富，小的出外多年，现时存亡未知。小的从前在新胜营当兵五年，后又在三十五标当兵二年。小的向住下关宝塔桥和记一号门姊丈段有财家，姊丈与我姊就在和记一号门旁搭盖草篷卖饭为生，小的曾在该饭篷照料，于本年三月二号进和记堆货房作工，每月工价钱十六千文。自罢工后，经工会、商会、冷司令调停，每月工价洋九元，于本月十七号进厂作工。当时与该厂人说明工作无多，无论十天半月按照一月工价计算。本月三十一号下午六钟，各工人下工后即至和记四号门索取工价，该厂发钱人每工人仅给洋四元三角，各工人不允外出，均将钢种牌放在那里，小的亦将十三号做工牌子已放在厂内。惟时工人均说隔一半天再说，出来工人不少，有的许多工人仍在厂内四号门争执，小的闻外国人在里面开了一枪，即回饭店。当时人众纷扰，忽被魏姓大个子巡警用枪将我腿部击伤倒地，现在医院诊治等语。当时查验，该徐长贵即徐麻子所受伤处，业由医院用布包裹，询据该院张医士声称，徐长贵系左大腿后面受枪弹击伤，穿入口四分余，出口炸伤约四五寸，伊虽神志不清，或不致有大危险等语。复经提讯巡警魏文贵供，年卅六岁，天津县人，现在下关第二分驻所宝塔桥第八派出所充当三等巡警，七月卅一号下午巡警值五至八之三十八号守望，适有和记洋行工人因事争执工价，与该行外人争闹，当时周巡官率同长警前往维〔持〕时，不知因何故被工人将巡官打倒，带去之长警数名亦被工人群殴，警亦被打，喊打喊杀之声趋向街市。因情势紧急,遂将子弹装入枪膛喊曰:枪弹无眼,大家快散! 讵有工人居然奔来夺取枪械,触动机纽,走火一响,那时警被人打倒于地,曾否伤人,故不得而知。所供是实,据此除呈报宣抚使、省长鉴核施行指令祗遵外,所有和记洋行争执工资发生冲突经过情形,及下关区署长呈请转呈饬拨相当军队防范缘由,理合先行据情具文呈请宣抚使、省长鉴核施行指令祗遵。谨呈

　　　　苏皖宣抚使兼办江苏军务善后事宜卢、江苏省长郑

中国第二历史档案馆藏广州国民政府档案

外交部与廖恩焘①来往电
1925 年 8 月 1 日至 6 日

（1）八月一日发外交部电

三十一日下午四钟,英商和记厂因发工资冲突,英舰兵登岸枪伤华工多人,无毙命者,英人克勒受伤非要害送医院。当时警队在场弹压,亦有伤者,情形纷扰。英总领事谓伤人系警察所为,学生则坚称英兵所为,一面切实调查,本日先向英总领事提出抗议。谨闻。余函详。焘。一日。

（2）八月二日收外交部电

交涉员一日电悉。枪伤华工人数及详情,应切实调查续报。尊处向英领抗议照会,希将全文电部,以备向英使抗议。外交部二日。

（3）八月三日发外交部电

北京外交部:钧电敬悉。昨日英总领事将照会亲自交还,谓系学生张大其词,全非事实,英兵是日并无开枪,实因工人不服警察弹压,互相冲突等语。旋据警厅报告,警察、工人各伤三名,现在和记所驻英兵撤退,唯兵舰仍泊该行码头,地方安谧,谨闻。焘。三日。

（4）八月五日收外交部电

---

① 江宁交涉员。

电悉。英馆称据英领报告,此案因上月卅一日和记发给工人薪资,工人要求全月不允,自十七日起算,抗不离厂,经军舰水兵登陆将其驱逐,并未发生事故。讵工人离厂时忽与警察冲突,警察被击受伤,因而开枪伤工人数名。旋有英人克勒乘车出厂,被工人拖下殴打,至学生总会嗣经释放。此英人情形若何,未得详细报告。今得警报,若和记将工人给资解雇,恐再发生扰乱,经据请华官注意云云。核与来电详略不同,究竟英兵是否开枪伤人暨当时实在情形若何,除电省长外希查明详晰电部,俾明真相。外交部初三日。

(5)八月六日发外交部电

三日电敬悉。和记工人因工作半月索一月工资,经英兵弁遣散出厂,旋与中国警察冲突,殴伤警察三名,警察开枪伤工人三名,英兵并未开枪。英人克勒被工人殴伤不重,送医院。学生散布传单,谓英兵枪伤工人多名,毙三人,均非事实,英总领事要求取缔,省长已饬警备司令设法俾明真相,免内地人民误会。谨复。焘。六日。

中国第二历史档案馆藏广州国民政府档案

4. 关于九江、重庆案的交涉

英国公使抗议照会
1925 年 6 月 24 日

六月八日,九江对于沪案表示不平,施行抵制。当日已有学生游行,惟虽散布传单,力为鼓动,然并未发生事故。及九江得悉汉口十一日之事,英领谆请警察厅长务须预防乱事,曾经警察厅长及镇守使均声明切实担保维持秩序。十三日上午,有群众在租界外集合,虽经领事迭次达知警察厅,然竟容群众入界,闯入英领事署,并行捣毁。此时领事年迈之母及他一女客避入一卧房,将门上锁。经暴徒力撞,幸尔门坚未破,乃领署之旗及旗绳落卸燃烧,且将领事公事府、中国文案室之器物,故意残毁,更在三处将房燃起,其间有义勇队二人来至,向空鸣放手枪三响,群众遂一哄而散,嗣后乃得救灭各处之火。同时太古洋行之楼亦受群众与领署一律蹂躏,所差者仅器具在院内焚烧耳。台湾银行亦同时燃烧,亚细亚公司之楼,亦有人闯入,致损非浅。查群众肇事之初,固有学生多人在内,终则痞徒居其大半。中国军警当此暴徒群众故意破坏器具又行纵火之时,不加遏止,且并一人未予捕拿。应代本国政府对此暴举力提抗议,并保留要求赔偿所致之损失及因国旗受辱道歉也。

《中华民国史料》第 3 册,第 125 页

外交总长会晤白拉瑞
1925 年 7 月 1 日

黄宗法、康参赞在座

重庆事

白代使云:日昨本代使函请贵总长设法保护重庆本国领事以及侨民,本署所接重庆最后来电,系前十日拍发,未知贵部有无最近消息。

总长云:本部最近亦未接重庆来电,谅系平安无事。贵代使来函所请各节,余已转请执政府电令袁祖铭办理。

白代使云:昨据本国驻宜昌领事呈称,英民毕悌(译音)前在重庆被暴(动)〔徒〕追击。

《中日关系史料——排日问题》,第 498 页

傅常①致英国领事
1925 年 7 月 18 日

径启者:案查本月二日晚间贵国海军在龙门浩岸上杀伤敝国人民一案,业经本监督致函贵领事提出抗议,并声明俟查明受伤人详情续行交涉在案,迄尚未准答复。查此案龙门浩地方虽有贵国行栈及侨居商民,敝国官厅早经派有军队驻防,并令饬该管团防分别认真保护,迭函

---

① 重庆关监督兼办通商交涉事宜。

贵领事,有案可稽。按照条约实已力尽责任。该处秩序,既属如常,并无危险状态,而人民聚集,系因看视贵国兵舰施放之探海灯,即或人多声喧,亦非不法行为,乃贵国海军辄尔执持武器,率行登陆,肆意驱逐,甚至以刺刀乱戳,致将敝国人民多所伤害。此种暴行,不特违背公理,蔑视人道,抑且轻藐中国主权,异常伤辱。现经本监督查明,陈燮卿身受重伤,戳破小腹深透内肠出二寸余,并有跌擦多伤,先后经由贵国兵舰及教会医院诊治,现尚不能饮食。能否无生命之危,殊难逆料。又如曹文光、向永良、许洪林、唐性等均系受伤之人,轻重不一。其受跌磕伤者,虽非刀戳,实因身受驱迫所致。此种情形实与沪案并重。在贵国海军极属横暴无理,足见该舰长官约束不严,即贵领事亦不免明知故纵,其责任并由贵国完全负之。除在贵国兵舰附近捞获之尸身案情尚未明了应声明保留外,本监督兹特提出要求条件如下:

(一)贵国兵舰负责各官,应予以相当惩戒。

(二)撤惩上岸执刀伤人之水兵,应按名严加惩办,递解离渝。

(三)贵领事应代表国家,向敝国官厅正式道歉。

(四)分别赔偿敝国受伤者之医药费,如有因伤死亡者,应给与殓葬及家族恤金,并赔偿一切损失。

(五)贵领事应保证在渝各舰水兵以后不得再有此类暴行。

(六)向在贵国各机关行栈等服务之华人,其有愿辞退不得抑勒虐待,扣留薪工。

以上各条必须达到目的,应再行严重抗议,函请贵领事烦为查照,迅予满意答复,是为至要。特此即颂日祺。重庆关监督兼办通商交涉事宜傅常。

中华民国十四年七月十八号晨八钟。

刘湘报告渝案
1925 年 7 月 20 日

执政钧鉴：自沪案发生，川省人心愤激，各地学生到处讲演。重庆学生讲演至龙门浩，适有英人在该处避暑，诬学生对彼等有何暴动，英兵即上岸开枪轰击。当时学生退散，尚未知有被击毙命者。未几忽发现死尸，验明系当日被击毙之学生，因此群众益加愤怒。虽进行种种爱国运动，并无逸出轨外之事，英领称学生围攻领馆，纯系捏造图赖，绝非事实。特此据实陈报，务乞严重交涉，以重人道而雪国耻。刘湘叩。号。

《中华民国史料》第 3 册，第 139—140 页

白拉瑞致外交部
1925 年 8 月

为照复事：贵总长七月二十七日照会关于重庆近时骚扰事件接准四川省长及省议会电告等情，业已读悉。关于重庆事件，据敝国领事电告，业经本使于六月二十九日及七月七日各照会照复在案，现复接得敝国领事之详细完全报告，特附同节略合并照会贵总长，敬希查照。来照言不得不抗议英舰乱用探照灯照射憩息江岸之华人及水手登岸用利刃刺聚观之群众等情，但据本使所悉，前一日曾有大批群众麇集马堪告公司之院之外，该地即英人逃避之所，而保护该地之少数义勇队司令雷君曾吁恳中国当局加派保卫军队亦无结果。至七月二日群众数目愈增，终日作激烈之演说，傍晚群众大有拥入该院落之势。后此由该埠司令官派兵一小队，计二十人赴该处驻守监视。处此情形之下，英舰乃派四名水兵及下级官佐一员登陆解散暴徒，计伤一人之腹部，并轻伤其他三人。此种行动，实鉴于英侨生命之危险迫至眉睫，且以当局未能采取必需的行动而出此，其为藉此免除一场严重的惨剧，似无疑义。本使相信处此情形之下，此种动作实认为相当而亦妥要。在四川当轴报告中，曾涉及逼近英国炮舰所发现之一尸身，该项尸身当异以游街示众，绕遍全

城,以为不列颠之野蛮证据。但在事实上,该项尸身发现时显系已在水中数日,故船主李暨领事均一致认与七月二日之事件无关。该项四川当轴之报告,并声明袁祖铭氏并未作有不名誉之事,但在事实上,如六月二十九日敝使所提出之照会上所述,则领事署之中国人员,曾被袁祖铭之卫兵强迫请假,结果敝国领事自身亦不得不离开领事署。加以该领事离开而后,袁祖铭之卫兵又侵入领事署住宅,并对花园加以损害。关于重庆事件敝使不能认四川当轴之报告为正确,实为抱歉。至贵总长在此次(犹如其他各次)竟认此项与事实相反之报告为纯正,亦觉骇异。敝使为对贵总长将重庆事件详细情形陈述起见,颇欢喜王林基在其他四川当轴之阻挠,以及浮动者之公开挑拨中,能尽力制止困难发生,同时船主李与所指挥下全不适宜之军队在保护英侨之努力中每尽量忍耐。敝使对于重庆当局之无礼貌的动作,除上列二人外,不得不切实抗议。彼辈实有意玩忽职责,且不免带有鼓动暴徒之色彩。有时中国当局竟若是玩忽其职责至造成严重危险之局势,几使英国海军人为保护英侨生命起见,有必须开火击射暴徒之举。苟出此,按之中国他处近时事件而论,恐吾国侨胞必至被斥责为惨杀和平行为正当之华人矣。相应照会贵总长。须至照会者。

《中华民国史料》第3册,第144—145页

(四)北京政府发起修约运动

说明:五卅惨案发生后,以上海为中心,中国爆发了规模空前的反帝爱国运动,彻底废除列强强加于中国的不平等条约的呼声日益高涨。在这种情势之下,北京政府意图借助民气,推进修约进程,遂于1925年6月24日向各国驻华公使递交照会,正式提出了修改不平等条约的要求,从而发起了颇具声势的修约运动。北京政府希望通过修约运动,以正常的外交途径修改不平等条约,谋求改善中国的国际地位。本节资

料除收录双方正式照会外,还选录了英美之间商议如何答复中国政府的往来照会,以反映列强内部对于中政府修约要求的看法。

外交部致公使团

1925 年 6 月 24 日

为照会事:查国际友谊之基础,端赖于彼此了解及诚意,兹为增进巩固中外邦交起见,用将促进此项了解诚意必要之问题,为贵公使提出之。自近年以来,中国舆情及外国识者,佥谓为对于中国公道计,为关系各方利益计,亟宜将中外条约重加修正,俾适合于中国现状暨国际公理平允之原则。诚以此等条约,不唯历时已久,且商订之际往往在特别情状之下,未尝有充分自由之机会,以讨论规定中外间应守普遍永久之原则。在当时之意,特以应一时特殊时势之需要,不料继续有效以至于今,环境业已大变,而外人所享政治经济之非常权利,依然永远存在,既于现情不合,不特关系双方之各种事情,因为陈旧条约所束缚,彼此均有不便不利之处,且此种不平等情状及非常权利之存在,常为人民怨望之原因,甚至发生冲突以扰及中外和好之友谊。如最近上海之事变,至为不幸。

欧战之际,协约各国曾以维持国际公法及拥护公道主义相号召,当时中国政府加入参战,原冀对其国际地位有所改良,且关系各国亦曾表示愿尽力赞助中国在国际上享受大国当有之地位及其优待,孰料以后中国人民竟大为失望。欧战既胜,公共目的已达,而中国本身国际地位毫无进步,且就某方面论,或反不若战败之国家,因彼辈国内初未见有领事法庭、外国租界、租借地及受外界强迫之协定税则也。

中国政府亦曾屡以修正条约关系之问题,提商于有关系各国。其初也提出于巴黎和会,顾和会虽承认此项问题之重要,但认为不在和会权限以内,置而未议。华盛顿会议,中国亦曾作同样之请求,虽有比较善意之考量,亦未能同意于根本之解决,结果中国所获实益,仅属寥寥。最近执政就任,中国政府于其复致华府会议各国驻京代表节略中,曾重加表示，深盼各友邦对于近年来中华民国政府在各种国际会议，本全国人民希望所提事件予以友谊之考量，藉以增进邦交，同沾乐利。中国政府深信非常权利一经消除，不特各国权利利益，更得良好之保障，且中外友谊必能日臻进步。为彼此利益计，甚望贵国政府重念中国人民正当之愿望，对于中国政府依公平主义修正条约之提议，予以满足之答复，庶几中外友谊立于更加巩固之基础，至为盼切。相应照会贵公使查照，转达贵国政府为荷。须至照会者。

中国第二历史档案馆藏北洋政府临时执政府军务厅档案

约翰逊①所作的备忘录

6 月 30 日，中国公使如约拜会国务卿，与国务卿讨论他 6 月 25 日照会的内容②。除了其他事情以外，中国公使还说，本国外交部已非正式通知他以下这个意思，不过还没有授权他正式陈述，即，虽然中国政府很想召开会议考虑修约问题，但认识到了这样的会议不可能早开。他对国务卿说，他得知这个情况是因为去电报询问，请求政府对该照会提出的要求作些解释。他说，他的政府认为，在力争实现更大的目标时，根据华会签署条约以及派遣法权调查委员会决议案已经得到的东西不应失去。

国务卿说，更重大的全面修约问题牵涉到许多困难。他说，本政府从一开始就希望很快召开华盛顿会议条约规定的关税会议并派遣法权委员会，但是，在法国对中国条约采取行动之前，关税会议的整件事情都被拖延下来；至于治外法权委员会，应中国请求首次推延后，本政府未能取得有关各国对于确定派遣法权委员会日期的一致意见。

中国公使问，本政府是否愿意催促其他有关国家加紧召开关税事务会议，国务卿表示我们愿意这样做。他说还愿意催促加紧派遣法权

---

① N. T. Johnson，时任美国国务院远东司司长——译者注。
② 该照会与外交部 1925 年 6 月 24 日照会基本相同——原文件注。

委员会。中国公使说,他确信他的政府得到这个消息会很高兴。然而,他指出,《九国条约》所规定的关税会议实际上没有给予中国她所希望的财政救助,中国想要的是关税完全自主。约翰逊先生建议说,若能将关会训令予以扩充,加入一项要求或某些建议,使会议可以在完成特定任务后制订一个给予完全关税自主的方案,那么,可能会有所成就。国务卿说,这自然是一件必须周密考虑的事情。

中国公使说,只要求法权委员会拟具一份报告书,报告书既不承诺完成任何事情,也不约束各政府做任何具体的事情。约翰逊先生在此建议说,若能在给各自委员的训令中加入一项要求,请求他们随其报告书提出一些建议,在此基础上可以形成一个逐渐废弃治外法权的方案,那么,在这方面可能同样有所成就以满足中国人的愿望。国务卿说对此须加考虑。

7月1日,中国公使再次拜会国务卿,这一次国务卿对他说,中国政府的照会必须由华盛顿会议与会国驻北京的代表回复,他还说正在指示美国公使馆催促北京的同僚们加紧召集关税会议并及早派遣法权委员会。他说,我们已经催促法国对条约加紧行动。国务卿没有告诉中国公使,我们给北京的训令建议扩大关税会议或法权委员会权限以包括这样一项要求,即给出旨在使中国最终恢复关税自主权以及逐渐废弃治外法权规定的具体建议。

N. T. 约翰逊

FRUS,1925,Vol. 1,pp. 768-769

奇尔顿①致国务卿

曼彻斯特,马萨诸塞州,1925 年 7 月 3 日

阁下:

根据英王陛下政府的训示,我荣幸地提请您注意最近中国政府致

---

① H. G. Chilton,时任英国驻美国代办——译者注。

北京外交团的照会。您肯定会从美国驻北京代表那里收到照会文本，以及有关公使馆馆长们以同文电报形式呈递给其各自政府的回复建议。

2.这份照会所提出问题的重要性令英王陛下政府印象深刻，其中包括了全面的治外法权问题，以及将来各国对中国在此类事情上的要求的态度，诸如修约、压制会审公廨、交还租借地以及财政自主之类。所以，他们至为仔细地研究了同文电报中的建议，现在荣幸地把他们的意见提交给您，已经训令英王陛下政府驻北京的代表照此行事。

3.首先，英王陛下政府认为，对中国政府照会的答复应该表述清楚，在秩序完全恢复以及中国政府证明他们决心平息排外煽动并厉行尊重外国人生命财产安全之前，各国不准备讨论某些改革，更不用说重新考量他们与中国的条约关系。若是这些条件得到强调并被放在答复的最前面，英王陛下政府同意按照同文电报中的措辞提及关税会议。

4.至于治外法权问题，英王陛下政府担心中国政府把加快召集法权委员会的承诺理解为各国方面软弱的表示。在这种情况下，他们倾向于认为，各国在其答复中至多指出委员会是一个有资格调查这个问题的机构，仅此而已。

5.上述意见是英王陛下政府对此事深思熟虑的看法，也告知了日本、法国和比利时政府。我请您注意这些意见，并询问美国政府是否赞同，如果赞同，是否准备把已发给英王陛下代表的训令发给美国驻北京的代表。

H. G. 奇尔顿

FRUS,1925,Vol.1,pp.770-771

芳泽日使谓:使团现无办理修约意志

1925 年 7 月 3 日

日使芳泽前日向日本记者团发表谈话如左:

本(三日)日使团方面虽有会议，但对华交涉方针，仍照原定办法进行,决无何种变更。关于修改不平等条约事,各使虽已请训本国政府,然截至本日止,各国回电仍未到齐,故关于该问题,迄今对外部尚无何种答复。至外传将开一国际会议,以讨论修改不平等条约之说,予现尚未接通知,殊难置信。日政府对此将取若何态度,亦无从悬揣。鄙意以为此时议此,殊不得其时。且在京使团,现亦无此意志。要之,使团除认关连于沪案之租界组织司法行政等等,可请训本国遵办外,对于领事裁判权及不平等条约等,则尚无任何表示。但各国对中国此种要求亦多具同情,并非全然蔑视。日本对于撤废领判权一事,前年曾派员来华调查中国司法制度,各国亦有同样之举,然调查之结果,各国对此意见迄难一致,则较此更形重大之不平等条约问题,实难言矣。目下交涉若能早日开始,则于双方俱为有利。设中国方面因种种情形而有迁延,则使团方面或因此而向中政府督促亦未可知也。

北京《晨报》1925 年 7 月 5 日

艾略特致张伯伦

东京,1925 年 7 月 16 日

阁下:

您会从我的第 161—172 号电报中得知,我在本月 7 日、8 日和 9 日与日本外相有过长谈,其间我们讨论了中国的局势。这些会谈的要点已经报告给您,在本信中我拟补充一些电报中无法容纳的细节和说明。

2[①].7 月 7 日我收到了您前一天的第 115 号电报,内容是关于北京外交团所建议的行动步骤以及上海的英、日、美领事提出的反对意见,但遗憾的是,您的第 114 号电报——其中有您发给北京的训令,没有它就很难理解第 115 号电报——在递送时延误了,很久以后才收到。不过,因为您指示我立即将电报内容通知日本政府,所以我认为最好即刻

---

① 有些英文文件原件段落标号从 2 开始,略去 1,特此说明——译者注。

拜访币原男爵①,看看能打听到什么消息。币原向我讲述了所发生的事情,据我判断,他说的是对的。他告诉我,他不赞成公使团的行动,并称,他们无权解雇或谴责上海工部局的官员,如果工部局反对并拒不遵从,他们该怎么办?币原认为发表公使团的谴责将是灾难性的,因为中国人会认为各国让步了。币原已经给芳泽谦吉发去电报告知此意,但他担心声明业已发表,那就为时已晚,无法消弭危害。

3. 在此次以及其他几次的谈话中,币原一再提到各国以及所有在华外国当局保持统一阵线的必要性。外相阁下说,中国人擅长挑动一国或集团与另一国或集团相争斗。如果外交团公开与上海工部局发生意见分歧,或者,如果英、日、美三强的代表与其他各国的代表分别行动,中国人就会非常得意而且固执,相信其对手内部不团结,或者是没有确定的目标。

4. 币原接着说,有一件事情他想要说一说,希望他没有象是在干预英国公使馆处理事务。他了解到,公使团团长在法、美代表的陪同下与外交总长讨论近来的上海骚乱,这在北京已然成为惯例,但英、日代表均未出席这些场合。芳泽谦吉解释说,由友好的、但不偏不倚的各国来处理问题,据认为这样会更好一些。但是,币原不赞同这个看法,尤其是因为北京的日侨已经开始抱怨他们的公使的明显的疏忽。币原请我发电报给您,让您知道,他希望英、日代表都要参加讨论。

5. 币原还说,他训令日本公使向段祺瑞递送一份备忘录,同时也送给白拉瑞,他认为在此时刻最好让人们看到他承认段祺瑞为中国的国家元首,并对上海发生的事情负责。您大概还记得,他一直坚持12月9日公使团对段祺瑞实际地位的承认,并坚持认为这与承认段的合法地位并无区别。他说,该备忘录主要涉及两个议题。首先,与日本自身的同样变革的经历一样,采行治外法权方面的措施必须是缓进式的。其次,指责中国政府让上海的骚乱表现出政治性,而是应将其视为劳工

---

① Shidehara,时任日本外相——译者注。

纠纷。

6. 新近任命的美国驻华公使马慕瑞最近路过东京,6 月 29 日很晚到达,次日离开。尽管我见到了他,可是没有机会密谈,但我的总体印象是,他赞同审慎、冷静的政策,而且这个印象得到了美国大使馆官员们的言论的证实,他们说,他们的政府要等马慕瑞抵京后提交报告,然后再提出建议。但是,在华盛顿似乎是另外的意见占居优势。7 月 7 日,币原男爵告诉我,日本驻华盛顿大使发来电报称,国务院的看法对中国人非常有利,甚至考虑让他们关税自主。3 天后他给我读了致马慕瑞训令的副本,该副本系由美国大使馆递交给日本政府。该文件称,即将召开的会议应提出具体建议,据以形成给予中国完全关税自主的方案。还有,关于废弃治外法权可能性的调查应该尽快开始。遗憾的是,我最近没能见到美国大使,他因罹患神经衰弱在轻井泽卧床不起。

7. 币原男爵还告诉我,他已经与马慕瑞讨论了关税和治外法权这两个问题,马慕瑞建议说,同一个会议可以处理两个问题。但是,币原强烈反对该建议,他认为中国人会试图讨价还价,并通过对一个议题的一个观点让步,以换取另一个议题的某些好处,以此将两个问题混为一谈。这是一种最不适宜的处理两个截然不同的问题的方式。但是,他不反对接连举行两个会议,先开关税会议。外相阁下认为必须搜集资料调查中国的司法制度,并在召开第二个会议之前对资料作初步的审核,会前没有这样一份报告,会议就毫无用处,但准备工作会需要相当长的时间。

8. 7 月 7 日晚些时候,我收到了您的第 117 号和 118 号电报,其中有英王陛下政府希望华盛顿对华条约签字国采用的致中国政府声明的文本,并指示我立即弄清楚日本政府是否赞同声明的措辞。您还补充说,欢迎就措辞提出建议。在另一封电报中(第 119 号密电),您建议说,如若其他各国不同意发表联合声明,应由我们自己和美、日共同行动发表这样的声明。

9. 第二天一早我将声明交给币原男爵,他请求给他时间考虑措辞,但之前反对这一段，即"各国认为，如要实现华盛顿会议的目标，关税会议所达成的协定只不过是他们宣布愿意尽早开始的全面修约的第一步"。他认为这会给中国各派系首领们的头脑中植入各式各样的疯狂的念头，而他们的脑子已经乱了。他们会设想我们打算提出诸如将租借地和九龙交还给中国这样的问题。日本政府不准备讨论这样的事情。我答称，据我所知并不打算提出交还租借地的问题，但我不知道英王陛下政府对关税自主是何看法。他回答说，尽管日本驻伦敦大使尚未报告您本人对关税自主的看法，但是，他曾经表明说，我们外交部的某些官员持有与美国政府相类似的看法，对此日本政府是不能赞同的。

10. 您所建议的只要其他各国在一周内未予赞同，就由英美日三强发表声明，币原也反对。他重申他反对任何意味着意见分歧的行动——我前面已经提到过。他非常高兴听到您赞赏他的建议，即英美日三强在目前的中国危机中应保持合作（您的第 116 号电报），但是，他并不打算单独行动。他希望三强相互谅解，以同样的视角观察问题，并在类似的意图激励下行事。他相信，如果他们这样做了，直接利益关系较少的其他各国就会遵从他们，尤其是在声明文本这样的事情上。

11. 约定第二天下午我再去拜访他，听取他关于声明文本的更加成熟的意见。但是，此时我收到了您的第 120 号电报，电文概述了中国的形势，并询问日本政府是否赞同您的估计，以及他们能够给出什么行动建议。会谈伊始，我把这份电报的内容转达给币原男爵，但感觉到自己处于劣势。我几乎不掌握中国最近事态的可靠信息，新闻电报靠不住，北京的快信到我这里自然需要一段时间。币原男爵本人实际上是我最好的消息来源，尽管我始终牢记他也许冒着罔顾事实的风险顽固坚持某些想法，但我手头没有什么资料可用来制止他。想法之一是，从中国所发生的事情看出苏联政府的幕后影响，这是个错误；另一想法是，张（作霖）和冯（玉祥）开战的危险几乎不存在，这个看法到目前为止证明是对的。

12. 在评论您电报的第一部分时，他自然而然地阐发了上述第二个观点,并重复他以前经常说的,即张有息事宁人的意图,张比冯强,冯很明白这一点,不可能向张挑衅。币原承认俄国人在满洲的活动令张陷入困境,但他认为不可能会有现时开战的问题,因为苏联几乎不可能跨越西伯利亚运送军队。正如我在另一封快信中所提到的,军事当局证实了这些看法。但他们认为,冯受到布尔什维克的影响,这是币原最不愿意承认的。

13. 关于华中的事态,他坚持认为重庆的骚乱纯属是地方性的,扬子江流域的其他地区目前依然平静。一些有关事实真相的问题,信息的匮乏令我难以与他争辩,以上所言就是其中之一,但我提醒他,九江和汉口发生了严重的骚乱,这几乎是毋庸置疑的。他承认这些口岸确有骚乱,但坚持说局势已经平静下来了。

14. 类似地,币原似乎认为,我们对广州事态的描述过于危言耸听了。他没有听说在黄埔军校中有俄国教员,而且显然不愿意相信这一点,不过,当天下午我见到他时,他承认他已经证实了您的说法,但强调说学校中也有日本教员。他承认广州和重庆是两个危险的口岸,但坚持认为此种危险是地方性的。我向他指出,由于广州的骚乱影响到香港,并扰乱了英国和日本的贸易,说它是地方性的是一种误导,虽然从地形上严格地说确实如此。广州所发生的事情在中国已经是众所周知,甚至在日本也是一样。据信日本的工人们同情中国的罢工者。对此他不能否认,但是,转到您的应该立即采取何种措施的问题上,他说,海军或是军事行动虽然称心,但是,这是不可能的(当然,必须保护生命财产的情况除外),因为美国——可能还有其他国家——不会同意。至于外交行动,他赞同如您所期望的那样,发表一项声明,也赞同北京外交团与中国政府就最近的上海事件展开谈判。

15. 他接着说,中国人就像是小孩子,无疑是淘气的孩子,喜欢玩最危险的把戏,但因为只不过是个孩子,所以不必太过认真地对待,因为他认为我们和美国人各自都会以自己的方式行事。我们倾向于把中国人看作是行为不端的成年人,需要严厉惩治和改造,不过,要像其他成年人一样依法处理。美国人把中国人看作是有前途的年轻人,经过若干年的美国教育会成长为优秀的商人,但币原本人认为中国人只不过是孩子,可能偶尔需要拍打拍打,但一般来说应该是哄而不是责骂。我可以补充的是,在欧洲人看来,日本人通常是溺爱孩子的,日本人家庭中没有正规的训导,孩子们与父母,尤其是母亲过分亲昵,这在我们看来是最不合适的。

16. 中国驻东京外交代表的处境给外相的说法做了有趣的注解。我在这里听说过他们,我被告知,在我的工作人员的记忆里,那些人都是无足轻重的。他们在政界和社交界根本就是无足轻重,外务省官员很少见到他们,每当向外务省官员咨询时,得到的就是命令或是斥责。虽然日本人爱梦想日本驻北京大使将为如何卓越、如何有影响的人物,但他们从来没有考虑过来日本的中国大使将是谁。中国政府自己要对其外交代表的奇怪困境负责任。这些不幸的绅士们很少收到来自于北京的工资、信息或训令;没有拿到学费的中国学生确实经常袭击公使馆,有些公使,比如汪荣宝,去年秋天就公开声称,他们只代表自己而不是作为其政府的喉舌讲话。

17. 讨论了中国人的性格之后,我们进入到声明措辞的问题,币原给了我一份他想要看到的文本的抄件,兹附上该文件。7月9日的第168号电报已经电告国内该文件的内容。所建议的修改如此之大,我不知道如果日本政府坚持这些修改,您是否还认为发表声明终究是值得的。但我应该说清楚的是,币原男爵没有表露出任何认为声明无用或想要阻止的迹象,相反,鉴于有关政府彼此磋商、确定措辞一定需要很长时间,他建议最好把确定文本的任务委托给驻北京的外交代表们。

18. 他建议修改的主要动机似乎如下:

(1)他认为应该提及治外法权问题。虽然日本政府强烈感到讨论这个问题需要时间,还必须谨慎,但是,他担心不置一辞可能令中国人怀疑华盛顿条约所做的承诺正在被遗忘。

(2)其次,他反对在各大国内部就修改海关税则达成一致之前发表任何一般性的声明。他说,关于给予关税自主的可能性,眼下日本和美国似乎有着巨大的意见分歧,还有,正如他已经提到过的,他得到消息说有些英国官员倾向于美国人的看法。

(3)他认为最后一句太过于具有威胁性。他回想起表面看来温和的措辞"严重后果"在华盛顿所产生的非同寻常的影响,这使得他很不愿意使用任何可能被解读为暗示——虽然微乎其微——诉诸武力的言辞。

(4)他评论了"排外煽动"这个说法,称中国人以及其他各国都知道,并非是排外,而只是排英和排日。我应予补充的是,他从未暗示说较之排日情绪,动乱的产生更多地归因于排英情绪。

(5)他认为,"煽动活动所采取的形式意味着缺少责任当局以进行国际协商与合作",这个说法会伤害段祺瑞的感情,毕竟外交团承认段祺瑞为事实上的国家元首。

19. 根据以上所说,并经币原关于关税会议的照会(附在我的下一封快信中)证实,很清楚,日本政府想要处理的只是一些相对较小的、眼面前的问题,而回避中国重建的任何计划。他们认为中国人应被当作孩子对待,不应做令他们心情不好的事,这些看法的影响也是非常清楚的。

20. 但是,正如我经常指出的那样,日本政府通常会被两个互相冲突的目标弄得不知所措:既不想越过其在华缓进谨慎政策的界限,又想扮演大国的盟友。今天下午(7月16日)币原男爵似乎有些担心本月9日他对您的声明文本提出的修改建议可能已经走得太远了。他急着问我是否听说了什么,我说没有,而后他表示希望发表某种声明,不然的话,他担心中国人可能认为各国已经忘记了华盛顿会议及其承诺。

21. 东京的某些记者很重视一个传闻,即英王陛下政府发现其对华政策陷于孤立,正在恢复英日同盟。这个奇怪的说法似乎源于秩父宫雍仁亲王在伦敦所说的一些话,即因他而起,再加上数日之内观察外务省往来活动的那些人注意到我和币原男爵不同寻常的频繁联络。币原告诉我,苏联大使非常激动,造访他很长时间,想要弄清楚我们是不是在商议一项共同反俄政策。但毫无疑问,您收到此信以前人们就会忘记这个传闻。

艾略特

BDFA,Part II,Series E Asia,Vol. 29,pp. 274–278

奇尔顿致凯洛格①

曼彻斯特,马萨诸塞州,1925 年 7 月 20 日

阁下:

中国政府最近致北京公使团的抗议,关于所建议的答复,我荣幸地通知您,英王陛下政府至为仔细地考虑了您本月 13 日照会中所提出的美国政府的看法,现得出结论如下:

对实际情况尽可能地再作考察之后,英王陛下政府仍然认为,拖延通知中国政府各国的态度是不明智的。英政府与其他政府进行磋商,所得到的答复也支持这个看法。然而,考虑到美国政府的意见,英王陛下政府准备赞同意大利所提出的建议,该建议似乎大体上符合美国政府所考虑的步骤。英王陛下政府还准备采纳日本政府所提出的对于联合声明草案的一系列修改,我 7 月 7 日的第 683 号照会已经将该联合声明草案转达给代理国务卿。我正在用另一份照会转呈日本的那些修改建议的文本,细读之下会看到,它们对于满足美国政府关于治外法权问题委员会的愿望大有帮助。但是,与此同时,英王陛下政府不赞成如您在职权范围照会的有关段落中所表示的那样,对该委员会的调查给予如此明确的指引。

以下的考虑需要对我在 7 月 3 日转呈给您的建议案加以扩充,有鉴于此,英王陛下政府认为,北京公使团对于中国政府抗议的答复,应由以下内容组成:

---

① Frank. B. Kellogg,时任美国国务卿——译者注。

1. 一个着重声明,即,在中国政府证明有能力及意愿平息骚乱、厉行尊重外国人生命财产安全并结束损害中外商业利益的罢工和煽动活动之前,不可能讨论某些改革,更不用说各国重新考量他们与中国的条约关系。

2. 一个提醒,即,各国自始至终表明愿意彻查上海骚乱的事实,并与中国政府讨论调查结果。13 条中所提到的与上海有关,但与骚乱没有直接联系的无关事项,应为各国准备尽早开始的单独谈判的议题。

3. 拟议声明的文本,经整理以符合它在复照中的语境,并依据日本提出的修改意见加以修改,日本的提议似乎基本上满足了其他各国所提出的修改意见。

尽管倾向于认为答复的确切文本以及发表问题最好能留给北京公使团处理,英王陛下政府仍然认为,整个事情应加速进行,以使中国人不再有借口怀疑各国对于履行华盛顿条约义务的诚意。

因此,我请求您尽早通知我美国政府对于上述建议的态度。如果美国政府赞同,英王陛下政府准备向其他有关各国建议上述的步骤的改变,它们大多已经宣布以最初提议的形式批准行动和声明草案。

BDFA,Part II,Series E Asia,Vol. 29,pp. 224–225

英国外交部备忘录

1925 年 7 月 23 日

关于回答中国政府 6 月 24 日照会的同文复照,英王陛下政府目前的建议,系以其最初的建议为基础,再加上联合声明,对于该联合声明,他们已建议随后根据他们所接受的日本政府提出的意见加以修改。

因此,根据目前的建议,复文将首先阐明,在中国政府证明其有意愿和能力平息骚乱,厉行尊重外国人生命财产安全并结束对中外商业利益同样有害的罢工和煽动活动之前,不可能讨论某些改革,更不用说重新考量各国与中国的条约关系了。

关于在沪的中国代表团提出的、又被附在 6 月 24 日照会之后的

13 条,应该提醒中国政府,自从上海暴乱爆发以来,有关各国的政府自始至终表示愿意对有关暴乱的事实进行全面调查,并与中国政府讨论这样一项调查的结果。还要指出,13 条中包含着与上海有关,但实际上与暴乱无关的不相干事情。它们应该是各国要准备早日开始的单独谈判的议题。

答复的其余部分,我们在 7 月 19 日致华盛顿的第 165 号电报中向美国政府作了建议,实际文本如下:

"华盛顿关税条约规定及早召集会议,中国与九大国约定,为了中国整体的利益,应该在会议上批准某些经济措施。华盛顿会议还通过了成立国际委员会调查中国司法行政现状的决议案,旨在各国最终放弃其各自的治外法权。激励各国的精神一如当时。后来各种形势变化拖延了(关税)会议和(治外法权)委员会的召集,但不影响各国的初衷。相反,他们进一步确定了这些意图,而且各国宣布他们愿意以同情和帮助的态度考虑中国人民以同样合法的手段可以谋求实现的公正合理的愿望。因此,各国急于加快召集关税会议和治外法权问题委员会,并着手会议工作,希望与中国人民合作设计现行税率和司法制度的修改办法,以落实华盛顿会议协定的条款和精神,并将实质促成内部稳定、国际和谐条件的形成,这些条件是中国在礼让国家大家庭中取得适当地位所必需的。

"各国急于立即采取行动来实现这个目标。但是,显而易见,只要中国目前威胁到外国人生命财产安全的煽动活动持续存在,只要煽动活动表现为有组织运动的形式,决意以暴力强迫各国无条件放弃他们目前由条约保障的权利和利益,就不可能取得实际的进展。看来这样的煽动活动可能孕育着比仅仅是责任当局垮台更严重的事情。各国希望他们的这个估计是错误的。但是,他们感到有责任严正警告中国政府和中国人民,如果证明这些担忧是正确的,将会出现全新的局面,那么,各国与中国开启建设性合作新时代的希望将受到挫败。"

BDFA,Part II,Series E Asia,Vol.29,pp.193-194

国务卿致奇尔顿

华盛顿,1925 年 7 月 23 日

阁下:

我荣幸地告知,收到您 1925 年 7 月 20 日的第 701、702、703 号照会,进一步论及了对中国政府的请求的回复建议,该请求系中国政府最近对北京外交团所提出。美国政府与英国政府的看法完全一致,即,拖延通知中国政府各国的态度是不明智的。从您的第 701 号照会中高兴地了解到,英国、日本以及意大利政府都赞同本政府的看法,即,应对中国政府所提出的问题的最好办法,是宣布有关各国愿意早日着手履行华盛顿会议达成的关于召开关税特别会议和派遣治外法权委员会的承诺。目前,各国看法不一致的似乎只有一点,就是关于告知中国政府各国态度的信件的确切措辞。

英国政府认为,北京外交团的答复应该包括以下一段话:"着重声明,在中国政府表明她愿意并有能力平息骚乱、厉行尊重外国人生命财产安全以及结束有损于中外商业利益的罢工和煽动活动之前,尚不可能讨论某些改革,更不用说各国重新考量他们与中国的条约关系,"美国政府仔细考虑了英国政府的这个看法。在内战中或排外煽动的情况下召集特别会议显然是行不通的,不管怎样有可能损害或妨碍会议的商议或行动的完全自由,从这个意义上说,美国政府认为自己与英国政府对这一点的态度基本上是一致的。可是,从实用的策略出发,本政府认为,不把中国政府完全恢复秩序作为讨论某些改革或重新考量条约关系的先决条件会更好,因为各国之间随后可能难以就所要求条件的履行达成一致。本政府认为,这样说就足够了:充分警告中国政府有责任维持秩序、平息排外煽动、保护外国人生命财产安全并维持会议可以进行的条件,同时,清楚地表明各国以条约规定的方式召开会议的明确意图,并直截了当地向中国政府提出,如果形势依旧或者变化,致使会议不能如期召开,则唯有中国政府负责。相信用这种处理办法同样也可以达到希望的目标,同时还不冒这样的危险,即,在中国政府和各国间制造又一个问题或各国本身对召开会议意见不一。

简言之,美国政府认为,照会中包含这样的着重声明,即,在中国政府表明她愿意并有能力平息骚乱、罢工和煽动活动之前,尚不能讨论某些改革,更不用说重新考量各国与中国的条约关系,这会使它自己的意图归于失败。本政府认为,召集关税会议和治外法权委员会的主要作用,是给中国政府提供用以有效应付局面的办法,而没有这个办法它就仍然是软弱无能的。在美国政府看来,英国政府规定的条件会让中国政府和人民心生疑虑,怀疑各国不过是在力图找借口拖延履行他们的华盛顿会议承诺,非但没有产生让国家平静下来的效果,还会给骚乱、罢工和煽动活动添加新的刺激因素。

英国政府认为答复应该表明各国愿意对上海暴乱的事实进行全面调查,美国政府对这个看法没有异议。

美国政府希望提请英国政府注意这个情况,即,日本政府修改7月7日的英国建议时提出的对中国照会的回复建议,没有像英国提议的那样,表示各国愿意及早有机会采取行动全面修约,本政府认为拟议中的答复对此应该有所提及。

美国政府同意英国政府的看法,认为答复的确切文本以及发表问题最好留给北京的外交团处理。为使英国政府了解美国政府对复照性质的看法,即美国政府想看到把什么样的答复传送给中国政府,我引录以下原文,该内容正传达给北京的马慕瑞,供他和其他各国驻北京的代表考虑:

"美国政府仔细考虑了中国政府照会中所提出的重大问题。一段时间以来,美国政府知悉支持重新调整中国与各国条约关系的情绪在中国日益增长,而且始终予以同情的关注。每一次两国关注修约问题时都表现出此种关心,相信无须提醒中国政府具体的佐证。现在,美国政府准备依照中国当局表证其愿意而且有能力履行义务、保护外国权利和利益的程度,以同情和帮助的态度考虑中国政府修订现行条约的提议,这些权利和利益现时系由这些条约的特殊规定所保障。正是由于满足中国政府愿望的最热切的希望,美国政府想要中国政府记住,必须提供她愿意而且有能力平息骚乱、厉行尊重外国人生命财产安全的具体佐证。"

"中国政府感到,中国、美国和其他各国间各项条约所附之税则已成为严重的障碍,妨碍着中国提高进口关税满足国内经济需要的能力,本政府对这个看法表示体谅。然而,不应忘记的是,这些税则初始于1842年,最初设计这种办法是为了应付和补救两国关系频生摩擦的状况,而产生摩擦是由于当时税则的税率和征收办法变化不定。商人们无从得知税则表,估价和征税过程中的异常粗鲁和五花八门的办法有碍其生意。本政府相信,协定关税作为一种策略的办法,解决了原来非常伤脑筋的问题,不仅受到美国和其他各国的欢迎,而且也受到中国的欢迎。"

"自从修订1903年美中条约关系以来,中国政府在财政改革方面的每一努力迹象,美国政府均予以特别关注,财政改革得作为一种保证,不必再担忧昔时国际摩擦的起因,而协定关税可以放弃。"

"就是在谈判1903年商约的时候,中国政府表示希望改革其司法制度,使之与西方国家相一致。美国政府允全力支持这样的改革,而且声明,俟中国的法律状况、该法律之施行办法以及证明理应放弃治外法权的他项事宜皆能满意时,准备予以放弃。将此承诺谨记于心,本政府注意到过去22年间,中国政府和人民为建立独立的法院系统,以及制订司法行政法律而采取的每一项举措,并欣喜地注意到在这方面取得的进步。然而,设立法庭以及制订法律本身并不能满足形势的一切要求。没有稳定政府之助力,法庭不可能恰当地或一以贯之地行使职能和发展,而稳定的政府则肯于而且有能力维持法庭并执行其裁决。遗憾的是,过去数年间中国政府不能充分行使其职权,使得业已建立的法庭和法院系统难以正常运转。"

"协定关税问题和缔约国公民、臣民据以侨居中国的治外法权问题,是中国政府照会提出的两个重大问题。这两个问题华盛顿会议都曾予以考虑,而且美国政府认为,最可行的处理办法就是坚定而严格地奉行在会上所承担的义务。为达到这个目的,美国政府准备任命与会代表,参加1922年2月6日条约所规定的中国关税事务特别会议,进而还准备接受扩大会议范围的任何合理建议,使会议得充分而全面地处理与其意图有关的一切事项。本政府还愿意在关会上或以后着手处理全面修约问题,以期最终实现关税自主。"

"关于治外法权问题以及那些本国公民据以在华居住经营的条约中的特别许可,可以采取什么措施(若有的话)满足中国政府在这方面的诉求,本政府在对此形成意见以前,希望掌握较迄今所知更为全面的讯息。而且,考虑和处理这个问题的最可行的办法,是向中国派出华盛顿会议第5议决案所规定的委员会,期望该委员会的调查将有助于指导缔约各国采取何种措施(若有的话),以渐进或其他方式放弃现时之治外法权。现在,本政府准备根据该议决案派员与其他有关政府之委员共同出席,并希望委员会能够早日开展工作,搜集必要的资料作出报告。准备指示本国委员与同事们一起在其报告中列入根据他们的调查结果作出的建议,从而使有关政府能够考虑可以采取何种措施(若有的话)放弃治外法权。"

凯洛格

FRUS,1925,Vol.1,pp.793-797

张伯伦致白拉瑞

1925年7月29日

美国政府已经提出了答复6月24日中国照会的可供选择的文本,并说他们已经用电报将文本发给你的美国同事,训令他与你以及其他各国驻京代表一起考虑。

该文本在形式和内容上与英、日文本很不相同,令我担心不可能说服美国政府接受后者,尽管法国和意大利政府现已同意了英、日文本。因此,我准备遵从美国政府显然想要在这件事情上充当领袖的愿望,限度是授权你与马慕瑞以及你的其他同事讨论这两个文本,并努力结合成一个一致同意的新文本,该新文本在递送中国政府之前要提交给我批准。

应予反对的诸点,一是训令治外法权委员会提出建议,以使各政府考虑可采取何种步骤放弃治外法权,对于这个说法,你要表明,应听由委员会提出自己的建议案,而不是由各国加以引领;二是修约应考虑最终的关税自主,这个说法似乎不必要,而且可能鼓励中国人的权利要求。我特别想保留我们草稿中提到罢工和煽动活动的段落。

所采用的总基调还应该对中国人少作鼓励,美国政府对于反条约运动"始终同情关注"、对改良中国司法制度的进展感到满意,等等,诸如此类的说法应予删除。

在整个讨论过程中要记住,声明的最初目的是警告中国政府:各国坚持华盛顿原则,并且不受胁迫作更多的让步。

BDFA, Part II, Series E Asia, Vol. 29, p. 217

公使团致外交部

1925 年 9 月 4 日

照会事:接准本年六月二十四日来文并于是月二十六日备文先行答复各在案。兹本国政府对于来文内所提之重大问题,业已熟加考虑。且贵国国内有欲将中国与各国条约关系加以修正之意思日益发达,本国政府亦已知之有日。而本国政府之关心此事,每遇两国政府有关于修改条约磋商之时,皆有实际上之佐证,此层无须再向贵国政府声述也。现在本国政府对于中国政府修改现有条约之提议愿予加以考虑,但视中国当局表证愿意且能履行其义务(即对于现时保障条约特别规定之各外人权利而实行保护)之程度为标准。此本国政府所以必欲此项证明(即中国愿意且能使外人生命财产安全又能弹压乱事,暨禁止酿成恶感或发生妨碍中外邦交之排外举动),其意无他,正所以极力迎合中国政府之想望也。

关于中国政府以为中国与各国各条约所附之税则，于中国为应付国内经济需要整理其入口税则之能力，已成一重大滞碍之感想一节，本国政府无不概为体谅。惟亦有应行忆及者，此项税则乃创订于一八四二年间，系属一种暂行办法。乃因彼时所行税则之税率与征收手续均无准则，致使中国与各国之间，往往有发生龃龉情事。而此项税则之创立，即系为补救此等情状起见。盖在当时税则商人多无从得知，复因估计及征税之手续违例专擅，及常有变更之故，其营业亦受困难。本国政府深信创办约定税则在当时不仅各国，抑且中国均视为交涉上之一解决良法，而皆欢迎之。自一九二二年二月六日，关于中国海关税则条约第二条内所提及之一九〇二、一九〇三两年通商各条约缔结以来，凡中国政府各次改良财政计划，苟能认为可以保证，不至发生昔时国际上龃龉，而约定税则堪以废弃者，各国政府无不特加注意。

当上项条约在交涉中之时，中国政府曾经声明欲改良司法制度，使其与泰西各国无异。其时签订各该约之各国，亦允襄助，且曾声明一俟视中国法律之状况与其执行办法及他项理由认为可以废弃领事裁判权时，情愿废弃。自彼时迄今，各国于中国政府在此二十二年间，凡有建设独立法官团体及编订关于司法行政之法律各项筹划，无不一一仔细留意。但不能仅以设立法厅编订法律遂为应有尽有，盖非有巩固政府肯能维持法庭及执行其审判，则法庭即不能尽职与发展。

不幸数年以来，中国政府未能充分施行其职权，以致已设之法厅及司法官吏不易循环办理。又来文所举各案项内，有约定税则问题及有约各国侨华人民所享受之领事裁判权问题，均经考核于华会。本国政府亦深信处理此二问题之最良办法，不外将在华会所担负之各项责务，恒久严谨遵行之。是以一九二二年二月六日之条约所规定中国税务特别会议，本国政府现愿派遣代表与会，且愿于该会开会时，或以后无论何时，对于中国政府所提出于条约内关于税则各节，欲加修改任何接近之议案，予以审核及讨论。至中国政府关于领事裁判权问题及本国人民在华居住经营所享条约内特别保障问题之想望，应否迎合及如何进行迎合,本国政府在决定意见之先,尚思得获比较详尽之知识。查接近及考核此项问题最为可行之方法,系将华会第五议决案所规定之委员会派遣来华,庶几可冀该会调查成绩,或可为有约各国之一指南,以便对于领事裁判权或逐渐或以他法之放弃,应否当时进行及如何设法进行之问题,得所决定。本国政府现在正待派员遵照该议决案之规定,与其他有关各国政府所派委员共同列席。即望该委员会能早开始调查中国司法行政之现状,并开具报告,俾资依照该议决案,据以提出,为使有关各国政府得以审核领事裁判权之应否进行,及如何进行放弃之策划也。须至照会者。一九二五年九月四日。

《中华民国史料》第 3 册,第 149—152 页

三、关税特别会议与法权调查会议

说明:关税特别会议缘起于 1922 年 2 月 6 日华盛顿会议所通过的《九国间关于中国关税税则之条约》,约中规定在各关系国批准该约后3 个月内,在中国召开特别会议,讨论增加附加税、裁撤厘金和修订中国关税税则等问题。法权调查会议缘起于 1921 年 12 月 10 日华盛顿会议通过的《关于在中国之领事裁判权议决案》,该议决案规定在华盛顿会议闭会后 3 个月内由各关系国组成专门委员会,考查中国法律、司法制度和司法行政状况,以决定中国是否有废除领事裁判权之条件。但是,由于法国迟迟不予批准华会条约,关税特别会议和法权调查会议均拖延数年而未能召集。1925 年上海五卅惨案发生后,反帝爱国运动席卷全中国。在这种情况下,北京政府借助民气,发起了修改不平等条约的运动。拖延甚久的关税特别会议和法权调查会议先后得以召开。1927 年北京政府自主宣布开征华盛顿会议所批准的附加税,并罢免了拒绝通过海关征税的总税务司安格联的职务,由此引发了另一场交涉。

本章主要资料来源:

中国第二历史档案馆藏北洋政府外交部档案

北京政府编:《政府公报》第 3855 号、3874 号

北京政府外交部编:《外交公报》第 48、52、57 期

佚名编:《关税特别会议议事录》,转自沈云龙主编:《近代中国史料丛刊》第 16 辑,台北文海出版社,1968 年

章伯锋主编:《北洋军阀》第 5 卷,武汉出版社,1990 年

《顾维钧回忆录》第 1 分册,中华书局,1983 年

法权委员会编:《调查治外法权委员会报告书》,上海商务印书馆,1926 年

岑学吕编:《三水梁燕孙(士诒)先生年谱》,转自沈云龙主编:《近代中国史料丛刊》第 75 辑,台北文海出版社,1972 年

颜惠庆著:《颜惠庆自传》,台北传记文学出版社,1973 年

北京《晨报》,上海《民国日报》,《顺天时报》,《申报》,天津《大公报》

Kenneth Bourne and D. Cameron Watt ed. , *British Documents on Foreign Affairs*: *Reports and Papers from the Foreign Office Confidential Print*(《英国外交文件集》,以下简称"BDFA"), Part II, Series E Asia, Vol. 7, Vol. 19, Vol. 29–32, University Publications of America, 1994

United States Department of State, *Papers Relating to the Foreign Relations of the United States*(《美国外交文件》,以下简称"FRUS"), 1925, Vol. 1, Washington: United States Government Printing Office, 1940.

英文资料由张丽翻译。

其他资料来源文中说明。

(一)关税特别会议

说明:1925 年 10 月,关税特别会议在北京开幕。会议主要有三项议程,一是关税自主及裁厘,二是关税自主前之过渡期内暂行办法,三是其他相关事宜,分别由三个分委员会予以讨论。在中国废除不平等条约的声浪中,列强的态度有所改变,令中国争得有条件的关税自主权。关税自主议决案具有重要的意义,它为中国以后取消协定关税制度提供了依据。关于附加税的谈判由用途专门委员会和税率专门委员会进行,北京政府与列强在税率和税款用途方面争持不下,交涉悬而未决,华盛顿会议确定的附加税的开征日期迟迟未能确定。由于中国政局屡屡发生剧烈的变动,关税会议先是陷于无形停顿,后来不得不实际休会。

1. 召开关税会议的前期准备

外交部催开关税预备会议

1924 年 3 月

北京政府为促进关税会议起见,本月七日,先由外交部致电驻美施肇基,饬向美国政府接洽关税会议及其预备会议之召集问题,盖缘美国系召集华盛顿会议之国家,故首先与美国交涉也。次则分电与金佛郎案及华府会议有关之七国驻扎公使,亦饬其即与各该驻在国政府交涉。此事其中尤以对于驻法公使陈箓训电特详,命陈氏向法政府先解释金佛郎与关税会议及调查司法委员团无关,次则表明中国政府之意向,谓金佛郎乃属解释条约意义之问题,尽有磋商余地,不必因此牵涉其他问题,致损中法两国向日亲睦之邦交。同时外交部复制节略于驻京法使傅乐猷氏,为同样之解释。前日又由外部正式照会驻京外交团,表明中政府为尊重履行华盛顿会议条约及精神,并为整理历来外债起见,已承认华盛顿会议之中国关税条约所规定之关税特别会议,有及时召集之必要,并叙明必要之理由,请各使转达各本国政府,立即对中国政府提议予以同情。更言倘友邦认为中国提议合理,而尚以有其他原因,或特殊理由,不克立表同意,并派代表组成关税特别委员会,则中国政府亦非不能谅解,可先行召集一种预备会议,先议正式会议之议案、地点、日期等。一切问题,待此问题解决,然后召集正式会议,亦无不可,云云。盖北京政府以最近财政已陷绝境,实已不能再令关税会议无期延期也。

《申报》1924 年 3 月 14 日

八使拒开关税预备会

1924 年 6 月

据使馆界消息,与华盛顿会议有关之各国驻京公使,对于中国请开关税预备会议一事,已有正式牒文送致外交部。此次牒文以各国公使名义行之,各国牒文亦由各公使署自送,其原因有二:一因本年四月外交部要求各使开关税预备会议之牒文,系分送各使署者;二因各使对关税会议预备会议事虽皆反对,而其反对之理则大有不相同。又各使牒文送出日期亦不一,英国为上星期五,其余则自上星期六陆续送往,大约最迟者,亦不过今日(十日)。各国牒文第一段如出一辙,均"谓中国政府本年四月致牒本公使,谓关税会议虽照华会条约之规定,应俟法国批准以后开议,然中国政府殊希望立即先开预备会议,规定关于加税之细则,冀将来各国委员来华时,可省若干手续,等因,本公使业已知悉,但……"云云。在此但字以下,各国皆咸异其词,法国谓本国尚未批准华府条约,故认此时尚非可开预备会议之时机。意、比两国谓意、比两国虽不满意于中国政府未允解决金佛郎问题,则关于此事,则并不欲混为一谈,他日如开正式关税会议,本国自当参加,但此时则无开预备会议必要。英、美、日、荷等,则谓本使无反对关税会议之意,但因法国尚未批准华会条约,手续未臻完备,故不能开会,如法国加以批准,则固不必待商榷,即可开正式会议也。

《申报》1924 年 6 月 12 日

外交部致法国公使

1925 年 4 月 8 日

为照会事:案查华府会议九国间关于中国关税规则之条约规定,该约实行后三个月以内,由中国政府择定地点定期召集特别会议,以便解决裁厘加税,征收二五附加税,各项奢侈品增加税率,并修改陆路边界关税章程各问题。在中国政府于当日会议中国方面提议改正关税之案,虽未得满足其希望,然于各国政府允认从速召集会议,以示切实援助中国之好意,则深表欣感,而尤亟盼其如期实行。顾迄今已逾两载,因各签约国尚未完全批准,以致召集前项特别会议之举,无由实行。本部前准贵国驻京公使先后来文,均以用金付还法国部分庚子赔款一案与批准前项条约有连带关系为言。惟中国政府迭经考量,深信召聚特别会议,系华府会议各国共同允办之件,贵国政府自应从速履行,以符成约。至于解决赔款问题,系另属一事,与本案绝对不能牵涉。深愿贵国政府顾念睦谊,迅将前项华府协定,早予批准实行,以便克期召集关税特别会议,是所欣盼。相应照会贵公使查照,并希早日见复可也。须至照会者。

《外交公报》第 48 期

法国公使致外交部

1925 年 4 月 9 日

为照复事:接准贵总长本月八日来文,业经阅悉。法国政府兹允即将关于一九二二年二月六日所定之华盛顿条约,赶速举办提交法国国会通过之手续及其批准事宜,并设法将该条约第二款所载之特别关税会议速行召集。本公使既将上项通告奉达于贵总长,深以关税会议之召集,从此不复延期,实为愉快。相应照会贵总长查照可也。须至照会者。

《外交公报》第 48 期

外交部致有关公使

1925 年 8 月 18 日

为照会事:本总长兹将本国政府邀请参与中国关税特别会议之通牒,照送贵公使、代办查照,即希转达贵国政府为荷。

按照一九二二年二月六日美利坚国、比利时国、大不列颠帝国、中华民国、法兰西国、意大利国、日本国、荷兰国、葡萄牙国在华盛顿所签订关于中国关税税则条约第二条,关税特别会议应于该条约实行后三个月内,由中国政府指定日期、地点,在中国开会,俾得继续并完成华盛顿会议关于中国关税问题事业。

关于该项条约,中国政府有须再行声明者:一九二二年一月五日太平洋与远东问题委员会开第十七次会议时,中国委员对于关税税则条约虽予承认,然曾宣言并无放弃关税自主之意。将来一遇适当时机,仍欲将此问题重行讨论。根据上项宣言,中国政府兹特提议将此项问题提出于行将开幕之会议,并希望能有一种之决定,以祛除其税则上之束缚也。

查该约按照其第十条之规定,于一九二五年八月五日即该约批准文件全部交到华盛顿之日期发生效力。

贵国政府依照该约第八条之规定,业已正式加入。因是中国政府根据上开该约第二条,谨声明关税特别会议拟定于一九二五年十月二十六日在北京开会。特此邀请贵国政府与会为荷。

本总长深望贵公使、代办将此项邀请与会通牒从速转达,并请将贵国政府代表衔名开示本部,一面已训令中国驻外使馆通知贵国政府矣。须至照会者。

《外交公报》第 52 期

外交部等致各省密电

1925 年 10 月 15 日

各省军民长官、承德、归化、张家口各都统均鉴:新密。此次关税会议,关系至巨,所有议事日程及进行纲要为一切方针计划之总枢纽,亟应详慎审酌。经关系各部处署会同关税特别会议委员会,拟订草案,提出国务会议,公同议决,兹特密布达,以资接洽。议事日程共分三项:第一项,关税自主问题,制定国定税则与裁厘二者属之。第二项,筹备自主期间暂行办法,征收临时附加税、征收奢侈品附加税、订定陆海边界划一征税及估订货价四者属之。第三项,相关事项。订定证明洋货出产地办法,及关款存放办法二者属之。此议程之大略也。因议程不能过于繁琐,且系对外宣布之件,吾国内部须另协内定之进行纲要,以资遵守。并拟如下:(子)关税自主以前,筹备期间不得过三年;(丑)民国六年十二月公布之国定关税条例,现经修正,最高抽百分之四十,最低抽百分之七,俟裁厘后实行;(寅)实行裁厘亦不□过三年;(卯)裁厘准备金,须筹足与全国一年厘金收入相等之数,即由临时附加税内拨发各省,或以附加税为基金发行公债;(辰)附加税税率抽百分之五,连固有者合为百分之十;(巳)附加税抽收日期,于闭会后满三个月实行;(午)附加税用途决定四种:一裁厘(整)〔准〕备金、二整理内外债、三建设事业、四紧要政费;(未)保管税款办法,以审计院保管为原则,或另组委员会保管之;(申)奢侈品税率抽百分之三十五;(酉)关款应存于国家银行或政府指定之殷实银行;(戌)咨询委员会问题,即华府会议记录中所译之审议局,以取消为原则,否则亦须切实制此纲要之节目也。迩日以来,国人未明此案之真相,深恐政府计正或有未周,揣想前途不无疑虑。其一,举国方主张修改不平等条约,而政府只以关税会议之牒请□之,应付之方似未妥(差)〔善〕。然关税只条约之一种,不能概括全体,且确定自主,于修改之本旨似尚相符。其二,谓各省支款多恃厘金,骤然裁撤,必致竭蹶。但政府以临时附加税为基金,发行公债,筹足现款,按月拨交各省,并可于实行裁厘时,提前一个月拨交地方,要需似无窒碍。其三,谓此次附税不过二五,增数有限,并无实益。然政府现拟办法系附抽百分之五,并不拘于华会原案,增收之数,似有把握。其四,谓着手裁厘,一年之内虽有准备金,但以后抵补恐无把握。第政府已酌拟另筹良税,以资抵补。如抵补不敷,再由新增关税拨足。上□新税,除抵补厘金收入之外,如有余数,暂拨归各省省库。抵补之策,似非空谈。其五,谓厘金收入向存省库,改收附税后,存外国银行,社会经济恐有阻遏。但海关收款政府已收存□国家银行,□指定之殷实银行,市面金融必能(条)〔调〕剂。其六,谓洋货出厂未提修改,国货恐受影响。但出厂货税系属内地,将来召由政府酌办,以资伸缩,此时提议,似与原则有妨。至于关员待遇之法,税务行政之权,及一切可以改良者,政府刻已详细研究,另行□定。诚恐道路传闻或滋误会,特撮大要,俾明内容。诸公救时裕国,素抱尽筹,并希示我周行,以匡不逮。如有未尽明了之处,并请随时电询,或派熟悉情形人员来京洽商,以期衷诸至当。临电不胜翘企之至。外交部、财政部、农商部、烟酒事务署、税务处、关税特别会议委员会。删。印。

《北洋军阀》第5卷,第82—84页

关税特别会议委员会上临时执政府呈

1925年10月24日

呈曰:

"本会于十月二十三日开会提出关税自主办法大纲案,经详加讨论,佥以课税主权为立国要素,近世独立国家,无强弱大小,莫不有其完全之课税主权。我国关税自主权之丧失,肇端于鸦片战争,自南京条约成立后,各国援例要求,国权日削,以言财政,则税率高下,听命于人,甚至内国税法,亦受条约限制,重以债务抵押,涓滴外漏,岁入虽丰,无补国计,以言经济,则进口税率过轻,外货梯航而至,本国工商尤受压迫,且外国烟酒奢侈之品,因税廉而畅销,民力之销耗弥甚;出口税率,亦经条约限定,故国产日衰,民生日困。凡此荦荦大者,皆为我国贫弱之本源。本会察症结之所在,谋挽救于将来,自以实行关税自主为今日第一要图,爰就现行关税办法缺点,分筹补救方法,综为关税自主办法大纲九条,业经多数议决,理合呈请核定施行。"

附:关税自主办法大纲

第一条　中华民国基于国家课税主权完全之原则,应实行关税自主。凡现行国际条约、条款、换文或声明书等,足以侵害中国课税主权者,均照下列第二、三、四、五、六、七各条之规定,分别改正之。

第二条　现行条约中有涉及内国税者,如出产、销场、出厂等税各条文,应即声明废除,嗣后内国税法,概由中国政府自行订定。

第三条　现有之厘金、常关税、复进口税、子口税及正杂各税捐中之含有国内通过税性质者,均由中国政府自行裁撤,嗣后在中华民国领域内之人民,不问国籍之所属,悉照中国内国税法,一律纳税。

第四条　出口税应酌量出口货物之种类、品质及产销情形,照现行税率,分别增减,或全免,概由中国政府自定税则。

第五条　进口税应分别货物之种类品质,划定等级,遵照关税定率条例征收;但对于某种货物之课税与本国有互惠协定条件者,则从其协定。

第六条　凡与中华民国特别法令有关之进口货物,如烟酒及与国家专卖品同类者,应照该特别法令之规定办理。

第七条　进出口之税率表,由中国政府调查货价,自行订定,并得随时改正。

第八条　现行海关制度基于行政权完整之原则,由中国政府改正之。

第九条　本大纲呈准临时执政,令行主管官署酌定程序进行。

关税自主办法大纲草案分条说明书
第一条之说明

现世任何国家,除保护国或殖民地外,其国政府对于住在本国领土以内之本国人民及外国人民,均有课税之绝对权,有时且可以及于在外居住之本国人民,是为课税主权。但我国夙昔昧于国际公法原理、世界大势,与外国缔结条约,或某条约中之某条款,或普通照会换文,或解释条约之声明书中,往往有涉及本国课税主权者,此种条约条款等项,若不分别设法废止改正,则无由举关税自主之实。

第二条之说明

我国与外国所结条约,不仅限制外部关税,有时且涉及内国税法者,如出厂税、销产税、常关税则载在马凯条约,出产税则载在中美、中日条约,因之此项课税之税率征收机关,征收范围,均受条约之限制,重重束缚,致我国对内亦失其课税自由,危险孰甚!今既主关税自主,则内国税法,尤宜亟先脱条约等之羁绊,而归本国自行订定税法裁决去留。

第三条之说明

我国自行将一切内国通过税裁撤,华洋货物,在内地一律销行,但租界租借地为内国课税所不及,于是中外巨商皆麕集于此,以图免税,即以子口税而论,全年进出口正税达五千万两,而子口税只二百余万两,仅占二十分之一,是脱漏者总不下二十分之十九;他如印花税、所得税等等,在租界内固不必论,即在租界外之外人,亦不照纳,妨碍我国税权,侵减税收,而外人地位优于本国人,则本国人几无从与之竞争,故应照主权完全之原则,无分中外,一律纳税,不使畸重畸轻。

第四条之说明

各国出口,大率无税,偶或有之,亦仅限于一二种之特定货物而已。现在我国出口税,系咸丰八年天津条约所定,迄今已将七十年,形式既极凌乱,物价亦相差过远,且不问货物之种类品质及产销情形如何,一律课以同率之税,以致毫无保护奖励之余地。今应分别品类,如系原料品,则应察本国工业之需要如何,课以较重之税,以免本国原料缺乏;如该原料品不为本国所需者,则可课以较轻之税,任其出洋;如系必需品,则在外国市场不致受人竞争,可课以较重之税,如系竞争品则应免税,以减轻其成本,便于角逐;故课税之轻重减免,一视该货物之性质与其内外市场之情形为断,由中国政府斟酌订定,不受条约之规定。

第五条之说明

近世各国关税制度分三种:(甲)为单一关税制度。仅有一种税则,对于各国进口货适用同一税则,不设区别。(乙)为两重关税制度。有高低两种税则,对于无关税协定国家之货物,则课以高税,对于有协定国家之货物,课以低税,但高低二税率之间,仍可酌量协定。(丙)为三重关税制度。即一般税则为最高,适用于无协定国家之货物;中间税则较低,适用于有协定及互惠条约国家之货物;特惠税最低,适用于母国及殖民地之货物。我国此次所定关税定率条例,系采两重关税制度,仍分别进口货之种类品质,划定等级课税。如奢侈品或徒供无益消耗或有害国民健康,则应课以最高税率;而资用品则可助长本国产业之发达,则应课以最轻之率,是其例也。税则既经国定以后,对于有协定国家之货物,则适用较低之税率,但亦以互惠为原则,不能适用于无交

542 中华民国时期外交文献汇编1911—1949·第三卷

换条件之国之货物,且只限于某种货物,而不能适用于一般货物,然后始足以收互惠之实利,举协定之实效也。

第六条之说明

凡一国恒有因国家财政、社会、经济等关系,而对于某事业或某货物为特别之处置者。例如法国之火柴,旧俄帝国之酒精,日本之烟草等,皆归国家专卖,而别立法律以规定之。此项法律不受国际条约之协定。将来我国如举办烟酒专卖或其它专卖等,则自应公布专卖法,而外国运来之烟酒等,则照此法令办理,庶不至因关税协定,而妨碍国内要政。

第七条之说明

关税课税多系从价,而货价常有变迁,故税率不变,而因货价之变迁,关税收入恒受影响。例如某宗货物,每包在前年值价一百两,则课以百分之十之税,是每包应课税银十两,但现在该货每包涨至一百五十两,若仍课以十两税银时,则实际税率,只有百分之六而已。故货价与税极有关系,若货价不能随时订定,则税率虽能自由,而无伸缩之余地,究不免有所限制,故货价表应由中国自行订定,不受条约之协定。

《三水梁燕孙(士诒)先生年谱》(下),第437—441页

临时执政令公布关税定率条例
1925 年 10 月 24 日

第一条 外国货品运进本国通商各口岸时,按照本条例所定课税办法征收进口税。

第二条 进口税除烟酒及与国家专卖品同类者另行规定外,其税率最高为值百抽四十,最低为值百抽七·五。税率表另定之。

第三条 从量税品价格之订定、换算或改正,以最近一年内之平均市价为标准。

第四条 从价税品之价格依进口时当地之趸批市价定之。

第五条 进口税遇有以其本国某种货品依互惠条件协定者,其税

率从其协定。

第六条　本国货品在外国受有较他国货品不利之待遇时,该外国之货品,得以政府之命令指定于税率表所列应收税额外,加征与其货品价格同类以下之进口税。

第七条　外国货品在外国受输出奖励金之待遇时,该项货品得以政府命令于税率表所列应收税额外,加征与其奖励金同额之进口税。

第八条　遇有外国货品故意贬价,经政府认为有扰动市场之虞时,得以命令于税率表所列应收税额外,加征与其正当之税金。

第九条　税率表中未经列明之货品,其税率应比照税率表中相类或相近之货品定之。

第十条　左列各项物品免征进口税。

一、游历本国之外国元首及其随带人员之物品。

二、驻在本国各国大使或公使之自用品,及大使馆或公使馆之公用品。

三、政府输入之枪炮、子弹、火药、爆发物及其他一切军械。

四、为救恤而购入或寄赠之物品。

五、商品样本,但以合于作样本用者为限。

六、已输出之本国物品在三年以内复输入而未变其性质及形状者。

七、由本国出港船舶所载之物品因该船舶遇险而载回者。

第十一条　左列各项物品,在一年以内复出口者,免征进口税,但须于进口时提缴与进口税相当之保证金。

一、为加工而输入之物品,经核准有案者。

二、为修理而输入之物品。

三、为研究学术而输入之物品。

四、为作试验品而输入之物品。

第十二条　左列各项物品不准进口。

一、食盐。

二、鸦片烟、吸鸦片烟用之器具、罂粟子、吗啡、金丹、红丸、白丸及含有吗啡或高根之药丸等。

三、伪造、变造或仿造之货币纸币及其他有价证券。

四、有害公安或败坏风俗之书籍、图画、雕刻及其他物品。

第十三条　左列各项物品,除由政府自行输入外,不准进口。

枪炮、子弹、火药、爆发物及其他一切军械。

第十四条　左列各项物品非经政府特准不准进口。

硝、绿酸钾、硫磺、粉白铅、盐酸、硝酸、硫酸、黄磷、工作炸药。

第十五条　左列各项物品以相当数量为限,经政府核准注册之医士、药商及化学家依其用途考验联名具结后,报关查验相符,方准进口。

吗啡剂、高根及射药针、斯托魏、安洛因、司替尼、狄边、嘌嗒、哈夕什、邦戈堪尼、比司、印狄卡、鸦片酒精、鸦片剂、鸦片精、狄奥仁及其他各物品为鸦片高根所制成者。

第十六条　本条例施行日期,另以命令公布之。

第十七条　民国六年十二月二十五日公布之国定税率条例自本条例施行之日,即行废止。

《中华民国史料》第3册,第166—168页

烟酒进口税条例
1925年10月24日公布

第一条　外国烟酒运进中国通商各口岸时,按照本条例所定课税率征收进口税。

第二条　烟酒进口税率定为值百抽五十至八十。

第三条　课税价格之订定、换算或改正,以最近一年内之平均趸批市价为标准。

第四条　本条例施行日期,以命令定之。

《中华民国史料》第3册,第169页

关税特别会议委员会公布关税会议议事日程
1925 年 10 月 25 日

甲　关税自主

一　制定国定税则（为事实上之便利起见，订定筹备时期以便实行关税自主，适用国定税则。）

二　裁厘

乙　筹备期间暂行办法

一　征收临时附加税

二　征收奢侈品附加税

三　订定陆海边界划一征税之办法

四　估订货价

相关事项

一　订定证明洋货出产地之办法

二　关款存放办法

《外交公报》第 53 期

2. 关税会议之召开及其无形停顿

段祺瑞在会议开幕式上的欢迎词
1925 年 10 月 26 日

各友邦应我国之邀请，派遣代表惠然光临，聚会一堂，讨论关税问题，本执政躬逢其盛，实深荣幸！际兹开会之初，谨以最诚恳之意旨，欢迎与会各代表，并述我国民全体之希望。查此项会议，本根据华盛顿会议而成，本执政深望本会之讨论与议决，须遵守华府会议之精神。华会九国条约第一条第一项即首先声明尊重中国之主权与独立暨领土与行政之完整，我国民对此声明，颇为重视。本执政认此次会议，为实现华会九国条约声明之机会，故乘此时机，重申我关税之自主。关税自主，意义本极平常，在我言之，不过遵守国家应有之职权，想各友邦必能本平等互惠之原则,共谅此旨。查我国现行约定税则,不合经济原理,致所受影响,不可胜计。若国定税率实施以后,纵税率变更,外商之负担似略加重,而我国民久困之经济,得以藉此复苏,购买之能力,得以藉此增进,萌芽之实业,得以藉此发展。我国本为世界一大好市场,一旦经济苏复,富力增进,实业发展,不独我国家之幸,即我各友邦同蒙之利益,实非浅鲜。本执政深信自私即自害之阶,互助乃互救之本,故不惮以平等互惠之精神,属望于斯会也。况世界思潮,久趋杌陧,其原因全在经济之不平,国内固如是,国际亦何独不然! 关税制度,使之归于平等,即所以谋中外经济之安全,而世界和平基础,亦系于此,与会诸君,谅明斯谛,此本执政所乐为一言者也。

本会会场远离尘嚣,尚称静肃。诸君当能以舒展之心情,讨论本会各问题,与以圆满之结果。本执政以为,实现华府会议之精神,造成世界永久之幸福,均在此举,惟与会诸君实图利之。

《外交公报》第 53 期

沈瑞麟之演说词

1925 年 10 月 26 日

中华民国政府依据华会关税条约召集此次国际重要大会,承诸君推举鄙人为主席,不胜荣幸。鄙人追随执政之后,代表中国委员会对于与会各国代表及各代表团之专门委员暨其他人员躬致诚恳之欢迎,尤觉愉快。鄙人对于本会议之事业,切望其得巨大之成功。想今日在座诸君,定必同此感想。

欧战终了以来,国际会议亦多矣,或为政治关系,或属经济性质。自巴黎和会至于最近之罗卡诺会议,其间国际集合连续不绝,而与远东问题最生直接影响者,自当首推华盛顿会议。鄙人雅不欲对于国际会议之利弊有所讨论,但鄙人以为,举行国际会议实有一种显著之利益,即因举行会议,各国担当国事之大政治家得以彼此接近,因以养成双方之谅解,促进和善之关系,为功之巨,殆莫与京。

鄙人对于以前各种国际会议并不欲细究,其内容亦不欲择一而加以讨论。但对于罗卡诺会则愿特为一言,良以该会议之成绩现尚昭然在目,而就鄙人所观察,该项会议固已依据巴黎各约签字后所发生之新情势,将各该国间之关系予以改善。

由此鄙人遂于国际实例上忆及一种饶有趣味之点,即条约之尊严虽应维持,而已定之条约,因已经变更及正在变更之情势,亦未尝不可随时修正,此项因时制宜之重要原则,固为诸君所稔知。鄙人引此原则以为,中国约定税则制度创始于八十年前,原为适应彼时之情况而设,现在该项情况既已消灭,则此种制度实属不合时宜,自不应任其存在。鄙人敢信诸君对于此种见解,定表同情,因此深望本会诸代表本其善意与同情,利用本会议所予之机会,设法改善中国关税诸问题,俾中国得以早日行使其关税主权。为达到上项目的起见,鄙人特请王正廷博士代表中国政府,将解决中国关税问题之提案为诸君陈之。该项提案,中国政府深信为合理,谅各国代表本维持公道之精神,定予赞同,以利会务之进行焉。

中国政府关于关税自主之提案及附件
1925 年 10 月 26 日

查一九一九年巴黎和会中国代表团曾提出关税自主问题,惟当时认为不属于和会范围未加讨论。迨至一九二一年华府会议,在远东委员会第五次会议,中国代表以中国现行之约定关税妨碍中国主权,违背国际间均等及互惠主义,重为关税自主及过渡办法之提议。该委员会对于是项问题,虽经讨论,惜未能充分容纳,中国政府至今引为遗憾,不得已而订立一九二二年二月六日之关税协定。故事前中国代表于一九二二年一月五日,在远东委员会第十七次会议席上曾宣言:关税自主问题,于将来适当机会时再行提出讨论。同时并订立九国协约,其第一条第一项即首先声明,尊重中国之主权与独立暨领土与行政之完整。兹中国政府更视各国尊重中国主权与独立之诚意,际此关税特别会议讨论关税问题之时期,中国政府认为一九二二年一月五日宣言所称之适当机会已至,故特根据九国协约尊重中国主权完整之精神,并为增进各友邦之睦谊起见,提出祛除关于税则现行条约上之各种障碍,推行中国国定关税定率条例(见附件)。实行关税自主之办法如下:

一、与议各国向中国政府正式声明尊重关税自主,并承认解除现行条约中关于关税之一切束缚。

二、中国政府允将裁废厘金与国定关税定率条例同时实行,但至迟不过民国十八年一月一日。

三、在未实行国定关税定率条例以前,中国海关税则照现行之值百抽五外,普通品加征值百抽五之临时附加税,甲种奢侈品(即烟酒)加征值百抽三十之临时附加税,乙种奢侈品加征值百抽二十之临时附加税。

四、前项临时附加税,应自条约签字之日起,三个月后即行开始征收。

五、关于前四项问题,应于条约签字之日起,立即发生效力。

附件

公布关税定率条例令

关税定率条例

公布烟酒进口税条例令

烟酒进口税条例

《外交公报》第 53 期

美国代表致词

1925 年 10 月 26 日

本会议系按照华府会议所议决之条约所发生,而其目的系欲履行该项条约之宗旨,本代表团幸得参与,非常满意,切实希冀本会议堪以根据互相友谊襄助及信任之精神,与华府会议一律将事,在本会议前具有关税条约所责成之一种明晰责任,即系将该项条约所成立之各种原则及宗旨,在实际上实行之。对于此项责任,本代表团方面具有甘愿从事之意,将本国一部分履行如此办理时,如果将来提议与事理相合之办法,为实现中国人民对于中国关税税率所怀抱之希望,本代表团愿依据宽厚之精神及无成见之态度,详细考虑。本代表团希冀本会议根据互相敬重及同情之谅解,可获一种办法,一方保障外国公允之利益,一方相助中国人民发展,维持国家之前程。

《外交公报》第 53 期

比国代表致词

1925 年 10 月 26 日

主席暨各代表:查中比两国邦交敦笃,由来已久,本国当雷欧包二世秉政之时,首先来华,协助中国发展天然富产,即如协同中国建筑各大铁路,及在中国创办实业及财政的各种企业是也。有此经济提携,使中比两国素睦之邦交,益臻亲善。段执政顾念舆情,热心国事,本国又极表同情,故对于此次关会之召集,认为十分满意。斯会提议事项,比国必能以公允无私之精神,从事办理,此本代表所能保证者也。本代表团定能采友爱的精神,对于关税问题,尤当为中国援助。

《外交公报》第 53 期

法国代表致词

1925 年 10 月 26 日

贵总长及诸君:兹鄙人以法国代表资格,代表本国国家表述演词衷怀,实深荣幸。盖以本公使参与此次会议,足证前者中法两国间所有困难事件,克告解决,遂至法国国会得将华府会议之各协定批准。前项误会一经扫除,本国政府登时表示热诚,即愿与 1922 年 2 月 6 日华府条约签字各国,完全同意赞成中国政府所召集之关税会议。当兹会议垂将开始讨论,本国政府亦如其他各国所希望,现时虽有困难,其后必生满意速成之结果。盖关税会议,非只供与中国中央政府增加收入,用以改良全国之政治,更望于此会议俾将来可以清厘经济情况,以资完全恢复中国之信用。夫欲发达中国巨大之利源,则专赖乎秩序与安宁,兹为达到上述两项目的起见,法国政府遵照华府会议所定之文字及精神,对于现时关税制度,无论研讨原则,或专门研究条款及额数,凡中国政府将来提出该会各项具体之合理议案,在本国政府无不即愿以最友谊之情意予以磋议。法国购入华货,较所售出者为数实多,且对于华产多数物品,其关税或免除之,或减轻之,由是以观,足征法国在关税政策上,颇以宽量为怀。本代表本此宗旨,诚愿该会议事务进行无阻,且能达到良好结果,俾中国经济情况藉以改善,并使中华全国与各国政府之交谊获有利益,是所厚望焉。

《外交公报》第 53 期

英国代表致词

1925 年 10 月 26 日

贵总长及在席列位:适间执政与外交总长代中国政府所表示之欢迎与睦谊,鄙人应代本国代表团表示敬谢之答意。此次关税会议,乃系参与华府会议之中国与各国等九国郑重订定条约之结果,为在席列位所夙悉者。此次会议之范围与目的,曾以明白规定于各该国 1922 年 2 月 6 日签订条约以内,本国政府应允贵国政府邀请参与会议,并遣派代表前来与会,其意无他,即与在华会通过有关中国之议决案并签订华府条约之意志,完全无二,乃系欲辅助贵国达其正当期望,而谋获普益中国之效也。本国政府意欲本代表团之列席斯会,各抱宽大同情之旨趣,并嘱鄙人声明,本代表团对于关税自主问题,于此会议中愿予讨论,或此时不能解决,则俟诸异日亦无不可,此次会议所得结果,甚冀其能使华人成立完全妥协之财政制度,而其税收足敷中央政府及各省之需用。查本会主要目的之一,载在华会条约者,在拟定办法废止厘金及内地贸易所征他项税收,依本国政府之意,此项方案,必须联带涉及中央政府与各省之财政关系加以整理,而注意此组成伟大民国之各局部财政之需要。本代表团确信,中英两国同其利害,而助成一统一独立、井然兴盛之中国,其利于本国殆不减于贵国,此本代表团毫无疑贰者,而此项目的之得达,自全在中国人之手,本团固深了解,但本国之襄助,视实际可行需求如何。鄙人敢谓,本国尽愿与中国委员团及其他本会各代表尽心合作也。

《外交公报》第 53 期

义国代表致词

1925 年 10 月 26 日

主席暨诸位代表:顷向关税特别会议开成立大会,本公使谨以本国政府名义,祝颂此项会议达到光明平靖之气象,盖非此不足以策国际会议会务上之进行。本国政府与贵国友谊继续至今,素称辑睦,凡有一策可以致中国幸福者,均为殷勤注意,更望协助解决此次会务中之一切问题,俾获公平之结果,一面既可邀贵国政府及贵国人民之欢心,一面藉足巩固贵国与列强间之友谊云云。

《外交公报》第 53 期

日本国代表致词

1925 年 10 月 26 日

日本全权之临本会也,确信于本会议中,中国及其余各国之间,必能向共通之目的及相互之谅解,得达到某种确定的结果,吾人对于上述目的,敢誓言衷心协力,同时确信本会议之讨议,于一切方面均将以国际会议中必须要件之公正稳健之精神,及简明直截之手段相终始也。日本方以切实且不断之注意,观察中国国民对于实现其正当国民的要望之努力,日本自身亦曾在其财政及司法行政上之自由受片面的束缚,现在中国国民之欲解除此种束缚之努力,在日本历史上亦有相同之往迹,故吾人当兹解决今日惹人注目之同样问题时,回顾日本所曾经历之途径,而简述之于此,非无益也。日本于 1858 年对外国贸易始行开埠,彼时所缔结之通商条约,对外国许与治外法权,且于关税事项为片面的协定焉。迨 1866 年,前项条约虽经改订,然厥后 33 年间,一律维持值百抽五之协定税率,并对于出口货亦有同种之制限焉。日本国民对于如此之协定,固抱不满,然同时自觉其自国之缺点,日本国民得知其对外地位之弱点,即起因于其国内之弱点,知非先除去其原因,纵如何欲纠正其结果,终属徒劳,遂以完成内政改革为目标,而一下一步以深固沉静之决心从事焉。迨 1894 年之改订条约,大体规定值百抽五至值百抽十之差等税率,该项新税率,自改订条约签印之日起五年以后方实施,以后十五年间保持其效力。此项改订之约,虽对于顺应近世之需要略进一步,然在列国方面,并无何等之对偿的约定,仍不免为片面者也。厥后日本虽于 1899 年得列国之(快)〔承〕诺,得于国内完成撤废治外法权,而至 1911 年始得更以基于公正的互惠主义之双势的协定,代片面的协定税率,盖日本隐忍至 53 年之久,而极力努力于从事各种行政之改革也。中国今日方履践吾人所曾经历之途径,中国今日所痛感之各种艰难障碍及烦恼,皆吾人所曾亲历者也,日本全权当以同情谅解,及对于中国所处地位之友好的理解,以临本会议之诸问题也。日本全权兹得以声明,对于当会议开幕之初,中国全权所提出议案中之关税自主权问题,有加极友谊的考虑之十分准备为欣幸,唯兹尚有会同于此之吾人日前即待处理之问题焉。夫此次之会议,乃依据 1922 年关于中国关税之华盛顿条约规定而召集者也,该条约之目的在"为援助中国之整理财政而规定其关税收入增加",于是本会据此项规定,特当考虑左记二事:

第一,该条约第二条规定,在本会议中,须因赋课中国与列国现有条约上所规定之附加税,而关于急速裁撤厘金及履行他项条件之准备采适当之措置。

第二,该条约第三条规定,须考虑量于裁撤厘金之前应适用之暂行规定,且承认一律课值百抽二·五,或对于某种之奢侈品课值百抽二·

五以上至值百抽五以下之附加税。

关税条约第三条所规定之附加税定为值百抽二·五,此项税率非修改该条约之规定,不得变更也甚明。据华府会议时所推算,本附加税约可增收二千九百万元,此项增收额据中国海关报告所证明,将与贸易额之自然膨胀而递增也不待言,故于偿还以海关收入为担保之现存债务外,每年仍可生相当之关税剩余也。据我国财政专门家之见解,以此项新财源充中国政府之必要行政费,同时得促进其一般的财政整理之实行方策,并非难事。日本全权期于他日关于本问题或有为具体的提案之光荣,虽然吾人遇有以二·五以上增征相当(附加税)率为目的之提议,非吝于考量者也。此种提议,可视为属于关税条约第二条规定范围内者,乃系于完全裁撤厘金以前之过渡的方法,故中国至少须先裁撤厘金之一部,并实行中国与列国间之现有条约上所规定之某种条件也。关于关税自主权之问题,日本全权如前所述,对于中国政府以实现国民的要望为目的之合理的计划,决不踌躇于加以同情的且援助的考虑也。夫前述目的,必步一定之程序而后可达,不待赘言。吾人亦信,在中国自身亦不为列国即时且无条件放弃现有条约上之权利之想也。于是日本全权提议,限于一定期间,应择左开方法二者之一,用为暂行之措置。

(一)制定公正且合理的国定税率,以适用之于一般。另,关于特殊货物,与当该关系国协定特别之率而遵据之。或

(二)于平均不超过值百抽一二·五,且与关税条约第二条之规定不相矛盾之方法,定列国所满意之差等税率。

中国之设定关税自主权也,以树立十分巩固之统一政府为必要外,尚以完全除去阻碍中国与他国交通及通商自由之一切限制为前提,吾人深望,有显著之自主的政治能力之中国国民,受现今弥漫澎湃于全国之国民主义发展之促进,能成功于其所期目的之实现也。此种改革,不特为中国国民自身,即为各国之共同利益,亦所深盼望者也。不特此也,中国因实行前记实际上之措置,确能互相胥无所害,而根据健全且合乎科学的基础,完成其改革财政之伟业,以得创建民国隆昌之时代,

乃日本全权所深信而不疑者也。最后，余代表日本全权重行声明，当以友谊之精神，贯彻此重要之会议，同时，本会议以真挚之讨论，能实现友邦之协同相互之协助互让，且等重双方之权利利益，而对于各项议题，到达各国可满意之公正解决，以发挥共有共荣之精神，是衷心所切望者也。

《外交公报》第 53 期

关税会议关税自主问题委员会开会纪事
1925 年 10 月 30 日

关税会议会务委员会 10 月 27 日开会时组织之关税自主问题委员会，兹于 10 月 30 日上午 10 时半在居仁堂第一次开会，到会者有各国全权代表，各偕同顾问、专门委员暨秘书等，其人名如下（编者注：略）。

王正廷君被举为委员会主席，当由王君代表中国代表团将 10 月 26 日中国提出会议之议案，提交委员会，并提议以此议案五项之第一、第二两项，在此第一委员会（即关税自主委员会）处理之，而以第三、第四两项，归第二委员会处理之，至第五项则以后再分别讨论之，当时王君又演说如下：

王代表谓，承各代表之推举，深为感谢。前于 10 月 26 日大会时，本代表曾提议关税自主问题。兹当讨论其事，遂将前日提出之五款重行宣读如下（五款已见前）。

王代表又谓，中国于关税自主问题，已经提出二次，第一次于 1919 年在巴黎和会提出，后复于 1922 年在华府会议重行提出，兹将巴黎和会时所提希望条件中末段与此次中国代表所提相类似者，再行宣读如下，以便各代表之考证：

中国所望于和平会议之同意者，为两年以后废止现行税则，易以无约国货物之税则。此两年内，中国亦愿与各国磋商，就各国所最注意之货品，按照下列条件，另订新税则。

（一）凡优待之处必须彼此交换。

（二）必须有区别，奢侈品课税须最重，日用品次之，原料又次之。

（三）日用品之税率，不得轻于百分之一二·五，以补 1902 至 1903 年商约所订废止厘金之短收。

（四）新条约中所指定期限届满时，中国不特可自由改订货物之价目，并可改订税率。

中国以废止厘金为交换条件，以冀除去商务之障碍，为一劳永逸之计。

中国并无施行保护税则或苛敛之意，不过以现行税则不得其平，不符学理，不合时宜，不敷需要，故要求修订之而已。中国对外商务输出不抵输入，积年既久，负债日多，财政经济益见困难，非改订税则，鼓励输出不能救济。且输出多，人民之购买力亦增，于他国亦未尝无益也。及其改良已嫌其迟，中国政府对于和平会议提出此案，实为全国人民所属望。凡我友邦其以独立国应享之经济权利还我中国，俾中国人民得以发展其富源，而增其购买世界货物之能力，与各国从事于文化之进步，此中国政府所深望者也。

自巴黎和会以迄今日，已阅七载。而当时所提之词句，犹能适用于今日，谅与会代表中对于华会时所提此项议案，当更能记忆，因华会去今尚属不远，想今日正各友邦赞同中国提案之时期矣。中国在华会时，诚曾与各友邦订有条约，中国虽无蔑视条约义务之意，然现今情势变迁，前订条约，大有不得不请修改之势，诚如前日大会主席所云，盖此种时过境迁之原则，诸君了然于胸，无庸细述。本席对于华盛顿条约之精神，固甚赞成，但中国国民对于该约之内容，似难容纳，因华会之精神与其条约上之条款，类多不符。华会之精神，在执政及本会主席之欢迎词中已详言之。中国国民意旨与中国代表所言者，固相吻合。故本席深信，与会各代表对于中国所处之情形及地位，能较华会时之政治家有更明了之谅解，缘诸君身临中国，对于中国国民之希望及需要，及其实施主权国权力之决心，尤为明了。本席尝闻，中国关税自主权之所以被剥，以其不能统一，然此种论调，未免乖僻，凡欲自己处理国政之国，必先具有自由权,即所谓能自由以供给其国之需要是也。至关税收入,诚非一国进款之惟一部分,但其所得之数,亦能处理一国之政而有余,无庸疑义。试以中国与各友邦所订条约之字义而言,则中国政府已如手足被缚,非俟各订约国之同意,不能有税收之增加。故本席深望各邦赞助中国建设一强有力处理国政之中央政府,至执政者之更迭,实无注意之必要。执政者固不欲时有更迭,然任何政府须具有自由权以筹划其处理国政必要之款项。

论者又以中国之增加收入,徒作妄费为虑。然所有关税收入,从未浪费分文,且中国国民亦不愿税收有浪费之举。中国当有确定办法。至裁厘问题,异常重要,故将此项问题即时提出。然裁厘之前,须筹大宗款项,以抵裁厘后之损失。

中国素抱以债务如期清偿之愿,但时以未能筹足款项,致有紧要之债务尚未清理。总之,中国自当勉力,将其所负之债如期清偿也。

兹尚须加以说明者,即发展国家事业,必需金钱。建筑铁路一项,此其最著者,如中国之幅员广大,事事皆须交通上组织完备,如交通不便,其实业不能发达,实业不能发达,则中国国民之购买力不能增加,故与欧西诸国之贸易,亦坐此不能发展。是以中国政府必须注意于建筑铁路事业,盖交通发达,商业亦可藉此发展也。

本席雅不欲多所申述,但望与会各代表对于中国之提案,视为合理可矣。裁厘问题,可即讨论,但在提出他项问题之前,或可先行讨论。兹请各代表尽量自由讨论之。

日置益①之声言

在第一次大会席上,日本代表团曾提出对案两项,用以恢复关税自主权于中国。但因当时字句简明,本代表以为应重言申明,俾日本代表之提议愈见明晰。

日本代表第一项选择办法,曾谓中国宜制定国定税率,以适用于普

---

① 日本代表。

通物品,复与各关系国用条约分别订立关于特种货物之特定税率。此项国定税率,由中国自由制定,但须于中国与各国之贸易关系,毫无妨碍。盖如采用公允合理之国定税率,可使为特定税率而须另订专约之国,其数减至最低限度。上次本代表在陈述日本回复关税自主之经过情形时,曾指出一事实,即1894年日本与各国所订之修正条约,自签字之日起五年后始见实行,以后继续有效者共十二年。本代表等深信,此项成例,应加注意,盖中国可取同样之步骤也。

王正廷博士初次大会时,曾表示中国政府裁撤厘金及三年内实施中国国定税率法之决心,中国在此预备期间,可与各国订立如第一项办法所指之协约,而与国定税率同时发生效力。此项协约实行后,所有中国与各国之现有条约,概归无效,即使关于关税之片面的束缚全行解除。如本会议核准第一项办法,则日本代表之意欲提议,在中国国定税率尚未实行之时期内,按照华盛顿条约第三款,征收临时附加税。

日本代表所拟之第二项办法内,提议设立一种关税制度,大致与1902年及1903年中国与各国所订条约相符。苟此项办法得蒙采用,则日本代表拟提议制定差等税率。盖因该项条约中所规定之划一税率,既不合理,亦不合科学原则,且于中国与外国之贸易大有妨碍者也。

如将前二项选择办法加以比较,觉第一项办法优于第二项,缘第二项办法系根据二十年前中国与各国所订之条约而定。该项规定,间有难于见诸实行及不合现时经济状况者。例如,该项条约中对于出口税,不但维持且加其税率,此与现时惯例完全不合;抑又有进者,如欲整理各国间之复杂且抵触之种种利害,以编订一公共税则,此项计划必遇极大之障碍,恐在本会议所有时间内不能将其去除。若用第一项办法,则各种应采之步骤,本会议可具体决定。同时,各关系国可在此预备期间,从容与中国磋商关于特定税则之单独协定,而中国于裁撤厘金及扫除他种贸易上之障碍后,得为各国所完全赞同而实施国定海关税则法,使中国直入关税自主大路之最简捷可行之办法。

史注恩①之声言

略谓该代表团等甚愿在华盛顿条约外更进一步,并许予中国以援助。但极望将裁厘计划全部示知。此项计划必须与关税自主同时成立也。

玛德之声言

鄙人代表本国政府声明,本会议之宗旨,根本上系追据华盛顿关税条约之条款。按照该项条款,遂有本会议之召集。本代表如其他莅临之代表,有全权讨论及决定实行1922年2月6日条约所订定给予中国之利益之各种条件。

一俟包括于条约第二及第三条之各点得有完全之意见一致,中国可立享其财政之利益。所以为中国之利益起见,应行首先考量之事,即吾人职务之该一部分也。

总之,本代表欣然宣言,凡有提出合理之提案,本代表准备以最友好及最宽容之精神,将其考量,并呈请敝国政府,以副中国全国对于关税之希望。

麻克类②之声言

本代表愿以最宽大之精神,讨论关税自主之原则。但现在尚不能发表意见。盖对于今日所闻之意见,须先加以考量也。

华洛思③之声言

主席与诸君:鄙人兹为比利时代表团发言,可以宣告吾比国就原则上固愿允许中国关税自主也。

虽然中国为其本国利益,兼为其人民利益起见,并亦实即照主席提出本会之议案所自提议者,则此事实行之前,应先有一过渡时期也。

中国政府应采用一切有效办法,以使此过渡时期尽以短暂为归,然

---

① 美国关会代表。
② 英国公使。
③ 比利时公使。

此时期之久暂,则又专恃乎中国而定。盖关税自主应与裁撤厘金同时并举,而厘金裁撤方法施诸实行,则为中国之内政问题,此则吾人所不可忽略者也。

中国于此一端,凡有所尽力办理之处,吾比国政府当表同情。

在此过渡时期,即与中国全得关税自主之日相距离者,尽就比国而言,则其对于中国之提议,将秉最宽裕、最无私之精神以审核之。

欧登科之声言

主席,余愿发表宣告如下:余兹代表和兰代表团宣言,本代表团意见以为,关税自主权者,乃系一种固有之权利,属于主权者也。故本代表团已承和兰国政府授权,将竭本代表团能力所及从事于本会议,务使中国代表团关于此事所提出之各项问题,得达到圆满解决。

翟禄第之声言

义国政府之意见,业经表示,以为本国政府对于各项问题有益中国者,自当加以最大体会,故对于中国代表团合理提议,密切关系两问题,亦将以最友睦之精神与以考量,盖即裁撤厘金与关税自由是也。故义国政府信以为,完全裁撤厘金必应在完全关税自由之前,然本国政府承认,中国有权利尽先取得完全关税自主也。

毕安祺①之声言

本国政府以深信不疑之心,以为此次会议各代表团所提出之议案,必将使中国得以实行完全关税自主也。

高福曼②之声言

本席迄今尚未另有演说,其故欲节省时间也。兹所欲言,竭力求其简单。本席既闻美国代表团史注恩君演说之后,彼所提及各问题,适获我心,但丹麦政府主张者,恰如荷兰代表之所言,即谓无论何国关税自主权系其主权中之一部分,但其意非谓此权可以蔑视与其他各国所订

---

① 葡萄牙公使。
② 丹麦公使。

立各条约也。此问题如欲得适合实用之解决，即系询问如何然后可以达到修改现行条约也。彼愿聆主席对于裁厘问题有所说明。

米赛勒①之声言

那威政府之意，以为关税自主者，乃每一独立国家之绝对自主权利，是以中国提出议程所列第一项，鄙人兹预备即行予以赞同。然鄙人或更可一言者，此项宣言，但指原则之本体耳，至于中国之议案，鄙人必须更得知其较明确之情形，然后方能举行讨论，放弃中威条约各条文中所包括之权利。

嘎利德②之声言

为尊重中华民国政府之愿望及履行议院所采纳之宽大政策起见，西班牙国政府不但无意阻碍本会，且将行赞助本会议所采与中国有益之一切议决案。

艾维娄福③之声言

瑞典政府应中国之请，参与此次会议，系根据本国政府业经加入一九二二年华府会议条约之规定，本国政府对于中国政府所提关税自主问题，极愿以最宽厚之精神加以讨论，但瑞典政府迄今尚无考量中国提案之机缘，所以本代表在未得本国政府训令之前，对于本问题不能声明吾人之态度。

《外交公报》第 53 期

王正廷提出之裁厘说帖

1925 年 10 月 30 日

一、裁厘步骤及裁厘日期　特别关税会议，由华府会议尊重中国国权之精神所感动，故其目的在中国关税之自主，是以对于裁厘一事，应

---

① 挪威公使。
② 西班牙公使。
③ 瑞典公使。

有固定之决心。盖厘金为中国人民经济发展之障碍物,裁厘以后,华人生产力即可得见充分之发达也。

惟各省所征收之厘金统捐,以及类于厘金各项税收,向为各该省进款之大源,故此种赋税,决不能立即裁撤,非分期举行不可。盖中央政府该管各机关于裁厘以前,对于与厘金有关各事,如原定税则、征收条例、厘卡所在地点、照据等项,尚须细为调查考察之后,而裁厘之步骤乃定。今依照附列之裁厘计划表,自一九二五年十二月起,各省政府应于六个月以内,编造报告表册,同时,中央政府应派遣调查专员前往各省,详为考察。此种调查报告,应于其次六个月以内,由财政部及财政整理会会同考核。此外,并应筹备一宗款项,足以抵偿一年厘金之用,于一九二八年二月底裁厘计划可以完全实行。

二、抵偿厘金办法及筹备抵偿金　各省厘金之收入,虽无详确之统计,然约略计之,每年总额为华银七千万元。裁厘以后,诚恐各省收入将受重大之损失,是以中央政府于详查之后,应预筹一笔款项,以抵偿所失,按照各省裁厘以后每年不敷之数,分汇各省。为此拟分二时期以举行之,在第一时期内,应由增收关税、附加税项下划出一部分,为抵偿之用;在第二时期内,即关税自主实行时期,应即由关税项下筹拨。若此则裁厘后之抵偿方法既已筹划,则各省财政上不致受损,而厘金亦可实行裁撤矣。

《外交公报》第 53 期

关税会议关税自主问题委员会开会纪事
1925 年 11 月 3 日

关税会议关税自主委员会于十一月三日上午十时在居仁堂开第二次会议,各代表均出席。麻克类公使代表英国代表团发言,艾维娄福公使声言赞同。旋讨论日置益大使代表日本代表团之提案及马克谟公使代表美国代表团之提案。后由王正廷博士代表中国宣言。至十一时四十分宣告散会。主席询问各代表后,当定于十一月六日上午十时开第二(即过渡办法)委员会。

英国公使麻克类爵士之声明

英国代表团承认关税自主本为一切独立自主国家固有之权利,且一九二二年二月六日华盛顿条约各规定之履行,则当为中国达到关税自主之一定步骤。兹特正式宣告,英国除实行华盛顿条约各条款外,如此次会议更有办法筹划协定,则英国代表团并愿呈请其政府批准之,以冀保证中国之要求对于关税事宜应有完全举动自由,得于一适宜之时期以内完全实现也。

日本代表提案

第一条　除中国以外之各缔约国,兹敬谨宣言承认,中国具有自主国固有之权利,应享完全关税自主之原则。

第二条　中国应按照下列条款所表明之办法,恢复施行其关税自主。

第三条　中国应立即制定一国税法,并附以税则表。须于三年之内及如中国所宣告废除厘金时公布实行。

第四条　在上条所称之过渡期内,中国得按照华盛顿条约第三条第二段之所准许,向进口货物征收附加税。

第五条　在此同一过渡期内,中国居一方面,其他缔约国居别一方面,应分别议订条约,如两方愿意,可得施行于某种物品之互惠协定税率,载入此项条约之内。

第六条　第三条所称之国税法,以关于各缔约国而论,须与上条所称之条约同时实行。

第七条　应行议订之新条约,应取销中国与其他缔约国所订关于关税事宜之现行条约。

美国代表团之提议

中国代表团于十月二十六日会议开会时,于王正廷博士演说中,请求列强宣言尊重中国关税自主之原则,对于去除条约中所载税则上之束缚,予以同意。并申明,中国政府情愿取消厘金,同时又请求征收附加税，及对于以后在本会议所订之各协约，早日予以施行各事。

兹为尽其可能力徇中国代表团提议之计划，并期望本会议能得协议，一方面足使中国愿望克见实行，而一方面又得维护受有影响各国及其人民正当之利益起见，吾人遵照华盛顿条约之规定，预备即时承认值百抽二·五附加税之征收。至对于奢侈品值百抽五之附加税，则一待单表备就后，亦即予承认。

吾人并预备立时商订一种或多种之协定，为实行一九二二年二月六日华盛顿条约其他各项规定所必需者。

吾人重行声明，尊重中国关税自主之原则，情愿商订新约，以便该原则之实行，并订立裁撤厘金及取消各条约由所载税则上诸限制，以及施行中国国定税则法各规定。

为实行华盛顿条约各项规定，并同时从事于所希望之伟大计划起见，吾人提议：

（一）列强（除中国外）承认，自一九二六年二月一日起，对于各种货物实行课以值百抽二·五之附加税，并立即预备奢侈品单表。对于此种奢侈品，至迟不得过一九二六年七月一日实行，课以值百抽五之附加税。由此增收之税款，归关税行政机关存储，按照本会议所议定之用途办理之。

（二）规定在陆边境征收此项附加税之类。

（三）缔结新约，应规定如下：

（1）自此次缔结之约实施三阅月后，中国政府得自由施行一种一律实行新税则，其税率即进口税自值百抽五（现行率）至值百抽一二·五，出口税自值百抽五至值百抽七·五，作为过渡办法至实施关税自主时为止。

（2）自同一日期起，在陆地边境征收之税率，应与沿海边境征收之税率相同。

（3）由实行此项规定所增收之关税款项，应交由关税行政机关汇存，照下文指定各用途支配之。

（4）凡厘金及将来协定之相类内地税，应行废止。

（5）为裁撤厘金起见，应由海关税款项下提出款项，摊分各省，以替代厘金之征收。

（6）如有违反实行裁厘之各项协定，于无论何处征收厘金时，完纳厘金之人得有权向关税行政机关要求偿还其所纳厘金之全数。

（7）由加高税率所增收之海关税款，应充下列各用途：

①代替各省厘金之抵偿。

②赔偿所纳厘税之支付。

③无抵押借款之偿还。

④中央政府之行政经费。

（8）以履行以上第四、第五、第六、第七款之规定为条件，中国关税上现行条约之限制，应即作废。中国国定关税定率条例，应如中国代表团所提议，于一九二九年一月一日发生效力。

（9）应尽力设法，以期此项条约于签订后尽速实行。

（10）于一九二八年一月一日以前，如多数缔约国请求，中国应于一九二八年五月一日召集缔约各国代表开会，以便公布厘金业经裁撤，及磋商此项条约中之内容，或须另行订立之协定。

<h3 style="text-align:center">中国政府关于裁厘之宣言</h3>

妨害中国经济之发展者，无甚于厘金制度者也。因其阻碍货物之畅销与商务之推广，其结果每致减少吾国之生力而益陷人民于贫困。凡一国之进款来源及其购买能力，全恃人民生产力之大小，中国今日之生产力受此不良厘税之影响最巨，因遂至财源缺乏，收入减少，购买衰弱，国际贸易亦因而低落焉。

然经济历史观之，其发展程序每由一家而推及于社会，再推而至于一国，然后普及于全球。此项发展在今日已臻一国之程度，而渐次及于国际之程度。今中国不幸因此不良厘税之存在，致原料与制造品之出产不足供国内外之需求，此诚一可痛憾之情状也。

中国人民历年来呼号此税之裁撤，中央政府并设立财政整理委员会,由全国军民政当局代表充任会员。吾人深认此种情状非枝枝节节所能救济,若不将此问题彻底讲求,则殊无增进国际贸易之可能。

中国政府于熟加考量之后决定,裁撤厘制,俾国民之幸福与国外之贸易受其益,国家财政巩立基础,与各国之关系亦愈加敦睦。中国于是宣言,裁厘一事将于民国十八年(一九二九年)一月一日以前完全实行。

《外交公报》第 53 期

关税特别会议第二委员会开会纪事

1925 年 11 月 6 日

关税特别会议第二委员会于民国十四年十一月六日上午十时在居仁堂开第一次会议。……(下略)

王正廷博士经荷兰代表提议,被举为本委员会主席。王博士即简略说明中国代表团关于本委员会事务之地位(见下列开会引言)。嗣请颜惠庆博士将中国政府对于过渡时期内附加税率之详细提案,在本委员会提出之(见下列提案)。蔡廷幹督办说明中国提议征收普通品及奢侈品附加税之理由(见下列理由书)。芳泽公使代表日本代表团提出下列之声言(见日本代表声言)。司注恩先生详细解释十一月三日公布之美国计划,意大利代表于大众讨论时作下列之宣言(见意代表宣言)。中国代表允于下次开会时将详细计划付会讨论。下午十二时半散会,下次会议由主席定期再行召集。

乙项委员会十一月六日开会引言

关税自主委员会于上月三十日暨本月三日两次开会时,经各国代表宣言,承认中国关税自主权,并允议订新约解除现行条约中关于关税之一切束缚。鄙人甚为欣幸,并经鄙人代表中国政府宣言,政府决意自动裁厘,至迟不过民国十八年一月一日。该委员会开会时,鄙人曾言,关于中国提案中之三、四两项,应由乙项委员会讨论,并云普通货二五附加税暨奢侈品值百抽五附加税,即在过渡时代内亦不敷中国政府实行裁厘计划之用,因决定召集本会,以讨论足敷完成预期各项用途及准备裁厘之数。

中国政府原知华会条约规定征收各项附加税,并不以抵补厘金为其预期用途之一,但仍愿指拨该项税收一部分,以供裁厘之用,俾渴望甚久之改良内地税计划得以迅速实行。于此可见华会条约所规定之各项附加税,应予提高,以便该约文字上及精神上所预期之用途得观厥成,而裁厘准备金亦有的款可拨焉。

兹将中国政府提案中之第三、第四两项重读一遍如左:

(三)在未实行国定关税定率条例以前,中国海关税则照现行之值百抽五外,普通品加征值百抽五之临时附加税,甲种奢侈品(即烟酒)加征值百抽三十之临时附加税,乙种奢侈品加征值百抽二十之临时附加税。

(四)前项临时附加税,应自条约签字之日起,三个月后即行开始征收。

鄙人叙述引言既毕,即当请颜博士根据议事日程,乙项问题逐项讨论。今日先将一部分所需要之材料向诸君报告,以便详细讨论。一俟讨论决定,即可报告结果于甲项委员会或大会。

颜惠庆演辞

本席得与各国代表共同讨议本会重要事务,极为欣幸。今方初次与各代表同棹共事,甚望彼此立见互助与推诚合作之谊焉。

中国目标在于关税自主,即欲将国定一般税率于一定日期施诸实行之谓也。议程内关于自主一项,已由主席提出,进行顺利,颇著效力。在今日与实施关税自主时之间,有所谓过渡时期在焉。此项过渡时期不特为中国政府筹备上所必需,即中外商民为改正商务关系及实施关税自主时之种种预备,亦不可缺少。

本委员会应办之事,比较尚属次要,乃为考量及采用过渡办法。现在所欲处理者,并非属于永久之根本原则,而为过渡之临时办法。盖关税自主为吾人之目的,而过渡办法乃其手段,但按之事理,过渡办法决不能展缓关税自主之实现。犹之建造桥梁以引至目的地,若不建桥而徒集视线于目的地,固属无益,然亦不宜专注意于桥而置目的地于不顾,虽然此亦并非谓过渡桥梁不宜建筑坚固也。鄙意此项过渡办法,必须宽大方能使中国有脱离一切限制,实行其全部计划之日。主席前已经提出计划大纲于第一委员会,其中数部分应与附加税之征收立即实行。

第二委员会之会务,虽似次要,而其所含事项实甚繁赜,故蔡上将与本席曾为决定由何处入手一节,殊觉困难。幸有关税自主委员会第二次会议议事录可资引导,始悉当讨论裁厘之时,似曾提及如何实施及从何处筹必需款项,因此自及于附加税问题。故中国代表团以为,应将中国对于应纳关税货物征收附加税之提案,先行提出本委员会俾资入手,惟恐时间与情势亦只许本会讨论税率,说明中国所以欲定普通品百分之五附加税,寻常奢侈品百分之二十附加税,烟酒百分之三十附加税之理由而已。遂宣读如下:

中国政府对于应纳关税之进口货征收临时附加税税率之提案

查一九二二年二月六日,在华盛顿所签订九国间关于中国关税税则之条约第三条曾规定:

在裁撤厘金、切实履行第二条所载各条约中诸条款所定条件之前,第二条所称之特别会议,应考量所应用之过渡办法,并应准许对于应纳关税之进口货得征收附加税,其实行日期、用途及条件,均由该特别会议议决之。

此项附加税应一律按值百抽二·五,惟某种奢侈品,据特别会议意见能负较大之增高尚不致有碍商务者,得将附加税总额增加之,惟不得逾按值百抽五。

参与华府会议各国讨论中国关税问题时,咸系为好意与同情之精神所鼓动,故其结果于普通货按照值百抽二·五征收附加税,并于某种奢侈品另征附加税,惟以值百抽五为限,均经全体同意。但其详细办法,则仍应由特别会议订之。

　　兹值特别会议开幕,中国深信,各国代表所抱之宗旨,与一九二一年、一九二二年参与华会各国代表所抱之宗旨相同,并深信各国代表注意于今日情势之变迁,当可克竟全功,以巩固中国财政状况,并改善中国经济状况焉。

　　查中国政府主要税收厥有四种:一、关税,二、盐税,三、印花税,四、烟酒税。海关正税及盐税,已供担保内外债之用,其收入实已无剩。至印花、烟酒两税,尚未推行尽利,是以海关增加收入,实为中国政府资以挹注之唯一财源。

　　查他国情形有与中国相同者,其关税实为全部收入之大宗,每年编制预算,随时视需要之变迁为伸缩之余地。顾在中国自一八四二年及一八五八年以来,对于纳税货物一律值百抽五不(宁)〔变〕。惟是此项税则,既以八十年前之货价为估计之基础,其为不利抑又甚焉。直至近年,乃始稍稍修改,自一九一八年修改一次后,至一九二二年又根据华会议决案修改一次。中国关税因有此种限制,其收入比较其他商业国乃有霄壤之别。然则增加中国关税与在华外洋贸易,确可无碍。故为应中国财政上及社会上之需要起见,兹提议一种过渡时代之暂行办法,即对于普通进口货征收值百抽五附加税(其理由见附件一),对于甲种奢侈品(即烟酒)征收值百抽三十(其理由见附件二),乙种奢侈品只征收值百抽二十(其理由见附件三)附加税。

附件一:过渡期间普通品附加税率加至值百抽五理由书

　　查华府会议中,各国同意使中国关税加征值百抽二·五之附加税,乃出于巩固中国财政之美意,中国深所感纫。惟不幸此项办法当日原冀可以早日施行者,竟延缓近四年之久。同时,中国政府财源枯涸,其困难之状况,远甚于华府会议之时。欲能贯彻当时之精神,非暂行加税,俾裁厘易于进行,债务得就清理,建设可有的款,政费得所补助不可。现在政治、财政俱在改造时期,直接税一时尚未能办理收效,中国政府对于消费货物之间接税,拟稍重赋课,将进口货之普通品一律课以值百抽五之附加税,此实过渡期间不得已之办法,当亦为各国巩固中国财政之所愿望者也。好在为时甚短，厘金裁撤后，中国税制之整理前途，殊可有望，应请各国加以谅解。

附件二：甲种奢侈品（即烟酒）理由书

查烟酒二项，各国类多严加取缔，或悬为厉禁，或课以重税。其取缔方法虽因国情而不同，然不能与普通奢侈品相提并论，则无或异。如日本烟税之值百抽三百三十五，义大利烟税之值百抽三百，英国烟叶税之值百抽四百六十五，烟丝税值百抽五百，白兰地酒税值百抽八百，美国之禁酒，是为世人所共晓。中国各省现在征收本国烟酒税，有值百抽至八十以上者，而洋烟酒进口税率则为值百抽五，再纳一半税为值百抽二·五，即可运销内地，通行无阻。税率之轻，甲于天地。以中国现行洋烟酒进口税率计算，比之日本约五十分之一，比之义大利约四十分之一，比之英国约八十分之一，比之中国本国所产烟酒，平均约合十分之一。税率悬殊，实欠公允。中国政府现在参照各国通例，折衷规定过渡时期烟酒附加税，定为百分之三十。实行自主后，按照公布烟酒进口税条例办理。此项货品属于嗜好，人民虽负担较重，当亦无碍于商务也。

附：甲种奢侈品类目表（略）

附件三：乙种奢侈品理由书

中国受值百抽五税率之束缚，感奢侈品与普通品不加区别之苦痛，已历八十余年矣。自华府会议签订关于中国关税之九国条约，其第三条所规定进口货之附加税，载明某种奢侈品能负较大之增加尚不致有碍商务者，得将附加税总额增加之，惟不得逾值百抽五等语。虽尚为有限制之规定，未能满中国政府之希望，然于中国向来关税税率均一之制度，已得有适用科学的分类方法，量予改善之机会，各缔约国之盛意固极可感也。

按各国先例，奢侈品进口税有高至值百抽百者，有高至百以上者。中国政府现亦不欲与多数国相比例，惟总觉奢侈品之附加税，仅以值百抽五为限，未免与各国先例太相悬殊。是以拟将附加税之税率酌为增高。除烟酒二项各国皆课以极重之税额者列入甲种，订为值百抽三十外,其余一般之奢侈品,则订为值百抽二十。中国政府深信,此等附加税之税率仅增高至此,其于商务上亦并无若何之妨碍也。

至于何种货物应视为乙种奢侈品,此实为烦重之问题。中国政府业将英、法、日、比等国之奢侈品表加以参考,而仍本诸国内之民情习尚为区别。盖各国人民嗜好不同,习俗亦异。其嗜好与习俗大都因环境情状暨生活状态而生区别,此固不能不注意及之者也。例如,鱼翅、燕窝等类,在中国人大都视为肴馔,然通常于欧人或美人之嗜好则殊嫌不适。中国政府现特将国内所应视为奢侈品者,列一类目表,虽较之各国奢侈品表不无出入,然可信其必为素知中国民情习尚者所公认也。

附:乙种奢侈品种类表(略)

日本代表之声言

一

在第一次大会时,日本代表团曾提议,于国税法未施行前之过渡时期内,按照华盛顿条约第三款征收百分之二·五附加税。此项提议系根据左列各点之考虑者:

(一)此项二·五附加税,派遣代表与会之各国政府,业经承认其为本会议所许可,无须重行批准,而可必邀批准者,若课以较高之附加税率,则须另订协定,因致发生疑虑与延搁,而吾人所欲者,则为立时之举动以应急需。吾人鉴于以上理由,深信二·五附加税为取得确定结果之切实办法。

(二)若立即施行高于二·五之附加税,必致扰乱中国与各国之贸易关系,而影响日本之工商业为尤甚。且此项附加税之负担,不仅输货各国受之,即中国人民自身亦受之。

二

在决定由此项附加税所得进款用途之确定政策以前,吾人须确知中国之愿望及其需要。但本代表敢将此项政策得依据之一二普通原理,贡拟于本委员会之前。

当讨论由过渡时期附加税所得进款之用途时,左列各项应加注意:

（一）所需替代由厘金收入之款项。

（二）中国政府财政上信用之善后。

（三）中国政府之各项行政经费。

最后一项，即中国政府之各种行政经费一层，于中国代表关于此题发言以前，吾人可无庸讨论。

三

本代表团前已言之矣，本代表团深信二·五附加税所得之新税款，连同其他来源所得之税款，足以使本会议能筹划一可以实行之计划，以应付中国之需要。同时且以促进中国财政之总行善后也。

四

日本代表团兹希望现行之厘金如中国政府之所宣布，得于一九二九年一月一日以前实行裁撤。照中国代表团在关税自主问题委员会第一次开会时所提之说帖，则中国各省每年厘金收入有七千万元。而今于三年之时期以内，裁撤各省此项税源，中国方面提议似以为必须有以补偿一年之厘金云。

五

中国债务之整理，必须将现在悬宕未偿之种种债款，或无抵押者、或抵押不足者皆并成整数。本代表兹以为本问题此一层应照下开各原则解决之：

（一）凡应筹还之债款，内外债并应包括在内。

（二）筹款偿还之法，应照所需之数目发行联合债券，以关税为抵押，此项债券应分发于各债主，以代其原有之借款。

（三）筹还之条款对于中国应尽以公允宽大为归。

六

中国政府为应付此等需要起见，可由种种来源以获得其税款：（一）由现在拟行之附加税所增收之关税；（二）应贸易之天然增进而增收之税款；（三）可以取用之关税余款；（四）凡以盐税为抵押之债款，既经筹还而放还之该项盐余等。

至关于此税款是否足用,日本代表团固保留于将来遇有时机再详细查考。然日本代表团现在预备即仅就能力所及,以助中国实行裁撤厘金并全国总行财政整理。日本怀此数旨在念,兹特调议将一切未有抵押之债款,立即并合之同时,鄙人可言,日本即为一大有关系之债主。兹因提议如遇必要时,可允于过渡时期三年之内,延缓付还利息与分期偿还新联合债券,并将款项归中国政府自行处置。

更有进者,将来遇有机会,吾人再言相关各事件。

意大利代表的发言

一九二二年二月六日,华盛顿签订之关于中国关税条约,本为增加中国政府入款起见,所几经研究而成。是以在意大利代表团视之,以为此项原则既经设定,则各国政府为欲援助中国政府得拔于现在窘急之财政局面,似乎首先须知中国政府之急。

意大利代表团以为,就实在事实而言,必应设法将中国各债务合并成一整数,以使中国能按期付给债主以利息及分期偿还借款。如此办法当不但与公允主义相符,且为中外多数债主同其利益,倘设思中国当能完全恢复其信用,则是亦异常有惠于中国也。且也中国政府亦应置于一地位,务使其能处置其他款项,以为政费之需。然关于此端,则非一外国代表团所应发建议者也。是以意大利代表团,不得不希望中国政府关于其政费所需,提出详细计划,并表示其意愿,以为所需之款项,应完全实用于民政也。

中国政府关于极要之一端,即裁撤厘金与必须之财源以偿还各省因厘税所失之税款,业已宣布其计划矣。

今者中国代表团提出本会之计划,将能按照所指各条件施诸实行,若吾人能以是为言,其愉快当无有逾于此者也。

虽然意大利代表团之发此论也,不过有感于中国时局使然,鄙人希望主席与中国代表团不至误会焉。至预期完全裁撤厘金之时期,似在中国已为时极短。盖在此时期,即在一国其幅员小于中国,而其中央政府之威权又能遍行于全国者,欲实现如此重要之一财政改革计划,尚殊嫌未足也。且中国政府虽坚欲于此规定之时期以内,实行所言之改革,而因有徒觉有心阻遏中央政府藉此方法以推行其实权于全国,故在实施改革之际,竟可发生重大之障碍,此则必不可或忘者也。

意大利代表团固希望上述之怀疑未必有据,而以为仍应牢记于心。是以裁撤厘金,本应在中国厉行关税自主之先即行办理,然倘在中国代表团所特表之时期以内不克实行,而有任何适宜之议案提出,拟图考求必要之补救方法,则意大利代表团对之固愿用研究及赞助之也。

总之,意大利代表团深信,中国政府以后增收之进款,应专用于下列用途:

(一)付还借款;

(二)抵补厘税;

(三)民政经费之所需。

中国政府如以此增收之关税,专用于上述之三用途者,则意大利代表团深信,中国于物质上及道德上必将受惠甚巨。故意大利代表团以为,中国厉行关税自主之先,在过渡时期,必应与以一适宜之附加税与上述之各需要相适合。且此附加税,无论如何,必应在华盛顿条约第三条之规定二·五及五厘以上。是以如有提案,凡与上述各意见调和一致者,意大利代表团愿以最敦友谊之精神审核之。

《外交公报》第 54 期

《关税特别会议议事录》,第 156—193 页

过渡办法委员会第二次会议议事录(节录)

1925 年 11 月 13 日

中国代表团关于临时附加税用途之宣言

关于华盛顿条约第三条所规定征收附加税之用途,前经各国代表团在华会提出议案多起,不问其提议之宗旨若何,要之,各该代表团之为此提议,皆出自友助中国之精神,绝无干涉中国内政之意思。此乃当时连同中国在内之缔约各国协定该约第三条准许特别会议议决用途之

本意也。

中国政府现在预为声明,将上开附加税收入,专充下列四项之用:

(一)裁厘抵补金　查厘金行之已久,为中国主要财源,尤为各省税收大宗。计其收入,至少约达七千万元。就沿革论之,若无抵补方法,不易实行裁撤。然中国政府对于裁撤此种征税制度,已具决心,以求解除中外商业上之障碍。为此即须预筹之款,以抵补中央政府暨各省财政上因裁厘所受之损失。故拟分拨附加税之一部分收入作为此用。

(二)整理无确实担保之内外债　中国代表团在华会曾声明,中国政府始终以维持国家信用为主旨,当一九二一年冬至一九二二年之际,债务总额不及今日之巨,然在前三年内所有无确实担保之内外债大为增加。故中国政府于分拨此项增税收入之时,应视整理国债为第二要务。

(三)建设费　为使中国政府能广兴建设事业,如敷设铁道、修筑道路、疏浚水利等事,则需巨费方能开办。此种计划之办成,不仅增进中国之经济与社会状况,且必使各国商务胥受其利,此又无待烦言者也。

(四)紧要政费　现在中国财政困难,应分拨此项附加税收入之一部分,作为中央政府紧要政费,深望各种无确实担保之债务,一经整理之后,则政费之所仰给于此项财源者,当不甚巨。

中国政府以为,如能实行此种用途,当可使中外人民均受其利。但华盛顿会议时,曾预计华盛顿条约所规定普通品与奢侈品之附加税收入,实不敷所拟用途之用,今乃为一般人所公认。故中国政府不但须权衡缓急,分别酌定款额,俾所拟计划得以依次实行,且须将附加税率增高,以保足敷此各项用途焉。

中国代表团对于美、日两提案之见解

查十月二十六日第一次大会中国代表团提出议案后,日、美代表团先后提出议案,而其他各国代表团亦于历次委员会中为概括之讨论,各在案。因此,中国代表团对于本会议之事务,愿贡鄙见为诸君陈之。至本会议各国代表对于我国提案表示同情之态度,而重要各点大半已经同意,此则我国代表所感佩而引为欣慰者也。

甲　关税自主

除中国以外之各缔约国,业于本会议中郑重声明,承认关税自主之原则并对于关税自主应得之尊重,各国并允于国定关税定率条例实行时,同时解除现行各条约中关于关税之一切束缚。

乙　中国对于裁厘之宣言

中国政府业经其代表团声明,不过民国十八年一月一日(即一九二九年一月一日),将裁厘事宜办理完竣,中国并声明,本年十月二十四日所公布国定关税定率条例之实行与厘金之裁撤同时并举。

丙　附加税用途

中国政府认为,附加税之税收,应用于左列各项用途:

一　抵补各省裁厘。

二　整理无担保内外债。

三　全国之建设计划。

四　行政经费。

对于中国代表团用途之宣言,各国代表团似乎全体同意。

丁　附加税有提高之必要

欲以附加税之税收供给各项用途,中国政府估计每年至少须有一万万元之谱。故华盛顿条约关于附加税之规定,殊不足以应中国政府之需要,此则为日、美二国代表于其提案中,及其他各国代表于讨论时,所同认者也。顾日、美两国代表之承认华会附加税之不足也,其术互殊。日本主张中日借款还本付息展缓三年,藉以减少无担保债务整理所需之款。至美国代表团一面虽欲立即实行华会条约所规定之附加税,一面又愿订新约以增加附加税税率。总之,各国代表团均认附加税必须较华会条约所规定者为高,以应中国政府之需要焉。

戊　早日实行本条约问题

中国代表团于第一次大会所提议案第五项内，规定本会议对于上项中国提案之决议，应于签字之日起发生效力。美国提案承认本会议将来所订条约早日实行之重要，顾如何而能早日实行，尚待讨论。但新约须于所定期间内发生效力，在原则上固已完全承认也。

但尚有其他数端未经完全议妥，故中国代表团对于日、美两提案提出关于下列各问题之意见，虽所表示者与该两提案稍有出入，大约日、美两代表必能谅解。中国代表团之宗旨：

一　关于裁撤厘金之意见

中国代表团以为，裁撤厘金乃中国自行声明筹备实行之计划，前已提出中国于三年内裁厘之方法，即中国裁厘不得过西历一九二九年一月一日是也，中国代表团信为各国代表团必肯承认。此项改革究属内政问题，为中国所自愿决意应许实行者。至美国提案，不免引起中国人民之误会，此则决非美代表团之本意。兹查美国提案，涉及裁厘问题者，计有六项，即为第四、第五、第六、第七、第八、第十项。

第四项谓，厘金与相关之内地税，如经协定，应即裁撤等语。查中国政府既自任裁厘，则协定似非必要，而一面厘金之定义则十分明晰，即谓属于通过税类之一切捐税，此项捐税中国提议一概裁撤。

至第五项，则中国代表团希望，于本会讨论附加税收入用途时留意焉。

第六项，以中国代表观之，似属非宜。所谓纳税人得取偿于海关之提议，不免鼓励地方官于裁厘事项不顾中央命令。如各国希望裁厘一事得有保障，中国代表团拟由中央政府与各省订立办法，俾有关系各方面均各满意。

第七、第八两项之主要事件，既于别项中论及，该两项似可删除。

至第十项，则中国代表团以为，美国代表团之目的，可由他项手续以达之。

二　关于附加税之意见

查日本提案第四条，系恪守华盛顿条约关于过渡期间所征附加税率之规定,第中国代表所不能无遗憾者,即此与日本援助中国裁厘及他项计划之切望有所不符耳。查该约所规定之附加税项下,约计可收三千万元,是则中国须将三年中附加税项下之收入,悉数保存,仅以抵补各省一年裁厘之所需,而他项用途均无着落。

至美国提案,系欲将华盛顿条约规定立见实行,一面又拟征收较高之附加税,此提高税率纵大体可以容纳,但所得新收入是否足敷过渡期间之各项用途,则仍多疑义。加以中国遵守通行之税则最良先例,不愿出口税稍有增加也。

故中国代表团以为,美国提案所拟之最高税率,虽确系表示一种进步,但尚不足以产生一种款项,能使中国实行裁厘与他项计划。至此种款项,预计每年约须一万万元之谱。

三 关于互惠条约之意见

至互惠条约问题,照中国代表团意见,则中国国定关税定率条例第五条已规定:"进口税遇有以其本国某种货品依互惠条件协定者,其税率从其协定。"此可见不论何国,均得于过渡期间内或其后,与中国政府讨论互惠协定之问题。如自今至一九二八年间订定互惠协定,则此项协定当然与国定关税定率条例同时发生效力。

于上开各项见解以外,中国代表团并望本会议注意于本代表团尚须提出数问题,是即指议事日程乙项第三、第四款,与丙项第一、第二款而言也。

但因各该问题与现议之事无直接关系,故中国代表团以为,似不如留待将来主管各委员会开会讨论,以免混淆。

英国代表团提出之节略

英国代表团为融合中、日、美三国提案起见,特提出左列节略,并请将以下列举各节,作为本会议委员会较为详细之议程。

此项议程,如经通过,即可指派分委员会讨论细目。

第一节

各国政府对于一九二六年某月某日或以后由出口港埠运来中国之

进口货,应立即准许课以值百抽二·五之附加税,并对于一九二六年某月某日或以后运来中国之奢侈品,准将其附加税增至值百抽五。此种奢侈品应立即预备一奢侈品表开列之。此项附加税之收入,应依本会议将来协定之办法,归海关保管。

各该项附加税,应于各边界一律如数征收,并应立即订立各项办法,俾陆边所征税率应与海边所征者相同之原则,得见诸实行,藉以实施一九二二年二月六日华会所签订关于中国关税税则条约第六条之规定。

(兹提议,关于华会中国关税税则条约第六条所称秉公调剂一节,应由中国代表团与各国代表团于可能范围内,在会外直接议妥。庶在本会议中,只须将议定之各项办法,予以确认。)

按照华会条约所载于最短日期内实行各该办法之规定,本会议应依照左列各项大纲,从事商订新约。

第二节

各国应声明,承认中国得享受关税自主权之原则,中国应声明,欲裁撤厘金及其他各项内地税之意志,各该声明中所称新条约之主旨,即中国恢复关税自主、裁撤厘金及其他各项内地税,应依照左列各节所指之步骤与方法办成之。

第三节

厘金及他项内地税裁撤后,应规定办法,俾中国国定关税定率条例得以实行(其税率表应立即公布之)。

第四节

新条约实行三个月以后,中国得自由编订并征收一种一律通行之新税率表,其税率对于普通进口货自值百抽五至值百抽 ,对于进口酒烟暨烟类制造品,以及本会议所议定之其他货物,自值百抽五至值百抽 ,对于出口货自值百抽五至值百抽 ,作为因裁厘而实行关税自主以前之过渡办法。

前项税率表系一种过渡办法,以替代现行各项税则,及第一节所指之进口货附加税各项税则。

第五节

应订定各项办法,俾在加税以后完全裁厘以前之过渡期间,保护外国进出口各货不再受征内地税,此项办法应具一种制度,俾违背中央政府义务而征收之税款得由海关偿还,并规定于关税增收项下,按照成数分拨各省,俾得各省之同情与其合作,并抵补其在过渡期间因实行裁撤内地税所受之损失。

第六节

本会议对于在过渡期间与各国应分别订约列入互惠协定税则之提议,应考量之。

第七节

关税自主施行后,凡违背中国政府义务而征收之不规则内地税,应考量其保障问题。

第八节

自新条约发生效力之日起,关税收入应由海关汇存,并于备款偿还各项优先债务以后,应用于左列各项用途:

(甲)依照裁厘办法,抵偿各省裁撤厘金及其他各项内地税之损失,及缴还违背中国政府义务所征收之税款。

(乙)整理债务。

(丙)中央政府之经费。

第九节

既已订立办法,实行关税自主后除关税及出厂税外不再对货抽税之原则,应设法厘订出厂税之征收。

第十节

兹本会议应乘便设法解决关于关税手续及一般通商之各项悬案,以便解除中国国内外贸易上一切所有之障碍。

第十一节

应订立办法,使中国与各缔约国间现有条约之一切规定有与新约抵触者,应以新约规定为准,但关于最惠国待遇之各项规定,不在此限。

第十二节

由本会议设法,俾可望新约于签字后尽速实行。

第十三条

应规定如于　　年　月　　日以前,经多数缔约国之声请,中国应于　　年　月　　日召集缔约各国代表会议,以便如有关于本条约主要事件必须再行妥订者,得商订之。

《关税特别会议议事录》,第 215—234 页

过渡办法委员会第三次会议议事录(节录)

1925 年 11 月 14 日

主席(王正廷博士)于上午十时二十五分宣告开会,并云,按照上次会议之决定,今日本会会议应讨论英国节略中之一、二、三、四四项。为进行讨论起见,兹将中国代表团之议案提出如左:

除中国外各缔约国声明,承认中国有享受关税自主之权。

中国亦声明欲裁撤厘金之意志,并宣告中国国定关税税率条例应于裁撤厘金时实行。

主席又谓,关税自主及中国享受关税自主权两问题之重要,业经迭次详述,并经声明中国政府具有裁厘决心,并于裁厘时实行中国国定关税税率条例。中国代表对于上述两点之态度,在上数次开会时,谅已为各代表聆悉,不复赘述。兹请将中国所提议案,加以讨论与处理。

皮乐上校云,本席请略为说明数语。中国代表团之宗旨,本代表团细为考量,深表同情与关切。至中国困难情形,固本席所深悉。但各代表团如照中国代表所提程式之议案予以通过,其困难之处,本席亦颇谅解。此事为各代表团非请示各该国政府经过批准手续所不能赞同者,实因各代表团未经各本国政府准予作此种声明,以束缚其政府者也。以英国代表团而论,主席提出之议案,无有不可造成适当方式者,是以本席代表英国代表团拟提议如下:

兹请追记昨日开会情形。英国代表团曾提议华会准许之附加税应立即实施,而所收税款,应行存储,以供本会议随后所议决之各用途。此议曾经数代表赞同,而美国代表团不在此列。惟美代表团亦提有草案交付委员会,内载可以准许此项附加税之方法,但关于此点之意见,稍有参差。中国代表团及其他某某代表团,或尚不亟望立刻征收此项附加税,但英国代表团无论如何,总欲表示愿悉照英国在华会宿诺之精神及文字办理,谅其他各代表团具有同情,但中国代表团或任何其他代表团如对此觉有困难,则英代表团愿有以副各该代表团之意见。再,本席并无操纵本会之意,故所欲提议者,不过为调和各种异议之方耳。兹提议准许征收附加税条约之弁言内,应有声明如左:

除中国外各缔约国代表团曾声明,愿向各该国政府建议,立即订立条约,承认中国得享受关税自主权之原则,中国亦曾声明,愿裁撤厘金,兹协定该条约应行规定中国国定关税税率条例应于裁撤厘金时实行。

此项声明,仅数代表团足以办此。虽各代表团中个人或有愿为更切实之声明,然照其宪法惯例之拘束,其可能限度殆不过是。加以彼等准备建议此项允准征收之附加税,非俟新条约签字后不得实行。鄙意此项声明当可副中国代表团之意见,并望亦可副日本代表团之意见。

尚有一点须提明者,即本席不谙汉文,对于"厘金"字样知为汉字,而不知其正确意义。无论如何,对于"裁厘"字样之正确意义,总须再加讨论。此项问题,虽可俟诸后日,不过对于不能确悉其意蕴之汉字,英代表团当不能容纳。兹将加入所拟订以实行华会办法之新条约弁言内之声明,重行宣读如左:

除中国外各缔约国代表团曾声明,愿向各该国政府建议,立即订立条约,承认中国得享受关税自主权之原则,中国亦曾愿裁撤厘金,兹协定该条约应行规定中国国定关税税率条例应于裁撤厘金时实行。

皮乐上校又云,顷间提议欲以此方法实行华会规定之附加税,如得同意,则此项附加税之实施日期不得在新条约签字日期以前,所望此项提议合于中国代表团之意见,本席于此问题已预备讨论,如中国代表团欲先行研究,亦可假以时日,以备讨论。

至此主席宣告休会二十分钟,以便将印出之英国提案分送各代表。皮乐上校在休会之前,又请将渠对于附加税之说明,附入弁言之内。

当重行讨论之际,皮乐上校云,英国草案之印本,有以议案程式出之者,但此次英国之建议,非即为议案,不过作为条约内弁言中之一部分而已。该约草案已由美代表团提出。

关于草案程式,经各代表讨论后,主席云,此项问题,今已提出本委员会,如各代表另有意见,颇为乐闻。中国代表团所以用议案之形式者,并非即作为一种单独议案,此项议案须于通过后加入条约以内。此点既经说明,谅能餍各代表团之愿望矣。

皮乐上校谓,英国代表团之意,欲撮取中国提案之纲要,以造成英国之提议,英代表团殊无反对中国提案之意,不过欲将中国代表团所提大纲制成一确定方案耳。

毕安祺君谓,以本席之见解,英国提案,恰与中国提案一致无二,以本席所奉训令,只可依英代表团所提议与本席所附议之程式,以赞同中国之宣言。

主席谓,对于皮乐上校所提之方式,中国代表团尚未能与英国代表团同意。

马克谟君谓,中国代表团顷间分送之提案,虽其最后目的或在载入条约约文以内,而美国代表团因本国宪法关系,殊难认为单独之宣言按现拟之宣言或议案,不但逾越所予本代表团为议约人之权力以外,即美国行政元首亦无权办此,惟有由大总统咨询上院,并经其同意后,方能行使此权力。因此,本代表团万难依提出程式赞同此案,盖是非徒无益而反有害,或致本会议所订之任何协定不克在本国有效也。故本代表团极愿赞同英国提案,该案包含同一目的,而其方法则为与会各国代表为议约人之权力所能赞同者。倘英国提案之程式万难同意,或其措词果如主席所云不能餍中国代表之望,则请将该提案交付起草委员会办理,俾其中主要原则载入一种约文,照皮乐上校主张,作为弁言以提请本会议同意。所谓弁言者,即实行华府条约所规定二·五附加税之条约之弁言也。

主席谓,意见既未一致,似乎起草委员会殊觉难于办理。今阅起草委员会名单,组织该会人员实与本委员会相同,而此既为最重要之案,似不如宽假时日细加考虑,或组织小委员会试为融合各种意见,再行提交本委员会,本席并非有何提议,不过欲抒其意见耳。此案既尚未意见一致,即交起草案委员会拟稿,似属为难。

马克谟君谓,以本席观之,英国提案似与中国提案实质上颇相类似,故其异同之点,仅在字句而已,此事当可交小委员会办理。

主席谓,中国代表团以为并不如此,殊深遗憾。本会所订之约,自须经过批准,此与美国代表团提议须请示本国政府一层,实属不同。未知其余各代表有无意见表示,如无意见即将散会,不订再开日期,否则各代表如果愿意可组织小委员会,以查察是否可得方案而期全体之同意。

欧登科君谓,在取此无期延会之重要步骤以前,本席愿略述数语,以便将双方意见融合一致。此事确极困难,又须慎重将事。中国代表团为难之处,以及其欲通过此议案之理由,本席甚为谅解,想各代表当亦无不谅解此理由。至于美国代表团方面发生之困难,谅非仅更易字句所可祛除。盖其困难,乃在于宪法手续也。故本席虽殊不敢自信,但甚愿在此次会议于中、英两案以外,另拟条文。其首句当能尽如中国之意,而一方面至少可祛除某某代表团因宪法上理由所表示之困难。兹将所拟条文宣读如下:

除中国外各缔约国代表团声明,中国主权含有享受关税自主之权利。

如此种宣言可以通过,则中国代表团之大愿亦得遂矣。其第二段如下:

本会议抱此目的声明:愿立即进行草拟新约,按照该约,中国应裁撤厘金,裁撤后,中国国定税率即可实行。

　　兹鉴于各代表因本国宪法所感受之困难,则第二段谅本会议目前所可允行。兹将此案提交本会以便讨论。

　　麻克类爵士谓,本席愿赞同主席之议,指派分股委员会讨论一切。

　　日置益君赞同此议。

　　高福曼君谓,各代表团方面为难之处,大致似无甚差异。由小委员会调和异同,自属最妙。

　　司注恩君谓,照本席所了解,麻克类爵士之提议,似谓由主席指派小委员会,将各种提案合并拟成弁言或议定书载入条约,此自易于办理。

《关税特别会议议事录》,第271—279页

王正廷对于关会之谈话

1925年11月16日

　　日来盛传关会进行,不甚顺利,某社记者昨特访王正廷博士,询问最近真相,王氏多所说明,兹撮记如下:

　　王氏略称:中外人对于关税问题,自然各有意见,吾人尽管自有其确定不移之方针,而外人之意见,亦当然不能禁止其表示。按吾国关税自主权之束缚,已达八十余年,恢复此项主权,乃国民历年之宿望,此次关会,特其表现国民愿望之一机会而已。吾人本国民之要求,受政府之命令,抱定方针,在于争回主权,而不在增加收入。所注意者,在权而不在利,是以关税自主权之确定的承认,乃丝毫不能放松之事,外国人所谓向政府建议"原则的承认"等语,均非吾人所愿闻。如主权不能回复,则会议宁可不开。吾人尽有应付方针,缘关税自主权之恢复,国际上有两种先例,一系日本,以交涉商办为之。一系土耳其,以片面宣言式行之。中国今日,姑先用日本之办法,与各国情商,如各友邦不能容纳中国国民之愿望,则不得已只好用土耳其之方式,当为各国明达之士所能相谅。至关税自主之外,中国对于裁撤厘金,确抱有破釜沉舟、限期办到之决心,将来办法确定之后,如有不顾大局之辈,对此加以阻挠,

则吾王某亦当起而号召国人,与之奋斗。但此事全系中国内政,吾人愿自动的努力实行,绝对不能作为外人承认关税自主之条件。再则裁厘须有充分之抵补,其数额与办法,尽可商量,而最小限度务须足以应合需要。以上三点,为吾人坚决之主张。此外如实行之期间,过渡税之税率,各国与中国相互间之特定税率,均可于自主权确定承认后,从长计议。

语至此,记者问曰:各国对于中国关税自主,不已声明承认乎? 王氏答云:第一委员会开会时,各国本已口头承认,前日特请各国将已有之誓言,订为条约之形式,以资信守。明日下午,小委员会即专为此事开会,希望可得圆满之结果。记者更问以万一不能得圆满之结果,则何如。王氏答称,事实上当不至如此,若果中国国民愿望,竟不能得各国之承认,则只好听其停会,别图国民自决之方法而已。记者最后问及新条约发生效力之时期,据王氏言,此项条约,当然应须各国政府批准,惟吾人鉴于已往华会条约,非签字各国一律批准后,不生效力之失策,此次订约,当规定如有几国批准,即生效力,以免因一二国家,藉故留难,涉及全体之弊云。

《顺天时报》1925 年 11 月 17 日

第二委员会之分委员会开会纪事
1925 年 11 月 17 日

十一月十四日第二委员会开会时所指派之分委员会,于十一月十七日三时在居仁堂集议。到会者为(中国)王正廷博士、(荷兰)欧登科公使、(美国)司注恩代表、(日本)日置益大使、(英国)皮乐上校代麻克类公使出席。关于关税自主及裁撤厘金问题之方案,完全同意。此项方案即将于第二委员会会议提出之。下次第二委员会定于星期四上午十时开会。

《外交公报》第 54 期

过渡办法委员会第四次会议议事录（节录）
1925 年 11 月 19 日

主席宣告开会，并谓，关税自主案，业经本委员会前日指派之分股委员会一致通过，兹特向本委员会报告，遂宣读该案如左：

参与本会议各国代表议决，通过下列所拟关税自主条款，以便连同随后议定之其他事项，加入本会议将来所缔条约以内：

除中国外各缔约国兹承认中国有享受关税自主之权利，应允解除各该国与中国间现行条约内之关税束缚，并允许中国国定关税定率条例于一九二九年一月一日发生效力。

中华民国政府声明，裁撤厘金应与中国国定关税定率条例同时施行，并声明于民国十八年一月一日（即一九二九年一月一日）实行裁厘。

主席谓，此案现已提交本委员会，应询是否允予通过。

司注恩君正式动议请通过该案。

华洛思君谓，比代表团顷聆中国人民正当期望可予满意之议案，先经分股委员会一致通过，今日复提交本委员会征求同意，曷胜欣幸！但不得不声明者，如此项议决案作为将来加入条约内之一款，比代表团仅可赞同，惟须保留按照比国宪法此种条约须经比国国会批准。

玛德伯爵谓，对于此案，愿予赞同。但亦以比代表所持之同一理由，提出保留须经法政府之核准，并云，此案先已呈报本国政府，请其迅予赞同，惟迄今尚未接复。

翟录第君谓，本席亦赞同此案，但须提同样保留。缘所持全权凭证载明，签订之一切条约须呈经义国君主之批准。

毕安祺君声明如下：

所提议案深合体制，惟冀解释字句，悉按本意，且明白晓畅，不尚权谋，以示缔约各邦之最后目的得以核准。

由言变行愈速，斯保障践约愈近，和平觉悟，益见进步，斯双方互利益臻丰裕。

本席赞同此案,并望本会会议之障碍,从此得以扫除为幸。

嘎利德君亦声明赞同此案。

艾维娄福君亦以须经本国政府批准之同样谅解赞同此案。

米赛勒君谓,上次本委员会开会时,殊形困难,而在分股委员会竟能顺利解决,极为欣幸,并极愿赞同将该案或条款加入约中。

高福曼君谓,分股委员会通过之案,本席完全同意。分股委员会各代表所办之事,觉其极有价值,且使本会会务得有结果,本会个人愿向分股委员会各代表致谢。

主席谓,中国代表团对于本委员会之行动,颇为感佩,中国与各友邦之正谊从此得以计程前进,谅各代表当亦不胜自慰。此案能得出席各代表团一致赞同,且经其通过,曷胜欣幸!今日本为第二委员会,惟第一、第二两委员会出席人员相同,此案应作为已经该两委员会通过。

主席复提出秘书长所送之通告,并谓,除报告分股委员会议决案外,按照该通告所载,应请于本日会议讨论下列问题:

(甲)附加税税款用途。

(乙)附加税税率。

因有数项议题,为下届会议之用者,应先载入通告,以便各代表可调阅关系文卷,预备讨论,故本日会议已提议照此办理。如此项办法可邀同意,即请进行讨论,并先议附加税税款之用途。

颜博士谓,分股委员会和衷办事,得有成议,应先向该会各代表致谢,然后再将税款用途加以说明。想该会讨论结果向中国国民报告时,定能踌躇满意,而使中国国民与世界各国国民间之谅解,更得增进矣。

兹当讨论税款用途。各代表当能记忆上星期中国代表团曾将过渡期间附加税税率之文件分送各代表。此项税率高于华会条约所订之税率,其未参与华会各国之代表对于“用途”字样之解释,或无意中与曾引用此字之见解有所不同,故拟请将当日在约文内引用此字时之情形,略为说明。当华府会议中国关税问题分股第一次会议时,中国代表曾郑重说明,关税为国家收入上一种极重要之来源,在中国尤甚。盖中国实业尚未充分发展,人民大半务农,且中国政府需要税款大都充建设事业之用,如教育、公益、造路及其他增进人民幸福之改革。中国代表团应明白声明:所以载明此类需要,并非开中国政府知此需要是否较他国为深,及此类需要是否真确之问题。在华会时,中国代表团并不欲置各国于疑难地位,亦不欲使人民指摘干涉中国内政。当讨论之际,各代表团对于附加税税款之有益用途,诚各有提议,但皆本相助精神,绝无意谓中国于用途问题不应首先提出,亦非谓各国于中国需要知之尤审。总之,华会全部空气在于友谊援助,此种精神已备载于华会关于原则及政策条约内各原则之一。今此空气复充溢京国,曷胜愉快!且于用途问题,中国代表团尚不虑有何争议发生,尤以阅及日、美及其他代表团之提案为然,足见中国代表所拟议之用途,与各该代表团所提出者,大致完全相合。所有"用途"字样之本源与意义,既略为申述,并解释明白,以免有何误会。兹请将中国代表所提四项用途依次说明于后。

第一项用途,即为裁厘。对于此事,各代表意见实已一致,计裁厘一项估计须七千万,中国代表团对于厘金加以详尽研究之后,发现于此预计数目之中,竟漏列常关收入约一千六百万,其中有六百万元应行裁撤者。又漏列津浦等铁路货捐约四百万元,故裁厘所需款额自当不止七千万矣。如二·五附加税征收三年,其总数仅敷抵补各省裁厘一项。至于"用途"字样为包胜勋爵在华会时所援用,有询其意义若何者,彼答云,可指抵补厘金而言,故本席以为,各国代表业已一致赞成中政府所称之第一项用途,盖即裁撤厘金是也。

司注恩君起而询问,颜博士之意,是否谓裁厘须年费九千万元,而附加税项下积存之款,须三年方满此数。

颜博士答曰,然。其于说明第二项用途时,彼谓,本席现适充财政整理委员会会长,故获知一二,当陈述于各代表之前。当华府会议时,中国外债之数,只为二万六千万元,内债之数,约为一万万元,后者旋由发行之九六公债整理之故。当华会时,代偿债务问题不甚紧张。其实美国参议员恩特华氏尝表示其意见,谓若于增收之二·五附加税项下抽出百分之十,已足清偿外债。其余之数,约有三千五百万至四千万元之谱,可作行政经费云云。但现在应行整理各债务之实数,已增至八万万元,其中三分之一为内债,三分之二为外债。华会时代距今非遥,而债额骤增至此,能不令人惊异。究其增加之原因,厥有数端:(一)汇价之涨落无定。例如,近数年来,英镑价值之增高是。(二)积利与复利之关系。(三)通例借款期满展延须增加百分之一之利率。本席以本会议迟至三年之久,深为不幸,否则中国何至陷于今日严重之境乎。

旋进而说明建设上之用途,略谓,中国代表团于华会席上,请求增加关税时,尝陈述公益事业之重要,因关税虽确由商人直接缴纳,而终则仍由消费者负担,是以中国人民对于增加之收入,亦有一分关系,是乃正当与公允之事。斯项意见业在华会席上明晰陈之,并已获得各方面代表团同情之采纳。比国代表团尤与中国之意见相符,英国代表团对于中国应添筑铁路、振兴商埠诸端,亦已郑重言之。中国政府深觉数年以来所作之建设事业,寥寥无几,殊为遗憾。揆厥原因(其详毋庸赘述),不外中国于建设上颇少发展之机会已耳。鄙意今日殊为一良好机会,俾得着手于建设计划,消弥破坏之势力,且免中国若干首领,因未有建设计划而受人之非难。据中国一般有智识与爱国者之观察,本会议之成功与否,只视华人方面社会与经济上幸福能否有所成就而定。至于计划之细目,当由分股委员会随后加以考虑,斯时无容赘述。但可述其大概,即谓中国政府心目中有建筑铁路、完成某某重要之干线、修筑国道、疏浚水道及发展实业等之计划是也。不宁惟是,近来进出口货之相差额颇不利于中国,盖已多年,于兹中国非欲减少进口额数,但欲增加出口额数。查丝、茶、棉花为中国之主要输出品,鄙意如备有的款以为改良此项种植之用,则其结果不仅有利于华人,抑于世界与中国通商之一切人民,亦均有裨益也。

最末一项为行政费。本席又可谓,此项用途于华会席上业已获得至诚挚之同情,各友邦均承认斯事为一要项。

是以本席欲以数言总结之:各代表对兹用途问题,殆已一致赞同,兹欲声明者,其取舍之权,当以一部分归中政府,并请各代表对于各种用途,务避不由中政府创议采择之形迹。各代表如有咨询之处,本席随时皆愿以本会代表或财政整理委员会会长之名义,斟酌而答复之。

总之,本席拟将税率问题付诸讨论,盖窃以为若未确知所得新税收之实数,而即行讨论各项用途,必致徒费时间,而于事无济。又谓,用途及附加税税率两项,似可同时讨论,或将税率一项审议一次,如遇必要再议用途亦可。

主席云,本委员会对于此项建议是否同意?

日置益君乃起谓,鄙意本委员会会议现已届一程度,可使一切事务由分股委员会切实办理。故拟提议立即遴派两分股委员会,一以调查厘金问题,一以讨论中国宣言书内所载之其余三种问题。本席并建议第一分股委员会亦有调查其他妨碍贸易上便利之情形之职务。至于办事手续之次序,中国代表团顷甫提出一种建议,即谓附加税问题应与用途问题同时提出讨论。惟日本代表团之意以为,规定支出一事,应在讨论附加税之前行之。因若不知支出上所需若干,则当讨论附加税之时,必致发生困难,此观于美国提案中(此案已为英国代表团所赞同)所云税率并未确定,应照需要之多寡核定一事而尤信。故本席以为,如在讨论附加税以前先将支出规定,实属较为便利。

主席谓,颜博士曾言,可于研究用途问题之前,先将税率问题略加讨论。至日置益博士之意,则欲将用途一事先付讨论,而后讨论税率问题。兹两项问题大抵彼此有连带之关系,故若于本日为一种概括的讨论,然后遴派两种分股委员会细加处理,当为有益。至于用途,分股委员会之进行须在他项分股委员会之前,亦属可行。

颜博士谓,己如不误,则关于用途上必要之数,为日置益君所欲知者,业已见于所述文件之中。依据中国政府之概算,此项需要数目,系为银元一万万元,鄙意以此数目提出本会,则对于税率问题当可进行讨论,并可试核其结果之能否达到此项数目。本席以为,斯时遴派税率分股委员会,当不至有时机未熟之弊矣。

皮乐上校询问,颜博士曾否说过,中国政府所需裁厘之数,共计七千万元。

颜博士答云,一万万元之总数,系作四项用途。

皮乐上校谓,裁厘经费,原估之数为七千万元,但既于今晨增加二千万元,合成九千万元,则留为整理债务、建设费与行政费之用者,只余一千万元矣。

主席说明,关于裁厘事宜,彼等所预备抵补者,只属一年之费,盖因裁厘如果实行,则抵补之款可由关税收入项下取得。

皮乐上校谓,对于此点,已可明了。但以为仍须略加解释,因对于中国代表团方案中之详细计划,尚未完全获悉。是为本席所盼望于分股委员会会议时所提出各事项中之一种也。

主席答云:诚属如是。

日置益君谓,据中国委员团顷所陈述一段而观,似已假定中国委员团在大会上所提出之议案,业经承认,但遴派分股委员会之宗旨,系欲将宣言书中所载各点,悉付讨论,故鄙意关于数目一节,似尚未确定也。

主席依颜博士建议,请蔡上将提出税率问题。

蔡上将谓,依据颜博士顷所云之数目,本席拟将一种简明表诵读一过,以表示中国政府拟如何于附加税项下提拨一款,俾将各种计划切实施行。于是宣读该表如左:

据一九二四年贸易册一九二二年修订进口税则估计进口货附加税税收表

货物种类	所拟之附加税税率	估计之进项(以银元计)
(一)甲种奢侈品 酒甲类	百分之三十	三、〇〇〇、〇〇〇
烟乙类	百分之三十	一九、〇〇〇、〇〇〇
(二)乙种奢侈品	百分之二十	五〇、〇〇〇、〇〇〇
(三)寻常货品	百分之五	三〇、〇〇〇、〇〇〇
合　计		一〇二、〇〇〇、〇〇〇

蔡上将续谓,所云一万万元或九千万元,只属一拟议之数,是以表

中所载,亦只属拟议之税率与估计之进项而已。其中之数目字,于提交委员会时当妥加厘正。盖届时或将计算上种种原由加以说明也。至将来是否将甲种奢侈品之税率减少,而将乙种奢侈品之税率重行厘定,抑或仅将寻常货品税率加以修改,是皆为专门委员解决之问题。但吾人现须工作之范围,即应设法筹得一万万元是也。

主席乃问,同人应否再为概括的讨论,抑立即指派两分股委员会?大约经分股委员会讨论以后,本委员会当益能讨论本问题矣。

玛德伯爵谓,本席于未再进行以前,对于蔡上将所宣读之数目字,拟略有陈说。本席欲知所拟进口货附加税税收表(即依照一九二四年海关贸易册估计)之数目字,如何编成?据表中所载,若征收百分之三十之附加税,则于酒类项下可获三百万元,烟类项下可获一千九百万元。

依照一九二四年海关贸易册,进口之酒与皮酒、酒精之总值,共计关平银五、二〇八、四一九两,折合银元为七、四四〇、五九八元,其百分之三十,当为银元二、二三二、一七九元,而非三百万元。

再就他方面而言,一九二四年进口之烟叶、卷烟及雪茄烟之总值,共计关平银五三、一一二、七〇四两,折合银元为七五、八八八、一五〇元,其百分之三十当为银元二三、七六六、四四五元,而非一千九百万元,故由所拟酒类附加税项下之收入,较诸相同之烟类附加税项下所得之数,尚不及十分之一,而非如该表中所载为十分之六也。

关于所拟之乙种奢侈品,法国专门委员尚未遑将海关贸易册内之数目详细研究,本席敢谓,中国代表团若照乙种奢侈品中所列各项,将海关贸易册相同各项详细见示,则于各国代表团之事务必大有便利,且可免种种误会。

玛德伯爵于是又举一例,谓欲悉精细织品之精确意义,殊感困难。

主席谓,若使各专门委员先将兹问题解决,或可使讨论易于进行。

翟录第君问,主席云关于中国代表团所提清单内货品之分类事宜,能否由主席更为详示,以期明了。鄙意以为,倘无此等事实,则欲令本会编制一种公允之各类物品表,殊觉困难,而于奢侈品为尤然。

主席云,本席当请秘书长将翟录第君所欲知之事实,悉行报告。

华洛思君谓,本席并欲询明"玻璃器"字样之精确意义,主席能否见告?

主席答云:自应奉告,但有诸多事项均须加以解释,是以本席以为华洛思君未必即欲知之,容俟分股委员会开会时,再行照办如何?

米赛勒君谓,据本席所知,前数次会议时,曾有一次提及指派奢侈品特别分股委员会之事,但不悉当时之意是否谓奢侈品分股委员会当研究一极重要问题,即何者应列为奢侈品之问题是也。藉曰如是,则本席亦将如同事中之一人,欲确知该委员会得有一切应有之资料,俾对于欲列为奢侈品之各种货品将决定同人能否迎合中国代表团之提案。窃以为,乙种表内所胪列之物品,倘一律作为奢侈品,则未免有言过其实之处,且俟本会核算税收数目之时,须将数目略加修改,盖因不能赞同将乙种表内所列物品均作为奢侈品也。吾人对于中国情形固当特加注意,顾亦须将他国所视为奢侈品者加以考虑。总之,乙类内所列物品不能完全认为奢侈品。本席以为,斯时对兹问题固无庸细加讨论,但关于此点拟为一种保留。

主席询问,若于各项专门分股委员会内添列一附加税率分股委员会,是否可副米赛勒君之意?

米赛勒君赞成斯议。

蔡上将谓,拟将中国代表团日前所提出之三十一项奢侈品量为扩充,编成一奢侈品表,提出于各国代表团之前,俾同人获有机会得于分股委员会开会之时,将其所怀疑之点及欲加质问及反对之事,详细指出。目下倘无驳议,则中国专门委员会可待至分股委员会开会时,再将各项问题逐一答复,而不必于全体委员会开会时为之。鄙意此项办法谅可取得全体同人之同意。

麻克类爵士云:本席极赞同中国代表团所发表之意见,即谓应即进行指派各项分股委员会是也。本席亦赞同日本代表团所表示之意见,一谓彼等须先知所需若干,然后可以研究附加税暨奢侈品问题;二谓彼等应先行查明清理债务之所需为若干,而后再议数目问题是也。

《关税特别会议议事录》,第 282—297 页

关税自主案通过后芳泽的谈话
1925 年 11 月 19 日

芳泽日使前日(十九)向电通记者,发表其对于关税自主案通过之感想如左:

关税自主权问题,在会议前,各方面多对其能否圆满通过,均怀疑惧,乃当会议开始之时,各国全权对此并未持何反对态度。盖在主义上,本不容有所异议,惟在其实行日期及方法上,各国全权意见,尚未趋于一致耳。当本月十四日第二委员会开会时,中国全权始正式提出恢复关税自主权案,因特设小委员会讨论此事,卒于前十七日小委员会中始得一成案,而一致的与以承认,更又于本日(指十九日)委员会中,得完全通过该案。此不特中国方面,深为满足,即各友邦亦为之欣幸不置也。现会议中所视为最困难之问题,既已解决,则今后会议中所应讨论之各问题,似又不难迎刃而解云云。

《顺天时报》1925 年 11 月 21 日

关会昨日开两委员会
1925 年 11 月

本报特讯:关会厘金专门委员会,于昨日午前十时半,在居仁堂开会。中国方面出席者,为外交次长曾宗鉴、及外财两部之专门委员三名。各国方面出席者,日本为日置、芳泽两全权,美国为马慕瑞、史陶恩两全权,英国为麻克类公使,法国为玛尔泰公使,义国为翟禄第公使,荷兰及比利时则为专门委员。其他各国代表,则均未出席。盖专门委员会,在有直接利害关系以外之各国,曾决定可毋另派代表故也。最初由美国提议,推举外次曾宗鉴为主席。开议后,首由中国委员详细说明裁

厘之种类及范围,并提出各省裁厘详细表,当说明该表所载,与前者财政整理委员会发表之数目大略相同,年额约七千万元,今再加填补常关损失约二千五百万元,合计裁厘基金共需九千五百万元,然各全权中,以厘金之范围并未明确规定,故有质问其正确之定义者,中国委员则答以"乃课一切通过货物之税课也",某国全权遂质问落地税是否厘金,中国委员答并非厘金,于是某委员,乃根据一千九百三年之英清、美清两通商条约驳论,谓落地税亦厘金之一种,于是约定下次会议时,先规定厘金之正确范围,至十二时三十分遂散会。

午后四时,又在居仁堂开用途专门委员会,除厘金以外,中国方面仍如午前由曾外次出席主席,日、英、美、法、那威、丹麦、义、比各代表均出席。本专门委员会,虽预定讨论(一)整理不确实内外债务;(二)中央政府经费;(三)国家各项建筑费各项问题,然昨日仅止讨议整理不确实内外债务而已。中国委员大要提示财政整理会前所发表之内外债一览表,请各国代表熟虑,然确实之数字,须以精查为要,故皆未肯有明确表示,当由各国代表相继提出质问,讨议为时甚久,亦未见何等决定。即将来讨议之原则,亦未谈及。盖所提出者,仅只财政部所经管者,其交通部所经管者,非一时可望进行讨议。至四时半散会。闻昨日上午会议席上,对于裁厘办法、手续等,由中国提出具体计划甚长,大致:

(一)应裁之厘金标准。以民八预算已有者为准,民八预算所无者,则以民五预算为根据,其不见于民五、民八预算者,则以呈由中央核准者为限。此外各省随意增征税率,增繁税目,增设税局,凡未呈报中央核准者,概为无效,不予抵补。

(二)应裁之厘金范围。因厘金一税,各省名目不同,除鲁、皖、闽、湘、粤、滇、黔称为厘金,其余有称统税者,有称统捐者,有称货物税者,有称过境销场税者,有称产销税者。名目既异,性质自有不同,非如当初创办时,仅称为通过税可比。故今应裁之厘金,亦以含有通过税性质者为限,出产、销场、落地等税,不在其内。

（三）厘金之抵补范围，因应裁之厘金既以通过税及等于通过税者为限，抵补当然亦以应裁者为度，抵补基金大部分出于关税，小部分则以出产、销场或营业税等抵补之，其款额，预定每年内关税项下，指拨三千万元。

（四）裁厘之顺序，约分三步。第一步自民国十五年起，分别厘金性质，求得通过税部分之确数，尽于一年内办竣。第二步，自民国十六年起，即免缴通过税部分，抵补财源，以关税附加税增收为大宗，即由此项收入指拨三千万元，同时并办营业税或所得税，或出产销场税，以抵补其一部，惟因由附加税指拨之每年三千万元，不敷抵补之用，故拟以此三年中之指拨数，发行一种裁厘债票备抵三年裁厘之用。第三步，自民国十一年起关税自主已实行，应即以关税增加之收入，直接抵补厘金，俟营业所得两税及其他税收足以完全抵补厘金之缺为止。

又闻中国所提出之用途具体计划如下：

第一项，即为裁厘抵补，第二项为国家建设费，第三项为内外债清理费，第四项，中央行政补助费，预计以上用途，每年需一万万元，按三、三、三、一之比率分配之，即裁厘抵补三千万元，国家建设费三千万元，内外债清理费三千万元，中央行政补助费一千万元。其理由略谓，中国既以自动裁厘为获得关税自主权之重要节目，则为切实裁厘计，不得不列于用途之第一项，建设费本为最重要者，然因裁厘抵补，尤为重要，故列建设费于第二项。至于清理债务，在各国方面虽最注重，然此不过国际私法的关系，易言之，即为中国与各国私人的关系，与内债之私人关系，完全相同。各国既有尊重中国独立主权，希望中国臻于强盛，自应首重公的问题，置私的问题于第二三位，且须如此，始不致与华府会议之精神相背，故清理债务，只可置于第三项用途。中央政费之补助，固属重要，欲图树立巩固中央政府，补助费自不可少，但其重要程度，远不如前三项，故置于第四项，且只以百分之十为限度。

以上四项用途，第一项裁厘抵补每年三千万元，为必不可少者，如附加税增收，仅按二五征收，每年不过三千万元，所差尚远，此中国所以主张附加税应增加税率之第一理由。国家建筑费,中国拟定为(甲)铁路交通建筑费,如川粤、粤汉、包宁、平湾各路,应首先筑成。(乙)水利交通建设费,如导淮、修河套、疏浚黄河、运河、永定河、白河等,均属必要。(丙)改良及发展实业费,如葫芦岛筑港,自辟商埠,改良丝茶各等,为谋中外共通利益计,均不可少。若如此行之,中央政府固可巩固其地位,即废督裁兵亦可以次成功,中外商民,同受其利。此项费用,中国最为注重。若仅增加二五税率,此款将从何出,此中国主张增加附加税率之第二理由。以上二项之外,清理债务亦属必要之图,此为主张增加税率之第三理由,根据上述理由,附加税率之增收,至少非一万万元不可,故税率亦非照中国提案或相近者不可,纵有困难,使增收不能足一万万元之数,亦只可酌减第三、四两项之用途,决不能核减一二两项之数目云云。

《顺天时报》1925 年 11 月 22 日

关税特别会议分委员会开会纪事

1925 年 11 月 23 日

附加税率分委员会于十一月二十三日上午十时在居仁堂开第一次会议。蔡廷幹督办被举为本分委员会主席。蔡督办代表中国代表团提出乙种奢侈品之详细单。经大众讨论后,本分委员会于十一点三十分散会。下次会议由主席定期召集。

《外交公报》第 54 期

日全权对于关会之谈话

1925 年 11 月 25 日

昨日日本日置全权,为关会进行事,曾向日本记者团有左列之谈话,录之于后。

为西原借款加入于整理内外债务中,闻中国学界一部方面,虽有反对者,然必无除外之事。又日前讨议撤废厘金时,关于厘金之本质,亦有种种议论,如英、美全权中,有主张厘金中原包括有落地税,马凯条约之条文中,亦有此记载,因此之故,遂至不能有何等决定。而日本对此,则无何等固执的主张,日本所主张之互惠的协定税中之交涉,其机渐已成熟,不久当可开始。今虽尚未决定确定的日期,原来此交涉,仅限于中日二国单独协定税率,但他国与中国之交涉,或有进行之日,亦未可知。至其实施,或与暂行附加税率,同时并行,或俟国定税率实施后,始得实施,则非俟此后交涉决定后,殊难明言也。

最近英美诸国,亦渐次有赞成日本附加税案之倾向,并非为纯然无根之风说,盖关于自主权问题,欲为中国让步,则于附加税率,欲要求中国侧之让步者,亦人情之当然也。但在其用途不明确确定以前,即议及附加税率,是不免有陷于空谈之讥,故此后当先讨议其用途问题也。

关于奉天政变事件,尚未接有确实消息,故殊难说及关于关会前途之种种影响,若果如外间之传说,张作霖果真逃避,则奉天政局,反得以从速解决,而关会之进行,亦可得圆满之结果也。

日前在和兰公使馆,曾有二三国全权集会,确为事实,其内容,不过整理内外债务事,互相交换非(公)〔正〕式之谈话而已,并无何等具体的确定事项,至延长会期说,就目前而言,未免过早,从前为自主权问题,一时虽有豫变迟延之形迹,而此后,私意以为当可比较的迅速进行也云云。

《顺天时报》1925 年 11 月 26 日

关税特别会议分委员会开会纪事
1925 年 11 月 30 日

附加税率分委员会于十一月三十日上午十时开第二次会议,蔡廷幹督办主席。当由蔡督办代表中国代表团,提出过渡时期拟行进口洋货附加税之估计收入表数件,又就乙种奢侈品更加以说明。至十一时十五分散会。下次会期由主席定期召集。

《外交公报》第 54 期

关税特别会议第二委员会开会纪事

1925 年 12 月 10 日

过渡办法第二委员会于十二月十日（星期四）上午十时在居仁堂举行第五次会议。王正廷博士主席，各会员均出席。蔡督办代表中国委员团，提出中国委员团预订修改税则章程提议案，并申述下列编订货价引言（附件甲）。中国委员团之提案如下（附件乙）。略加讨论后，遂决定展缓至随后会议再行考量此问题，俾专门委员得审查提案。王博士代表中国委员团发表下列两种宣言（附件丙、丁）。委员会于十一时十五分散会，听候主席召集。

附件甲：编订货价引言

查厘订税则必先调查货价。从前中国因条约上之关系，税则出于协定，因之每遇双方派员协议修改税则之时，其编订货价亦出于协定。中国政府前在华会议席上要求，先收回调查货价之自由，并应用自动修改之原则，以免每次修改多所延搁。故九国间关于中国关税税则之条约内，有预订章程由特别会议议定之规定。今本会议已一致承认中国之关税自主权，且规定将于一九二九年一月一日起实行，届期编订货价之事，当然依照中国政府之法令办理。惟在过渡期间，仍依据华会之精神，拟具修改税则章程草案（即编订货价之手续）提交本会，即请各代表仍本华府会议赞助中国之意，予以考量焉。

附件乙：预订修改税则章程提议案（即编订货价问题）

一　按照华府会议中所订中国关税条约第四条规定修改税则之办法，其条文如左：

中国进口货海关税表，按照第一条立即修改完竣，四年后应再行修正，俾能确保按值税率与二条中特别会议所定者相符。

再行修改之后，为同一目的起见，应将中国进口货海关税表每七年修改一次，以替代中国现行条约每十年修改之规定。

为免除延搁起见，凡按照本条约所为之修订，应由第二条所称特别会议厘定章程办理之。

二　又按，以前每届修改税则，因种种关系，或则集会愆期，或则会议期中事务停顿，或则税则已订，施行迟滞。是以上开九国条约，对于免除延搁一层，特加注重。现在特别会议厘定章程，自应将一切耽搁之原因，悉予免除，以副订约之初意。

三　又按，修改税则之关键，在随时调查货价。故中国政府于此已特加注意，俾修改税则时足资应用。

四　又按，以前税则虽经三次修改，然从未及切实值百抽五之数，以致中国未获享受条约上应得之权利，损失甚巨。故即在过渡时期之税则，欲保持其按值所征之税率，非与中国以自由修改之机会不能见效。

五　现在特别会议既经召集，自应遵照关税条约之规定原定修改税则之章程，作为关税自主以前过渡时期适用之临时办法。故中国代表提出下述章程草案，请与会各国代表共同讨论并与同意。

（甲）在关税自主以前过渡时期，拟于前次修改（民国十一年即一九二二年）完竣满四年（民国十五年即一九二六年）修改一次。其修改时，应以中国所调查最近一年内之平均趸售市价为标准。此项市价，扣除该货税率之数及百分之七之杂费，即为进口货完税价格。如遇有必要时，中国政府得以进口货价之指数表为参考。

（乙）现行进口税则期满前七个月，中国政府应将新税则草案通知本会议列席各国公使馆，各国对于此项草案有异议时，及于四个月内提出意见，请求订正。由中国政府所组织之税则审查会尽一个月内决定，公布后二个月发生效力。

（丙）新税则公布以后，如在实行期限以内有大宗货物因特别情形超过修改当时市价百分之二十以上者，应由中国政府征一补价税，俾此项货物所纳之税，确保过渡时期条约上所协定之按值税率。如商人不愿纳补价税时，可改按从价税缴纳。

（丁）如有大宗货物之市价比较修改当时跌落至百分之二十以上，致切实税率超〔过〕过渡时期条约上所协定之数者，商人提出确实证据时,亦可改按从价税缴纳。

（戊）以上章程,为关税自主前过渡时期适用之临时办法,其实行期间为二年。自第三年起,即中国实行国定税率之时,应将以上章程及条约内所规定之修改年限一律废止。其修改税则各办法,应照中国现在及将来所公布之关税法令内所规定之手续,随时由中国政府自行办理。

附件丙:中华民国政府向旅华外侨推行各项税捐之宣言

查租税权之发动,根于国家之行政权。在完全独立之国家,其行政权完整无缺者,租税权亦完整无缺。中国自与各国通商以来,无论何项条约,并无允许外侨在中国租界内或租界外者可以免纳税捐之规定。乃迩年中国推行税务,而外侨均以租界为藉口,或托辞未奉本国政府训命,抗不缴纳。靡特租界已也,即租界以外及铁道附属地等,亦以条约上解释不同,概不纳税。靡特外侨已也,即华人之住在租界以内或铁道附属地以内者,亦不令纳税。虽经种种之接洽,始终未臻完善。中国政府不得已乃暂在租界及附属地之周围设卡征税,不止于中国之税权有碍,其实于中外之商务亦有妨也。夫同一领土,因国籍之不同,即可免除其担负。同一国民,因居所之或别,即可藉口以逍遥。揆诸国际法内外国民同等待遇之原则,及华府会议尊重中国领土暨行政权完整之精神,均有未符。故中国政府拟将此等阻碍撤除,使中国政府之租税权得以完全行使也。

且就租界之历史言之,一八六三年四月八日,英国外相洛塞尔训令英国驻北京公使布鲁斯云,英国租界内之地,自系中国领土,毫无疑义。中国人民不能因居住租界之故,遂免其履行天然之义务。是年,驻京各国公使会议决定上海公共租界改组之原则,第一条,关于领土之权限必须由各国公使直接得之于中国政府。第二条,此项权限以纯粹地方事务暨道路巡警及地方所需之捐税为限。细绎两条之意,是承受该租界之国,仅得在其地有施行市政之权,所收税捐亦仅以充市政经费者为限。至居租界内之中外人民,仍当照纳国家税,不待言矣。观于外人之执有地产者,须纳地税于中国政府,尤可为外人必须纳税之确证。外人且然,华人更无论矣。

然比年以来,中国政府新办之国税,如印花税、所得税、烟酒公卖等,租界境内及境外之外国人均以未得本国政府训令为辞,拒而不纳,而华人亦以中外人民不能同等纳税为言,故中国政府推行各项税捐,甚感困难。

现在中国财政之困难者,实因旧税之收入不足以应现今国家之需要,且将来裁撤厘金以后,势不能不以合宜之良税替代之。如仍受以上所云之缚束,是中国之税务问题终无解决之一日。是以中国政府宣言,凡外侨在中国领土居住者,无论其为租界内或租界外或铁道附属地及其他区域内,均与中国人民同一服从中国政府公布之税法,负担其一切捐税。此乃中国合理之声明,各国代表当必能予以谅解也。

附件丁:中华民国政府关于不出洋之土货抛弃出口税及复进口半税之宣言

查中国税关复进口半税,即系对于中国土货自此一口岸运往彼一口岸者,课以百分之二·五之税额。土货在原口岸出口,既与出口运往外洋之货同样纳出口税百分之五,复在入口口岸内纳出口税一半之复进口半税,不问其系从量或从价,均照出口税之一半计算。查此项税款以最近三年平均计之,每年达二百四十余万关平银两。从前中英、中美议订条约之时,中国政府必再三留办复进口半税,而英美亦允许条约内者,盖为各省之固有财源计也。今关税既统辖于中央,中国政府为体恤商艰,发达商业起见,用特宣言,自本会议闭会三个月后,将现在所征收及从前条约上所允许存留不出洋之土货出口税及复进口半税之权利,先行抛弃,以为裁撤厘金之初步。嗣后对于本国土货由本国此一口岸运往彼一口岸者,在此一口岸并不征收出口税,但为防阻土货私运出洋起见,运货出口者于出口口岸仍须缴纳出口正税,领取存票,俟货物复进他口岸时,得呈验存票取回原缴银数。但此种办法不适用于出洋免税之土货。

附加税率分委员会开会纪事

1925 年 12 月 23 日

附加税率分委员会于十二月二十三日上午十时在居仁堂举行第三次会议。蔡督办主席,各国代表团或由代表、或由专门委员代表出席。蔡督办代表中国代表团提出乙种奢侈品摘要修正表,略经讨论,即议决暂缓考量,俾各代表团得作更详细之研究。该分委员会于十时五十分闭会,下次会议由主席定期召集。

《外交公报》第 54 期

过渡办法委员会第六次会议议事录(节录)

1926 年 2 月 18 日

主席王正廷博士宣告开会,并谓,中国代表团有议案二件,当请颜博士提出。

颜惠庆博士谓,关于临时附加税增收数目(印字七十号)与按照华会关税条约第三条征收各项附加税(印字七十一号)二议案之字句,已极明白晓畅,无须解释。当日前附加税税率问题初经提出讨论时,曾忆有人慎重提议,以为苟不将附加税用途及各项应需数目先行查明,恐此问题不能顺利议决,并以为中国所提一万万元之数,未免过巨,如每年稍加核减,或易达其目的。

本会此次休会多日,外界或以为空费光阴,无所进步,实则于此时间仍旧进行不懈,屡经正式交换意见,今日提出之第一项议案,即可谓由非正式会晤所得之结果。中国政府提出需要之数目,已详慎研究,而研究结果,对于中国代表团原提数目,咸认为正当。或谓此事恐不易臻谅解,因所需巨数及种种关联问题,均应加以研究。但对于分配各项用途,虽未完全谅解,而确信如欲实施提出之各项计划,则议案内所列九千万至一万万元之数,实属必要。譬如建筑房舍,即不明其尺寸大小,而至少亦应知须备之材料若干。中国代表虽信此案辞句尚与目的相符,然亦并非谓完全无疵,或无须修改也。

今当多日休会之后通过此案,定能发生良好感想,不仅在中国为然,即在世界各国谅亦如此,并使世人深信,本会进行会务真具友谊同情之意,无可否认云。颜博士遂将临时附加税增收数目之议案(印字七十号)宣读如下:

关于临时附加税预计增收数目之议案(印字第七十号)

兹因中华民国政府决将临时附加税收入用于左列各项用途,业经中国代表团声明在案,参预本会议之其他各国代表亦经知悉各该用途如下:

(一)抵补裁厘。

(二)整理无确实担保内外各债。

(三)建设事业经费。

(四)紧要政费。

又因与会各国代表大致主张过渡时期内进口洋货所纳之关税附加税,其每年税收,须足敷上开各项用途之需用。

为此与会各国代表议定,每年从进口洋货所征临时附加税之税收,其数应在华币九千万与一万万元之间,其进口货如何分类,及各类税率如何分等,均按过渡期内施行之进口税则办理。

按照一九二二年二月六日华盛顿中国关税条约第三条规定征收各项附加税之议案(印字第七十一号):

兹因一九二二年二月六日华盛顿所订中国关税条约第三条规定,此次特别会议应准许对于进口洋货征收各项附加税,因此本特别会议依据该条规定,有权准许征收各项附加税,无庸各关系国另加手续。

又因本年　月　日本会议通过之议决案内议定,每年从进口洋货所征临时附加税之税收,其数应在华币九千万与一万万元之间,而欲征收较高于华会条约所规定税率之附加税,应另订新约。

为此与会各国代表议定,自一九二六年四月一日起,所有应纳关税之进口货,均缴纳值百抽二·五之附加税,此外,再加值百抽二·五之奢侈品附加税暂缓征收,以便编制奢侈品表。但无论如何,此项奢侈品附加税开征之日期不得过所有应纳关税货物之二·五附加税实行后二个月，即不得过一九二六年六月一日是也。至各该附加税，应以划一税率于海陆各边界征收之。

主席谓，此案现已提出各代表之前，应请公同讨论。

皮乐上校谓，殊有困难，因此议案甫于昨晚深夜收到，且同人中有于今晨始行见及者，以如此重要议案而分送之迟竟至如是，故本席殊欲提出抗议。

就议案本身而论，本席以为，于此时提出时机殊未成熟，兹述该案一段内云："议定每年从进口洋货所征临时附加税之税收，其数应在华币九千万元与一万万元之间"云云，似欲于议案内决定从一种捐税上收获一定款额，实觉绝不可能。同人所能为者，不过协定征收数种捐税，表示盼望由此捐税可获若干款额而已，本席对于此项额外捐税上约可筹得九千万元之说，固倾向于赞同，但若确定每年收入可达此种款额，则恐不能予中国及世界以好感，而反不免使世界发生一极不良之印象。

皮乐上校又谓，本席兹欲明晰声明，凡由专门委员对于附加税问题之一切讨论，及其表示之意见，即如赞同某某项捐税之事，完全须视条约其他部分之是否满意而定，故于应付其他用途之办法未经协定以前，若将所拟此种普通议案即予通过，本席未见有何裨益。至于抵补裁厘，实为一极重要之问题，各国所以赞成增加关税，以其一部分抵补裁厘者，缘各国可免缴各种在厘金名义下之内地税，此显为全部计划中之一重要部分也。本席以为，由此项增收之款以大部分分派各省，亦视为极关重要。现时人均知输入内地之洋货有一种子口税单，为中国大部分地方所承认，得免再缴内地税，但由子口税单所缴之税不归各省而归中央政府，本席兹愿规定一种原则，即应将增加关税上所得额外税收之一部分，分派各省，藉以抵补裁厘之损失。夫实行斯项计划，于中国固属有利，而于外国商务亦不无裨益，以本席观之，双方利益惟均也。

关于整理无确实担保之债款，现正进行讨论。本席希望能使同人克臻圆满之解决,第一即应加整理债款之额数共为若干,其整理债务应如何办理,债务担保应至若何程度,以及铁路债款是否须予特别待遇,交通部之债款是否归入普通整理案办理,抑须单独办理,至建设经费当视兹数问题之如何解决而定,此为极显著之事。又,现有之铁路若果四分五裂,不能照付股票利息,则建设用途并不能筹得大宗款项,亦属显而易见。本席觉所标为"紧要政费"之问题,大半须视分派各省款项之如何协定而定,至所谓"紧要政费",之所以需要者,系因各省截留应归中央之款,而铁路收入不用于应用之途,此均无庸讳言者矣。兹试察阅盐税帐目,即知巨额之数往往为各省当局所截留,违背中央政府之协定。本席对此种种事件,固不愿深加讨论,但一阅表内列有"紧要政费"一项,则必自问"何以需此紧要政费",而一考其理由,无不与目前讨论之各问题有关,即拟增捐税与分派各省之款项是也。倘不照适当之支配分派各省,则应解中央政府之税款,各省仍继续截留,是以紧要政费问题大抵须视分派各省之款额而定,如裁厘之抵补金,即其例也。总之,本席以为,苟不将各款条文之释义理再加确定,则目前即通过此案,亦嫌尚早。本席对于中国政府于裁厘计划之意旨若何,颇欲更知其详尽。关于此项计划,今尚未有具体办法也。关于整理债款,将如何办理,亦欲更知其详。俟此两事及建设用途之经费能更明了,然后通过议案,方有裨益。至目前通过现提议案,本席视为毫无裨益,且反恐发生误会。各代表团对此问题,若表示其概括意见,一如本席所为者,固非相宜,但本席不能照现拟程式赞同此案,且亦不以斯时通过此项议案为有益也。

马克谟君谓,本席代表美国代表团,对于皮乐上校之评论,表示完全同意。犹忆本会会务,系根据华会条约之条文,按其规定,本会主要职务为准许对于应缴关税之进口货征收附加税,其实行日期、用途及条件,由本会议议决之。应征附加税之额数及其条件,为本会选次讨论中之主要事件,前数月内,磋商进行大致甚为顺利,斯可于非正式接洽时所获之美满进步而见之。此项非正式接洽,于解释误会及调和意见二事,大有效力。盖经此办法而于解决上所遇之根本困难,渐获进步。至为讨论便利起见,自当采用一种假定数目,即关于加征附加税可得之款额,并希望其能超越华会条约之规定。兹经数次接洽,确曾一致容纳此假定数目,即所需之款而可筹得者,约在九千万元与一万万元之谱,但此究系一种假定数目,姑暂作基础,藉以决定应征附加税之条款与条件而已。以本席视之,若将印字第七十号之议案予以通过,则其影响所及,不啻将此假定数目认为事实,是使各项事务更行纠纷,而迄今进行固甚顺利之磋商讨论,不免增加困难。以本席而论,绝不能赞同此项提议,即于决定条件之先赞同附加税应筹之确定额数是也,即使议案中措词并不含混,如皮乐上校所云者,或使人测度各国有须担保或补助中国税收以便补足指定之款额等事,本席终觉通过此案,实与华会条约内之目的及同人现以他法努力进行而已大见成效之目的,相去过远。本席对于斯点他人所已表明之意见,愿表示完全同意,即通过此种议案,徒足增加同人之困难,时机实未成熟也。并拟提议将此全部事件暂行搁置,俟将条约内之目的更有进步后,再行讨论可也。

　　蔡上将谓,本席以为,同人对于此案,似有误会之处。中国代表并无欲由外国代表团或外国政府担保或补助此款之意。本席以为,主席原意,以英美代表之表示既近妥洽,而九千万元或一万万元之数,亦既已假作协定,则同人至少可照华会条约之条款,如马克谟君顷间提及者,讨论征收二·五附加税事宜。然本席屡经某某外国代表之诘问以华人何故对于立即征收二·五附加税一事不加容纳,盖是为华会条约所担保而无须再经他国批准者也。据本席所知,中国代表团之意以为,若假定有九千万元至一万万元之协定,则可将税率与类目决定。至关于他点,如厘金、如债款、如他项计划及政费等事,则二·五附加税固可以立即或尽速征收,盖即在华盛顿会议已可得有三千万元也。倘果征收二·五之三千万元及奢侈品之额外二·五,则中国除本会议中所可筹划之其他额数外,假定确可得三千万元,此即谓一月有二百五十万元,或一日有八万三千三百三十三元三角三分也。倘中国能及早开始征收每日之八万三千三百三十三元三角三分,并将其余问题慎加研究,从容解决,则本会议自可进行顺利,而中国亦可获得若干利益。本席以为,此即中国委员团之意志。中国代表团现请各国代表俯加确定之谅解,庶二·五附加税得可开始征收,而并不请其担保任何额数,是乃本席心中所有之感想也。

司注恩君谓,现在讨论者,为印字第七十号,尚未议及印字第七十一号,谅蔡上将必已忘却。至蔡上将所提议征收二·五附加税一节,美国代表团当开会之初,即向中国代表提议,将二·五附加税立即实行,所收税款交与海关总税务司,以待本会议之定夺,有议事录可资复按。关于此种提议,本席并未闻有何异议,不过中国方面当时因另有理由,不愿容纳,至其理由若何,则非本席所知。美国代表团现仍愿使斯事立时或尽速实行。本席以为,在两三个月后或经通常应有之时间,即可实行。现在惟有将去年十一月内所允依照华会约文实行二·五附加税之事,重行声明也。故就本会议观察而言,假使中国方面竟失加征二·五附加税之权利,其咎不在外人。

蔡上将谓,司注恩君所言诚是,但当初无先决条件或彼此谅解,中国不敢容纳二·五附加税。盖照当时舆论,此不免使中国代表受人责备,谓仅知容纳二·五附加税,俾获少许款项以充政费,不顾其余一切也。但民众现已洞悉各国代表团来此与会,咸抱极宽大之精神,故中国代表之所恐惧者已成过去,而预备开征二·五附加税矣。盖无论收入任何细微款项,即或不用,亦终有使用之日,且足使全国人民欢欣鼓舞也。

司注恩君谓,本席以为,凡对此问题业已发表言论者,似应倾听其他各国代表团对此问题之意见,俾知其与英美代表团所发表者是否同意,盖公允之道,莫过于此。

主席谓,同人开会,系欲将提出本会之一切问题公同讨论。

华洛思君谓,一俟二·五附加税能照华会条约之条件征收,则比国代表团极愿允可,但本席有须与皮乐上校及马克谟君表示同意者,即提出他项议案为时尚早也。

玛德伯爵代表法国代表团发言谓,本席以为,不得不与英美代表团提出同样保留,又以为,若提出一议案,声明须有九千万或一万万元之款以应印字第七十号内列之用途,为时殊觉太早。

至于蔡上将所提之第二种提议,本席与司注恩君所发表之评论,殊属相同。又对于立即实行二·五附加税之提议,亦深愿表示同意。惟按照华盛顿条约之规定,关于此项附加税收入之用途及支配,应订某种条件。本席兹有一种提议,提出本会并宣读如下:

兹因一九二二年二月六日在华盛顿签订关于中国关税税则条约第三条规定,本特别会议应准许对于进口货征收附加税。又因为达到华盛顿条约所期之结果,认为应予中国政府以各项税收较多于该约所定二·五及五厘附加税所可得之收入。又因本会现正研究予中国政府以此项新税收之方法,并考虑该项税收之各种用途,又因欲使此新附加税尽速施行,为此参与本会议之各国代表议定,自一九二六年七月一日起,所有应纳关税之进口货应缴纳值百抽二·五之附加税,又,一切奢侈品另行加征值百抽二·五附加税。以上两种附加税之税收,应存贮于各"保管银行",由中国海关总税务司负责管理,而照本会议议决之用途与条件使用之。

本席之提出此案,其目的在使中国政府能尽速获得款项,而所以择定七月一日为实行日期者,因须酌予时间,俾运货来华之人获知其所运货物于达到时应缴何种税款也。

主席问,其他代表团对此问题是否再有讨论?

高福曼君谓,以本席所了解,其首先提出之问题,为印字第七十号,复又提出印字第七十一号,而未经主席或中国代表之宣读,该文件仅于开会前一日接到,故本席所处地位,觉与皮乐上校相同。所有叠次非正式会议,本席多未亲到,故于本问题或不如同人之熟悉。职此之故,于本问题之一切细目,未能表示准确意见,但大体上可与皮乐上校、司注恩君及其他代表所发表之言论完全同意。本席亦以为,斯时若有此项议案提出,殊觉太早,且亦无须此项议案。以本席所闻,"议案"字样犹之表示一种意见,或一种愿望,而其人非参与现在会务之人,不过于大体上表示其意见者也。至于同人在此正在进行会务以求解决,他人或误以为本会议未尝有何进行,惟就同人所得之谅解而言,会务进行固甚顺利,本席之意以为,同人议事途径大体上殊属惬意。今不当改途易辙,但专就印字第七十号而论,有觉不得不声明者,即丹麦代表团不能容纳此案之字句也。

至其他问题,即按照华会条约征收临时附加税一事,当美国代表团于会议初开时声明愿允早日征收附加税,丹麦代表团亦曾有同样声明。兹愿重申前言。至于开征日期问题与议案之现用字句,本席对于法国代表之提议,不加反对,但非俟诸同人获有机会发表意见之前,本席不欲为确切声明。

欧登科君谓,据本席之意,以为印字第七十一号文件载有立即实现之事,于二件中为较重要,顷闻司注恩君所言,当开会之初,渠即提议照华会条约立即实行二·五附加税,而当时未闻有何异议,其言诚是。各代表团中有业已应允者,即未发言之各代表团,本席确信其亦已首肯,因此项提议显属妥善。今既重提此议,本席愿以最郑重之态度,再行声明,和兰代表团当赞成斯议。且据本席所知,玛德伯爵之提议,与美国原提之议案,本属相同,想玛德伯爵当不至坚持所云七月一日之日期,即将日期提早,俾新定附加税便于实行,谅玛德伯爵亦必允可。兹固不必先行订定日期,只将附加税于两个月后或在签订协定后,经过若干期间开始实行,或能稍促事务之进行。至于第七十号文件,本席以为,提出此项文件,殊可不必,并无所用。因关于此类问题,均经接洽妥协。本席以为,彼此意见并未有何重大之纷歧,藉曰有之,再经两三次接洽,亦自无不能妥协之理。至于款项数目,金谓在九千万至一万万元之间,亦自能实现,固不必先以议案定其数目也。

毕安祺君谓,印字七十号文件中所载之议案,虽可云业经完全拒绝,而本席略觉"拒绝"两字不能恰表真情,而觉此案之精神实经赞同。

若此案虽未照其原拟文字通过而已照其精神通过,则如力求照印字第七十号之字句通过,必致有损于其目的,而其目的,本席以为,业已达到,故以为印字第七十号之文件无庸坚持也。

至于印字第七十一号文件,中国代表团已能容纳二·五·附加税,前途荆棘大可扫除,殊堪欣慰。葡萄牙代表团对于二·五及五厘附加税之立即施行,悉如原议,完全表示同情。本席虽未阅及玛德伯爵之提案,顾以为该案对于此点固已包括无遗矣。

嘎利德君谓,本席对于欧登科君之意见,表示同意。

翟录第君谓,英美代表团对于印字第七十号文件所作之评论,与义代表团之意见完全相符。故本席对此重要问题,实无言可加。至于印字第七十一号,本席对于司注恩君之意见,完全表示同意。因义代表团自始即愿照华会条约规定,予中国以二·五附加税。又本席对于玛德伯爵所提之议案,亦深表同情,即本国代表团对于此节,当能同意也。

日置益君谓,本席所以迟迟有待者,因阅某报所载消息(据闻为中国代表中一人之作)暨其社论,唤起一种感想,以为日本代表团对兹问题应最后发表其意见。又,日本代表团所持之意见,业为同人顷间雄辩滔滔之演词所包括无遗,故本席可勿庸细述。至于印字第七十一号文字,本席于原则上未尝有何异议,但现既有中国提案、法国代表团提案、美国第一次之提案以及与此有连带关系之种种专门事项提出本会,故鄙意以为,应将此问题交分股委员会考核。

米赛勒君谓,关于印字第七十号文件,本席对于诸同人发表之意见,完全赞同。但有欲特加一言者,即和兰代表团所言,本席认为十分恰当。至于中国代表团,现已变更意见,预备承认华会条约内某某项规定,本席闻之,甚为欣悦。本席以为,欲求此节之推行顺利,当以法国代表之提议为最善,但同时欲更进一言,即实行变更税则,务使运货来华之商人不觉过于复杂最有裨益。本席以为,欲使商人对于各代表所拟种种税则上之变更,如首先实行二·五附加税,再施一种奢侈品附加税,然后又有区分七级之大计划,又复于一九二九年裁撤厘金,实行关税自主,一一遵行,恐属困难。鄙意如能将二·五附加税及五厘奢侈品附加税同时实行,自较便易。

艾维娄福君谓,瑞典代表团对于各代表团本日表示之意见,大都可予赞同。至于印字第七十号议案,本席以为,此时遽予通过,未免过早,而印字第七十一号之提议,本代表团以为,如欲将此事草成一议案,诚如日置益君之提议,最好将此事交由分股委员会讨论。

颜惠庆博士谓,本席在引言内深信,曾提出两议案而不幸只宣读一案,或致使人发生误会,以为中国代表团只提出一种议案耳。但据本席所见,各代表中亦有知提出两案均加以讨论者。本席于倾听各代表团饶有趣味之议论以后,愿加声明,即中国代表团并无使各事强迫进行之意,且决不欲于各事尚未十分成熟以前设法督促前进也。唯本席有不能已于言者,即各代表对此两案内容大概均已赞同,其所未十分赞同者,乃此类议案所列之程式耳。例如,法国代表团提出之意见,亦可谓其已包括此两案在内。易言之,即同人业将两个议案合并为一,而使其目的亦可达到若干程度。由此而观,同人现殊无真实之困难。据本席前于引言内所述,字句非极重要,随时可加修改,如以为分列两个议案实有不便之处,则合而为一,即可消除此种困难。但中国方面之感想,当然以为并未实在变更其原来之意见,盖其旧见仍持不改也。溯本会议开始时,中国方面即以二·五附加税不敷各项用途,以致不能容纳此项办法。嗣后各国代表团实际上亦赞同中国方面此项抗争颇属正当,且谓华盛顿原来规定实属不敷支配,是以各代表团业已预备进行超过此项范围,而中国代表团亦预备照华盛顿条约开始进行,即施行临时附加税是也。本席以为,日置益君之建议,殊属甚当,其议以为目前途径莫若将各方提案,即美国原提之议案、中国今晨提出之议案以及法国议案,悉交由一小分股委员会审查,俾得获有结果,以备下次开会之用,此诚为一种出路。故本席以为,同人现实无极重大之困难云。

司注恩君问,颜博士之意,是否欲选派一小分股委员会,俾草成一议案,拟将二·五暨五厘两种附加税见诸实行,而以之提出于下届会议。

颜惠庆博士答曰，然，并拟于该议案之前，冠以适当之引言，合并前述三种提案。

司注恩君谓，欲将印字第七十及第七十一号两项文件合并为一，殊觉稍有困难。本席以为，第七十一号文件，似应依据其立脚之点，自成一案。本席兹代表美国代表团发言，并以为他国代表团谅亦表示赞同，盖谓关于斯种附加税上可望筹得之款额，本代表团对于第七十号文件不欲有何建议，换言之，美国代表团虽深愿使普通品之二·五附加税、奢侈品之五厘附加税于不背习惯上预先通知之法，尽早实行，而不问本会议对于他项可行捐税所议定之任何事件，但若于此时将二者合并为一，则美国代表团殊不认为适当也。

主席谓，本席兹请以中国代表资格，发表数言。盖以主席资格论，本席固常思不偏不倚而持开诚布公之态度，若以中国代表资格论，则拟请发表数言。本席以为，颜博士与蔡上将就中国方面之见地，讨论此项问题，所言甚当。本席兹愿将颜博士顷所言者重行陈述，即中国代表团方面，并无促迫本会议赶早进行之意，但皮乐上校所谓"时机未熟"一语，似非恰如其意。盖同人等对于此类问题，办理已数星期或数月之久，本席以为，一般公认之意见，金谓过渡时代所征之附加税，宜视华会条款所允许者为高，而照中国政府所声述暨各国代表团一般所承认之各项用途，其所需之数约在九千万至一万万元之间，至于厘金之必须裁撤，与夫裁厘之须有若干经费，均属甚明。又，中国政府各种无确实担保债务之待整理，亦属必要之事。皮乐上校欲确知此项数目，但兹事或须经六个月之久，方能查悉，故本席以为，同人须采纳一约略可靠之数。至中国代表团提出之案，以本席视之，系依照各代表团非正式接洽时所发表之意见，即金谓约需九千万元以应抵补裁厘及整理无确实担保债款之用，而或可余有数百万元，以作其他两项用途，即建设费及中央政费是也。至何者为建设计划，亦为皮乐上校所欲知者。但今尚不知中国政府可有的款若干，而即欲答斯问题，殊属有所不能。盖手中如有巨款,自可施行一种伟大之建设计划,如只有小款,则须择其最紧急者先行之。例如,完成粤汉铁路贯通南北,实为中国最紧急之事。至于中央政费,对于各种用途,无不在在需款,而中国代表团意中最急之需要,当为司法、外交、教育等费,至其他部、院经费,固亦在意中。但欲切实援助中国,则最要莫如实行建设铁路与开浚河道,此种工程皆需巨款。至建设事业之多寡,及何种建设计划之可以实行,全视所可获款额之多寡而定。若夫中国政府之政费,中国代表团之意见,亦即中国政府之意见,以为司法改良须促进行,使领经费须使稳固,而于教育事业,须竭力多拨款项。本席经此数月之接洽,知各代表团所持之态度极表同情,各代表团深知中国政府之重大需要,并愿将所加于中国之束缚稍予解除,且其赞同中国关税自主之提案,已极示宽大,但欲使中国于三年内能实行关税自主,则在过渡期内不宜从现行值百抽五之协定税率即跃至各国所享之关税完全自主。以中国代表之地位而言,本席以为,似可将印字第七十号及七十一号合并为一,而以中国代表名义发表意见之前,兹愿将会议开始时中国代表团对于美代表团所提一切应征货品立征二·五,奢侈品从速加征二·五附加税之议不予赞同之理由,重加陈述。盖诚如蔡上将所云,当时中国国民对于本会之召集,群相反对,因恐本会于实行华会条约之条款以外,别无建树,而此项条款对于裁撤厘金或整理无确实担保之债务,犹不足以资应付也。但自此项问题提交本会,并得各代表团同情以来,中国国民之成见,似见缓和,如接读唐君绍仪等来函,不禁私心窃喜。唐初时反对召集本会,而今则对于本会所作事业已十分赞许,且广东方面要人亦来函表示满意。本席兹以主席名义声明,现在中国国民对于关税问题均已不分派别,对于本会所办会务莫不一致赞助,今若通过印字第七十一号文件,则须有声明表示各代表团现已超过华会条约范围以外,是为最要之事。如蒙同人许可,本席拟提出一议,与玛德伯爵所提出者相类。但对于七月一日之期未能绝对赞同,谅玛德伯爵当亦不加坚持。本席之建议,即将印字第七十一号,除第二节拟另提新案替代外,仍维持原案。该第二节修正案如下:

又因出席本会议各国代表之公意，以为过渡时期内所征收之各项附加税应较高于华会条约之规定，并以为约需华币九千万元与一万万元之间以应所需。

主席既将此项建议提出，又对于颜博士拟将全部问题交付分股委员会之提议亦表赞同，俾于第二委员会下次开会时，得将新议案提出讨论而通过之。

麻克类爵士谓，本席以为，今晨之手续颇为奇特，当颜博士于开议时所定之议程，系将印字第七十号之议案提出本会，未知主席之意是否如此？旋有英国代表一人对于此案有所陈述，美国代表一人亦然。当时蔡上将复将未列议程之第二议案提出讨论，以致反见纠纷。因蔡上将对于第七十号似置不问，而反议未列议程中之印字第七十一号，于是其他各代表同时不得不多少将两案并为一谈。以本席所知，玛德伯爵所动议者，实为印字第七十一号之修正案，因询当时所提出本会者，是否为玛德伯爵对于印字第七十一号提出之修正案。至印字第七十号之议案，除中国代表团外，其余各代表团之公意似未能赞同，果尔则印字第七十号已不再在讨论之列，现在应议者为印字七十一号。

主席答谓，同人对于印字第七十号之议案，咸认为时过早，但亦无反对此案之表决。

麻克类爵士谓，本席以为，皮乐上校之意，系谓若在一议案内议决每年税收须在九千万元至一万万元之间，各代表团现处地位，似未便通过此案。现在同人已移注全力以讨论印字第七一号之议案，而此案为绝对不同之事。本席以为，最善之法，莫如将印字第七十号提出本会，俾知同人所取之态度如何。

主席谓，颜博士亦愿将印字第七一号提出，惟印字第七十号系首先讨论，然后及于印字第七一号，最后颜博士复拟将印字第七一号加入印字第七十号。

麻克类爵士谓，本席之意以为，当讨论印字第七十号时，蔡上将忽提出印字第七一号，但英国代表团所发言论，仅对于印字第七十号声明其意耳。

蔡上将谓,本席以为,对于印字第七一号之议案,绝未提及。本席所说明者,系答复马克谟君,以便解释中国代表团提出印字第七十号之议案,绝无欲各国担保附加税收入应在九千万至一万万元间,或不足此数各国应补助中政府之意,但或者本席于提及二·五及五厘附加税之时,无意中偶及印字第七一号耳。

麻克类爵士谓,以本席视之,莫如将两案一并撤回,另组一分股委员会将议案辞句协商妥洽,俾全体皆可容纳。

嗣经主席与麻克类爵士及司注恩君三人重加讨论后,即经议决设一六国分委员会,由主席指派之。中国代表团方面亦须派人加入,将中国所提两案及玛德伯爵之修正案,一并交付该分委员会,以便拟成一种新案,俟第二委员会下届开会时提出之。

《关税特别会议议事录》,第320—343页

日本使馆致外交部照会
1926年1月20日

为照会事:目下开会中之中国关税特别会议,关于暂行办法之委员会第二次会议(十一月十三日)席上,贵国代表曾提出对于日美两国各提案之一般意见书,内提及关于关税率之互惠条约问题陈述如左:

"关于互惠条约一事,查关税定率条例第五条载称:关于某种货物之进口税,倘与某国有依互惠条件之协定时,此等货物之税率,应照该协定课之等语。故无论何国在暂行期间或其时间以后,均能与我政府商议互惠协定问题,固无疑义。倘自今日起至一九二八年期间订立互惠协定,则该协定自可与关税定率条例同时实施。"

嗣在特别会议关于暂行办法之分股委员会(十一月十七日)席上,日本代表陈述如左:

"日本为使中国对于关税问题之国民的希望实现起见,甘欲援助中国,是为日本代表屡所声明者,而同时日本鉴于中日间重要而特殊之

通商关系,以为拥护两国之经济利益,极为紧要,此所以如前所述,吾人提议商订协定税率也。日本代表以为此项协定在日本为应新情状之手段,最为紧切,故欲询中国代表是否将声明中国有准备与日本商订关于协定税率之协定。"

旋贵国代表提及关税定率条例第五条以及上述对于日美各提案,贵国代表意见书之一段言明,中国有准备与日本或其他欲订互惠协定税率之国缔结该协定等语。

因此,本公使为使中日两国之特种的经济关系更加紧密,并使两国之亲善友谊益臻敦睦起见,兹遵本国政府训令,提议乘现为关税会议所派之多数本国专门委员逗留本京之机会,由中日两国开始商订实施中国国定税则时应适用之关于税率之互惠协定。相应照会贵总长查照为荷。须至照会者。

中国第二历史档案馆藏北洋政府外交部档案

外交部致芳泽谦吉复照

1926 年 1 月 27 日

为照复事:准贵公使照称:目下开会中之中国关税特别会议,关于暂行办法之委员会第二次会议(十一月十三日)席上,贵国代表曾提出对于日美两国各提案之一般意见书,内提及关于关税率之互惠条约问题陈述如左:

"关于互惠条约一事,查关税定率条例第五条载称:关于某种货物之进口税,倘与某国有依互惠条件之协定时,此等货物之税率,应照该协定课之等语。故无论何国在暂行期间或其时间以后,均能与我政府商议互惠协定问题,固无疑义。倘自今日起至一九二八年期间订立互惠协定,则该协定自可与关税定率条例同时实施。"

嗣在特别会议关于暂行办法之分股委员会(十一月十七日)席上,日本代表陈述如左:

"日本为使中国对于关税问题之国民的希望实现起见,甘欲援助中国,是为日本代表屡所声明者,而同时日本鉴于中日间重要而特殊之通商关系,以为拥护两国之经济利益极为紧要,此所以如前所述,吾人提议商订协定税率也。日本代表以为此项协定,在日本为应新情状之手段,最为紧切,故欲询中国代表是否将声明中国有准备与日本商订关于协定税率之协定。"

旋贵国代表提及关税定率条例第五条以及上述对于日美各提案,贵国代表意见书之一段,言明中国有准备与日本或其他欲订互惠协定税率之国缔结该协定等语。因此,本公使为使中日两国之特种经济关系更加紧密,并使两国之亲善友谊益臻敦睦起见,兹遵本国政府训令,提议乘现为关税会议所派之多数本国专门委员逗留本京之机会,由中日两国开始商订实施中国国定税则时适用之关于税率之互惠协定等因,业经阅悉。本国政府为使贵我两国经济互相通惠起见,对于贵公使前项之提议,可予赞同及早由双方酌定各该因之特种货品,俾贵我两国共同享受互惠之利益,并由双方商订实行期间,藉以应两国经济上需要之随时变迁,谅贵公使必予赞同也。相应照复贵公使查照。须至照复者。

中国第二历史档案馆藏北洋政府外交部档案

中国关会委员会通电

1926年5月11日

关税会议因时局影响,进行迟缓,闻中国委员会有真日(十一日)通电拍出,报告经过情形,兹将原文照录如次:

盛京张雨帅、汉口吴玉帅、南京孙馨帅、太原阎百帅、各省区军民长官均鉴:此次召集关税会议,原以收回税权,救济财政,发展经济为目的。查民国十年华盛顿会议,列邦仅允对于普通进口货物加征值百抽二・五之附加税,对于奢侈品,加增较高之附加税,惟以值百抽五为限。核计此项收入,每年不过三千万元,其用途与条件,尚须与各国商定,而关于税权自主一层,未克详加讨论。预计各项用途,上项三千万元,万不敷我分配之用。且我国经济苦于税权之束缚者已久,仅增高税率,尚非根本之图。故会议之前,我国方面即决定,根据华会商议,提出关税自主,惟在自主之前,对外对内不能无所筹备,故又决定以增加附加税为过渡之计,提高华会所定之附加税率,使收入能达一万万元以上,而其支配则斟酌华会时讨论情形与国内需要,拟以三成为裁厘准备金,三成为整理债务基金,三成为建设费用,其余一成供紧要政费,此原定之方针也。开会之初,我代表即将自主案与附加税案,同时提出,各国代表鉴于我国主张之正大,已将自主一案承认,定于民国十八年一月一日实行,同时我国亦宣言将厘金裁撤,其附加税率及其用途支配办法,各国意见不同,迭经磋商,始有端绪。兹分为税率、裁厘、偿债等数大端,约略言之:

附加税率,我们原拟普通货物值百抽五,甲种奢侈品值百抽三十,乙种奢侈品,值百抽二十,即普通品增加税率,较之华会原议增加一倍,奢侈品附加税率,增为四倍至六倍。各国以此项税率过高,未肯赞同。经多次讨论,改定税率,重分货类,始有允将附加税增至七千余万元至九千万元之议,仍待正式决定。此项税率,既超过华会税率范围,须俟各国批准,方能实行,至早亦待明春以后,在未批准实行之前,如仍用值百抽五旧率,我国吃亏益甚,拟先转华会附加税率,俾税款可早日增加。此议增税率之情形也。

裁厘之议,我国商民,企望已久,只以事业错连,迟延至今。兹由我国宣言,于民国十八年一月一日以前裁尽,其抵补之款,先在过渡期间附加税中筹措。各国代表因商务关系,亦各具意见,迭经讨论,未有归宿。惟定期裁撤,本系我国自动宣言,将来应由中央与各省区通力合作,总期抵补确定,庶使裁撤可以实行。如何规定程序,预为筹备,尤当通盘加以审度。此讨论裁厘之情形也。

我国财政、交通两部积欠无确实担保内外债务,至八九万万元以上,其中外债居十分之六七,各国对此,最为重视。此次关税会议开会之后,迭与关系各国代表个人接洽,关于债额条件、期限、利率,彼此利害相反,主张歧异,舌敝唇焦,尚未确定办法。现拟先定大纲,再由财政整理会详商节目。此磋商整理债务之情形也。

其它关款之存放、陆路边界税收之划一各项问题,亦皆在磋商之中。要之,我国方面,非有充裕之收入,不足敷各项用途之支配,故以增加税率为先决问题,在各国方面,则因商务及债权关系,必须将裁厘及偿债定有办法,乃肯决定税率。开会以来,接洽几无虚日,而争议纷纭。综其结果,只得概括之范围,尚少具体之决定。惟自主一层,既经定案。税权不受条约束缚,将来善为张弛,国民经济自有发展之希望,关税收入,亦宽留增加之余地。至于过渡期内,用途繁多,而附加税收入,既能决定加至九千万元,将来实收之数,能否足额,未敢预定,就此数分配裁厘抵补、偿还债务,每年至少约各需三、四千万元,所余建设费及政费实属无几,但不得不拮据支持,以待自主届期,另行支配。此又交涉困难之情形也。

以上各端,为本会开会以来经过情形之概要。综观开会形势,各国代表有鉴于国内频年不靖,军需浩繁,对于条件用途,郑重迟回,久而不决,比者近畿发生战事,会议因之无形停顿,各国代表中,且间有回国者,瞻念前途,殊深焦虑。夫以我国今日财政经济情形,关税能否增加,所系既属甚巨;而税权之收回,国际地位之增进,影响尤极重大,倘因应付失机,即时乎不再,通力合作,端赖内外之同心,贯彻始终,实亦友邦之殷望。用将开会经过情形,撮要电陈,诸希鉴察! 关税会议委员会。真(十一)。印。

北京《晨报》1926 年 5 月 13 日

3. 日、美、英等国之关会方针

艾略特致张伯伦

东京,1925 年 7 月 17 日

阁下:

就在我的上一封快信中,我提到币原男爵的评论,即,在各大国内部就拟赞同何种改变达成一致之前,就含糊地提及可能广泛修改关税以提高中国人的期望,这是不明智的。他说,他略记下自己的看法,为阐释这个问题提供一点愚见,这个看法尚未得到日本政府的批准,完全是个人性质的。他指出,有可能根据金融专家的建议修改这些看法,但我毫不怀疑,他的照会真正代表着内阁和所有有关官员的意见,尽管可能尚未正式讨论所处理的问题。他递交给我这些照会的副本,我已于7月10日将其中最重要的要点发电报给您(我的第177号电报)。

2、较之我在上一封信中所报告的谈话,这些照会实际上更加清楚地表明,日本人反对任何广泛全面修改中国关税的计划。他们希望即将到来的会议,将其工作限制在解决与华盛顿条约第3款所计议的二·五附加税有关的问题。币原给出的理由是,裁厘乃是征收华会条约第2款所考虑的较高附加税的前提条件,"完全不在实际外交活动的范畴之内"。无疑,他还说,中国行政机关和国会机构所呈现出的混乱景象表明,中国人会在我们现在可以确定的时限内,有能力处理给予关税自主和撤废治外法权将会带来的问题,此乃无望之事。

3、币原男爵相当坦率地说明他建议以二·五附加税作何之用。应该准备偿债基金,以筹集新的贷款,用于:

(1)整顿无担保债务,外债和内债均包括在内。

(2)用于绝对必需的行政费,包括悬而未决的外国人损害赔偿要求。

关于中国重建,未置一辞。

艾略特

BDFA,Part II,Series E Asia,Vol. 7,pp. 294–295

日外务省发表对关会方针

1925 年 9 月

五日东京通讯。日本对中国关税会议毫无诚意,处处以帝国主义者之利益为着眼，观于最近日本外务省所发表之文件益可了然。据此项发表之文件，不但与我方所提之关税自主相差霄壤，且以仅仅履行华会所规定之二·五附加税之故，竟课中国以许多严厉之条件，务必使中国永远承认，且尊重外人在华所侵占之利权，使中国政府根本扫除爱国运动而后已。至对于中国三月余以来全国力争之关税自由、撤消领事裁判权、收回租界等，则概以延宕方法搁置之，且乘机提议实行华会中关于派遣委员来华调查之规定，以谋公然干涉我国内政。兹译其原文如次：

日本政府对于中国政府关于现存条约修正之提议，希望中国政府切实履行条约上之义务，拥护各该项与列强订定条约中所载之特殊规定，益加保护外人在华之权利。如中国政府表示有相当之意志及能力，以满足上项规定时，则中国目前之要求，在将来或可加以相当之考虑。日本政府对于现状，惟望中国政府尊重对外与外人生命财产之安全保障，以鼓励人心。并力劝中国政府，切实表示其有压迫目前之可怕的秩序紊乱及排外运动之决心与能力。此种运动如不禁压，恐将酿成一种形势，于中国所希望实行之会议大有不利。以上皆不过为日本政府对中国政府所抱之希望而已。中国方面之提议，不外两个重要问题，一为协定税章，一为治外法权。二者在华盛顿会议中皆曾加以考虑，日本政府确信处理此二问题之最实际的方法，不外严密不断遵行华会所规定之义务。故日本政府派出特别代表，以列席于华会条约中所规定之特别会议。中国政府方面所提出关于关税会议各条约之改订，如无不合理之处，则将来总有在此特别会议中提出之机会。至治外法权问题，及日本国民在中国居住及营业之基础条约之规定，日本政府为副中国政府所怀之希望起见，以为要措置得当，非得更完备之资料不可。而当研究本问题之际，最切实之方法，莫如依据华会议决第四项之规定，派遣委员赴中国调查，其手续是渐进的。其方法，以求得治外法权撤废后之各国其现在所当取之方针为主归。日本政府今当与其他各关系诸国委员共负责任，任命适当人员，应从速着手调查中国司法现状，依据前日之议决,提出可作建议基础之法,使关系各国明了如何始可撤废治外法权,并须引用何种手段,以得各国之考虑。日本政府于此实不胜期望焉云云。

北京《晨报》1925 年 9 月 11 日

日本反对关税自主
1925 年 9 月

据东京电讯。日本外务、大藏、商工各省,近日为我国关税问题,迭开会议,讨论应付方针。多数意见,以日本对华贸易输出额居各国之冠,即以实行二·五税而论,每年已须增加八、九百万之负担,若再容纳中国自主权之请求,则此后日本在华商业将永无立足余地。为避免是种困难起见,决定授意本国赴会代表,依据下列步骤,与各国代表协议进行。即第一步,认定此次会议只能在华会决定事项之范围内加以讨论,对于中国扩张范围之提案,应持强硬态度,以相反抗,务达打销目的而后止。第二步盖为第一步之退让办法,即前项反对意见若不能取得多数之同情,则中日之间因有特别关系,于各国提出废除厘金以外,并要求中国予以开发资源及撤废一切经济上障碍之便利。盖此层如得中国之承认,将来日本可实行工业移出(即将工厂移在中国工作)之政策,以为救济云。

北京《晨报》1925 年 9 月 28 日

日本政府对关税会议之具体方针
1925 年 9 月

日本政府对于关税会议之对策,业由外务及大藏、商工各关系当局,组织特别委员会及小委员会,积极草拟对案,预定于十月中旬,即可完全决定等情形,已见昨报。顷据大阪朝日新闻载云,日本政府关于关税会议之对策,已将其大纲决定,内容分为五项,特为译志如左:

第一　关税自主权问题

（甲）若中国于关税条约规定之协议事项未曾提出审议以前，而有首先提出收回关税自主权问题之举，惟有断然拒绝讨论而已。

（乙）关税自主权之讨论，至少须在既定协议项目之后，或与该项目同时并行审议，例如以设分科委员会等项方法行之。

（丙）关于关税自主权问题，中国方面必当提出无疑，故当以之为基础，而进行审议。

（丁）若中国方面有要求关税自主权即时恢复之举，即当立时予以拒绝。

（戊）日本方面对于关税自主权之恢复，至少限度，须以二五附加税增征之成绩与厘金税废止之实行成绩，及其他华盛顿各条约所决议规定之中国应履行之义务，中国均能完全实行为条件。

第二　华盛顿关税协约（即根据该约第三条关于进口关税附加税课二厘五毫，奢侈品则课二厘五以至五之问题）

（甲）增收之用途，增收关税，若直用于中国中央政府之行政费，徒促成其滥费，故应将其大部分，当内外债务之整理，日本应行提出之借款，以无担保者为限，即西原借款本利合计约二万万元，东亚兴业及其他无担保实业借款，本利合计约一万万元，总计约三万万元，其与列国之比例整理额数，大致依照按分比例法划定之。

（乙）增征之条件

（1）中国政府应与以确立财政上巩固基础之具体的保障。

（2）关于废督裁兵，亦应同样与以具体的保障。

（3）日本人关税吏员，应增加至对华贸易额之比率相当之数。

（4）关税收入之一部，应使其存储保管于日本正金银行支店，其比例存储额，应与贸易之比率相当。

（5）关于防止抵制日货，中国应当讲适当之方法。

（6）防谷令（即禁止米粮出口令）应撤消之。

（7）矿业国有之条例，应撤消之。

第三　裁撤厘金税问题

厘金税之裁撤，按中国之现状，认为到底不可能之举。故于其准备行为，中国政府应即完全实行废督裁兵。

第四　进口关税（增征值百抽一二·五问题）

此项进口税实行增征之条件，应有

（1）厘金税之完全裁撤。

（2）谋度量衡制度之统一。

（3）统一货币制度。

（4）外人工厂之地域，扩充至租界以外。

第五　远东咨议院构成纲目案起草问题

日本对于本问题，原不认为有十分重要之意义，故可以附诸不问之列。若成为会议之问题，则于其权限组织各点，务期成为小规模者。

北京《晨报》1925 年 9 月 30 日

日外务当局之关税谈

1925 年 9 月 4 日

东京四日东方电云：外务当局本日会见新闻记者，为语中国关税问题云。

一、日本政府以日本及他关系国在此次会议，于承认关税自主权一事，照所预期，表示主义上无异议之态度，至感愉快。二、日本政府证诸日本自身之实验，以为如中国处于特殊状态之国，自近代国家之经济言，当然确立关税自主权，故于力之所能及，必主持实际上简明、直截、且适于实用之案。三、此次会议，在日本政府于力之所能及，愿避免拘束中国之主权，何以故，自主权之恢复，即所以除去中国主权从来所蒙之拘束故也。四、日本政府对于关税问题之前途，以为关税系富有弹力性之物，如税率过高，不止减少输入，其结果亦仅转嫁于国内之消费者，有鉴于此，故愿一面考虑中国现实之财政经济上之利益，一面亦为永久之利益打算。五、日本政府观于现在之状态，因中国之政治的状态，尚未安定，颇为忧虑，而希望其事态之早日归于平静。

关于此点,日本政府切望中国政府与国民,彼此协力,并相信,会议不旋踵即可告成功也。

《顺天时报》1925年11月6日

艾略特与币原会谈纪要

1925年11月5日

大正十四年十一月五日,英驻日大使埃利欧来访币原外相。

首先由英大使谈到:关于关税会议经过,据北京报导:有美国提案、英国提案等等不少提议,但这些提案的内容,有好多不明之点,殊费理解,这其间究竟是否可以视为意见一致,尚值得怀疑。

对此,币原大臣答曰:各国提案的内容费解,不清楚,这一点我完全具有同感,但各国代表如相见以诚,坦率地表明真意,彼此间作出解释,是能达成一致意见的。

埃利欧大使说:我对这次会议能否取得某种成效,甚为忧虑,对会议前途不抱乐观。上次与加藤总理会见时,我曾谈过这种感想。据我看,总理对此似有同感。我认为给中国以关税自主权,终究是值得审慎考虑的问题。

币原大臣答曰:给中国以关税自主权,对于各国来说,这是给予中国的优惠条件。然而目前中国一般青年要求关税自主权的声浪很高。在这次会议上,恢复关税自主权问题如无任何突破,必然要遭到中国国内舆论的反抗,段政府的垮台,势难避免。就我个人而言,虽无支持段祺瑞个人的任何理由,但段的临时政府一旦垮台之后,在中国无论文官或武官,能继其后任者庶无几人,果真如此,在段的执政府垮台之后,中国势必陷于无政府状态,这样一来,不但中国,即其他各国,亦必深受其害。故目前中国政府之安定,比其他任何问题都紧要。我个人认为:对中国恢复关税自主权的利害得失,固然不能不考虑,而对于这次关税会议来说,更当认真考虑中国政情安定之利害得失这个大局问题。总之,对目前在北京的美、英等国的提案,我个人也有难以理解的地方,在这次会议上,不论其能取得什么样的结果,对于安定中国政局这个大局,我认为是极其必要的。

英国大使表示同感。(以下略)①

陈仲言译:《日本外交年表并主要文书》(下),转引自《北洋军阀》第 5 卷,第 496—497 页

国务卿给美国关会代表团的训辞
华盛顿,1925 年 9 月 9 日

先生们:

根据 1922 年 2 月 6 日在华盛顿缔结的《九国间关于中国关税税则之条约》的规定,中国政府宣布于 1925 年 10 月 26 日在北京召集特别会议。在此向诸位传达以下指示,指导你们履行美国与会代表团的职责。诸位会看到,这些指示是笼统性的。参会国的数目、所处理事务的复杂性和技术特性以及必须始终仔细考虑中国政局的变化,都使得拟定详细的训示是不切实际的。此外,无论如何我希望你们有充分的自由决定权去处理所面对的特殊问题。同时,同样希望随时向国务院报告所有重要事项,并在必要时请求其指示。

直到最近几个月之前,本政府一直都认为,大概其他有关外国政府也这样认为,关税条约的规定足以暂时满足中国关于修订税则的要求。然而,近几个月发生的事件表明,这些规定作为最终关税自主进程中的一个步骤,不足以满足这些要求。中国人强烈渴望摆脱他们所认为的各国强加给他们的压迫性束缚,他们的愿望并不仅限于关税事务,而是包括他们同样坚持予以根本性改变的其他问题。我同情中国人的志向,而且希望我们的对华条约得到公正、切合实际的修订。但是,我不想不顾中国的实际情况以及经仔细考虑这些情况后所得出的切合实际的行动方针来运用抽象的原则。不过,我的看法是,关于税则,特别会

---

① 原文如此。

议应该超出关税条约严格规定的活动范围,着手讨论整个协定关税问题,甚至包括旨在最终关税自主的建议。我还认为,我们的对华条约中所涉及的其他问题,应该及早重新考虑,而且,特别会议完全可以作为考虑这些事情的第一步。在近几个月训示美国驻北京公使馆的过程中已经阐明了这些看法。但是,应该记住的是,现在这样的特别会议意图以及会议的活动范围系由条约所规定,是个条约义务问题。我希望可以在会议开幕前或会议期间取得一致意见,使各代表团能够就会议意图提出更多的问题以供讨论,从而在会议议程中制定一个足够开明的纲要以满足中国保守分子的要求,同时也不破坏所有有关国家的根本权利和利益。想着这种可能出现的情况,现赋予你们全权与中国及其他缔约或有关国家的代表谈判,并议定特别会议可能通过的协议,协议经参议院建议并同意后呈交美国总统批准。你们进行这样的谈判最终需要进一步的训令,因为目前制订的训令只是为了指导条约规定的问题,与此有关的会议协议似乎不需要参议院随后批准。

我认为,在会议所达成决议可以推动贸易和在华总体利益改善的范围内尽可能促成此等改善,以此为目标,以最宽容的精神处理你们的工作,会最好地服务于美国的最终福祉。会议的主要职能载于《关税条约》第2款第1段,清楚地说明,它的主要目的是通过减少并最终取消过境货物地方税改善贸易状况。虽然该约第2款载明中国应允裁厘,有关各国报以允准增加进口关税至值百抽十二点五,但实际上厘金从未裁撤。而且,近年来,供出售的货物另外加征许多其他形式的税项,诸如"销售税"、"保护费"之类,这在一定程度上实际上废除了协定关税的规定。根据所得到的有关这个问题的消息,中国政府是现在,还是在不远的将来能够采取任何有关的裁厘措施或者甚至取得任何重大的裁厘进展,似乎都是令人生疑的,尽管她想要这样做。不过,不管对中国现状的考察怎样充分地证明这样的设想是正确的,还不能把它当作确定的事实。我诚挚地希望最后证明情况相反。应该给中国政府一个机会,提出它可能已经制订了的有关这个问题的计划,而且这些提案应该得到你们仔细而同情的考虑。不过,应该严格根据这些提案对中国现状的实用性加以研究。会议可能通过的任何方案都必须有一个合理的履行承诺。因为我想要避免缔结任何可能仍然不起作用的协议,如同把关于这个问题的有关规定加到上述条约第 2 款中一样。

关于裁撤厘金的问题,我的看法是,各国代表(中国除外)有权与中国代表谈判增加关税的问题,根据上述条约第 2 款的打算,增加关税超过条约规定批准的二·五附加税,最高至 12.5%。由第 2 款所用的措辞来看,这样的谈判似乎是有理由的,所用的措辞是:会议"从速筹备裁厘……①以期开征这些条款所规定的附加税"。可是,除非有,或者连同一个满意的裁厘方案,条约似乎不期望进行此类谈判。二·五附加税为条约明文规定,就超出这个范围的任何方案达成的协定,自然不可能如开征二·五附加税那样确定,而且必须提交各有关政府依其各自的法律手续批准。

至于条约第 3 款准许对应税进口货物开征值百抽二·五、奢侈品值百抽五的附加税,我不想用严格的指示限制你们的处理权限。不过,提供以下看法说明我关于这个问题的思路。首先,我认为,开征附加税基本上是会议的义务,尽管可能存在使会议得出相反看法的情况,要是会议利用其章程的宽泛措辞,或是就附加税的适用日期,或是就新税款的处置强加条件,实际上废弃了中国得到所规定的增加税款这个条约的明确意图,那么,它就没有完全出于诚意行事。在这方面要注意的是,虽然条约有把开征附加税和裁厘前运用的过渡办法问题联系起来的意思,但并未明确地把采取裁厘措施作为开征附加税的条件,因此,会议有权自行决定"依据它所确定的日期、用途及条件"征收附加税。我认为选择这样的措辞是幸运的,考虑到政局近来的发展则尤其如此,因为它给予会议充分的权力处置额外税款以应时急。

分配二·五附加税税款作为对地方当局裁厘方案的补偿,这似乎

---

① 原训辞做如此省略——原文件注。

是不切实际的,因为即使将附加税所得税款都用在这方面也不够。可是,如果会议讨论而且达成协定,藉以制订某些合理的方案,减少并逐渐去除眼下对国内贸易的恼人束缚,而有关各国报以准许以累进或其他方式增加关税最高至值百抽十二点五,那么,我倾向于认为,以实际制订这样一个方案所必需的程度和方式分配这些税款,或许证明是物尽其用的。如上所述,我对只是一纸空文的协定是不会满意的,对于没有成功实施合理保证的方案,以及不能促进贸易或起到平静、稳定政局作用的方案,我也是不会满意的。

将二·五附加税税款用于偿还中国政府大量的无担保债务,或至少偿还债务的外债部分,这件事情已经引起了我的注意。我了解到中国政府目前对美国公民的无担保或无充分担保债务将近 3000 万美元,主要是违约贷款以及向中国政府提供物资所产生的债务。这些债权人的看法是,除了二·五附加税所得税款之外,不存在用其他收入清偿这些债权的合理预期。我还了解到,其他国家国民拥有的债权加起来也是个巨额数字,日本的债权约等于其他所有国家国民债权之和。规定特别会议的条约当然没有打算增加中国关税用于清偿外国对华债权。该条约中没有明文规定我所提到的债权要与开征二·五附加税的条件一起考虑,所以,与会代表团似乎不可以作为正当权利坚决要求考虑这些债权。另一方面,给予会议很宽的范围确定开征附加税的条件,似乎它有充分的权力在此范围内考虑这些债权,如果它想这样做的话。

我倾向于这样的看法,会议应该讨论用附加税税款偿还中国的无担保债务的总体可行性,并考虑这些新税款作此之用的充足性问题。随着利息的迅速增加,无担保债务似将达到的规模,可能很快使得中国政府严重的财政危局几乎无法缓解。除非打算拒绝清偿,应该承认这个债务是中国人民作为一个整体必须履行的债务。越早研究这个问题并尝试找到解决的办法,对所有有关各方就越有利。充分认识到必须根据政治局势来处理这个问题,而不仅仅把它当作一个单独的金融问题。我特别想要避免造成这样的印象,即,各国方面同意增加关税的主要动机,是找到收入收回其各自国民的债务。会议不应该使自己容易受到这样的指责,即被认为是一个收债委员会。在这方面,必须把无担保债务看作一个整体,而不是单独强调外债。

通过附加税税款的接济处理无担保债务是否证明切实可行,现在自然不能确定。可行性方面的问题应该由有资格做这种调查的人士加以研究。希望所做的研究最终形成一个方案,用来缓解中国政府目前的财政紧急状况,并同时保障其债权人的根本利益和合法利益。无论事情的结果如何,我都认为这个问题不应被置于会议的讨论范围之外。

与其他参会代表团合作的问题,我认为是非常重要的。没有中国和各国方面的有效合作,我怀疑会议能否取得很大的成功。但是,我希望你们在向所有人表现最为大度的合作精神的同时,还应保持你们完全的独立性,并避免可能遭到这样的指责,即,认为美国政府支持或反对出席会议的其他政府。

凯洛格

FRUS,1925,Vol. 1,pp. 842–847

美国关会代表团致国务卿

北京(无日期),1925 年 10 月 30 日下午 1 时 45 分收到

编号会议 6。

1. 在今天上午的关税自主委员会会议上,中国重申其要求,即各国承认关税自主原则和裁撤厘金于 1929 年 1 月 1 日同时生效。大多数国家表示愿意承认该原则,但英国人、我们自己以及其他一些人要到进一步审查中国的裁撤厘金和内地税方案才作决定。意大利代表团详尽阐述了日置益提出的方案,①我在概述 1 中报告过该方案。② 会议休会

---

① 原文有误。实际情况系 10 月 30 日会议上,日置益重申了日本代表团在 10 月 26 日第一次大会上所提出的两项对案——译者注。

② 见驻华公使 10 月 26 日的电报——原文件注。

到下星期四。

2.我们呈请您批准以下诸点作为我们试探的基础：

（1）华盛顿条约规定的二·五附加税尽快实施。

（2）承诺中国关税自主权于1929年1月1日实施，或者，如果可能的话，以后与裁厘同时施行。

（3）获得陆地边境与海口同样征收足额附加税的协定。

（4）允诺于1926年进行华盛顿会议条约所规定的首次修订关税税率，修订后的税率表于1929年1月1日生效。

（5）允诺视1927年7月所有沿海省份的裁厘情况，于1928年1月1日实施1902年和1903年条约批准的2.5%出口附加税和7.5%进口附加税。所有边境最高税率划一，为出口7.5%，进口12.5%。

（6）允诺如果到1928年7月1日裁厘完竣，则中国国定关税税则于1929年1月1日生效，并于1928年5月1日在北京举行第二次中国关税特别会议，查明裁厘事实。

（7）争取中国声明其保持中国海关现制之意图。

（8）取得一致意见，如果没有裁厘以及各省试图在关税之外征收厘金，海关将退还擅征之厘税。

3.附加税税款用于（1）支付第（8）项所说之退款；（2）补偿各省裁厘损失；（3）偿还无担保债务；（4）中央政府行政费。

4.正如你充分认识到的那样，中国政府如此地不稳定，如果我们不承认某些要求，存在着现任或继任政府宣布废除条约的巨大危险。

5.我们请求尽快电告训令。

美国关会代表团

FRUS,1925,Vol.1,pp.870-871

国务卿致美国关会代表团

华盛顿，1925年10月31日下午6时

编号2。关于你们编号"会议6"的电报，无日期，10月30日下午1

时 45 分收到。

1. 国务院充分理解你们电报第 4 段所描述的形势。为此批准你们的建议,即我们做出合理的让步以满足中国的要求。正如在我们的第 282 号电报(10 月 5 日下午 1 时)里说明的那样,对需要中国现政府或任何可能继任的政府承诺裁厘的谈判取得最后的成功,国务院表示怀疑。可是,既然中国代表团已经制定了提案,其中包括一个裁撤这些地方税的方案,而且这肯定有利于对外贸易,国务院认为,最好鼓励中国人实施这个提案。你们依据电报第 2 段概述的诸点展开工作,国务院对此没有异议。

2. 国务院建议你们考虑,是否有可能从分配给擅征厘金省份的款项中,扣除你们在第(8)项中规定的由中国海关退还的数额。这样,这个省份就必须承担某种责任。

3. 关于你们电报的第 3 段,国务院建议处置附加税税款的顺序如下:(1)补偿各省厘金损失;(2)支付你们电报第 2 段第(8)项所说的退款;(3)中央政府行政费和偿还无担保债务并列。

凯洛格

FRUS,1925,Vol. 1,p. 875

美全权与日记者之谈话

1925 年 11 月 6 日

东方社消息,美国全权史陶恩氏①,今早接见东方记者,对于记者之质问,发表谈话如左:

余(全权自称)对于关会之前途,极抱乐观,相信可以十分达到会议之目的,现在虽有内乱动摇之说,余等信赖中国政府,假使现政府纵被推倒,而代以他派之势力,而本会议所议决或约束之事项,谅亦必能尊重实行。何以故? 因关税增收,即所以巩固关税自主权及中国之财

———————

① 即司注恩。

政,是不仅现政府所希望要求,谅亦中国各派所同希望要求者也,故余等已决心于力之所能及,必努力以副中国之希望。世间或惧关税增收,而入于军阀之私囊,故美国之提案,已讲预防之方策,即规定关税之增收,应由 Customs Administration 保管,而使用于会议所决定之目的,如是则关税增收额归银行业者保管,而自无肥私腹之虞矣。且美国案所谓 Customs Administration 者,非谓设一新局,乃指现在中国政府办理关税机关而言,此系照华府会议之际所已声明者办理也。盖吾等美国全权,确信中国现在之海关十分发挥其机能,且足依赖故也。美国案之第三条中暂行税率之有 Uniform enforced 一律实行之文字者,系因海陆当然一律,为防由俄国方面之密输入故也。盖苏俄未参加本会议,而本会议之决定,自无直接束缚苏俄政府之理,吾人对于中国政府要求海陆关税率之决定,实施于苏俄,自属可能也。日本案与美国案相信根本上无大差异,余思日美两案,得以接近,且希望其接近,本会议日美两国固不待言,即各国亦均承认中国之自主权,而欲使中国立于巩固财政的基础之上,其援助(Helpfulness)之精神,自属一致,是以日美两案,非有巨大之距离,若对于日本案强加以批评,关于厘金撤废方法及撤废之善后处置,未示有详细之具体案,而美国案则有之。王正廷氏之中国案,大体合理,惟所示附加税率过高,不能即行实施,极东咨议院问题,在委员会,因中国全权之要求,一时呈保留之形,吾等美全权,决意必于本会议提出之。

《顺天时报》1925 年 11 月 6 日

英国外交部致商务部(机密)

外交部,1925 年 5 月 25 日

阁下:

外交大臣张伯伦先生指示我通知您,法中政府间关于用金支付分期摊还的庚子赔款的争执已经解决,现在必须就英王陛下政府在关税特别会议上奉行的政策作出决定。您大概还记得,关税会议要在 1922年 2 月 6 日在华盛顿签署的《中国关税条约》生效后 3 个月内在中国召开。条约的生效日期还未确定,这取决于(可能除比利时以外的其他各国都已经批准)法国的批准文书存放于华盛顿的日期。但是,不用说,法国政府拟在其国民议会程序允许的情况下尽快批准条约,可能是下月底,但也可能晚一些。此外,即使条约在今年夏天开始生效,如期召开会议可能还有障碍,比如,其他货币贬值(国家)的政府要求类似于法中之间的解决办法;再比如一个更重要的考虑因素,即,只要没有一个得到充分承认的中国政府,出于法律上和政治上的原因,根本反对会议的召开。关于第二点,情况如下:目前的北京临时政府,尽管各国承认它是事实上的中国政府(其实不是),但是,据它自己说不是建立在宪法基础上的。所以,张伯伦先生正在询问主要有关国家,他们是否认为应该向中国政府指出,只要它没有得到充分的承认,召开会议就会有种种困难;是否可以提醒中国政府,他们最好还是把政府建立在宪法和有代表性的基础上,以消除各国承认他们的技术障碍。希望由此开始的对话最终会刺激中国人提供种种条件——根据张伯伦的看法,如要召开会议就必须满足这些条件,其中包括至少有一个停止内乱的合理预期。不能确切预见这个过程需要多长时间,但恰当地说就是:预期中国政府可能要求尽早开会;法国政府支持现在立即完全承认中国政府;英王陛下政府不想因好像是含含糊糊地反对此举而招致公愤。

2. 在这种情况下,必须为今年秋冬期间可能召开会议做好准备,尽管也许不可能召开。因此,张伯伦借英王陛下驻北京公使回国休假之机和他讨论了政策问题。他得出的结论是,试图将会议范围限定于条约所计议的狭小范围是不可取的(概括来说,即批准某些关税附加税以换取实施裁厘),而是相反,英王陛下政府应把会议当作尝试提倡中国全面重建政策的时机。这个结论是出于以下考虑:张伯伦忧虑,如果不能有所作为促进解决这个国家的问题,英国在华利益面临着日渐增长的危险;张伯伦担心,安排华盛顿附加税用于整理中国政府已拖欠的无担保债务的巨大压力;张伯伦相信,单一结果的会议害多益少,完全不能实现华盛顿会议的精神。因此,英王陛下政府参加所筹备的会议,应想方设法把会议议程引导到中国和各国就某种全面重建计划取得一致的目标上来,在去年8月27日发给英王陛下驻北京公使的电报中简要说明了该计划的主要想法,公使的几封快信为计划概要充实了部分细节,见去年9月29日第604号、今年1月1日第19号、1月20日第53号以及2月19日第111号快信。信件副本已送你部,兹再附上这些文件的副本以便参考。同时附上的还有:去年7月30日快信的副本,给出了最新得到的华盛顿附加税预期收入的估计数字;韦尔斯利所写的英国在华政策备忘录;外交部所写的另一份备忘录,说明了可能要求会议处理的主要具体议题,并简要说明了所需要的费用以及可能得到的资金的估计数字。

3. 就这些文件中概述的全面政策取得有效的国际协定,这方面的困难将是难以克服的。张伯伦目前倾向于认为,克服困难的第一个步骤应该是致信有关各国,大意是说,既然不可能把无担保债务问题排除在会议议题之外,英王陛下政府准备处理这个问题,条件是有个扩大会议范围的全面协定,从而得以采取种种办法,这些办法有益于中国整体,会实现华盛顿会议的精神和意图。在这个阶段,只打算取得原则上的大体同意,而且,甚至要到至少有望就承认中国政府问题达成全面协定,才进入这个阶段。下一个阶段是建议其他各国向中国发出邀请,请中国拿出提案供会议考虑,这些提案肯定证明是不可接受的,但是,提案一经提出,就可以开始尝试朝着英王陛下政府所希望的目标扩大和改变这些提案。英王陛下政府已经致力于这个更重大目标的明确计划,如果这个情况被事先知道了,可能就会损害成功的前景。

4. 同时,如果商务部能够对所附文件中概述的建议详加密查,并且就尤其与商务部有关的方方面面尽快提供深思熟虑的意见,张伯伦先生会很高兴。显然,这些建议需要大量的细致工作,而且由于会议日期可能因不可预见的原因提前,希望即刻开始工作。不能确定什么时候政治局势会迫使英王陛下政府必须宣布他们以重建政策积极帮助中国的愿望,张伯伦希望作好准备应付这种意外情况。

5. 本信及附件副本送殖民地部、印度事务部和海外贸易部。

纽顿①

BDFA,Part II,Series E Asia,Vol.29,pp.115-117

张伯伦致英国驻美日法比意等外交代表
1925 年 7 月 6 日

英王陛下政府倾向于认为,如果华盛顿中国条约的九个签字国立即公开发表联合声明,表示愿意从速召开关税会议,同时警告中国各派系如目前的煽动活动致使会议无法召集的后果,那么,将会减少中国局势的危险。英王陛下政府起草了相应的声明,见我的下一封电报。请弄清驻在国政府是否赞同声明的措辞。欢迎对声明措辞提出建议,但你们要给他们留下事情极为紧迫的深刻印象。

BDFA,Part II,Series E Asia,Vol.29,p.170

张伯伦致英国驻美日法比意等外交代表
1925 年 7 月 6 日

以下是我上一封电报所说的声明的文本:

"华盛顿关税条约规定,早日召集会议,在会上由中国和九国达成一致,采取某些经济措施以有益于中国整体。激励各国的精神在今日一如当初。后来使会议拖延召集的各种形势变化并不影响各国的初衷;相反,他们进一步确认了这些意图,同时各国方面断定,如要实现华盛顿会议的目标,关税会议上所达成的协定需要比最初的设想更为深远和全面。各国还希望关税会议只不过是他们声明愿尽早开始的全面修约的第一步。因此各国急于加速召开关税会议,并抱着这样的愿望投身会议,即与中国人民合作,构想出现行关税制度的修改办法,这些修改办法要合乎目前的需要,将给中国提供重建其行政体制的必要资

---

① B. C. Newton,英国外交部人员——译者注。

金,并创造内部稳定和国际谅解的条件——此乃中国在礼让国家大家庭中占居适当地位所必须承担的条件。"

"各国想要立即朝着这个目标采取行动。但是,显而易见,只要目前的排外煽动活动继续存在,尤其是只要运动的表现形式意味着进行国际磋商与合作的责任当局的缺失,就不可能促成有效的进展。"

"眼下正在进行的煽动活动,除非各国对其性质有所误判,孕育着比仅仅是责任当局分崩离析更严重的潜在后果。似乎正在采取有组织运动的形式,意在强迫各国无条件放弃现行条约所给予的权利和义务。各国希望他们的这个估计是错误的,但是,他们郑重认为有责任警告中国政府和中国人民,如果这些担心证明是对的,就会产生全然不同的局面,在那种局面之下,不仅各国与中国合作开创建设性新时代的愿望会受挫,而且,在实现这些愿望再次成为可能之前,他们将被迫共同磋商即时的必要措施以保护其利益。"

BDFA,Part II,Series E Asia,Vol. 29,pp. 171

张伯伦给英国关会代表团的训辞

1925 年 9 月 18 日

先生们:

依照 1922 年 2 月 6 日在华盛顿签订的条约,中国关税特别会议将于 10 月 26 日在北京召开,现任命诸位代表本政府与会。上述条约的最后批准文书于 8 月 5 日存放于华盛顿,条约自那时开始生效。

2. 在本条约以及 1922 年 2 月 4 日华盛顿会议所通过的关于成立审议局的议决案中,对于特别会议的组织及职能做了解释。这些文件,载于本信之附录,它们表明了特别会议的总目标,即:从速裁撤厘金并履行该约规定的其他有关条件;决定作为厘金完全裁撤前的过渡办法开征普通品值百抽二·五、奢侈品值百抽五之关税附加税的条件。

3. 尽管对特别会议的特定职责作了如是阐释,但是,本政府期望它为缔约各国提供机会,展示其对华真正之友谊,以及对中国人民改革财政制度愿望的切实同情,这些改革措施应给予国际贸易以合理的保障和鼓励,并因此使中国在该方面之行动自由有逐渐增长之可能。因此,尽管有最近之骚乱、联合抵制以及反英煽动活动,本政府仍然欢迎会议早日召开。

4. 考量治外法权问题不在诸位职权范围之内,但是,鉴于中国对此表现出极大关注,应该让诸位知晓,本政府同情中国人民这方面诉求的人心所向。本政府希望华盛顿会议议决案所规定的治外法权委员会尽快开始工作,并希望尽其所能促进任务的完成。惟取得实质性进展的条件的确立,有赖于中国政府。

5. 各国辅助中国改革其财政、法律制度之愿望所面临的主要困难之一,系中国缺乏强有力之中央政府。我所提到的骚乱及煽动活动,即表明此种权威的缺失,而且有可能使本政府及其他有关各国的真诚努力成为徒劳。因此,诸位的主要职责之一,即是取得足够的保障,保证改革——正是这些改革成为授权你们作出让步的理由——将会切实施行。如何取得最好之保障,由你们决定,如对该重大问题有疑问,则应在运用授权各位之全权以前请示本政府。

6. 除所有签约国在华盛顿所作出的承诺外,本政府不受其他约束。本政府决意以华盛顿会议精神行事,并将恪守特别会议之行动应顾及中国整体利益这一根本原则。本政府承认整理无担保债务系会议任务之一,但认为该任务只应作为会议职责的次要部分。本政府认为,如果会议的结果不是采取措施促进中国国内和平以及对中国永久有益的改革,那么,会议的目的就没有实现。

7. 本政府在华利益与中国人民自身之利益并无冲突。本政府希望有一个统一、独立、秩序、繁荣之中国,与其历史相匹配,有伟大未来之前途。解决中国内部问题,要靠中国人民自己,但在可行及相宜的范围内,本政府诚挚希望给予力所能及的帮助。

张伯伦

BDFA, Part II, Series E Asia, Vol. 29, pp. 387-388

普拉特①所撰关于中国关税会议的备忘录

1925 年 11 月 24 日

一、裁厘以取得关税自主

我们的关会政策一直是促成有益于中国的建设性举措,并集中精力于完全有效的裁厘。在这个政策上,我们只得到日本和美国半心半意的支持,因为日本认为裁厘是不切实际的,美国是因为她没有很深的利益关系,而且不愿意就中国内部事务对其发号施令。

2. 我们说过,只有在中国裁厘的条件下才能给予关税自主;但是,现在我们已经给予了无条件的关税自主,作为回报,我们所得到的一切,是单方面承诺裁撤厘金。我们打算催逼中国人到什么程度,使他们实现承诺? 我们是要(1)中断会议,还是(2)如中国人不裁厘的话,就拒绝批准条约?

3. 日本人认为裁厘是不可能的,这相当正确。如果中国人签署了台克满起草的,与台克满计划相似的条约,裁厘很难开始。如果在必要的压力之下,中国人到 1929 年 1 月 1 日确实完全有效裁撤厘金(如同他们曾经取缔鸦片种植一样),在数月或一年之内,厘金就会再次出现(如同鸦片种植卷土重来一样),而我们无能为力。

4. 如果裁厘是不可能的,那么,竭力要求完全有效裁厘,好像它是至关重要的英国利益,这显然就是个错误。因此,我们被迫得出的结论是,我们必须接受名义上的裁厘。

5. 如果我们接受了名义上的裁厘,过去几年我们的所有努力不就都付之东流了吗? 不,因为即使是名义上的裁厘,也会起到积极的作用,也许甚至会部分有效。

6. 如果名义上裁厘规定了某些简易的规则,以区分税收何者为合法,何者为非法,那么,它就非常有用。目前关于旧条约诸条款的解释,总是有争议和摩擦,如果这些争议和摩擦一扫而光,则大有裨益。名义

---

① 　J. P. Pratt,英国外交部中国事务专家——译者注。

上裁厘可能会下令裁撤水路、铁路等等贸易线路上的所有税收壁垒,其中许多会实际上撤除。名义上裁厘还会在比如沿海贸易税这件事情上有部分效果,该税可以很容易裁撤。

7. 在关税自主的情况下,中国人可以很容易地借助于关税筹集款项,这样就较少刺激他们依靠大量的、麻烦的内地税来筹款。就此而言,关税自主实际上对我们有好处,而不是坏处。

8. 中国商界的裁厘要求日益增强,并具有影响力,这将有助于使名义上的裁厘越来越有效力。

9. 如果关税税款在各省间分配,名义上的裁厘会变得更加有效。

10. 最后,我们必须承认,我们,或任何其他一国,或所有各国,什么都做不了以保证完全解决厘金问题。其解决只能从内部、依靠中国开明的民意的缓慢发展来实现。因此,我们目前必须满足于仅仅是名义上的裁厘,知道第一步它只能是部分有效的。

二、新增关税与各省

按照目前谈判路线所谈的条约,其结果是将巨额的增加税款投入北京的掌管之中,这可能激起各省的强烈怨恨,使我们遭受到灾难性的后果。把广州推到极端分子,最终是俄国的怀抱,以及随之而来的灾难性的香港联合抵制,我们拒不允许广州政府分得一部分的关税起了主要的作用。我们必须坚持每个省或省集团都得到该税收中他们应得的份额。中国过去保持统一,是因为有制衡制度,不存在危险的向任何一方的权力集中。后来外国人来了,引进了西方金融。中国人一学会(约在1896年)如何靠税收举债,北京就逐渐地越来越能吸纳所有的税源,并提前支用未来年份的税收。权力的来源——财力的来源——完全集中于北京,而正是这种过度集中,激起各省的反叛。辛亥革命后海关实际管理现款,首次给予这种过度集中制度以巨大的推动,后来安格联担保国内公债的偿本付息,又是一次推动。海关成为北方统治地位的象征,而且,海关成为北京借以吸纳中国所有口岸所征税款的工具。如果我们现在不采取措施纠正这一点,更多的税款一经征收,各省就会有激烈的暴乱。吴佩孚和孙传芳控制着上海和扬子江流域,总收入有将近一半来自那里。他们现在没有活动,但是,如果张作霖和冯玉祥确实已经达成协定,而把吴排除在外,吴将动用武力阻止扬子江流域的税款北上解往北京。这肯定会更深地陷入混乱,而且,也许预示着海关的分裂,而海关是我们非常重要的利益。

2. 我们能有何作为,以阻止这种情况的发生? 我们可以发表公开声明称:完全可以肯定,把大量收入交由北京掌管,会导致内战,在我们承担在这样一项条约上签字的责任以前,必须向我们保证,中国的领导人们已经达成某种协定,据此全国各地都将会得到该项国税的好处。我们的声明可以指出,吴佩孚控制着扬子江流域,蒋介石控制着广州,他们与恰好控制着北京的那些领导人拥有与之磋商的同等权利,声明应假定由北京内阁进行磋商,但如果所用的措辞传递出这样的暗示,即我们自己也许会与吴佩孚、孙传芳以及蒋介石展开会谈,那么,可能会带来非常好的效果。理由之一是,提供给广州的这样的诱惑,可能实际上对香港有益。无论如何,这是应对香港局势的唯一可能的具体政策,以前曾经建议过。

三、政变的可能影响

甚至从会议开幕,冯玉祥政变的威胁就如同达摩克利斯之剑一样,笼罩着关税会议。目前,冯、张协定已经消除了政变的威胁,但是,鉴于它随时有可能卷土重来,还是以试析一下这样一个事件的行动方针和可能后果为好:

1. 如果王正廷未能让其支持者们相信,他可以成功夺回中国所丧失的主权,政变才会发生。目前,显然他已经使军阀们相信,只要他们不坏事,他有相当大的机会成功。但是,如果证明各大国是顽固不化的,那么王可能会放弃努力并辞职,要不然学生和教授们可能会翻脸辱骂他,说他出卖主权。这种情况也许会使可能来临的政变发生。

2. 政变的发生,会是冯玉祥的军队开进北京,逮捕段祺瑞以及其他反对其观点的高官,并取代中央政府的职能。中国关会代表团及其工作人员逃走,会议处于暂时停顿状态。接下来冯可能会宣布废除条约,进而颁布税则,并命令北京的总税务司署通知各通商口岸的海关监督和税务司,由此将事情交由实践检验。一切都取决于冯是否能使这些命令在通商口岸成功执行。

3.如果政变拥有各省民众的很大支持,冯在这件事情上才能成功,但是,这极不可能,因为冯还是受到怀疑,不被信任。吴佩孚依然是大众偶像,无论是他还是张作霖,都不可能支持冯玉祥的这项——或其他任何一项——政策。政变几乎肯定达不到它的直接目标,但仍会造成最灾难性的局面。海关的外籍总税务司将被迫违抗冯,并将其办公地点撤往天津,也可能上海的税务司和1900年一样,继续担当临时总税务司的工作——但是,没有总税务司获得其授权的中国政府,也没有外国公使们可以与其保持关系的中国政府。

4.各国也许被迫将使馆撤出北京,甚至被迫在天津、上海或其他地方支持一个对立的中央政府,多少有一点他们自己创建出来的意思。张作霖可能进军北京,张、冯、吴的三角内战接踵而至。不管怎样,中国都会不可避免地陷入混乱。

5.可以想到,局势也许会按照很不相同的路线演变,根本就没有政变。王正廷可能将控制权掌握在自己手中,让军阀们躲在幕后,由他自己宣布废除条约。其结果就不是这样即刻到来的混乱,但是,各国会发现自己同样身处难以对付的局势之中。

6.因此,问题在于主权恢复到何种程度,才足以阻止中国人破釜沉舟。答案是无条件的关税自主。这并不意味着我们给予关税自主将一无所获。实际上,我们将会得到各种单方面的承诺,违背承诺我们可以要求中国作出解释,但不是用否认其关税自主的方式。中国可能作出的保证是:裁撤厘金;裁撤某些类似于厘金的内地税,诸如沿岸贸易税之类;补偿关税以外非法征收的税款,等等。这些承诺有一些我们可以强迫她遵守,而对另外一些,我们可能是无能为力的。依靠灵巧的外交我们甚至可以使无条件关税自主无论如何丧失某些骇人之处。

7.但是,毋庸置疑,摆在我们前面可供选择的办法就是,无条件关税自主或废除条约。

外交部,1925 年 11 月 24 日

BDFA,Part II,Series E Asia,Vol. 30,pp. 18–21

中国关税会议备忘录(第一部分)

1925 年 11 月 5 日

10 月 26 日,中华民国总执政如期主持会议开幕,接着由中国首席代表王正廷阐述中国特别提案,他提议:

(1)各国同意解除现行条约中所有关税束缚。

(2)中国应允至迟于 1929 年 1 月 1 日将裁撤厘金与中国关税新税则同时实行。

(3)在会议谈判条约签字三个月内,作为过渡办法,对普通品征收 5% 的附加税,烟、酒及奢侈品的附加税则重得多。(应该注意的是,华盛顿条约只批准立即征收 2.5% 的附加税。)

2.外国代表团负责人作出了正式答复。日本代表团强调关税自主进程分阶段进行的必要性。美国代表团极为谨慎,只限于表示美国政府愿意落实华盛顿条约的条款。罗纳德·麻克类爵士①说,英王陛下政府愿意现在或以后讨论关税自主,但着重强调了裁厘的重要性以及提供资金满足各省需求的必要性。

3.第二天,王正廷被选为主席,还任命了 4 个委员会处理中方会议议程中所包含的各项事宜,它们是:

第一委员会:关税自主,包括中国通用关税税则问题以及裁撤厘金。

第二委员会:过渡期内的暂行办法,如征收临时附加税、海陆边境关税税率划一。

---

① 　Ronald Macleay,时任英国驻华公使——译者注。

第三委员会:相关事宜,如关款存放。

第四委员会:起草委员会。

4.关于中国代表团所提议程的内容构成有些争议,但是,由于中国代表威胁如不采纳现在的议程,就要推迟下面的进程提交其政府审议,遂决定予以接受,条件是附加税税款处置及其附加条件由第二委员会处理。该附带条件的目的显然是保证,如果可能的话,首先逐一落实华盛顿条约所规定的方案,而关税自主问题暂时仍然应该是一个原则问题。

5.在此阶段,麻克类认为前景是不确定的,他还担心中国代表团想要无视华盛顿条约规定的限制方案,制订完全不可接受的关税自主提案,而把由此而造成的谈判破裂的责任推给外国代表团。

6.第一委员会:关税自主委员会于10月30日开会,11月3日再次开会。

7.在第一次会议上,王正廷提请各代表团接受一份提案,除了其他问题以外,提案阐明,各国正式声明尊重中国关税自主权,并同意解除现行条约中所有关税束缚。各代表团的答复或是声明承认关税自主原则,或是提交了早日实现关税自主的具体计划。麻克类宣布,除了落实华盛顿条约条款以外,英国代表团愿意提请英国政府批准会议有可能商定的后续措施,以保证在合理期间内完全实现中国的要求,即在有关关税事务上完全的行动自由。

8.日本提案概述如下:

(1)华盛顿会议批准之二·五附加税——视履行某些条件之情形,自会议确定之日起开征该税,不过,部分或完全裁撤厘金不是条件之一。

(2)给予关税自主前之加增附加税——开征该税须:①履行上述条件。②完全有效裁厘。如达到这些条件,以下二者可择一实行:①中国得实行法定税率,但是,须与各国谈判达成关于某些特定货品的协定关税,或者②中国实行不超过12.5%的分级税率。

（3）关税自主——上述安排圆满运作 10—15 年以后，视某些其他条件之情形给予关税自主。

9. 裁厘前不可能实施关税自主计划，而且提案中没有包含如我们的地方裁厘配额方案这样的建设性建议，仅仅是出于这两个原因，在我们看来日本的提案就是相当地空谈。但是，我们告诉罗纳德·麻克类爵士，如果能够消除这些缺陷，该提案可能是与日本人合作的有益基础，以使中国人的提案朝着我们希望的方向发展。

10. 那时我们不知道美国提案，美国人在第一委员会第二次会议上提交了详细一些的提案。提案简述如下：

（1）华盛顿会议批准之二·五附加税。自 1926 年 2 月 1 日起开征该项附加税，所得税款由海关依照会议商定的处置办法控制使用。

（2）给予关税自主前之加增附加税。中国得自主制订新税则表，税率介于 5%（现行税率）至 12%（马凯条约规定的税率）之间。

此项安排自批准条约缔结 3 个月以后生效，并作为过渡办法实行至完全关税自主之时。

所得税款由海关汇集，用于：①抵补各省厘金；②补偿商人所纳不法厘税；③整理无担保债务；④中央政府行政费用。

在此时期内，借助于根据上述第①、第②项的规定运用附加税税款裁撤厘金，等等。

（3）关税自主。如多数国家要求，则于 1928 年 5 月 1 日重新开会证明裁厘完竣，在此条件下，中国关税税则得于 1929 年 1 月 1 日生效。

11. 罗纳德·麻克类爵士表示大体上同意美国提案，但他提醒注意他认为重要的两点，即，第一，得到地方认可的必要性；第二，指定二·五附加税税款依照第①项用于裁厘的可行性。美国提案没有我们本来预料的那么极端，而且，尽管所建议的开征二·五附加税以及给予完全关税自主的日期也许失之乐观，但是，该提案的好处在于具有建设性，而且，与日本提案不同，它们受到厘金问题能够解决这一信念的激励。它们建议的解决厘金问题的办法之一，即，擅征之厘税一经扣除，就将部分附加税税款分配给各省,这正是我们自己所订方案的核心。我们现在的目标应当是通过协调美、日方案并尽可能把我们自己的方案嫁接其中来建立统一阵线。从我们的观点来看,应该是美国人而不是我们自己提出一个早已准备好的方案是有好处的。报上说中国人有些冷淡地接受了美国提案,而这自然是可以预料的。

12. 报刊上有报道说,在第一委员会第二次会议上,王正廷先生提交一份中国政府宣言,保证至迟于 1929 年 1 月 1 日前裁厘。第一委员会已无限期休会,已制订的各提案现由第二委员会考虑。第二委员会定于 11 月 6 日(星期五)开会。

外交部,1925 年 11 月 5 日

BDFA, Part II, Series E Asia, Vol. 30, pp. 5–7

中国关税会议备忘录(第二部分)

1925 年 11 月 17 日

13. 此间考虑了美国提案后,于 11 月 6 日发电报给罗纳德·麻克类爵士,批准他对美国提案采取的态度(见第 11 段),并补充以下建议用于指导,即他应该试图通过协调美、日提案保持统一阵线,并尽可能把我们自己的方案结合进去。重点强调的是必须防范承认关税自主所换来的远不是合理有效裁厘撤厘金和有关的内地税。仅有中国人已经作出的保证是不够的。

14. 关税自主问题依然是会议讨论的中心。应该记得(第 4 段)会议开幕前,各公使馆试图修改中方临时会议议程,办法是将华盛顿条约规定的限制方案放在首位,而考虑关税自主推迟到以后的会议议程。中国人反对这一修改,并在会议开幕后有关关税自主的讨论中得到:第一,所有的代表团声明原则上同意承认关税自主,第二,关于最终给予关税自主的美国方案和部分日本方案被泄露出来。

15. 自 11 月 5 日以来,在关税会议上,罗纳德·麻克类爵士试图使会议认真开始工作,并成功说服中国代表团接受了旨在协调中、日、美方案的新议程草案的前四项。这四项是：

（1）实施华盛顿关税条约第3款、第6款（即开征二·五关税附加税以及海陆边界税率划一）。

（2）关税自主。

（3）裁撤厘金及有关内地税。

（4）征收另外的附加税。

在（1）项下，他提出了第10段第1条中所概述的美国的建议，即及早开征华盛顿二·五附加税，并汇集税款根据会议的决定做最终的处置。

16.中国人对这个提案的反应表明，他们仍然坚持一直以来的立场，而且他们决心挫败新议程的意图，即，首先采取华盛顿方案，其后才是关税自主。他们已拒绝接受华盛顿附加税，除非它带有关税自主承诺，除非规定要到准备最终给予关税自主的条约签字才实施附加税。

17.中国陆军总长最近告诉日本外相，要求各国所做的一切，就是原则上公开承认自主权，然后可以有一些附加条件及限制。王正廷想要的比这更多。他很可能已经承诺谋求关税自主，所以担心各国一旦批准华盛顿附加税就会停止不前，并对继续让步强加不可能的条件。因此必须把二者联系在一起。此事定于今天继续讨论。

18.来自东京的电报表明，尽管日本政府并不期望会议能够达致圆满结局，但他们仍继续与其他各国协调行动。他们不喜欢关税自主的前景，因为那将有损于他们的贸易，但是，他们同样不喜欢被孤立，所以他们目前宁愿选择保持统一阵线。

19.已建立了一个代表中国协会、曼彻斯特商会、伦敦商会和英国工业联合会的非正式委员会，以在需要时就关税会议可能提出的影响英国在华利益的商业事务与外交部和商务部进行协商。

外交部,1925年11月17日

BDFA, Part II, Series E Asia, Vol. 30, pp. 15—16

中国关税会议备忘录(第三部分)

1925 年 11 月 21 日

20. 在 11 月 17 日举行的小组委员会会议上,中国代表团仍然坚持以下立场,即,如果各国明确表态谈判承认关税自主的条约,他们才能同意实施华盛顿条约规定的方案,并实施裁厘所必需的另外的措施。为了应付这一局面,现提议,不是如最初建议的那样,推迟开征华盛顿附加税直至新条约签订,而是预先商定各国表示同意承认关税自主这一条约的第一款。

21. 为此起草了以下决议案,建议全体委员会于 11 月 19 日正式通过:

决议案

"与会各国代表团决定通过以下有关关税自主条款,以将该条款与以后商定的其他事宜一起纳入本会议所要签署的条约中:

各缔约国(中国除外)兹承认中国享受关税自主之权利,允许解除各该国与中国间现行各项条约中所包含之关税束缚,并允许中国国定税率条例于 1929 年 1 月 1 日发生效力。"

"中华民国政府声明,裁撤厘金与中国国定关税定率条例须同时施行;并声明于民国十八年一月一日(1929 年 1 月 1 日)将裁厘切实办竣。"

22. 经日本代表动议,美国代表附议,小组委员会接受了该决议案。英国代表团似乎有些勉强地接受了决议案,但报告说他们打算 11 月 19 日正式在决议案上签字。

23. 该条款的条件有严重不合理之处,因为,尽管第一段中各国承担的义务明确清晰,但是,第二段中中国承担的义务未做性质上或程度上的明确规定。在英王陛下政府看来,不是经过适当时段验证的、合理有效的永久裁撤厘金及相关税项,不应该回报以承认关税自主。但是,由于条款的措辞:

(1)如果中国于 1929 年 1 月 1 日发布命令宣布"切实"裁撤厘金,

她就可以自称已履行其义务;根据该条款的条件,裁厘与关税定率条例同时而不是先期施行,这个情况使得各国不可能在关税自主成为既定事实以前确定裁撤是否切实,因为只有根据经验才能检验裁撤切实与否。中国的确可以声称,实际上不许她在1929年1月1日以前采取任何裁厘措施。

(2)没有明确要求中国裁撤相关税项,它们累加起来甚至比厘金本身更麻烦。

24.由于准许关税自主的条件(如果确实可以强制要求什么条件的话)是会议的关键要害,外交部认为该决议案的措辞是至关重要的。因此,向麻克类提出了上述缺陷,指示他向其美、日同僚力陈这些缺陷,并试图就应对的方法取得一致。如果没有这样做,他得呈报国内请求训令。11月18日晚发出了紧急电报说明此意,希望他在会议(定于次日)上正式接受决议案之前能收到电报。

外交部,1925年11月21日

BDFA,Part II,Series E Asia,Vol.30,pp.17–18

中国关税会议备忘录(第四部分)
1925年11月30日

25.发给英国代表团的电报指出了关税自主决议案条款的严重缺陷,到11月19日上午正式通过该决议案以后代表团才收到电报。报告这个情况时,麻克类解释说,尽管有明显的缺陷,但他原先就默认了决议案的条款,这样做只是因为日本和美国代表团均已接受了现行的决议案,否则英国代表团就会被孤立,并且在中国人放在第一位的关税自主问题上引起失和。

26.他说,至于决议案本身,有两个防止弊端的正式保障:

(1)所商定的条款只是条约中的一项条款,条约中还必须包括会议商定的其他事宜。这些其他事宜能够为约定的裁厘提供满意的保证。

（2）条约本身须经批准方可生效。

27. 以下两个情况强化了这些正式的保障：

（1）尽管中国人可以宣布裁厘系中方的自愿行动,而决不是承认关税自主的条件,但是,他们自己却在条款中把两件事并列起来,并在谈判中明确表态(尽管脱离最后的上下文单独来看在条款中可能不是这样)裁厘与关税自主不是同时而是在那之前实行。

（2）厘金的定义仍待确定,并且中国人已经说了,他们会给厘金一个宽泛的解释。

而且,根据罗纳德·麻克类爵士的看法,

（3）接受决议案可能给了中国人足够的面子,使他们对于仍在谈判的后续事宜通情达理。

28. 决议案通过后,设立了 3 个小组委员会处理：

（1）裁厘。

（2）整理无担保债务。

（3）1929 年 1 月 1 日关税定率条例生效前这一时期的关税附加税。

29. 关于厘金问题,罗纳德·麻克类爵士不抱希望。只有英国代表团把重点放在全面有效裁撤厘金上。美国人原则上赞同,但并不热心。日本人不相信这样的裁撤是可以实现的,所以集中精力于他们自己特别关心的、没有那么雄心勃勃的两个目标,即整理无担保债务(通过西原先生的有点不名誉的运作,他们大量投资于无担保债务)和谈判协定关税,争取他们自己货品的关税税率低于国定关税定率条例可能加征的税率(他们和中国人生产同类产品,重税对他们特别有害)。这些情况得到了艾略特的证实,他报告说,根据币原男爵所说,日本人打算谈判一项附有关税税率的商约,这样,即使继续征收厘金,日本的贸易也不会受到过分的损害。在这种情况下,日本对关税自主就没有什么担忧了。

30. 一接到上述报告,我们就与商务部和海外贸易部进行了磋商,仔细考虑了整个局势。得出的结论是,如果不改变英国的关会策略,结局可能是对英国利益或中国自身都好处不大。

会议的结果可能是:

(1)中国于 1929 年 1 月 1 日得到关税自主,并报以——

(2)名义上裁撤厘金。

(3)日本和拉丁各国国民的无担保债务得到整理,其他各国在这些债务中没有很大的投资。

(4)日本得到(也许已经原则上得到)一项商约减轻中国国定关税定率条例的影响。最惠国待遇在这里对我们毫无价值,因为日本和英国的在华贸易是互补性而不是竞争性的。要为我们的货品争取优惠税率,这全然需要一项商业条约才能起作用,而我们在这些事情上讨价还价的能力是微弱的。

因此,前景是暗淡的,对英国的利益没有救助,对中国不具有建设性。显然需要转变立场,并就以下建议征求罗纳德·麻克类爵士的意见:

(1)少强调厘金问题。迄今为止,我们的政策都是把切实合理、有适当保证的裁撤厘金作为关税自主的绝对必要条件。这不再是个明智的政策,因为,第一,会议已经表明,中国可能无论如何都要得到关税自主,有保证或没有保证;第二,总的来看,说中国目前情况下不可能完全裁厘的那些人是正确的。另一方面,即使仅仅出于以下原因,名义上的、只有部分收效的裁厘也是有些价值的,即:可以明确定义非法税项,消除某些更大的关税壁垒,并鼓励中国商界现已存在的支持废厘运动。如果我们可以得到的比这更多,则更好,如果没有,我们也只好满足了。

(2)更加把重点放在以下建议上,这是我们争取裁厘方案的基本特点,即,把适当比例的增加关税税款分配给各省以替代厘金。但是,我们对这一建议的拥趸不要太紧密地与裁厘联系在一起。地方配额原则的积极性在于:

①税款集中在中央政府手中迫使各省征收不法税项,并助长内战。

②如果会议将增加的税款只提供给北京政府,各省会以武力夺取税款,并摧毁宝贵的、配备外员的海关机构;将会有新的内战、金融全盘混乱以及一场新的排外运动。

如果关税税款不在各省间分配,中国不可能有和平,而且各国不可能承担签订条约的责任,除非中国人首先安排这样做。我们必须或者在会议上自己提出这一观点,或者与东京、华盛顿和巴黎协商以取得统一立场,我们还必须选择合适的行动时机。只有通过这个办法,我们才能够希望为中国获得某些建设性的东西。

(3)效仿日本人的先例,在会议外谈判一项商约,和总条约同时签署,规定主要与英国有关商品的最高固定税率。

31. 11 月 28 日已发电报给麻克类,要他对以上建议发表意见。

外交部,1925 年 11 月 30 日

BDFA,Part II,Series E Asia,Vol. 30,pp. 28-30

中国关税会议备忘录(第五部分)

1926 年 2 月 17 日

32. 关税自主。关于各国承诺同意中国国定关税条例于 1929 年 1 月 1 日生效所造成的新形势以及最佳应对之策,我们与麻克类又是一番电报往来。英王陛下政府就地方分享关税税款原则发表声明的可能性仍在考虑中。英王陛下政府还正在考虑:是不是不应该通过全盘修改现行制度来得到这样的分配办法,在现行制度下,关税税款征收后由外国保管银行、海关总税务司和外交团控制,这个制度不仅是中外人士发生摩擦的原因,易生弊端,而且它是为了中央政府而不是各省的利益而构建的,是中国当今许多灾祸的根源。如果修改或抛弃,最初会有拖欠关税担保贷款的巨大风险,但长远来看,放松控制可能奠定更加有序、友好、繁荣的中国的基础,可能至少会挽救关税征收机构免于毁灭。

33. 商业条约。麻克类认为,缔结一项双边商业条约系准许关税自主的合理结果,并请求说明英王陛下政府想要拟订这样一项条约的总

路线。商务部正在搜集必要的资料与主要有关的英国商界磋商。

34. 会议的后续活动。北京新的政治危机正阻碍着这些活动,危机因张作霖垮台以及安福系被清出内阁而起。但是,现在占优势的冯玉祥到目前为止还维持着总执政段祺瑞的职位,也维持着会议现状。

35. 但是,非正式磋商正在进行,小组委员会(见第 28 段)在开会。以下是最新的活动记录:

36. 厘金。除英国代表团以外,各代表团对这个问题都不热心。中国人自己提出的方案是不切实际的,而且会消耗太多的关税税款。英国代表团主张对所有进口货物征收特别关税附加税以替代厘金,税款直接归各省。英王陛下政府已向英国代表团表明大体上同意这个方案。海关总税务司安格联系中国代表团专家之一,他向中国代表团提出了有些类似的建议。

37. 同时中国人保证,作为开局之举,会议结束后三个月裁撤沿岸贸易税,这是厘金总名目下诸多税项中的一种。这是令人满意的。

38. 临时附加税。中国人已提交如下征收关税附加税的提案:(1)普通品,5%;(2)乙种奢侈品(152 种商品,相当于全部外国进口商品的 20%,实际上包括棉制品、金属、机械和油以外的所有重要进口商品),20%;(3)甲种奢侈品(只有烟、酒),30%。这些是会议开幕时王正廷最初提出的税率。它们远远超过华盛顿条约批准的附加税(普通品 2.5%,奢侈品 5%)。英国代表团的看法是,如果附加税包括厘金附加税(见第 36 段),如果作出满意的裁撤内地税的安排,贸易能够负担新的税率;他们将努力争取减少我们所感兴趣的货品(如毛织品和糖)。与主要有关的英国商界磋商后,英王陛下政府已同意这一看法。但是,在审核清单之前(现已收到从北京用快信寄来的清单),暂缓评论乙种奢侈品目录的构成。其他代表团也持类似的看法,惟有日本代表团除外,他们可能反对附加税高于在华盛顿所确定的附加税。

39. 债务整理。日本人对这个问题特别感兴趣,现已提交了整理无担保债务的尝试性议案供私下讨论。他们估计此项债务达 10 亿元,要通过发行债券进行整理。1926—1929 年过渡期内债券年利率为 4%（12% 的利息不予支付,转入本金),下一个 5 年[1]年利率 5%,从那以后直到由偿债基金还清债券,即 1932—1952 年,债券年利率为 7.5%,在此期间每年还本付息会达到约 9000 万元。债券以关税作担保,并按票面价值偿还所有债务。方案的基本特点是这些债券还本付息的资金应存放于有关债权国银行。

外交部,1926 年 2 月 17 日

BDFA,Part II,Series E Asia,Vol. 30,pp. 74-76

中国关税特别会议[2]

1925 年—1926 年

160. 根据 1922 年 2 月 6 日华盛顿会议签署的《关于中国关税税则之条约》,关税会议于 1925 年 10 月 26 日在北京召开。拖延了 3 年半多的时间,是法国政府拒绝批准华盛顿条约造成的,法国政府在一个完全无关的争议问题上与中国政府达成解决之前拒不批准华约,所争论者称为"金法郎案",即庚子赔款中的法国份额应该以金法郎还是以贬值的纸法郎支付。在此期间,中国的政治和财政状况严重恶化了。此外,反对北京执政府的派系提出反对会议,因为他们担心会议的结果会增强对手的力量。同时,控制北京政府的派系是分裂的,而且,考虑到 1925 年夏季骚乱所激发的民族主义和排外情绪,更极端的分子也不愿举行任何会议,并想要视华盛顿条约为过时之物。

关税自主

161. 不过,关税会议如期开幕了。但是,马上就明白了,过激派在中国代表团中占居优势,而且决心加快解决关税自主问题。严格来说,这样一个意义深远的问题不在会议范围之内,华盛顿条约只授权会议

---

① 此处有误,应为 3 年——译者注。

② 段落前标号为原件所有——译者注。

讨论将关税税率从现行的 5% 提高到 12.5% 以换取裁厘,同时根据关税会议所确定的日期、用途及条件,批准开征奢侈品 5%、所有货品 2.5% 的附加税。

162. 中国人坚持要求立即讨论关税自主,大家认为顺从这一要求是明智的。在 11 月 19 日会议的全体委员会上最终通过了以下决议案,各代表团有一个须经其政府最终批准的一般性保留条件:

"与会各国代表团决定通过以下有关关税自主条款,以将该条款与以后商定的其他事宜一起纳入本会议所要签署的条约中:

"各缔约国(中国除外)兹承认中国享受关税自主之权利,允许解除各该国与中国间现行各项条约中所包含之关税束缚,并允许中国国定税率条例于 1929 年 1 月 1 日发生效力。"

"中华民国政府声明,裁撤厘金与中国国定关税定率条例须同时施行;并声明于民国十八年一月一日(1929 年 1 月 1 日)将裁厘切实办竣。"

163. 现在,道路已经畅通,可以讨论更直接的问题以及实现关税自主条约的条款。主要的议题是:裁撤厘金、债务整理以及实现关税自主之前的过渡期内征收的关税。中国代表团从一开始就不顾华盛顿条约确定的范围,这时又提出过渡期关税税率除现行的 5% 关税之外,还对普通品征收 5%、奢侈品 20%、烟酒 30%。他们估计这些附加税会带来约 1 亿元额外税款,并宣布他们打算将其中的 3000 万元用于裁厘、3000 万元用于债务整理、3000 万元用于建设事业、1000 万元用于紧急政费。

裁撤厘金和沿岸贸易税

164. 尽管中国的声明规定了裁撤厘金,并在过渡期内每年为此划拨 3000 万元,但是,他们没有提出方案实施这一重要而艰难的改革。他们含糊地估计每年的厘税约为 8000—9000 万元,并提出 3 年间每年积累 3000 万元,用于第一年的裁厘。对于其后的年份,他们没有计划资金准备,但表示,因关税自主实现而开征的较高税率会带来那么多的资金,足以应付各项用途。

165.英国代表团十分重视裁厘的重要性,因而提交了具有双重目标的提案,一是保证以切合实际的方法专门指定资金用于裁厘,一是保证把相当份额的增加关税划归各省作为裁厘的资金,因为厘金是一种地方税。这个方案以通过单制度为基础,按照这个制度,外国人拥有的进口或出口货物支付2.5%的税可领取单照免除厘金。过去这一制度运转得相当好,但它有多方面的缺陷。收入归中央政府而不是地方当局,所以后者没有因损失地方征税而得到补偿。其他的地方税,诸如消费税或落地税之类,部分根据这个账目向通过单货物征收,而不是供出口的本地货物则没有资格领取三联单。英国的提案是,不考虑货主国籍,向所有支付了厘金补偿税的货物免费发放三联单,该单照不仅使货物免除通过税,而且免除所有其他的内地税;按照领取单照货物的目的地或原产地将收入归各省。

166.拟定了详细的方案,而且很受其他外国代表团以及中国代表团的欢迎。英国代表团和他们进行了仔细的讨论。在这些讨论中,英国代表团解释说,裁撤厘金指的不只是取消通过税,而是废除目前对同一货物的多重征税;还强调说,为了以现代金融制度促进贸易发展,必须采用单一地点征税原则,之后商品可以在全中国自由流通进入消费。

167.中方技术顾问表示,中国政府的意图是制订一种国内产品税,税率类似于进口税,但低于进口税,但是,事情涉及到中国内政,完全不在条约范围之内。

168.在1925年12月10日的会议上,中国代表团提出了关于在华外国人纳税的公告,并且宣布废除沿岸贸易税,对输入之国内货物所征半税以及全部出口税均予取消。外国代表团对前一项公告完全沉默,总的态度是此事不在关税会议范围之内。关于后一项公告,这实际上表明中国政府希望其裁厘方案及早有所进展,英国代表团对此表示赞赏。

169.上述厘金讨论中,中方技术顾问称,即使他们征得缔约各国同意,在外国租界对中外人士一视同仁实施印花税和烟酒销售税,中国政府也只能负担得起裁撤沿岸贸易税。他们还解释说,他们犯了个错误,把出口税包括在其公告中,而他们只打算在最近的将来取消进口半税。在拟定公告时,不用说中国人想通过修订货物出口国外的现行关税,使之实际达到5%来弥补损失,尽管根据现行条约这样的修订相当合理,但日本政府提出了强烈反对,修订之议被放弃了。

债务整理

170. 虽然在英王陛下政府看来债务整理是一个次要问题,但其他各国却不这么看。有关的各代表团提交了许多提案,其中包括中国代表团。为了将这些提案引导到这样的方向,即,使英国厘金方案中的财务计划稳居优势地位,而且同时规定,如果给无担保债务提供担保,那么,部分担保贷款(尤其是铁路贷款)的地位亦会改善,英国代表团也呈递了提案,提出这样一个原则:如果要求至少支付部分铁路贷款利息,得有一项应急基金可资运用。进行了冗长的讨论,但由于观点冲突而没有结果。美国代表团尤以债务整理支持者的面目出现,急于得到无担保债券持有人的最大利益。日本人的要求远多于其他任何国家,但他们在偿还债务一事上的动机是复杂的。虽然他们非常急于取得偿还无担保债务,但是,他们甚至更急于阻止关税税率的提高。这些税率一经大约确定,如果他们没有因美国人的态度而变得强硬,就十有八九仍然准备接受公平的债务条件。英国人的态度是,不应该利用关税会议把债务整理方案强加给中国,但是,英国人会接受任何合理的方案,只要这个方案中国可以接受,并适当考虑以前的无充分担保贷款的权利。这些贷款出借给当时有代表性、有效的中国政府用于建设,英国人认为它们具有优先权利。

171. 一个细节,却是一个非常重要的细节,构成了巨大的困难,这就是湖广和津浦铁路贷款的地位问题,其中有巨大的英国利益。贷款合同规定,如果实施裁厘,用某些地方厘税偿付的款项转由关税税款偿付。贷款现在违约,而应付款项数额巨大,以致严重妨碍着任何债务整理方案。日本人对贷款合同的解释提出了质疑,而就目前所知,中国人没有认可。英国代表团认为应付款项系切实有效,但是,此乃法律裁决之事,所以,他们惟有设法尽可能谋得所提出的任何债务整理方案完全承认这些贷款的权利。英国代表团的观点得到了美国代表团的支持。

172. 最终中止了全面讨论,但是,英国代表团与美、日代表团的技术顾问后来进行了某些非正式的探讨,并就债务整理方案的框架达成了相当程度的一致。可是,在当时的政治形势下不可能与中国代表团恢复讨论,而且,英王陛下政府不想在与中国人恢复讨论前致力于任何方案,与美、日专家的会谈于3月底暂时中止。

173. 美国特别代表、美国代表团技术顾问斯特朗先生①于9月16日离开,这一天他交给中方技术顾问一份计划书,该计划根据先前讨论的原则拟定,为的是可能重开谈判时中国代表团可用作指导。计划书副本立即私下送达英、日代表团技术顾问。

关税自主到来前的过渡期内所征之关税

174. 中国人最想要的是每年9000万元—1亿元的增加税款,如果关税的增加是贸易可以承受的,外国代表团准备在此基础上谈判,尽管估计所谓的华盛顿附加税只能带来3000—3600万元,华盛顿附加税系奢侈品5%,普通品2.5%,这就是实际授权他们批准的全部。日本代表团最初拒不同意讨论产生收益在8000万元以上的加税,但是,在他们的首席技术顾问赴东京讨论这个问题以后,日本政府允许他们接受更高的数字。

175. 英、美、日代表团的技术顾问们组成了一个小型委员会并制订了新的税率表,而且为所有其他外国代表团的技术顾问所接受,惟法国代表除外。法国代表没有提出反对,而是说他必须把事情交给法国政府处理。随后将税率表送中国代表团,不用说他们也可以接受。新税率表为七级税率,附加税税率从2.5%(总税率7.5%)到22.5%(总税

率 27.5％）不等。据估计约七成的英国对华贸易属于最低两级税率，分别按 7.5％ 和 10％ 的总税率纳税。

176. 谈判结束后，法国代表团接到他们政府拒绝接受新税率表的训令，并呈递了殊为不同的提案，只订立三级税率，分别为 2.5％、7.5％ 和 15％ 的附加税。这样的行为来自于一个贸易利益相对较小的政府，而且他们要为因先前拒绝批准华约导致长时间拖延会议召开而负责任，所以特别令人生厌。其他各国显然不可能重新考虑他们仔细商讨的税率表，因此对法国的行动不予理睬。

华盛顿附加税

177. 会议伊始，外国代表团就提出，立即确定该拖延已久的附加税的生效日期，而用途和条件的确定留待与主条约一起议决。中国代表团倾向于认为华盛顿条约的条款过时了，怀疑接受了华盛顿附加税可能会妨碍解决更为重大的问题，而他们决意把这些更重大的问题放在最重要的位置，所以没有接受外国代表团的这个提议。

178. 可是，2 月 18 日，中国代表团出人意料地要求开征附加税，他们提出一项决议案，规定自 1926 年 4 月 1 日起开征。此事被提交给各国的六人小组委员会处理，并经解决某些要点后，由小组委员会商定决议案文本。要不是日本人在讨论中很晚才坚决要求一项限制性条款，达成全盘解决也不是不可能的。日本人的条件是，若会议未在所确定的日期前至少两周决定征税的用途和条件，就推迟开征。在讨论过程中，英王陛下政府承认了如下原则，即，附加税的适用日期为货物抵达中国之日，而不是从原产国装运之日——在中国迄今为止都是这样。作为交换，他们坚持要求提前 3 个月通知，不过中国人只认可不超过 70 天。另一个悬而未决的重要一点，是在决议案中提及主条约带来的过渡期附加税的较大数字。外国代表团和中国人同样急于明确，华盛顿附加税不是替代主条约条款，而只是其先声。不过，中国人希望提到 9000 万元的实际数字——估计过渡期附加税会带来此数，这似乎是其他代表团所反对的。

179. 北京的中国政府的地位岌岌可危,谈判解决仍然悬而未决的难点问题难以为继,而且,不久以后的 4 月份北京政府彻底垮台。不过,料想可能很快就有同样急于,也许更加急于获得华盛顿附加税的政府继任,外国代表团希望尽其所能,加快了结至少这一部分的华盛顿承诺,遂决定设法就建议草案达成协定,可以以此作为日后与中国代表团讨论的基础。因而,指示美国的技术顾问与英、日技术顾问合作拟定草案。在该草案中不再只是一个确定开征日期的问题,而是还要确定用途和条件。

180. 草案规定:提前 3 个月通知征税;将三联单收入转给各省,并为此划拨 500 万元给中央政府作为补偿;取消沿岸贸易进口税,即国内货物从一个中国港口输入另一港口所征的进口半税,并为此划拨 400 万元给中央政府作为补偿;每月给中央政府汇款 75 万元作为现时的建设和/或行政费;可能商定的方法是海关积累的余款及时用于清偿债务;三联单收入从中央政府移交给各省以及裁撤沿岸贸易税,代价是 900 万元,被视为裁厘之步骤。经过极其仔细而冗长的讨论,才就草案达成一致。所有外国代表团及其政府(不用说也包括日本政府)随后大体上批准以该草案作为最终与中国代表团讨论的基础。同时,关于征收 5% 附加税商品的清单,大体上达成了一致。

181. 为满足日本政府愿望而插入的条款之一规定:在协议草案所附的一项决议案中订立附加税税款保管条款。保管问题引发了相当多的讨论,但最终商定了一项草案,规定,指定中外保管银行,为债务所保留之数额根据各自国民利益的比例划拨给各银行,余额在以下各国籍银行间平均分配,所提到的外国国籍有美国、比利时、英国、法国、意大利、日本和荷兰。

182. 很快得到日本政府以外的所有外国政府的批准。日本政府拖延很久以后才声称,他们只能接受主协议草案——他们本来早就应该批准,条件是作根本性的修改,要求删除有关三联单、沿岸贸易税的条款,并将所涉及的 900 万元转入基金,积累起来用于债务整理,而这些条款是英王陛下政府所重视的。就在作出这个出人意料的声明之前，激烈的新闻宣传战先后在东京和北京展开，指责英国政府决意挑起关系破裂，并暗示他们要由此逃避根据华盛顿条约所承担的义务。

183. 看到日本的声明，美国代表团感到沮丧，为了可以声言外国代表团在力所能及的范围内准备好了结华盛顿附加税承诺，美国代表团可能一直愿意接受任何一种草案。但是，英王陛下政府认为，在中国代表团缺席的情况下，各国间继续进行非正式谈判还是无济于事，并且发表了表明此意的公告，此前已在 1926 年 7 月 3 日的外国代表团会议上予以宣读。同时，外国代表团发表了一项全体一致的声明，称一俟中国代表团能够重开讨论，他们诚挚希望将会议的工作继续下去。

修订"1912 年关于保管现有海关税款的协定"

184. 保管华盛顿附加税税款提出了修改现行保管办法的问题，该现行保管办法包含在 1912 年制订的一项协定中。公认早就应该加以修改，只是一直在等待时机，预期关税会议会提供这样的机会。可是，这件事有些棘手，与保管华盛顿附加税是完全不同的情况。原因在于，首先，1912 年协定涉及到运转良好顺利的复杂现行体制；其次，协定是为了应付已经过去了的紧急状况而制订的临时措施，所以中国人有可能力主协定无须修订，而是应予终止。修订工作不在会议的严格范围之内，但是，据认为在解决华盛顿附加税保管问题的同时，可以帮助处理这项工作。因此，技术顾问们拟定了一份草案，不论何时有了继续修订 1912 年协定的合适机会，准备好供外交团考虑。

定期修订税则以实施从价税

185. 华盛顿关税条约规定，1922 年修订税则 4 年后再作修订，以后的修订规则——每 7 年修订一次——由关税特别会议制订。

186. 12 月，中国代表团提出一套规章草案，包含的条款有：将来的修订工作要由中国而不是国际委员会承担，而且，任何异议的最终处理权也只属于中国人。他们后来没有再提到这件事，但是，由于所确定的修订时间临近，外国技术顾问们在 6 月份借机讨论了中国人的提案，并确定了想作何种修改。一般说来,对由中国人承担修订工作没有异议,但是很明显,中国人充当处理异议最终权威的权利不会得到承认。

187. 8 月,外交部正式通知有关的公使馆,中国修订税则委员会在上海成立,并邀请他们任命代表,"与中国委员会开会互换看法"。经磋商后决定,一定要坚持国际委员会无济于事,所以,除日本公使外的各有关公使同意答复接受邀请。但是指出,要到修订的关税税率得到其各自政府批准才能对其侨民的货物开征。直到 10 月底,日本公使才发表了有一点出人意料的声明,称他的政府不能同意中国的提议,而是必须坚持要求通过国际协定进行税则修订。为此,他建议各国代表在上海开会,经与"中国代表非正式磋商"之后,自己制订一份修订关税表草案,以后呈交关税特别会议批准。没有再听说日本的建议,考虑到其他各国答应予以合作,中国政府几乎不可能接受日本的提议。与此同时,中国委员会(海关高级税务司赖发洛先生系委员之一)开始工作;被任命为公使馆代表的英国商务秘书在上海正式表示要与中国代表合作,展开修订进口关税标准的工作。

中国建议确定复会日期

188. 临近 7 月底时,中国代表团突然说,邀请外国代表团参加一个非正式会议,讨论盛夏之后恢复开会。虽说是非正式的会议,却充斥着一切可能的繁文缛节。但是,外国代表团对中国人确定日期的提议没有作出回应。尤其值得注意的是,英国代表团一直强调考虑各省态度的重要性,先前美国代表团拒绝认真考虑这个主张,现在它出来声明说,以中央政府目前的宪法地位和内战现状,决定任何确定的复会日期都是草率的。中国代表团随即建议,可以在 9 月中旬再召开非正式会议考虑此事;但事实上没有再召集过会议。不用说那时中国人自己对尽早复会的前景也是悲观的。

BDFA,Part II,Series E Asia,Vol. 19,pp. 407–413

英国外交部致美国大使馆

1926 年 5 月 28 日

英王陛下政府通过伦敦的美国大使馆收到美国政府来文,有人说在北京的英国代表团想要放弃在京谈判并解散关税会议,美国政府询问英王陛下政府是否赞同这一态度,美国政府还表示希望英王陛下政府继续与其他有关各国合作,了结去年 10 月开始的这项任务。

2. 英王陛下政府希望向美国政府保证:他们所得到的英国代表团想要退出北京谈判的消息,似乎完全是出于误解。英王陛下政府没有任何解散关税会议的意图。确实考虑过目前是不是不便于安排短暂的夏季休会这个问题。目前情况下,休会时间可能会拖得比原来的计划要长,认识到这一点,并且为了防止可能对各国的诚意产生误解,英王陛下政府认为头等重要的是:甚至在所打算的上述休会之前,首先必须彻底了结在华盛顿所作的承诺。

3. 在北京的英国代表团持有完全相同的看法,而且意识到首先必须了结华盛顿条约。但是,有关无担保债务问题的会议活动,外交部和代表团交换了很多看法。上面提到的误解可能就缘于训令代表团对此所采取的态度,在 5 月 6 日的荷兰公使馆会议上,英国首席代表正式阐明了这个态度。

4. 美国政府无疑会记得,英王陛下政府从一开始就不愿意把任何整理无担保债务方案作为关会工作的一部分强加给中国政府,而且他们只是后来极不情愿地同意在会上讨论这样的方案。如果外国代表团的整理无担保债务方案要求太过严格地控制中国的关税收入(不久后将因关税自主而增加),英王陛下政府担心可能出现危险的僵局,因为有关这个问题的讨论表明:尽管中国人愿意承诺以其部分税款用于无担保债务,但是,他们已拒绝让关税会议处理债务整理的细节问题,为此或任何其他目的扩大外国对中国关税收入的控制,他们也将拒绝服从。

5. 在经过充分考虑并与在北京的英国代表团长时间磋商之后,英王陛下政府已得出结论:虽然他们准备同意由中国人或其他各国提出的处理无担保债务的合理方案,但是,英王陛下政府认为如下尝试就不对了,即,为了这个目的的需要,试图强加给中国人比他们准备自愿让步程度更甚的外国对税款的控制。必须带有增加外国控制、而且可能被视为侵害中国主权和独立——各国在华盛顿允诺对此予以尊重——的一项政策,与美国传统的对华政策如此地背道而驰,所以英王陛下政府倾向于认为,美国国务院对这个问题有相同的担忧。

6. 诚然,英王陛下政府原想强求中国给出裁厘的适当保证,作为批准华盛顿附加税的先决条件,但是,他们已得出结论,在当今变化了的环境和氛围中,坚持要求违背中国政府意愿的保证只会导致无限期地拖延了结华盛顿承诺。他们和美国政府完全一样,急切于尽早完全履行这些承诺,而且在华盛顿会议及以后都认为,首先把整理中国无担保债务并扩大外国对关税税款控制的方案强加给中国,其后才履行这些承诺,那就会与英美两国政府的意图背道而驰。未能履行华盛顿条约有可能酿成非常危险的局面,因此,英王陛下政府现在的看法是:如果中国政府作出新税款作何用途的合理满意保证,各国就应该接受这样的保证,避免强加或强求保证的任何尝试,并立即批准开征附加税。英王陛下政府确信,这样一项政策,与美国一贯展现的对中国人民的友好、慷慨那么地吻合,将会得到美国政府由衷的全力支持。

BDFA, Part II, Series E Asia, Vol. 30, pp. 372–373

4. 中国社会各界对关税特别会议之态度

旅津沪汉参众议员电

1925 年

各省军民长官、省议会、教育会、商会、农会、工会、各团体、各报馆均鉴:自金佛郎案解决以来,段祺瑞藉以掩饰其卖国之迹者,辄以促成关税会议为言。讵知关税会议之召集,其祸中国而困民生较之金案为尤甚。曩者安福专政，段祺瑞及其党徒经手之卖国借款达七、八万万，担保不实，或竟无担保。外人方以债权未能巩固，群注目于关税增加之途。西原龟三之来华，即与安福党化零为整之卖国计划有关。现召集关会之期甫定，而承认西原借款之说居然提出阁议。盖一面结束以前卖国之种种悬案，一面新辟一卖国之途径，以为最后之总拍卖。近年来，中央政府所恃以为生者，关余、盐余耳。今一万六千万之盐余公债，闻已在秘密进行之中，关余又将关会之开幕而断送净尽。不独此后之中央财政陷于绝地，即国家收入完全操之于外人之手。关税协定之局，一变而为财〔政〕共管。关税会议名为协定税则，实即处分中国之国际会议耳。且关税会议与废约运动不能并立者也。今举国一致努力于不平等条约之废除，而段政府适于此时召集关税会议，直接承认关税协定，显然与民意为敌。中华民国号称独立国家，不能自订税则，反公然承认华府会议之约束，自行召集关会，俯首听命于国际协定税则之下，此与自承认其国家为半主权者何异。段祺瑞亦自慊于义，此故盛唱关会扩大范围之说，以惑国人之视听。不知关税会议系以华府会为根据，如会议范围可以自由扩充，不必以华会条约为依据，何以此项会议之召集，必俟诸法、比两国批准华会条约之后；更何以必须承认金佛郎案以为批准之交换条件耶！况段政府即主张关税自主，实无向协定税则之关会中要求之理。似此欺妄之迹，适自暴其卖国丧权之罪恶而已。同人十四年来之政治主张，无日不在与卖国党奋斗之中。国会解散一次，卖国党必猖獗一次，国家之利权亦必丧失一次，事实俱在，可以复按。往者不必论。段祺瑞此次窃政，昌言毁宪，即为承认金案及召集关会之地。同人一再揭发其奸，舌敝唇焦，冀促国人之觉悟，乃多蔽于环境，习焉不察，致成今日列强处分中国之局而无法挽救。外人之觇国者，群谓关税会议非中国之利，盖有所见而发也。总之，段祺瑞之卖国政府一日不倒，则中国之亡可立而待，不仅卖国丧己也。邦人君子，速起而共图之。旅津沪汉参众两院议员同叩。

上海各路商界联合会致外交总长

1925 年 8 月 13 日

上海各路商界联合会，为特别关税会议问题，昨有元电抵京。原文如下：

北京外交部沈总长钧鉴：我国自鸦片战争以还，外交迭告失败，演至今日，上下交困，民生凋零，其困难不一端，而关税无权自主，实为症结所在，致使大好物产，仅足供外人之原料，而绝其自行制造畅销各国之机会。今者关税会议召集有期，我国为东亚自主国，自当有自由之精神，以拥护国体之尊严。若仅以二·五加税开议，则束缚限制，覆辙重蹈，为外债加一保障，为共管种一远因。贪瞬息之利，贻无穷之害，尚希大部力顾国权，作坚决之主张，以关税为前提。非特邦国幸甚，民生亦利赖之。否则一误再误，后患何堪。为国为民，不胜盼切。上海各路商界总联合会叩。元。

北京《晨报》1925 年 8 月 17 日

全国省议会联合会致段祺瑞

1925 年 8 月 30 日

各省省〔议〕会、各法团、各报馆钧鉴：顷本会因关税会议事上段执政一电，其文曰："窃维关税自主为国家重要之主权，亦国际共通之原则。而吾国关税，自马凯条约而后，受国际之束缚，致国内经济不能发展影响，凡百政治，为之隳弛。兹者依据华府会议，以公理为衡，故所订各国对于中国事件应适用各原则及政策之条约，其第一条第一项即有尊重中国之主权与独立暨领土与行政之完整。依此而论，则凡属其他关于中国之任何缔约，无论为一国与一国，或数国与一国，亦无论为在华府会议以前或在华府会议以后，悉应审量其是否适合于此项条约第一条之原则，以为存废之标准。所以尊重华府会议之威信，亦所以保持世界人类之和平也。关税条约，仅属与中国缔约之一种，同时签订于华府会议者，尤当首先服从前项原则，以昭将来。核其内容，大致系规定关税自主以前过渡之办法,尚未背离原则之精神。故我国对于关税特会,只可认为商榷关税自主过渡办法之会议。如规定实行自主之时期,与过渡增加之税率,并其他应行筹备之手续,不妨以公布之方式,酌提议于会议。至将来税率如何规定,则绝对无提出协商之必要。我国可恳切声明自主税率,当以各国通例为标准。此应陈明者一。开议之始,应根据华约原则,规定自主过渡办法,列为第一案,在自主过渡办法以前,不得提议其他问题。此应陈明者二。各国对于规定自主办法问题,如有藉端延诿,故持异议者,我国应即宣告休会,以待交涉,请勿委曲求全,致贻国羞。此应陈明者三。至关税自主以前暂先增加之税率,应请按照本国最近经济状况与社会需要,折衷规定,以祛一切之束缚。此应陈明者四。我国提案措词悉应采取公布的性质,力避协商的方式,以示自主之先声,而免外人之乘隙。此应陈明者五。敝会为全国民意所寄,义难缄默,上陈各端,业经提出会议,一致赞成。除通电全国并推定代表沈钧业、周乃文分谒外交、财政各部面陈一切外,谨特电陈,伏乞钧座俯纳舆情,迅令外、财各部与参预关税会议委员,遵照办理,以维国权,而慰民望,无任迫切待命之至"等语。特电奉闻。中华民国全国省议会联合会。卅。印。

北京《晨报》1925 年 8 月 31 日

徐树铮等争关税自主电

1925 年 9 月 28 日

徐树铮、王宠惠、陈箓、王广圻、魏宸组、王景岐、王景春、黄赞熙等九人,昨有一联名之勘(二十八日)电到京,指陈利害,请全国上下一致争关税自主。原电月日虽为九月二十八日,而沪电局之发出日期,则为本月六日,意者或系代发此电之人,代为倒填日期也。其原电兹照录如左:

(衔略)关税会议,各国代表次第首途。探悉各国政府互换意见,仅加二·五,并有以此二·五为无抵押各债担保之意。我国主旨,急宜明白宣布,以免堕入陷阱。关税为一国主权,无任他人协谋处置者,有之惟我国,在今乃为苛则。历年海关统计,输入远过输出,工艺衰落,商业永无起色,皆此苛则,职为厉阶。查抽五之规,昔本被迫而定。当华会时,虽姑免承七·五,而开会之始,经已要求关税自主。签约之前,又经声明保留,要求悬案,仍将于最早时机重提。窃谓今日即最早时机,凡我国人朝野远近,皆应一致力争。此次会议,以关税自主为客义,应由我国综考多数国家税收恒状,参合己国情形,酌定税率,不能听人以收七·五,束我自由,剥我主权。倘诱于目前小利,稍一放松,则束缚屈辱必将延及子孙,漫无穷极。稍具爱国之心,安忍出此。且列邦每以根据华会范围为标准,殊不知我国此次修改条约之争,凡今日以前各约,我国认为不平者,皆在修改之列。况华会约文,我本有保留成案,何能援以为据?此次税议,由我召集,所决各事,世界必指为我所自择,我所甘愿。稍有退让,则现在要求条约之理由,不啻自相矛盾矣。可不急起直追,坚持而审虑之哉!树铮等身在异邦,心系国内,故有所知见,不敢不贡愚诚,伏希明察。此电由上海转发,合并声明。徐树铮、王宠惠、陈箓、王广圻、魏宸组、王景岐、朱兆莘、王景春、黄赞熙叩。勘。印。

北京《晨报》1925 年 10 月 8 日

汉口国会议员致关税会议委员

1925 年 11 月 1 日

汉口国会议员发北京关税会议委员电　十月三十一日

关税会议委员会沈砚裔、颜俊人、蔡耀堂、施植之、王儒堂、黄膺白诸先生鉴:关税会议,国民力争自主,对于北京非法政府擅行召集关会,冀以二五附加税为卖国借款之担保,全国舆论一致反对。现各省讨贼之师风起云涌,国贼之亡计日可待,于此现状之下进行会议,国民既不谅解,对外亦决无良好结果。同人等对于诸公素切景仰,务望顾念环境,尊重民意,毅然停议,以待将来。否则不特非同人等仰望诸公之意,窃恐大错既成,国民必不为公等恕也,心所谓危敢进忠告。旅汉国会议员同叩。世。十四、十一、一。

吴俊陞通电

1925 年 11 月 2 日

北京各部院署会,各省军民长官,张家口、归化、承德都统均鉴:读关税会议特别委员会敬电,主持正大,钦佩殊深。顷奉张上将军宥电,伟论名言,尤所钦仰。夫关税为国家主权所系,他人岂能缚我自由,自应一力坚持由我自主。今承华府会议之后友邦联翩而来,往者已矣,时哉勿失,惟望群策群力,挽回已失之国权,一德一心,废除从前之苛约,本平等之主权,树独立之精神。事属至公,理尤自当,不徒我之自主权从此免受束缚,即我之工商业从此亦可望发达。推而至于而有一切不平等之条约,从此亦可尽予解除也。谨此布臆,伏希亮察。吴俊陞。冬。印。

北大教职员沪案后援会致关会代表书

1925 年 11 月 12 日

昨日北大教职员沪案后援会致书我国关税会议代表,声明对日、美代表在关会中提案绝对不能承认。如不能(达)〔无〕条件的关税自主目的,则代表等应立即辞职,否则当以最后手段相对待。该函原文如左:

径启者:关税会议开幕以来,我国对完全自主之提案,自日本、美国代表之提议相继发表后,迄无达到无条件完全自主之希望。此种现状,不能谓非我国外交之赢弱无能所致。细审关税会议之召集,所动机在沪案,其根本原因在不平等条约。今也沪案无形停顿,对〔不〕平等条约不但不能取消,并且在日、美漫无边际提议之中,颇有根据华盛顿会议之规定,再更进一步,在条约上作深一层束缚之势。此时稍事迁就,求获一时之二·五加税,贪图小利,以我国基本工业为妥协之货物,以裁厘为交换条件,开外人共管我国经济之端,增进将来军阀捣乱之机会,摧残我民族在经济上发展之根源,实于我国前途加增无限危害。照此情形,对于日、美提议,无论如何,我国决不能承认。为今之计,对于关税自主的根本原则,既无维持之能力,实无讨论商榷会议之必要,更不容迁就延(拓)〔宕〕敷衍之举动,以蒙蔽国人。关税自主乃完全我国自主权,今后决不能受何等范围之支配,决不能受何等协定之限制。如不能达到此种目的,我国代表为国计民生计,应立即辞职,以谢国人。如犹进退委蛇敷衍了事,甚至含糊签字,同人等当以最后手段相对待,曹汝霖、章宗祥等可为殷鉴。深望加切实考虑,加以特别考虑,加以特别注意。国家前途幸甚! 十四年十一月十二日。

北京《晨报》1925 年 11 月 13 日

关税自主促进会质问关会中国代表函

1925 年 11 月 12 日

北京各大学校教授组织之关税自主促进会,昨亦致书我国关会代表,质问三事。原函如左:

敬启者:此次关税会议,关系国家前途至巨。同人等约集京内各大学教职员组织关税自主促成会,一以〔无〕条件的关税自主为依归。顷见报章所载,关税前途,险象日著。敢举以数事,质诸代表诸公,尚祈明白示复,不胜企盼。(一)我国在会中主张关税自主,各国迄无诚意容许之表示。不幸自主实权终不可得,我国最后取何种手段。(二)日、美两国近日提出具体办法,即(甲)裁厘而分别向各关系国另订条约,(乙)裁厘后俟一九二八年再行开会审查。侧闻我国代表团对此两项办法,意见颇不一致,已隐分两派,一派赞成日本提案,又一派赞成美国提案。诸公对此两案,究作若何感想,取何种方针。(三)又闻此次我国提出自主案,初闻必达自主之决心,其实将来作到那里算那里,争得一分就是一分,此说信否。

北京《晨报》1925 年 11 月 13 日

北京学生市民游行示威①

1925 年 11 月 22 日

天安门之国民大会　下午三时,市民集天安门者约二万人。宣告开会,由陈启修主席,报告开会宗旨。继即讨论提案。结果议决:(甲)关税自主案:(一)本大会主张,绝对无条件的收回关税自主权。如列国不能容纳此种主张,中国政府应即宣布解散关税会议,中国政府如依前条所述原因解散关税会议,应同时向列国声明,于极短期内自行宣布解除一切关税条约,实行关税自主。(二)本月十九日,关税会议所议决之关税自主案,系以裁厘列入条约,实即以裁厘为交换条件。此项议决,与无条件收回关税自主之主张相违,显系中外代表有意用关税自主之空名,欺弄国民。本大会认为,全国国民应一致坚决反对,并应对于中国关税代表提出严重之警告。(乙)民众自由案。近来政府及各处军阀屡次摧残民众爱国运动,本大会认为根本的剥夺人民自由,极端反对,国民应当一致严重的警告政府,以后绝对的尊重人民言论、集合、结社之自由。提案通过后,即议决发表通电。群众大呼口号毕,即整队出发。出前门,经大栅栏、观音寺至厂甸,再由西河沿前门户部街回天安门,散会。沿途所呼口号:(一)无条件的收回关税自主权;(二)反对欺骗的关税自主通过;(三)取消一切不平等条约;(四)督促政府速争沪案;(五)反对政府剥夺民众自由;(六)打倒一切帝国主义;(七)打倒军阀。

北京《晨报》1925 年 11 月 23 日

鹿钟麟致临时执政等电

1925 年 11 月 29 日

北京。临时执政、各部院、各省军民长官、各总司令、各镇守使、各师旅长、各法团、各报馆均鉴:俭艳两日,京内国民为关税自主等项开会游

① 报纸原标题为:"昨日市民两万人示威游行,群众与军警到处血战,争关税自主与民众自由。"

行,其优良份子以国政为前提,固不宜过事抑压,而强暴之徒辄思乘机作乱,自当竭力遏止,以维治安,是以派兵监视,纳入轨道。现时京师安谧,堪释厪系,诚恐传闻失实,特电奉闻。京畿警卫总司令鹿钟麟。艳。印。

中国第二历史档案馆藏北洋政府临时执政府军务厅档案

中国国民党虎门市党部对关税会议宣言①

1925 年 12 月 9 日

关税会议现已在北京举行了,这种会议究竟对于中国前途有什么影响呢? 本党部以为最近的可以和缓人心,将来的必至于败坏中国,怎么样说呢? 因为这个会议举行在帝国主义者惨杀我们沪、汉、青、浔、粤各地人民失败之后,谋所以灭杀敌氛的计划。表面上似予小国以利益,其实含有作用,并含有使北京政府获得此增加税项,添兵购械,残杀同胞,延长内乱的毒心。帝国主义者怀抱此种阴谋,使其成功,我神明华胄之子孙,那堪设想。然则关税会议不宜于举行吗? 这是不然,设有本党代表参加,设能极力主张自主,又未尝不可。北京系军阀、官僚、政客聚会之区,并非干净的地土。其列席会议代表中国的人,既非纯粹又无坚决的主张。设非有本党代表参加其间,怎能不中帝国主义的毒计呢? 大凡一个国家其主权要完全无缺,才得称之曰国家。若主权受限制,其与亡国者比较相差有几何呢? 况今日为经济潮流商战世界。关税受束缚,其不至洋货充斥,土货淹滞,利权外溢,血脉干枯不止,又怎能立足于世界呢? 世人说:商战甚于兵战。这实是至当不易的话。我国人不愿商业战胜,不愿主权恢复,宁中帝国主义的阴谋毒计则已,苟其不然,要速起反对束缚式的关税会议,要力争关税自主,并要取消一切不平等的条约。

中华民国十四年十二月九日

中国第二历史档案馆藏广州国民政府档案

---

① 此件系原标题。

粤外交团通电

1925年12月21日

广东外交代表团日昨发出通电,主张宣布(解散)关税会议。原文照录如左:

各省、各特别区、各机关、各社团、各报馆钧鉴:丧权辱国之关税会议开幕之日,本团即曾宣言反对。并曾向关会委员忠告,讽以立刻停会,最低限度,亦须力争绝对的无条件自主。盖以今日之所谓关税会议者,无非为帝国主义侵略中国之另一方式。而另一方面,则为一般媚外性成之官僚军阀欲藉此而尽量的卖国也。乃利欲熏心之关会委员及其背后之牵线者,竟置民意于不顾,视全国民众激烈之反对若无睹。对于京中之民众运动,尤加以甚深之残酷的压迫,致演成数次大流血之残剧。即此已表明一般关会委员及其背后牵线者确甘心卖国,无可疑也。然而,彼所谓关会委员者,犹欲以假自主掩尽天下人耳目,而实际则以裁厘为加税的条件。且承认附加税用途、整理国民素不承认之无担保之外债,实行卖国。夫裁厘加税,乃为外人干涉财政之词。无担保外债如西原借款等,专供制造内乱而用。乃彼关会委员,竟甘心与帝国主义者相勾结,其蓄意卖国,真可谓司马昭心,路人皆见矣。况自讨奉战争初起,依附奉系以为活之政府,已根本无存在理由,更不能代表全国民众主持外交。吾人观日来各国关会委员之态度,已表示消极,此可见即一般帝国主义者亦咸知中国民气之不可侮,卖国政府之不可靠。独彼所谓第二委员会议乃积极进行。窥其意,无非欲在苟延残喘之最后五分钟,仍尽量的断送国权而已。吾人苟仍然任彼丧辱国权之关税会议存在一日,则中华民国之危险更增加一分。故吾人今日惟有限令彼关会委员刻日停止会议,并宣布解散关税会议。如彼关会委员仍悍然不顾,则我全国民众当予以严重之惩治,另由民众宣布解散关税会议,措国家于磐石之安。区区之意,敬以电陈。尤望爱国同胞,一致兴起。广东外交代表团叩。十二月二十日。

北京《晨报》1925年12月22日

中华国民外交协会通电
1925 年 12 月 24 日

中华国民外交协会日昨曾发表对外宣言,警告各国勿乘机破坏中国关税自主。并用英、法、日文译送各使馆及各外报。昨又通电全国,兹觅录其原文如后:

各报馆转全国同胞钧鉴:关税会议表面虽似停顿,而实际各国欲乘此军事未结束之时机,打消中国自主原案,坚持其先裁厘,附税税率不让步,以二·五增税尽先清理无担保外债之主张。本会屡向外人方面探询,均以外交无人负责,各国不得不取消极态度为言。其意即系表示中国自甘退让。而中国方面如王委员正廷主张自主素为国人所属目,兹乃不特牺牲其原来无条件自主之声明,并对其所提出条件自主原案亦无贯彻决心,大有含混让步之意。综观各方面情势,关会如不能立即停止,以谋根本解决,则其结果厘纵能裁,而税率仍不能超过二·五,不特国民产业之保护无从言及,即政府财政亦毫无所得,徒为长乱亡国之外债辟一担保财源,及造成再借卖国巨债之机会而已。关会成败,关系国命。全国国民外交代表团不日成立,急盼国民一致为最后主张。本会除已屡次用英、法、日文发表对外宣言,以促国际之觉悟外,兹特再电请全国同胞鉴察。中华国民外交协会。

北京《晨报》1925 年 12 月 25 日

上海总商会致颜惠庆、顾维钧
1926 年 6 月 5 日

关税会议我国原提过渡办法,普通进口货征收值百抽五,附加税甲种奢侈品征值百抽三十,乙种奢侈品征值百抽二十。当时虽为国民所不满,列国既承认中国关税自主权,斟酌国际情势,采用一种过渡办法,犹为当局不得已之苦衷。乃近因政局纷扰,关税无人主持,列国委员乘此停顿期内,秘密进行,拟照华盛顿会议决定范围,加增二五附加税,即作结束闭会。并闻以非正式协定大纲若干条:一、基于华盛顿会议条约第二条,对现在输入率从价五分,暂行附加税。二、普通品二分五厘,奢侈品增征五分。三、依本条约实施关税增收三千三百万元,支配中央政费一千万元,撤废裁厘基金一千万元,偿还不确实债务一千三百万元。又附带决议关税增征金,由各国政府指定银行保管,但各国得按照对中国输入额比例分配等语。此项协定,如果成为事实,不特关税自主,永无实行之日,即财政经济亦将更陷绝境。查裁厘抵补,照当局估计年需七千万元,若仅加征二五,除去中央政费及偿还内外债基金所余之数,试问能否抵偿厘金损失?夫裁厘固我国自动宣布者也,信誓旦旦,岂能食言。万一抵偿不敷,届时不能缴裁,自主之案根本立见动摇。且此次过渡时代所定附加税,其目的非徒供少数当局之利用,原欲巩固国家财政,改善社会经济。若仅加征二五,于国家财政既无补益,不确实担保外债,反因此立须责偿,无异治丝益棼。至经济方面,照原提案分别普通奢侈品酌行增加,虽未能若何改善,而于国内已办有成效之实业,或稍可与外货竞争。若并此亦复让步,则所加于关税者,仍转嫁于吾国国民。是厘金未裁,先加一重负担,孑余黎民,何以堪此。且照附带协定决议,关税增缴金,由各国政府指定银行保管。无论国内人士主张公库制成为泡影,辛亥年所订临时办法,更增一层束缚,不啻自投陷阱。种种关系之巨,实非楮墨所尽述。又查近日报载去冬公布之国定税率,已重新修正,将输入货物,改为差等税率,并定最低为百分之五。揣政府用意,不外迁就是项协定,置国计民生于不顾,商民闻讯,疾首相告,奔走骇汗,不知所措。敝会心所谓危,亦讵容默缄,应请顾全国权民命,力持正义,幸勿铸成大错,陷国家于万劫不复之域。谨此电呈,务乞察纳,并将政府对关会所定方针宣示公众,藉慰颙望,并候电示。上海总商会叩。歌。

上海《时报》1926 年 6 月 6 日

国民政府外交部致法日英美比和葡义各国领事书

1926 年 7 月 14 日

径启者:查特别关税会议,近因中国代表星散,本已停会,但现接确报,谓吴佩孚、张作霖代表现正与美国及其他外国代表磋商,即行恢复会议。敝政府用特提出抗议,并恳阁下代为转达贵国驻京公使。

敝政府反对此项会议,且自始即反对此项会议。盖其所议事项,非有能代表中国国民及为中国国民说话作事之中央政府,本不能于会议场中,与美国及其他有关系各国之正式代表商议之。曩之段祺瑞政府其非此种政府早为世所公认。至于吴张之走狗,苟合众等国政(策)〔府〕,仍能顾及政治实际,及国际道德与礼仪者,则其不能以近世式政府视之,而与之会议交涉也,更为显然。

现在北京滑稽政府,乃成于两大中古式军阀及一群旧官僚小政客之手。志在攫取将来关税问题定后所能施舍之余惠,及承受合众等国为维持与民族主义的中国之重要利益两相冲突之现状计,所能给予之借款,盖已昭然若揭。恐无人盲瞽而至毫无所见如是其甚也。

支给关款与吴佩孚、张作霖,其义何居。质言之,不外美国及其他关系各国将藉英人管治下之统一的中国海关以为工具:(一)以攫取中国全土之关税,授诸窃踞一隅,苟延旦夕之二竖,而供其挥霍;(二)将协助此等军阀继续酿成内乱,以攻击国民军与广州政府,而使武力主义得以横行于中国。盖国民军与国民政府,乃促进中国进步之左右手,而为中国民族主义之思想与活动之中心。由是供给关款与吴张,犹有更深意义焉。即美国及其他有关系各国,将提取广州增加之关税送交张胡吴秀才,俾益能善战,以扑灭中国民族解放之思想与运动。

抑犹有进者,国民政府对于吴张代表以已允许之附加税作抵,订借任何债款,将概不承认。余尤须警告美国及其他有关系各国,中国之实行否认此项借款也,或且为情势之所驱,不难扩充其义,进而否认从前一切借款,凡有利于反动派及军阀官僚之飘窃者,意中事也。

《国民政府近三年来外交经过纪要》,第 1—3 页

国民政府宣言

1926 年 8 月 3 日

中华民国国民政府反对重开关税会议宣言

中国关税,八十年来受不平等条约之束缚,税率由于协定关权操之外人,遂致门户洞开,外货侵入,国内产业不能与之竞争而日就衰败,输入额永远超过输出额,且逐年加甚,物资缺乏,民生凋敝,关税之不能自主,其流毒竟至此极。近年以来,中国人民受帝国主义者之侵略压迫太甚,渐知起与相抗,尤以五卅运动为最强烈而普遍。帝国主义者见而惊心,知纯恃武力之不能镇压,不得不别求缓和之法。于是数年前经华府会议决定之关税会议,乃能于去年十月实行召集开会。其时掌握北京政权者适为卖国之段政府。本党知此会之开,在列强不过欲藉以示惠,在段政府亦非真能为人民谋利益。故于其开会之初,即宣言北京政府不可信赖,即使其初所提条件不背人民公意,亦难保不虎头蛇尾,以争回自主权始,而以牺牲自主权终。今果不幸言中,会议未终,段氏出走,吴张继起窃据政权,各国关会代表乘此时机纷纷出京,欲推翻一切成议,仍照华会所议决,只允增征二五附加税。吴、张迫于财政困难,亟亟与各方接洽,欲图重开关会,且欲迁就让步,承认只解决二五附加税案,冀以此项附税抵借巨款,以资其扩充武力压抑革命之用。查二五附加税实行,每年所增收入不过三千余万,除以一部分挪作军费及偿还无担保之外债外,所余能有几何? 断不足与裁厘损失之数相抵。而关税自主又以裁厘为条件。故承认增征二五附税,则不啻将全国各阶级人民所迫切要求之关税自主永远断送,且税率一般提高,无伸缩之自由,徒增人民负担,而绝不能收保护产业之效。本政府为保障人民全体利益计,对于张、吴此种卖国之举,绝不能予以承认。尤望全国人民急起反对,而益加努力于废除不平等条约之运动,庶本党主张之关税自主终有实现之一日。除由外交部向列邦提出抗议外,谨此宣言,惟国民鉴之。国民政府委员会。

中华民国十五年八月三日

《国民政府公报》第 41 号,1926 年 8 月

国民党广东遂溪县党部通电

1926 年 8 月 29 日

中国国民党中央执行委员会、国民政府、国民革命军总司令、广东省党部、广东省政府钧鉴：广州、上海、北京各报馆转各社团鉴：中国之关税，自被列强夺取把持，纵横其经济的侵略，致中国数十年来，农、工、商等业为之摧败衰落不可收拾，民生因之凋敝而流离无所，国势因之日削而国将不国。呜呼，关税可不亟图自主哉？故本党有废除不平等条约，收回关税自主之主张，以救中国，以拯民生，而绝对不容有什么的附加修改等枝节问题。顾去岁帝国主义者因五卅惨案激起我全国民众之反抗，乃召集关税会议，为缓和我民族运动之计。惟未几，北京政局变化，段贼去位，而帝国主义者又以利益相冲突，于是所谓关税会议，遂告瓦解。而吾人得此会议之瓦解，亦自足额庆。讵卖国军阀吴贼佩孚得彼主人英帝国主义者之卵育，复燃死灰，重握北京政权。而于最近竟遣其走狗顾维钧、颜惠庆等竭力运动重开关税会议，希图解决二五附加税，作彼借债之抵押品，为扩大其之武力，增加其之军费，以图消灭北方之国民军与国民政府之革命势力，遂彼残民祸国之逞。而帝国主义者亦久欲藉关税会议之机会贷其走狗以巨款，延长中国之内乱，遂其侵略之野谋。呜呼，关税会议诚一旦复开，吾国将无噍类。当此千钧一发之秋，愿吾国人一致起来为激烈之反对，并参加于国民革命之一途，打倒吴贼及一切反动军阀，以求彻底废除不平等条约，收回关税自主之目的。临中不胜愤激之至。中国国民党遂溪县执行委员会叩。艳。印。

中国第二历史档案馆藏国民政府档案

（二）法权调查会议和收回上海会审公廨的交涉

说明：1926 年 1 月 12 日，法权调查会议在北京开幕。随后，调查法权委员会中国全权代表王宠惠将中国现行法律的英、法译本提请各国代表审查。3 月,王宠惠向会议提出《对于在中国治外法权现在实行状况之意见书》,指出了列强在华治外法权损害中国司法主权的八个方面,对此各国代表几经讨论,只赞成前 4 项在本会议的考察范围之内,对于后 4 项则意见不一。5 月—6 月代表团赴各地参观法院、监狱、看守所,考察司法制度的实行情况,回京后拟具数万言的《调查治外法权委员会报告书》,认为中国的法律司法制度未改革"至相当程度",领事裁判权目前不能取消。

会审公廨系领事裁判权制度的产物,是列强在上海、汉口及厦门租界所设立的审判机关。辛亥革命之际,上海的外国领事以时局动荡,维持租界治安为借口,乘机夺取了会审公廨的实权,使之成为完全独立于中国司法之外,由外国人控制的司法机构。1925 年,以五卅惨案交涉为契机,北京政府开始了收回上海会审公廨的有关交涉,前期在北京的谈判因双方各持己见而难以有所进展,后期交涉由中央移至上海地方进行。1926 年 8 月江苏省代表与各国驻沪领事团代表正式签署了《收回上海会审公廨暂行章程》。另外,有关会审公廨交涉历史经过的文件亦在此部分一并收录。本章最后有鼓浪屿会审公堂等四份资料,于考察治外法权很有助益,惜未成体系,兹作为附录收入,以资参考。

1. 法权调查会议之召开

召集调查司法委员会之筹备
1925 年 9 月

召集日期决定之经过　各国调查中国司法委员会,定于十二月十八日召集一节,业见昨报。兹据调查,外间所谓我国政府于明年二月召集,因美国政府主张从速,始改于十二月十八日之说,并非事实。实则我国早已拟定于关税会议请柬发出之时,彼时预计关税会议,五十天当可竣事,竣事之后,即可继续实行中国司法制度之调查。上月中,此问题并经外交委员会之讨论,亦认为可于十二月中举行,因即议决拟定以十二月十八日为召集之期。寻由外交部以总长名义致电驻美施肇基公使,饬其以此征求美国政府之意见,经美国国务卿与施公使磋商结果,当即表示赞同,并允为我国在各国政府前先容,代我征取有关系各国之同意,各国亦已大体表示赞成,施公使爰于日前,将其接洽经过,详细电告外交部,除报告各国政府均拟即应中国之召集,如期派员来华外,并谓现在各国政府之意见,以华府会议之关系,已定将来即公推美国政府司法委员为委员会之领袖。外部接到此电后,当即报告阁议,并通知外交委员会,拟于日内发出正式请柬。并闻美国政府之司法委员,即以关税会议代表委员、芝加哥律师公会会长史特兰氏充任。

　　法部拟设法律编译会　闻法长杨庶堪,拟设一法律编译会,聘请曾在欧美研究法律专家,对司法行政文件,大加整理。该部虽有法权讨论会,但仅限于研究领事裁判权一部分,此项法律编译会,在部中本有陈案,不过从前议定,并未设立。至对于京外各级法官,将与以两项训令:一则令其收回法权一层,各抒意见,以备将来各国司法委员调查后,与各国会商取消领事裁判权时之采择;一则令其于可能范围内,将监狱整顿,积案办清。至于部中,则定于本星期五(十八日)召集各司长、参事、科长等开一会议,共同讨论各项筹备事宜。

　　法权会之决议案　昨日法权讨论会上午开会,杨庶堪、王文豹、张耀曾及法部各参事、各司长均到会。讨论时间甚长,结果决定下列各项:(一)依华府会议规定,各国派员来华考查司法,我国应派员加入,决定推定王宠惠膺任。(二)招待各国委员具体规则,由法权讨论会查照陈案,议订招待办法,交由司法部审定。(三)一切筹备事宜,假定由法权讨论会办理,由司法部派员参加,惟张耀曾谓本会规模甚狭,筹备等事,诸多棘手,议决略加扩充,并酌聘中外名流参加。(四)关于各省各级司法衙门监狱改良事宜,由法部主管各司,通令切实办理。(五)所需经费,前经法杨在国务会议提出由关税项下拨款五十万,似可无虑。(六)未公布之法律,决由修订法律馆整理条文,先行公布,金以刑法商人条例民刑诉讼及民法物权,本已实行,其他民法部份,业已编成,惟以尚未经过国会通过，搁置至今。政变以后，自不必拘泥，决由法部呈请执政公布，计民法先公布四部：（甲）总则。（乙）债权。（丙）继承。（丁）相续。直至下午一时，始散会。

张耀曾之谈话　关于收回领事裁判权一事，某报记者曾走晤法权讨论委员会会长张耀曾，探询最近情形。据云：各国考查司法委员，现已决定阳历年底在北京集合，此事根据华盛顿会议议决，本应早日施行。我中国人士，悬盼已久，今实现有期，良可欣慰。至各国代表选派何人，现尚未发表，惟司法事项，关系深密，非法律专家不易察其底蕴。当华盛顿会议讨论此问题时，曾有选派法律专家充此项代表之议，载在当时议事录中，余意各国选派此项代表，务望从法律专家中求之，庶于中国情形，能为正确之观察，完成此重大之任务也。至中国方面，亦应派代表一人，鄙意以王宠惠为最宜。

美日两国意见一致　外讯：中政府所要求修改之不平等条约，中含四项：（一）租界内行使外国主权之项。（二）在领事裁判权之名下，行使外国司法权之项。（三）在外人居住地，行使外国行政权之项。（四）改订片面的海关税率之项。上述四项，除海关税问题，已决定召集关税会议从长计议外，关于领事裁判权问题，现列国亦正拟组织中国司法制度调查委员会，以为撤退之先声。至关于委员会召集日期，前经驻美施公使与美政府交换意见，并极力交涉之结果，已内定为本年十二月十八日，惟尚须征求各关系国之意见，现正在进行之中，想该委员会之实现，当不久矣。另讯：日外务省当局，非正式宣露，关于中国撤退治外法权问题委员会之召集，已由外务省于九月十日电令驻美日使松平，商请美政府速筹适当措置矣。

《申报》1925 年 9 月 19 日

京法界收回领判权之准备

1925 年 9 月

司法部昨日（十八）午后三点，在部召集司长、参事、科长开部务会议,法长杨庶堪主席,讨论收回各国在华之领判权问题,会议至六时,犹未散会。又京师高(地)〔等〕审检四厅厅长,以各国派代表来华,考察我国司法,为期不远,急须筹备一切,特于昨晚宴请杨庶堪、章士钊、王文豹、张耀曾、余棨昌等二十余人,席间讨论改革现在司法之方法,以为收回领事裁判权之准备。又司法部日昨特下部令,着参事厅及各司科,各陈所见,详具说帖,以便会议讨论进行。又法权讨论会,为与司法部共同准备该项事件,特派该会秘书四人,与司法部各科接洽,以利事务进行。昨已函知该部,兹将司法(策)〔部〕令,暨法权讨论会公函,分别披露如左:(司法部令)"为令行事:各国派员来华调查司法,为期不远,本部有督促整饬司法事务之责,所有兴举事宜,在此短期能举办者,着参事厅及各司科各陈所见,详具说帖,由部务会议讨论进行。此令。"(法权讨论会函)"敬启者:各国调查司法委员,已定期来华,本会关于各项准备,须与贵部商度之处甚多,私意除重要事项随与贵部函商外,并派本会秘书张育海、梁仁杰、谭福、郑庆甡,随时前赴贵部,与各厅司接洽一切,庶于事务进行,较为简捷,为此专函奉达,即希查照。此致司法部、法权讨论会。"又法长杨庶堪,昨咨各省民政长官,请饬财〔政〕厅等拨司法经费,原文如下:"为咨行事:沪案发生,违背人道,汉口、沙面继起之事,更为惨不忍闻。推其原因,实领事裁判权之为害。盖杀人者死,中外所同,外国领事有裁判权者则可上下其手,故外国人之杀伤中国人者,不独不予处罚,且多方面袒护之,是无异奖励杀人也。(中略)各国允先行派员调查司法,是法权收回与否,全视司法之能否改良,本部及司法各机关,当然负此责任,但维持协助,尚有赖于众擎,庶奏效收功,或可达到目的。盖凡百政事,非财莫举,如法庭经费,为职员薪俸、囚犯口粮之类,皆视为命脉所关,苟积欠太多,则现状不能维持,实难更图进步,为此咨请查照,同念收回国权关系重要,转饬财政厅将法庭监所经费,按照发放,以策进行,则全国人民实利赖之,不独本部之幸也?"

《申报》1925 年 9 月 21 日

王宠惠之谈话

1925 年 12 月 21 日

法权会议,因京津交通阻断,未能如期开会。日昨某社记者访王宠惠询其究竟,并及对于改良中国司法之意见,王之谈话,录之于左:

问:贵会职员部分,现已完全组织成立,何日能开正式大会?

答:连日个人专为预备开会事项,颇为忙碌,代表有四人在津,等候通车,交通一复,即行到京开会,故正式开会日期,虽未确定,但准备须预先齐全也。至职员部分,现系借用司法、外交两部人员,并未完全组织成立。

问:此次会议,范围与步骤若何?

答:范围当然以达到裁撤领事裁判权之目的为范围,开会后应有之步骤,自然是首先调查,调查后有报告,再后各代表向各该国提出建议案。

问:调查之方法若何?

答:□由各代表分赴各通商口岸,如上海、汉口、天津、哈尔滨等处,调查各级法院之一切行动,此外对于我国法律条文,在书面上亦自应为相当的研究。

问:我国法律制定,及法院设立,如此不完备,设调查者不能满意,将若何?

答:民法拟先速求设法公布总则,次及民法债权,法院之增设,则关系经济问题,年来内乱频仍,以致国家要政不兴,深堪浩叹,但我国自身在司法上之缺点,应自动的用刻不容缓之精神去改良,不问他人满意与不满意也。此次召集会议之意义,不过表示吾国现在司法上之状态如何,将来预定改良之计划如何,使彼等知道如此,以便实行取销其领事裁判权耳,固绝无干涉我国司法权之意义存乎其中也。

问:预测将来此会议之结果如何?

答:在条约上规定,俟我国将改良计划实行五年后,即行撤销领事裁判权。就余个人观察,外人对领事裁判权,实认为毫无利益之物,且于适用法律上，有时为英，有时为美、为法、为德、为日本，甚感纷繁，如撤销之后，则一律用中国法，较为简而易从，故彼等之意，实亦愿中国收回裁判权，特彼等此时有不相信于吾者二端，一为行政官及武人干涉司法，一为司法经费不独立，终影响于司法设备之完全，缘此二者，故彼等有所审慎迟迟耳。

问：先生此次周游归来，折衷最要之点，可供吾国参政者有几？

答：对于考察司法一层，约举数点：（一）改良程序，即诉讼法，因旧程序法，过于繁重，宜改求简省。（二）经费独立。（三）慎选与广罗司法人材。（四）速制定民法公布。

问：最近所修改之民法，可称定稿否？

答：尚不足称为定稿。

……

北京《晨报》1925 年 12 月 22 日

调查法权委员会第一次开会纪事
1926 年 1 月 12 日

调查法权委员会业于本年一月十二日假居仁堂关税会议会场举行开幕典礼。列席委员除瑞典、秘鲁两国委员未到外，计中国委员王宠惠氏，美国委员司注恩氏，法国委员屠僧氏，英国委员特纳氏，日本委员日置益氏，义国委员路司氏，比国委员德吕艾勒氏，副委员王格森氏，荷兰委员安格林氏，丹国委员高福曼氏，那威委员米赛勒氏，葡国委员毕安祺氏，日国委员阿嘎拉氏。所有开会时情形及演说词分志如左。

开会时情形

十一时十分顷，美国委员司注恩氏首先入委员席，王宠惠、日置益暨司法总长马君武继之。至十一时十五分，全体委员始皆就席，翻译、速记及中外来宾等以次就席。至十一时二十分，马总长自主席位起立，宣告开会。首由英国委员特纳氏起立发言，提议公推中国委员王宠惠氏为本日临时主席，王起立致词，就临时主席，即宣告按照本日开幕典礼程序单,请中华民国司法总长马君武致祝辞。王氏先以英语发言,自译华语,次马总长起立致祝辞,由郑天锡译为英语,全场鼓掌。马氏致词毕(词见后),王复按照程序单请日本委员日置益大使致答词(词见后)。日置益以英语致答词,由中国翻译译为华语,全场鼓掌。临时主席提议选举名誉会长,法国委员屠僧氏提议公推中华民国司法总长马君武氏为本会名誉会长,全体委员举手赞成。马总长起立致谢。次临时主席又请选举委员会主席,日本委员日置益大使乃提议公推美国委员司注恩氏为主席,全体委员举手赞成,司氏起立致谦词就主席,并简单发言(词见后),全场鼓掌。主席选出之后,复由临时主席提议推选秘书长,葡萄牙委员毕安祺氏起立,主张由临时主席指定。王氏乃指定徐维震为秘书长(外国秘书未选)。最后临时主席宣告散会。

司法总长马君武演词

敝总长今日代表中华民国政府,欢迎各国调查法权委员,至为欣幸。在此欢迎声中,中国人民同时感谢各贵国政府之诚意,使领事裁判权由此可望早日废除,而成为历史上之陈迹也。现世独立大国,其犹有领事裁判权之特殊制度者,惟中国耳。此特殊之情形,中外人民均蒙不便,故各方面之意响,皆以为极应改弦而更张。至主张废除之理由,前者我国代表在巴黎和会及华盛顿会议早有正式之宣言,无俟赘述。中国政府乃以废除领事裁判权为确定之政策,对于司法事务次第改良,未尝稍懈。二十年来编订法律探用泰西学理,继续进行。其已公布之法典,已有数种编纂事业行将完竣。至法院之编制,力求完善,法官之任命,则以有经验之法学者为之。国中多处监狱,皆采新式。凡我国改良司法之诚意,事实具在,必能邀贵委员会之亮察者也。贵委员会将来之报告及提案,本总长未便预为臆测。惟有一显著之事,足令吾人注意者,即领事裁判权已成为不时宜之制度,而我国人民应国际之新精神,必能努力以达其正当之目的殆无疑也。谨祝贵委员会之成功,使中外人民之谅解益加进步,国际间之交谊更增巩固。

日本日置益委员答词

敝委员今代表到会各委员,答复马司法总长之祝词,至为荣幸。本会职务甚为重大,各国委员之以今日开会为欣幸,犹贵总长之以为欣幸也。各国委员应召而来会,系根据一九二二年华盛顿会议议决案,各国政府对于在华领事裁判权问题至为关切,已有年矣。各国委员以为,领事裁判权之初入中国,本为便利中外关系之暂时办法,故领事裁判权发生之原因销灭时,领事裁判权当然即行废止。委员等顷闻贵国二十年来司法制度之改良,以为凡中国之进步,皆各国之所乐闻者也。中国人民热心主张废除领事裁判权,委员等甚为谅解,极望此次之调查,能使各委员得表示如何可以从速达到此重要之目的。各委员集合于此,皆抱共同之志愿,以最善之意及友谊、公平、协助之精神进行会务。各委员赖中国政府尽力之襄助,予以调查之资料及其他之便利,必能制成公平及具体办法之报告,此委员等所深信不疑者也。

美国司委员演词

鄙人被选为主席,殊觉荣幸,极为感激。鄙人颇以此为代表本国之光荣。鄙人应依各国代表等之指导,进行一切,鄙人极应量其能力,以谋此会会务之增益。吾人目前之问题,须为慎审的、公允的、彻底的调查,以期该会目的见诸事实,且早日得有结果。鄙人定将竭力而为,且予以最同情之考虑,以求达到此种目的也。

《外交公报》第 55 期

王宠惠之通电

1926 年 1 月 12 日

王委员宠惠于法权会开幕后即发出通电报告,一致各省军民长官,一致驻外各使。兹将该两电原文录次:

致各省区电　(全衔)本日上午十一时在南海居仁堂举行调查法权委员会开幕典礼,我国及英、法、美、日、意、比、丹、葡、荷、西、那诸国委员皆出席,公推宠惠为临时主席。司法总长宣读祝词,略谓我国二十年来中国实行司法改良,领事裁判权已成不适宜之制度,希望各国容纳我国国民之要求,从速撤废。日本委员代表委员会宣读答词,略谓各国对于在华领事裁判权问题,向极注意,盖皆以为该制度不过为中外关系间之暂时办法,故领事裁判权之原因销灭时,当然废止。吾人本友谊之协助,将来必能有公平及具体办法之报告也,云云。旋推司法总长为名誉会长,美国委员为委员会主席,各国委员皆表示好意。谨闻。调查法权委员会全权代表王宠惠。文。叩。

致各公使电　（全衔）调查法权委员会开幕,业经电达在案。十二日举行,推王宠惠为临时主席,各国委员皆表示好感。调查法权委员会。文。

《外交公报》第 55 期

调查法权委员会第二次开会纪事
1926 年 1 月 13 日

十三日上午十一时,调查法权委员会在居仁堂开第二次会议。除瑞典委员因病未能出席及秘鲁委员尚未到京外,其余各国委员均到。美委员司注恩主席、吾国秘书长徐维震亦列席。经众公推,法国委员屠僧氏为法权会副主席。次对调查进行办法及步骤,经各委员非正式的讨论,互相交换意见,历时稍久,众意皆甚一致。继由我国代表将已经译成英、法两国文字之我国法律条文十余种,分送各国代表。其最重要者为新刑律、商律、民事诉讼条例、刑事诉讼条例、大理院判例等。最后议决星期五早十时继续开会,遂于十一时散会。又,外国方面秘书长是日仍未决定,闻拟俟下次开会再行推举云。

《外交公报》第 55 期

调查法权委员会第三次开会纪事
1926 年 1 月 15 日

法权调查委员会十五日上午十时在居仁堂开第三次会议,各国出席委员与上次同。中国秘书长徐维震亦出席,仍由美代表司注恩主席。先推选外国秘书长,英委员亚历山大当选。中国代表王宠惠将我国已译成英、法文之各种法律,悉数提交各国代表阅看。各代表闻将先研究暂行新刑律,下次会议定二十六日再开。在此期间内,各国委员将从事研究我国已译成之各种法律,有于下次会议时向吾国质疑之说。至调查各地司法状况之办法,闻拟分成若干组,分赴各省区视察法庭、监狱等。另有一组则专任在租界方面调查。兹将我国已译成之各种英、法文法律书名录之如下:

（甲）译成法文者

（一）刑事诉讼律

（二）民事诉讼律

（三）商律

（四）暂行新刑律

（五）大理院判决例辑要（第一、二两卷）

（乙）译成英文者

（一）商律

（二）刑事诉讼律

（三）中国大理院判决例

（四）暂行新刑律

（五）民事诉讼律

（六）中国监狱制〔度〕

（七）关于司法行政之各项法令规则

（八）商标法

（九）中华民国约法及附属法令

（十）中华民国宪法（附中文原文）

（十一）大理院民、刑案件统计比较表

（十二）刑事案件统计报告

（十三）民事案件统计报告

（十四）森林法

（十五）修正国籍法（附中、法原文）

（十六）华洋诉讼程序及审理案件数目表

（十七）中国现在司法情形之大概说明

（十八）民国十二年司法部所属北京及各省区司法机关之司法经费表

《外交公报》第 55 期

史托恩①之谈片

1926 年 1 月 16 日

某记者昨日访法权会议主席美国代表史托恩，即询其对于该会意见，史之谈话如下：

问　法权会已开会数次，中国方面近已将现行法典全部分送各国代表，先生对于该项法律条文有何意见？

答　条文余尚未全部阅看，然观其大概，则各种法律，尚称完备，其编纂亦甚有条理，故预料经各代表研究后，当能博得满意，惟现时最宜注意者，即该项法律之如何施行是也。盖有法律而不能施行，或施行而未尽完善，则仍不免有触望，故余深望中国军事早日结束，俾能成立一稳固之中央政府，使各种法律，见诸实行。

问　研究中国法律条文，约需多少时日，何时方可出京调查？

答　研究法律条文需时无多，情形如何，下次会议当可提出报告，至出京调查，则当视京津、京汉、津浦各路交通完全恢复之早迟以为定，大约须先赴天津、奉天、哈尔滨等处，然后南往沪汉一带，再及广东，以余度之，三个月当可调查完毕。

问　出京调查，是否全体代表同在一处，抑将分组出发？

答　此事尚未决定，下次开会，或可议及，然余意当以分组调查可

---

①　调查法权委员会主席。

省时日。

问　外人在中国所设法庭以及华洋案件之审理,亦应详加考察,俾知流弊之所在,使各国得以早日废除在华领判权,此点应请贵代表特别注意。

答　余意亦以为然,关于此事,将来或另分一专组担任租界方面之考察,亦未可知,但尚待开会时与各国代表协议耳。总之余对此抱定公平态度,并当出以仔细手续,俾使会议能得圆满结果,谈至是,适史氏须外出,记者遂兴辞而去。

北京《晨报》1926 年 1 月 17 日

中国委员对于在中国治外法权现在实行状况之意见书
1926 年 3 月 23 日

依一九二一年十二月十日华盛顿议决案之规定,本委员会之责任之一,系"调查在中国治外法权现在之实行状况"。

此次各国委员所送达委员会关于调查治外法权之文件,仅记载各该国在华领事裁判权一节,中国委员以为,"在中国治外法权现在之实行状况",其范围较"领事裁判权"为宽,实际上受治外法权之支配者远出"领事裁判权"范围之外。盖照公认之国际公法惯例,应受中国法律支配之事,今不受中国法律支配而受治外法权之支配者甚多,此种现象或由于条约之规定,或由于条约条文牵强之解释,甚者,或丝毫无条约之根据。其原因虽不同,而有损于中国自主权则一也。

各国屡次宣称,彼等有深厚诚意尊重中国主权与完整。一九二二年二月六日华盛顿条约第一条对于此点曾声明"除中国外缔约各国协定尊重中国之主权与独立暨领土与行政之完整",华盛顿会议在关于中国治外法权议决案序文第三段声称,各缔约国"又因关于此事同情促进中国代表团于一九二一年十一月十六日所表示应将中国政治上、法权上、行政上自由行动之现有各种限制立时取消,或体察情形从速废止之愿望"。

　　根据上述华盛顿条约及华盛顿议决案之规定,本委员会考察之范围不应仅限于领事裁判权。所谓领事裁判权者,在华外人由外国官吏用外国法律审判之谓也。该议决案中所用治外法权现在之实行状况一语,足以表示考察范围应广为扩大,所有一切关于治外法权之种种办法,损伤中国之主权与完整,违背华盛顿条约之精神者,悉在应行考察之列。

　　中国委员不揣冒昧,请以下列各项供本委员会之研究:

　　(一)领事裁判权。

　　(二)关于华人与享受领事裁判权之外人案件之审判。

　　(三)享受领事裁判权之外人与下列两种外人案件之审判。

　　(甲)无领事裁判权国之外人。

　　(乙)与中国无条约关系之国之外人。

　　(四)会审公堂。

　　(五)外人房屋及船舶内庇护权。

　　(六)给予外国国籍证书于中国人。

　　(七)外人免税。

　　(八)特别区域。

　　(甲)租界。

　　(乙)租借地。

　　(丙)北京使馆界。

　　(丁)铁路附属地。

　　将来研究中如发见有上列各项以外之相关问题,随时提出。

(一)领事裁判权

　　各国委员所提出之治外法权说明书,对于各该国之领事法庭或治外法庭之组织及管辖,言之綦详,殊有价值。

　　领事裁判权侵犯中国主权,其本体之弊固不待论,即同一地方有多数法庭适用多数国家之法律,实际上已极形不便,故中国要求撤消领事裁判权之理由甚多。前于巴黎和会及华盛顿会议,中国代表团早有宣言,兹不赘述。

在中国之领事裁判权,按之今日,已成特殊而不适宜之制度,实为世所公认,故为中国及各关系国之共同利益起见,应行撤消者也。

(二)华人与享受领事裁判权之外人案件之审判

享受领事裁判权之外人诉中国人于中国法庭时,外国官吏观审办法,各条约所规定者并不一致。中国与日本、巴西及墨西哥所缔条约中,并无外国官吏观审之规定(见一八九六年中日通商及航业条约第二十二条,一八八一年中国与巴西天津条约第九条及一八九九年中墨华盛顿条约第十四条)。其他外国若美若英,其国人为原告时,领事或他项官吏出庭观审,均于条约中明白规定。例如,一八八〇年中美北京条约及一八七六年中英烟台条约是。

其中有国家主张谓,依据条约之规定,外国领事有会同审判之权者。此项主张,中国政府始终一致拒绝,盖条文意义实不能作此种解释也。现在办法,县知事衙门华洋诉讼案件审判时,中国政府准外国官吏出庭观审,但不准其以裁判官资格会同地方官审判。

(三)享受领事裁判权之外人与无领事裁判权
之外人及无约国之外人之审判

(甲)原告为有领事裁判权之外人,被告为无领事裁判权之外人,中国官吏审判时,外国曾屡次要求,谓原告国之领事有观审之权,其办法应与中国人为被告时一律。中国政府始终拒绝此项要求,盖中外条约中实无允许此种要求之条文也。英国对于中国此项主张,业已予以保留式之同意(见英使馆一九二二年十月二十一日关于维席金案之函)。

(乙)原告为有领事裁判权之外人,被告为与中国无条约关系之外人,按照上海现时办法,若案件发生于上海租界境内,即由会审公堂审判,由与中国有条约关系之外国领事陪审。此种办法为中国政府所反对,盖谓无约国人民应完全受中国法权管辖,不得由洋员陪审。

各外国有时要求此项案件应由各该国领事审判,其理由盖在认无约国之被告人为受各该国保护之人，虽经中国抗议，外国置若罔闻，对于此种案件公然审判者有之（法国于一九一八年要求审判布自拉案 Buzila Case 及一九二〇年要求审判在哈尔滨之希腊人案）。

（四）会审公堂

会审公堂设立于上海、鼓浪屿等处。上海公共租界及法国租界之会审公堂，根据于一八六九年洋泾滨章程其一九〇二年暂行章程。鼓浪屿会审公堂根据于一九〇二年鼓浪屿租界章程。

上海公共租界内之会审公堂，关系重要，特详为论列于下：据一八六九年洋泾滨章程之规定，民事案件若两造均为居住公共租界内之华人，则归中国委员审判，若华人为被告，洋人为原告，则必须领事官会同中国委员审判。中国委员之任命，中国政府主持之。

凡刑事案件华人为被告时，洋泾滨章程并无洋员陪审之规定，但外国屡次力争陪审，谓刑事罪犯妨碍租界公共安宁，不论案件是否涉及洋人，间接实与洋人有关，中国对于此项要求一致拒绝。

自辛亥（一九一一年）革命之后，上海领事团不经条约之许可，即攫得管理会审公堂之权，其任命中国委员之权亦归领事掌握。民事案件两造均为华人时，外国陪审员亦莅庭参加。辛亥以前，刑事案件仅限于监禁五年以内之罪名，今日则似毫无限制矣。会审公堂自辛亥以来归外人掌握之后，即设立检察处，掌管公堂一切内部行政事宜，会审公堂所管辖之拘留所及妇女监狱，亦归外人管理，承发文书、拘捕人犯等事，向中国政府所任之衙役为之，今则概由租界捕房以会审公堂之名义行之。向例会审公堂断案后可以上诉，以上海道及外国诉讼人所属国之领事或总领事为上诉受理机关，今则上诉制业已废除，即极不公平之审判，亦无复上诉之可言矣。外国陪审员渐渐侵越权限竟变为主要之裁判官。会审公堂在法律上为中国之法庭，实际上已变为外国法庭矣。中国政府曾屡次要求收回会审公堂，但至今迄无成效。

（五）外人住宅及外国船只之庇护权

中国与外国所订条约，多有以类似庇护权之权利给予外人者，因是之故,外人住宅及外国船只遂成为华人避难之所。例如一八五八年中英条约第二十一条规定:"中国人民因犯法逃在英国人房屋或潜往英国船中,一经官员照会领事官即行交出,不得隐匿祖庇。"又一八九六年中日条约第二十四条之规定,其范围更广,该条称:"中国人民或因犯罪或因避债潜逃,避难于在中国境内之日本人房屋内或在中国领海中之日本人船只上,一经中国官吏照会日本官吏,应将该逃犯交出。"

外人滥用庇护权结果所至,非事先通知有关系之外人或该外人所属国之领事,不得将避难华人移交中国官吏。

一八五八年中法条约之规定更进一步,中国官吏对于受庇于法人之中国犯人,非将其犯罪证据交出,不得加以逮捕。

(六)给与外国国籍证书于中国人

驻扎中国之外国领事,往往以外国国籍证书发给中国人民。此项中国人民遇事利用上项国籍证书,以图藉外人之保障而免受中国法律之支配。

与此相同之事,即中国船只及中国公司在外国领事署注册,以期免受中国法律之支配。

中国人民、中国船只及中国公司得享受治外法权,以致发生中外间种种困难、种种误会,似此扩充治外法权之办法,殊非当日订立治外法权条约时始料所及也。

(七)外人免税

近年中国政府常颁布新税法令,以期增加国家收入,外人恒多所藉口不负纳税义务,对于条约条文曲加解释,以为护符。

按中国与外国所订各条约中,实无免除外人纳税义务之规定。

征收赋税为国家固有而斯须不可缺乏之权利,国家得随时按经济状况及社会情形行使此项权利者也。

外人要求免税,影响所及,在租界境内及中外共管之铁路附属地内居住之华人常取巧免税,中国政府所受损失至多,屡次设法制止此种现象,迄无成效。中国政府不得已,于此项租界及铁道与其他中国土地毗连之处设置关卡,征收赋税,此种特殊现象,实于中国政府行政主权损伤甚大。

(八)特别区域

(甲)租界

租界者,经条约之规定,中国政府于通商口岸划出特别区域以为外人居住及经商之用者也。

租界中之行政权,如警察、卫生、街道、房屋等,悉操之于市政公会。市政公会之董事,华人充任者亦有之,但一切大权均归外国董事掌握。

在已交还之租界及未经条约之规定由中国政府自动开为商埠准外人经商之地,其市政公会之一切大权,则操之中国官吏之手。

中国在租界内之主权仍继续存在,曾于条约中明白规定,向中国政府缴纳地税一节,尤足以证明。外国默认中国之主权,但租界不受中国(领土国)法律之支配,实于中国主权损伤甚巨。即就租界内外国市政公会行使行政及警察职权二事而论,其有害于中国行政上之完整已不胜言矣。

租界地广人稠之处,所设会审公堂前曾略为论及。此项公堂以外国官吏之陪审,于领土国家之司法之尊严及司法之职权,损伤甚大。

租界中之外国当局恒违背历次正式宣言,不令华人膺市政公会董事之职,其尤著者,某租界华人所纳之税,超出洋人所纳者为数甚巨,而市政公会中竟无一华人董事,事理之不平,亦可谓至矣。

(乙)租借地

一八九八年中国迫不得已将旅顺、大连、威海卫、广州湾及九龙,分别以一定租期租与外国,其租借详情为世所知,兹不赘述。

领土所有之国家,对于租借地须放弃其管理及行政权,此种放弃,实于领土统治权妨碍甚大。

外国曾屡次以此项租借地为作战之根据地,甚或竟以之为作战地域,领土所有之国家欲维持其中立地位,亦戛戛乎难矣。

承租国事实为视租界地为己有之领土,于租借地设立法庭,凡在租借地内之人,不论国籍如何,一概受该法庭管辖。

(丙)北京外国公使馆

辛丑(一九〇一年)条约第七条规定:中国"国家允定各使馆境界以为专与住用之处,并独由使馆管理,中国人民概不准在界内居住,亦可自行防守"。本条内又称:"中国并应允诸国分应自主常留兵队分保使馆"。

北京使馆地界,由各使馆派员组织委员会管理之,赋税之征收、道路桥梁之修筑及警察行政,悉归该委员会董理之,使馆界内定有种种章程,对于中国人通过该地之自由多方束缚,使馆境界几完全成为外国领土矣。

(丁)铁路附属地

铁路附属地之历史,可略述如下:一八九六年九月八日,中俄缔结东省铁路公司合同,中国政府以建造及经理中东铁路之权利,给予华俄道胜银行。该合同第五条云:"凡该铁路及铁路所用之人,皆由中国政府设法保护。至于经理铁路等事需用华洋人役,皆准该公司因便雇觅,所有铁路地段命盗词讼等事,由地方官照约办理。"该合同第六条规定:"凡该公司建造、经理、防护铁路所必需之地,又于铁路附近开采沙土、石块、石灰等项所需之地,若系官地,由中国给予,不纳地价(中略),该公司在此项土地之上,有完全的之唯一行政权。"俄国政府根据上列条文,设立保护铁路军警,对于在铁路附属地以内所有一切人民行使政治上之职权。

一九〇五年十二月二十二日中日条约第一条规定:"中国政府将俄国按照日俄和约第五条及第六条允让日本国之一切,概行允诺。"第二款规定:"日本国政府承允按照中俄两国所订借地及造路原约实力遵行,嗣后遇事随时与中国政府妥商厘定。"南满洲铁路附属地问题因是而起。同日(一九(二)〔〇〕五年十二月二十二日)中日订立续约第六款规定:"中国政府允将由安东至奉天省城所筑之行军铁路,仍由日本国政府接续经营,改为转运各国工商货物。"

698 中华民国时期外交文献汇编 1911—1949 · 第三卷

安东奉天铁路附近之地为铁路公司购置,在此铁路区域内,日本政府行使政治上之职权,其情形与南满铁路区域之情形相类似。

上列铁路附属地以外,日本在奉天及吉林两省设立警察,行使政治职权之地方尚多。

结　论

以上所举之领事裁判权,及其他在中国治外法权现时之一切实行状况,不啻于一独立国之主权中发生无数独立国之主权,实于中国主权损伤甚大。各国在中国设立领事法庭,以各该国之法律审判各该国之人民,虽经中国予以条约上之承认,而其有损于中国之主权,则无可讳言者。日本委员日置益大使于调查法权委员会开幕时演说谓:"各国委员以为治外法权之初入中国,本为便利中外关系暂时办法,故治外法权发生之原因消灭时,治外法权当然即行废止。"足见此种办法非永久性质,显而易见。今日之中国与七八十年前之中国情变势迁,为尊重设置之本意及谋中外亲善起见,实不得不将治外法权废除也。

中国给予外国领事裁判权及承认外人在中国有特别权利之时,与今日相比,情变势迁不可同日而语。此种问题在当日无足轻重,在今日则重要异常。当日通商口岸外人可居住及经商者屈指可数,外人旅居中国者亦为数无多。七八十年来,商埠增加数倍,外人之来中国者日益加多,再过十余年,行将达五六十万之众,散居中土不受中国法律之支配,中国政府难于应付,益可想而知矣。

外人在中国享受之特殊权利,非得之于条约之规定而得之条约条文不正当之解释者甚多。前曾言之,国际法中解释条约之公例:"凡领土国是否曾以某种利益给予第二国之一问题发生疑难、争持不决时,条文之解释应左袒领土国。"由此观之,权利之给予,一经明文规定,应不出字面之范围,受让国所享受之利益,应以让予国明白让予者为限,此解释条文最重要之原则也。外国对于中外条约之解释,恒违背此原则,虽屡经中国之抗议,仍恒以疑难无根据之事要求中国,且因中国含垢忍辱,得遂所求者不一而足。

"条约之继续存在以情势依旧为根据",此亦为国际公法之公例。盖情势变迁,当然有修改条约之必要,中国自与外国缔约,以领事裁判权及治外法权让予外国之后,情势大变,国内国外政治上、社会上、经济上均有极重大之变迁。七八十年前以为可行者,今则多认为绝对不可行。领事裁判权之给予,当初缔约之际,中国政府视之并无不快之感,在今日民智发达,重视国权之时,若欲仍持当日之态度,实为绝对不可能。领事裁判权及治外法权非仅不利于中国己也,中国人与外国人之间常因领事裁判权及治外法权发生种种误会,妨碍中外之共同利益者甚多。

兹为中外之共同利益起见,中国与外国之关系亟应根本改革。

《调查治外法权委员会报告书》,第298—309页

中国委员对于治外法权现在实行状况之补充意见书

1926 年 4 月 26 日

中国委员于三月二十三日开会时提出之意见书,曾胪列问题八项,以供本委员会之研究。旋经讨论,对于第一项至第四项,一致认为应在本委员会调查范围之内,对于第五项至第八项,则意见未能一致。虽委员中除一二人外皆以第五项至第七项为应属本委员会研究之问题,而大多数似仍认第八项为在本委员会调查范围以外之问题。

中国委员旋向本委员会声称,关于第一项至第八项各问题,将提出补充意见。查第一项至第四项之调查,既经一致认为在本会职权之内,兹不赘述,惟对于第五项至第八项,特加以补充意见于下:

对于第五项至第八项,以为不应由本委员会讨论者,其理由谓,该项问题皆属于政治或外交,而非属于司法性质,均应以外交手续讨论之。殊不知,现在讨论之治外法权,就其性质而论,本兼涉政治与法律,实难强为分别,若专就一方面研究之而不顾及其他方面,其结果必致多数与治外法权有关之问题,依然不能解决。查本委员会将来所提出之报告书及建议,并非有束缚各国政府之效力,故鄙意以为,此问题之种

种方面,若得本委员会秉公研究,必能大有助于各国与中国条约关系之改善也。

本委员之概括意见既如上所述,兹特就第五项至第八项各问题,逐款陈述如下:

(五)外人住宅及外国船只之庇护权

按照国际公法,惟外国使馆及在领海内之外国战舰得享受庇护权,至外国使馆、战舰享有治外法权,原属拟制,毋庸赘论。但有应注意者,即近代之趋势,限制此种特权之行使是也。荷尔氏有言,外交官住宅之不能保护普通刑事犯或对于国家之犯罪,已成欧洲国际之惯例,云云。本委员非谓在华外人于其住宅或船舶曾明白要求此庇护权,亦非谓此权已由中外条约允许,惟照现行条约之规定,中国人民逃入外人住宅或船舶时,须先照会该国领事或该外人,始得将犯人交出,遂使此种住宅或船舶实际上享有一种所谓庇护权者,此种办法,实足以妨害领土主权国之完全行使其管辖权。

本委员之意,以此为本委员会应行考虑之一问题,盖此种庇护权与司法权有密切之关系,研究司法权而不研究庇护权,则不得谓有完全之研究也。

(六)给与外国国籍证书于中国人

归化之许否,本属一种主权之行使,故归化事项应由该国政府特定之机关办理。现在驻华有约国领事发给国籍证书于异国人民,究竟曾否得其本国法律之允许,实属不无疑问。

驻华外国领事给与华人以外国国籍证书,每给一分,即多一华人脱离中国法庭管辖,此辈请求外国国籍证书之目的,类皆为便于随时得脱离中国之管辖。平时则为中国籍民,享受一切中国籍民之权利,无所留难,亦无从辨别。一旦有事,则以外国国籍为护符,不受中国法权支配,其为涉及治外法权之实施状况无疑,故此问题应在本委员会调查范围之内。

（七）外人免纳租税

夫征收租税之为一国固有权,上次意见书已言之矣。中国与各国所订条约中,并无特别规定豁免外人纳税之义务,外人之所以主张不应纳税者,实以为外人已享有治外法权之地位,即无庸遵守中国赋税法令。不知条约之原意实不过使外人民、刑诉讼得按照其本国法律,受其本国领事或其他官吏之审判耳,其所享之治外法权即止于此。此种特权应有一定之界线,因其为限制国家主权之一种,按照国际公法应加以严格解释。

论者或以此为外交问题,应由关系各国直接交涉解决之,惟本委员之意以为,无妨先由本会为初步之研究。

（八）特别区域

特别区域之要点已于上次意见书中述其梗概。夫特别区域之存在,无论其为外国租界、租借地、北京使馆界或东三省铁路附属地,皆足使一部分领土不受领土主权者之支配,此皆显而易见者也。是项特别区域,乃依据中国与各国所订条约而成立,固属事实,然此等区域之特殊地位之有大影响于中国司法管辖权,亦为非常重要之事实不容掩饰者也。

在上项特别区域之内,行政及警察之职权,皆由外人特设之机关行使之。是项行政机关,或为工部局,或为使馆界事务管理局,而此种行政及警察职权之被外人行使,即中国之管辖权被削减。

且在此等区域之内,中国法庭之传票或拘票,非得外人机关或行政官吏之协助不能执行,中国之不能于此等区域内完全施行法权,实为明显之事。

本委员会事业之最终目的既为撤消治外法权,则特别区域问题之与撤消治外法权有关系之各事项,自当作为本委员会所应研究之问题。

外人在通商口岸以外之营业及居住

本委员于三月二十三日提出之意见书中曾申明,凡未经胪列之同类问题,得于本委员会研究进行中陆续提出。现在续行提出者,为外人在通商口岸以外之营业及居住之问题。

按照条约，凡欲来华通商之外人，皆须住于专为中外通商而设之口岸或市镇，此种口岸或市镇，或为中国自动开放，或为条约所规定。至通商口岸之外，惟外国教士得有居住权，但仍受特定条件之限制。现查北京及其他地方，不乏外人设立处所，公然从事营业。严格言之，此种外人应受中国法权之支配，如主张不受中国法权支配者，则应遵守关于外人居留区域之限制，盖此种限制与享受治外法权有连带之关系。本委员以为，居住通商口岸以外之外人之法律地位问题，本委员会应研究及之者也。

依以上结论，本委员以为，领事裁判权及治外法权在中国施行之现状，实不啻于一独立国主权中发生无数独立国主权，而中国主权因此受其侵害。至各国之设立领事法庭或治外法庭以管辖其本国人民，虽为中外条约所许，但如日置益君于本委员会开幕时演说谓："治外法权之初入中国，本为便利中外关系之暂时办法。"故此种制度非为永久性质，情势变迁即应废弃，庶最初所计及之中外和谐关系得以保持。

且有一事常为人所忽视者，即在华之领事裁判权及外人所享之种种权利，当其让予时，其影响不如今日之甚。中外正式通商之初，通商口岸仅有数处，外人旅居中国者，亦寥寥无几。惟八十年来，商埠开放日多，外人来华者亦日增，而皆不受中国法权之支配，中国政府在此环境之下遂感困难。

由上观之，今日外人在华所享受之种种权利，其中根据于条约之曲解者甚多。查条约解释之公例，如两造对于条约中某种权利曾否由领土主权者让予发生疑问时，应从领土主权者有利方面之解决，倘某项权利之让予已有明文规定，则不应出字面之范围，而受让予国得行使之权利，以曾经让予国明白让渡者为限。在华外人常不遵守此种解释条约之根本原则，且常置中国抗议于不顾，而以似是而非之权利向中国主张。

抑就条约本身而言，按照国际公法原则，条约之继续存在，以情势依旧为根据,此原则之利益不能独对于中国而否认之。中国自与外国缔约,以领事裁判权及其他治外法权让予外人以来,情势业已大变,本国之政治、社会及经济生活,对内对外皆已有重大之变化,故凡七八十年前以为可行者,今已认为不可行。在开始与外国交通时,中国政府对于外人管辖权之放弃,视为无足轻重。在今日若欲强令已经觉悟之国民仍持曩日之态度,殆属不可能之事也。

故为保障相互之信用及了解,以增进中外双方利益起见,中国与外国之关系亟应为根本之改正。

《调查治外法权委员会报告书》,第309—314页

2. 调查法权委员会赴各地调查情形

各省交涉员招待各国调查法权委员团注意事项

1926 年 4 月

调查法权筹备委员会订定

一、有新式旅馆地方(须合于西人生活者),先期指定房位(约十余人)。如无相当旅馆,应先期觅定精洁房舍为临时招待所。

二、外国委员到时,交涉员或省长派定招待员或地方行政长官,须到车站或轮船码头迎迓,临去时亦应欢送。

三、车轿等应先期准备,均须精洁。

四、到省会时,军民长官能亲与周旋最好,否则亦须请其派遣代表。

五、外国委员已议定,每处约逗留三日。如地方长官欲招宴或请其茶会时,宜事先与陪往人员接洽决定。

六、如外国委员愿游览山水古迹者,应妥为保护。

七、此次参观委员,凡英吉利、法兰西、美利坚、葡萄牙、西班牙、意大利、瑞典、荷兰、日本、秘鲁、那威、比利时、丹麦十三国,如须招宴,宴堂宜备齐各该国国旗,并本国国旗一并悬挂。如各国国旗不能全备时,则仅悬挂中国国旗。

八、如有未尽事宜,可与陪往参观人员接洽。

九、委员起程日期决定后再行电知。

《外交公报》第 58 期

调查法权委员会旅行团报告书(节选)

1926 年 5 月 10 日—6 月 16 日

路　程

调查法权委员会旅行团,依原定之路程,应于三月末两星期内,先往太原府及张家口两处参观法院及监狱,参观后约于四月第一星期内由京出发赴各处地方调查。因国内战事发生,原定之计划不能实行,延至五月十日,地方状况稍佳,始能出发。此项调查所经路程共约四千二百英里。兹列一表附录于本团报告书之后。旅行团所参观之法院、监狱及看守所如下:

高等厅七所

地方厅十三所

地方分庭一所

哈尔滨特别法院两所

外国法院及会审公廨五所

监狱十四所

看守所十五所

外国法院及会审公廨之监狱及看守所九所

此外,本委员会全体在北京时,曾参观大理院京师高等审判厅、京师地方审判厅及北京第一与第二新式监狱。

调查方法

(一)法院　本旅行团调查之方法:经介绍审、检两厅长后,即询问关于法院组织与审判,及其他旅行团认为有关系之各种问题,有时所问者颇为详细,各厅长对于所问各件均详细答复,极为恳挚,且欣然将厅内各案卷宗交付旅行团检阅。各问题答复后,旅行团员即到法庭参观审理民刑事案件,并到其他办公室,如书记厅、不动产登记所、档案室,检阅各项卷宗。

(二)监狱与看守所　参观监狱与参观法院,其方法略同。但所有发问系于参观监狱时,多由典狱长及其属员答复。本旅行团调查监狱并不限于参观看牢、行刑场、犯人病院等处,常常详细直接询问各犯人。

(注意)县知事衙门　本旅行团参观各地方,其县知事皆不兼理司法。此事本旅行团制定路程表时并未注意,于旅行中发生参观此项机关问题时,代表中国方面之旅行团员谓,若将路程中途变更,须向北京政府请示。依其意见,县知事兼理司法事务不在调查之列,缘中国在华盛顿会议向各国提议撤销领事裁判权一事,系以新式法院与新式监狱为基础。本旅行团外国团员认为,此事殊属可惜,盖对于此项机关之审判,因此不能发表意见,而此项机关又远较新式法院为多也。

警察审判机关　旅行中发见违警罪之审判,系归警察厅而不归新式法院(审判厅)或其他司法机关受理,且警察厅所判有罪之人,系羁押于警厅拘留所,故本旅行团表示拟往参观此项裁判机关及拘留所,曾向北京中国代表请求,旋接复电谓:警察事务系归内务部管辖,不属司法部,故不在旅行团调查范围之内。(甲)本旅行团对于警察职权之范围,如违警罪、拘留权及关于刑事案件,于未送检察厅以前,其侦查中之拘留权未尽明了。(乙)违警罚法系委员会在北京曾经研究者,因此,本旅行团之外国团员对于中国政府所持之态度殊为可惜,并认为未当,但中国代表对于此项意见未能表示赞同,故旅行团之外国团员对于警察司法事务未能发表何项意见也。

概括意见

(甲)法院　根据旅行团询问所得之答复,并证以各个人之观察,新式法院之审判,似于当事人包括刑事被告人而言,予以陈述全案之机会。法官与检察官似具有智识与经验,且熟谙法院适用之法律及程序,加以对于所判案件,能为最慎重之研究,当事人常有律师代表,但律师甚少直接讯问证人,盖直接讯问证人多由审判长为之。所参观之法院,其组织与实用之程序,甚有统系,似与委员会在北京审查之法令相符。法院卷宗之保管,似甚妥善,但欠相当保护之设备,以防火险或窃盗之虞,尤以关于田契之保管为然。法院之建筑与设备,均属满意,且间有特别足称者。

(乙)监狱与看守所　本旅行团所参观之新式监狱与看守所,虽其状况与设备程度不一,大致均属满意。监所之建筑与规则,颇属一致,且有系统。总而言之,依本旅行团之感觉,最近之新式监狱,用以监禁外人,不能谓为不合也。

详细意见

(甲)法院

(一)中东铁路附属地特别区法院　此项法院,闻有五所。本旅行团在哈尔滨时,参观两所,即哈尔滨特别区高等厅与地方厅。每厅聘有俄人谘议一员,系该区内从前所设之俄国法庭曾当法官者。厅内其他办公地方,亦雇有俄人为职员。审判时,有能操俄语之华人为翻译官,闻当事人亦得自备翻译。此项法院在中国司法上,占有特别地位。缘其管辖限于无领事裁判权外国人民,或此等人民与中国人民间之诉讼。此外,其组织一切与新式法院同,本旅行团对于该法院,感觉殊佳也。

(二)翻译　关于华洋诉讼翻译一层,本旅行团认为殊堪注意,尤以当事人未能自备翻译时为然。

(三)经费　本旅行团希望对于相当之司法经费定有办法,俾法院现有之程度,得以维持,而将来之进步,不受阻碍也。

(乙)监狱及看守所

(一)监房　较新式之监狱及看守所,其监房均属满意。至其他监狱之监房,其容积与所收容之人数,及其设备之程度不一。据本旅行团所见中国政府建筑之监狱,其监狱有一人制,有多至十人制者。惟有一处为俄国所建筑,从前俄人在哈尔滨用作监狱者。本旅行团见一大房收有犯人十九名之多,但该监狱之房屋,闻正在扩张中。监房空气之容积,间有似欠充分,且其透光之设备,间有不无可议之处。所参观之监狱均设有暗室,以备惩罚犯人之违反监狱规则情节重大者。

(二)犯人食料　中国犯人所用之食料,中国政府认为不适外国犯人之用,故对于外国犯人之食料,另为设备。

(三)犯人制服　犯人均有制服,且其制服似属满意。

(四)监狱病院及医官　各监狱均设有犯人病院,惟程度不一,且皆设有医官,惟其中有未受泰西医术之训练者。

(五)温暖器　所参观之监狱,均设有温暖器。但参观适在夏令,故所设之温暖器是否满意,本旅行团不能发表意见。

(六)执行死刑　所参观之监狱,均有绞刑具,但奉天监狱一处,则设有外国绞杀机。

(七)运动　各监狱之犯人,均有在屋外运动及作工之机会。

(八)厨房浴室及简单卫生之设备,每监狱亦见有之。

(九)教诲　各监狱均有教诲犯人之设备,据中国官吏及其他方面所称,传教人常到监狱参观,且中国方面亦奖励之。

(十)女监　新式监狱及看守所,均设有女犯特别地方,由女狱守管理。

(十一)哈尔滨特区监禁外人之监狱,该监狱之看守长与多数看守,由俄人充之。监内设有俄国教堂,由一俄国牧师主持之。

(十二)经费　本旅行团希望对于相当之司法经费定有办法,俾新式监狱与看守所现有之程度,得以维持,其应行改良之处,即行改良,且其将来之进步,不受阻碍也。

结　论

本旅行团于调查中,沿路备受中国政府优厚之款待,且蒙中国国家铁路及南满铁路人员招待周密,实深感激,用特声明于此。本旅行团所到各处,中国方面曾表示至诚之欢迎,不惜经费,不惮繁劳,以谋团员之安适。再,本旅行团之外国团员,对郑天锡博士与徐维震先生亦表示热诚之谢忱,缘此次旅行告成,多藉郑、徐两君之力也。

《调查治外法权委员会报告书》,第287—293页

张伯伦致特纳①

1925 年 12 月 1 日

阁下：

我得通知你,已经任命你为 12 月 18 日将在上海召集的国际委员会的英国委员,根据华盛顿会议所通过的议决案的条款,该委员会随后将调查中国治外法权问题。华盛顿会议决议案附在本信后。

2. 在已经研究过这个问题的那些人中,有一个明显一致的意见,即,尽管中国在法律编纂、法官训练以及建立新式法院执行新法律等工作上取得了进步,但是,情况尚不到这个程度,证明可以放弃在华英国臣民必须由英国法院根据英国法律审判这一至关重要的原则。委员会极不可能经实地研究该问题后得出任何不同的结论。然而,英王陛下政府在坚持这一至关重要的原则的同时,期望现有的反对取消治外法权的意见,即使不是全部消除,亦会大大减少。英王陛下政府诚挚希望,委员会发现以下做法是现实可行的,即提出建议案,如果中国予以采纳,将极大地帮助她以渐进的过程实现这个目标。

3. 为了这个目的,委员会无疑会调查中国法院和中国司法制度的组织与运作,列举、分析其缺陷,建议改进的办法,并就在华外国人归属中国法院管辖之前中国方面必须履行的条件给出建议。

4. 但是,尽管这将是委员会的主要职责,英王陛下政府不希望委员会的工作局限于此;决议案条款也不证明有理由作这样的限制。看来有这种可能性:委员会认为,对中国现行治外法权制度所呈现出的某些特点加以修改,未必需要完全取决于中国司法制度的令人满意的发展。如果这样的话,若委员会对于修改现行制度的那些方面不作建议,或者如这些特点恰能称为弊端,对其早日消除不作建议,英王陛下政府对此是感到失望的。失望的原因在于,英王陛下政府决不会为了自己的利益,执着于现行治外法权制度,而是急于在情况允许时,将任何治外法

---

① Skinner Turner,英国法官,时任调查治外法权委员会英国委员——译者注。

权制度都包含的对中国主权不可避免的侵害尽快减少到最低程度,同时保障在华外国人的生命、财产和合法企业的安全。

5.因此,你应努力争取委员会依以下三个部分提出建议:

(1)建议改进中国司法制度所要采取的措施;建议关于移交管辖权的条件,即中国方面予以履行后,证明可以将目前由外国法院行使的对外国人的管辖权完全移交给中国法院的条件。

遗憾的是,预期在这些条件中,有一些只能逐渐履行——比如,中国中央政府承担全国范围内司法行政的责任。因此,希望委员会能够——

(2)提出关于以下方面的建议,即,目前外国法院所行使管辖权的某些部分,也许可以按照中国司法行政取得某些进步的同一速度,逐渐移交给中国法院,而对外国人所享有的生命、财产、合法企业以及其他利益的保护并不削弱。

(3)最后,鉴于英王陛下政府急于不浪费时间尽可能多地消除引起摩擦的原因——这些摩擦近年来已经损害了中国与各国的关系,希望委员会能够建议立即实行某些措施,以纠正现行制度中的任何弊端以及任何不必要的对中国主权的侵害。

张伯伦

BDFA,Part II,Series E Asia,Vol.30,pp.31-32

关于治外法权委员会英国委员指导意见的说明
1925 年 12 月

从国务大臣 1925 年 12 月 1 日的快信中将会看到,根据英王陛下政府的意见,委员会调查所涉及的领域,自然而然地划分为以下两个既有区别又有关联的部分:

(1)与目前中国法院实际运行的司法行政有关的问题。

(2)治外法权对中国法院行使管辖权施加限制,由此直接或间接侵害中国主权,与此有关的问题。

如果这个看法证明是正确的,委员会的建议可能相应地分成两个部分,并采取以下的形式:

(1)将对外国人的管辖权由外国法院渐进移交给中国法院的草案。

就各国采取的行动而言,重要的是从一开始就要弄清楚,这一部分的委员会建议实际上应有先决条件(有以下第9、第10段落中所说的那种微小例外),也就是说,除非是作为中国司法制度特别改进的结果——这些改进可以是业已取得的,或者是委员会所建议的——不应该建议特定的移交办法。此类建议是否也采取有先决条件的形式,将视情况而定。可能在某些情况下不反对给中国人留面子,让他们主动表示采取措施,当这些措施业已实行时,各国方面将同时采取措施。

(2)关于修改或取消现行治外法权制度某些特点的草案,即不管中国司法制度可能如何改进,委员会都认为确定无疑要修改或放弃的那些特点。在这一部分,委员会的建议不必设有前提条件,未对中国方面的行动(是通过改进司法制度还是其他)提出建议,也可以建议某些或所有国家将要采取的行动。不过,有可能发现,在此部分建议各国所采取的行动,在大多数情况下需要通过外交渠道与中国政府谈判解决某些困难。

2. 以下陈述两个部分的命令以指导英国委员,此前需要有一个总的告诫。英国委员在整个过程中应记住,这种情形是极不可取的,即,他让自己被置于只有他孤立独处,反对向中国人的意愿让步的地位,而其他各国的代表——这些国家在此事情上的利益远没有大不列颠重要——则准备荐举中国人的意见。为此,他应竭尽全力阻止他的同事们提出或支持可能只导致损害外国人利益而对中国没有真正益处的议案。

(一)移交管辖权。

3. 在这个部分,首先必须注意的是一个原则性区别,恐怕委员会会发现必须牢记于心,因为他们的调查一方面与中国法院的司法行政有关,另一方面与外国法院的运作有关。关于外国法院的运作,出于显而易见的原因,委员会的调查要受到一定的限制;他们的目的应该是,所有的外国法院,不论国籍如何,若其运作有内在的缺陷,则建议纠正的办法;他们几乎不可能把注意力独独集中于某国法院可能表现出的弊端,更不用说建议纠正的办法了。但是,对于中国法院,就没有类似的限制来局限委员会对于某法院,或某类法院的运作给予关注或建议,也没有什么阻碍他们就中国监狱的状况和管理进行调查和提出建议。

4.这一观察表明,对于外国法院,委员会将会认真关注——如若不是全部的关注——现行制度的一般性特点。这是一个不便之处,它缘于在华不同国籍法院所施行的法律的多样性。在理论上,这些不便之处的补救办法似乎在于,对于某些国民,以渐进方式用中国法律替代外国法律。但是,考虑到此类替换在任何阶段的可行性,委员会将会面临一个特别的困难,这个困难对于英美人士无疑特别严重,即,英美法院在任何领域运用都会发现这个困难,尤其是在刑法领域,不言而喻,这个法律制度主要是以大陆法体系为模本而建立的。

5.不过,假定这个困难并非不可战胜,上述替换的方法似乎具有很大的现实可能性。中国政府最近颁布的商标法,就是一个可以这样运用法律的例子;其他的还有警察和市政条例,以及内地中国市政当局的本地牌照和税收,狩猎法、禁止武器、毒药输入或交易法,等等。还有其他的中国法律可以添加到这个类别中来,直到最终实际整体上以中国法律来约束所有在华外国人,而不再用他们自己的法律。这将会消除现行治外法权办法所带来的最大弊端之一,同时也为不是由外国法院,而是由中国法院来施行这些法律,即完全取消治外法权时刻的到来铺平道路。

6.以上第4、第5两个段落简略勾画了一个总的方法,委员会可能认为,当他们从现有外国法院简化司法行政的角度处理问题时,为最终完全取消治外法权铺平道路是有可能的。当从另一个方面,即中国法院的缺陷这一方面来处理问题时,第二个方法就会立即浮现出来,但两个方法不是互不相容的。这个方法可以称之为逐渐减少试用的方法,开始时系在特定的地方或针对特定的目的,创立将中国法律施用于外国人的特别混合法庭。这样的法庭制度需要一个混合上诉法院总院。

7. 第二个方法所牵涉到的试用原则,似乎可以有各种各样的实际运用。因此,外国市政当局的条例和附则,可以在由中国法官主持、外国法官共同出席的混合法庭——而不是各种不同的法庭中——对中外人士同样适用。中国人因得到在这样的法庭中任命法官的权力而挣得面子,而这个经验和训练也许证明是很有价值的。

8. 可是,在此还忧虑的是,委员会会遇到一个实际困难。中国人可能不愿意接受任何试用期,而且,创立混合法庭的尝试只会制造更多的摩擦这一观点亦有某些说服力。作为对此的反驳,可以指出的是,仅仅是在中国法院中出现外国法官——他可能是中国政府的支薪雇员,并不会剥夺法院的中国属性,而且任何此类制度如果被中国人接受的话,通过它的培训效果和改进中国司法标准,将会比其他任何办法更加有效地加速逐渐撤废治外法权的进程。在这些方面暹罗的类似情况很有启发性,表明这个途径值得审慎研究。

9. 在这方面要考虑的是,诸多的摩擦源是不是无论如何不可能通过放弃外国官员观审外人起诉华人案件这一条约权利而消除。中德条约中一个类似的安排(即允许德国律师和翻译到庭,但不允许德国官员到庭)可能会将此事置于永久性的令人满意的基础之上。

10. 还有一个建议,在以下方面立即采取行动可能也是可行的,即某些较低等级的案件,诸如违反中国的市政或警察条例之类,完全可以允许中国法院直接承担对外国人的管辖权,此类管辖权的范围可以逐渐扩大,直到涵盖所有领域。当然,在考虑此类建议时,必须记住反对把外国人羁押在中国监狱。

11. 总结。在这个部分,将管辖权移交给中国法院,有两个方法,通过这两个方法,相信各国可以在不危及其国民利益的情况下,与中国人合作以逐渐撤废司法特权。其一是,由外国人自己的机关对外国人施行经特别选择的中国法律;其二是,由特别混合法庭的中外法官对外国人施用中国法律。委员会将要考虑这些方法运用到什么程度,以及相继在什么阶段采取什么配合行动。

12. 以下情况使问题更形复杂化,即,各国可能不接受这两个方法的渐进式运用,单独的或结合的,运用这两个方法,需要先将有关外国人身份关系的诉讼移交给中国司法管辖权,然后才是这样移交涉及到外国人的刑事诉讼,或者是需要先移交刑事诉讼,然后才移交涉及到外国人的民事诉讼——在每一个有满意结果的诉讼案中。换言之,委员会的建议应这样拟定:无论以什么行政步骤完成治外法权的放弃,放弃的过程都应该是渐进完成的。概括地说,只要外国管辖权在民事诉讼中即使有部分保留,就应在刑事诉讼中完全保留,只要在刑事诉讼中即使有部分保留,就应在身份关系诉讼中全部保留。在放弃民事或刑事管辖权有可能完全实行以前,没有必要把移交轻微刑事案件的可能性排除在外,尤其是关于市政条例的执行或相对不重要的身份关系问题。

(二)现行治外法权制度中未必需要取决于中方行动而进行修改的诸点。

13. 可以预期,委员会的中国代表会极力要求委员会调查在中国人看来构成冤情的某些事情,尽管它们并不直接归属于司法特权项下,但系由于这些特权而引起,或者是从其他方面看,与其密切相关。对于这些事情,英国委员总的态度,由国务大臣 1925 年 12 月 1 日信中的训令决定,也就是说,他要记住,英王陛下政府欢迎任何适当的机会,通过放弃过多的、使人不快的权利,来消释中国人对于外国人特权地位的厌恶。细察中国人可能向委员会提出的这些事情的性质,表明:尽可能缩短中国民族感情攻击各国的战线这一原则,英国委员将根据情况变化加以运用。

14. 首先,可能极力要求委员会调查整个外国在华租界和租借地制度,保有的条件及管理的状况,以建议对此制度进行根本性的修改——如果不是全盘取消的话。

15. 如果是这样,英国代表要记住,上海是该制度中最突出的样本。如果能够安排交还会审公廨和上海公共租界工部局董事会华人代表,在此部分里中国人不满情绪的基本因素就能对付过去。如果能够安排这些改革,就会开创一个必定会对其他租界产生影响的先例,而最终与中国政府谈判这些改革的渠道必定是外交团。因此,如果为了这些目的而展开的谈判与委员会开会同时进行,或者在委员会的工作有结果之前中国人中止了谈判,英国代表应该考虑,如果委员会的调查影响到外国租界和租借地组成和管理的总体情况,委员会是要帮助还是要阻止谈判的恢复或取得成功的结果。就此问题拿主意时,他应听取英王陛下大臣的建议作为指导。概括而言,可能最好是顶住中国人要求委员会调查此类情况的压力,除非这样做会拖延在上海已经达成一定程度的原则协定的那些变革。另一方面,如果委员会的调查看来可能有助于将协定转化为实际行动,那么,关于委员会调查此类情况的任何原则性反对意见至此都会消除。

16. 委员会无疑会注意到租界和租借地成为政治或其他难民的庇护所这一弊端,在因中国主权被排除在公共租界和租借地之外而产生的弊端中,这并非最微小的一个,它是英王陛下政府最急于看到其消除的。对此也许可能的纠正办法是,不经过或只经过最简单的程序,让中国人的命令在租界和租借地具有法律效力。

17. 如果委员会的审议采纳上述途径,可以预期会出现一个几乎唯独影响英王陛下政府的问题,即,是不是还不到将次要的外国租界归还中国的时候。由于这样的行动对目前政治全局的影响(对此应听取英王陛下大臣的建议),就英王陛下政府而言,它不反对归还比如重庆租界这一类的租界,它们对于推进或帮助英国贸易作用甚微,或全无作用,而且还总是容易激起反英煽动活动。将此类租界交还中国的可供选择的其他办法,也许是将来请求中国政府维持租界治安,如果在重庆、九江和厦门采用了这个办法,这些租界就类似于芜湖的普通外国租界,它已经充分实现了不实质损害中国主权给予租界和租借地的目的。

对于在较大口岸——天津、汉口和广州——的租界,最好的推进方法似乎是将这些地方合并入由中外董事会控制的较大的市政当局。预期在不久的将来在天津和汉口可以根据这个办法进行,但是,只要广州还控制在布尔什维克手中,恐怕就不能在那里有所作为。

18. 万一这个问题被考虑到,有一点必须告诫。务必记住,英王陛下政府在这些租界里招致了某些根据契约已经承认的债务,因此,归还租界的任何安排必须要包括偿还这些债务的条款。

19. 最后,根据"收缩战线"的原则,还有详细的诸点,委员会还是应予考虑为好,以建议纠正弊端或解决困难的方法,它们是:

(1)华人作为外国人非法注册;

(2)华人拥有的土地在外国领事馆注册;

(3)公司法和华人;

(4)悬挂外国国旗的中国船只;

(5)内地传教士。

(1)华人作为外国人非法注册。

20. 此处的难点在于,提出建议,表明纠正将外国保护延及没有外国国籍的中国人这一弊端的办法,同时不影响对拥有双重国籍的中国人合法行使外国管辖权,该弊端是英王陛下政府最急于看到其消除的。如果委员会能够克服这个困难,则再好没有。但有,有些建议,其效果也许是削弱英王陛下政府对各类华裔英国臣民的保护权,英国委员要充分意识到不赞同此类建议的重要性。

(2)中国人拥有的土地在外国领事馆注册。

21. 这个弊端在中国大多数口岸都存在,在上海则已经发展到很大的比例。有鉴于这个问题可能会引起委员会的注意,兹说明如下考虑,以指导英国委员:

外国人所有并在外国领事馆注册的土地,在很大程度上脱离了中国的管辖。免于被中国当局征作公用,而且土地转让给另一外国人时,不交纳中国的土地转让费,该费用为估价的 6% ~9% 不等。这里不牵涉英租界的土地问题,该土地系根据英国政府授予的官契持有。所涉及的只有以下这种:在通商口岸的租借地以内或以外,根据中国当局确认有效的地契从中国原主手中永久租用的土地。

这个时刻肯定会到来,也可能已经到来,届时即使是真正的外国地主,也要放弃迄今为止所享受的免税等方面的特权地位。治外法权的保护不再延及外国注册土地的中国实际受益业主,看来就更不用说了。纠正确定无疑的冤情的最好办法,可能是禁止外国人为中国人充当实际土地所有权方面的受托人,在这方面必须要考虑到具有双重国籍的中国人的情况,但应该不会有很大的困难,因为此类中国人不求助于受托人就能取得其土地的外国注册。委员会在这个部分给出任何建议时,都应小心保护在上海以及其他地方巨大的既得利益。

(3)公司法与华人。

22. 委员会可能会注意到许多的弊端,它们的存在归因于外国(尤其是英国)公司法的施行。中国人通过加入英国公司,使其业务——在某种程度上也使其经理和雇员人等,得以脱离中国当局的管辖,由此引起的摩擦往往会危及真正的外国公司的地位。虽然如此,合法的工商企业凭借公司法的施行所享有的好处和便利,无论如何不应被削减,这一点对于英国的商业利益是至关重要的。不过,鉴于在华施行外国公司法所涉及到的诸多复杂问题,在委员会就此作出任何建议之前,英国委员最好征询(通过英王陛下大臣)英王陛下政府进一步的训令,以使有关各部门充分考虑整个问题。

(4)悬挂外国国旗的中国船只。

23. 大量英资投资于在华从事沿海和内河贸易的船只,败坏外国国旗名誉的任何事情都有可能最终导致中国政府要求外国船只退出该项贸易。因此,英王陛下政府特别急于找到办法,消除中国船只悬挂外国国旗这一弊端,关于这个弊端,中国当局和真正的英国船东都有充分的理由抱怨。委员会能够提出令中国政府和牵涉其中的庞大英国利益集团都满意的纠正办法,这是有可能的。但是,如若证明不提出实施外国公司法这个争论之点，就不可能考虑这个问题，则应遵循 22 段末尾所说的训令。

(5)内地传教士。

24. 近来传教士群体中滋长出一种情绪，即感觉他们在中国内地为中国人民的福祉而从事的工作不再应该在条约的保护下进行，中国人认为这些条约是强加给他们的。传教士所享有的特权可分为以下几个部分：

(1)宗教信仰自由。

(2)在内地拥有教产的权利。

(3)在内地居住旅行的权利。

关于第三点，使传教士的地位与商人相类似，这应该不难；而关于第二点，解决之道似乎在于将内地诸如学校、医院等教产逐渐移交给中国人的受托管理委员会；如果需要的话，更确切地了解传教会的愿望后，将就此给予进一步的训令。

BDFA, Part II, Series E Asia, Vol. 30, pp. 33–38

特纳致张伯伦

北京, 1926 年 9 月 22 日

接续我 1926 年 9 月 17 日的快信(信中附有在华治外法权委员会的报告书)，以下我荣幸地报告有关在华法权委员会的工作和结论。委员会的正式报告书已尽可能意见一致，您已经有了报告书，所以我想给您补充一些机密资料。因我很快回伦敦度假，可能届时能够提供更多的信息。

2. 据我看，委员会的全体人员有点不走运。把派往中国的公使们纳入到委员会中，意味着委员会的这些成员在处理报告书和建议书时被置于略显尴尬的境地，尤其是就其中包含着对中国人做法的批评而言。法国委员是河内的总检察官，有过一些在华经历，能干但是偏执。荷兰委员，(我相信)是来自爪哇的荷兰殖民局成员，他也了解中国，曾出席过华盛顿会议,但也不是律师,而且公认他对我们的商讨很感兴趣,是因为它们可能对爪哇的华人而不是为数很少的荷兰在华侨民有影响。日本委员系前大使,难以理解,参与我们的商讨不多。令美国委员和我们的主席印象很深的是,他还是一名关税会议代表,近来显得很是急于离开中国。显然未能使关税、法权两件事情早些有结果,他肯定对此感到非常烦恼,而这两桩事正是他来华目的之所在。最终组成的委员会只包括美、法、英委员这三位律师。

3. 中国代表王博士和程博士都是极有才干的人,我们需要帮助之处他们确实都尽力帮忙,所计划的赴各省旅行一开始,为我们所做的准备工作就是极好的。当然,广州政府断然拒绝和我们打交道,所以我们未能视察广州和汕头。没有广州政府的帮助,委员会前往南方全然无用。所到之处,给予我们充分的机会接近新式法院、新式监狱及其档案。给予我们充足的机会获取来自法官、检察官、监狱长甚至囚犯本人的信息。事事妥备以表明我们是受欢迎的客人,而且我得到消息,除了我们得以访问的地方,还有很多地方正等待着,希望我们前去。自然,有可能这整个是个大骗局(如吹毛求疵的人肯定会说的那样,而且其实已经说了),但我认为这不可能。那样就意味着一个巨大的阴谋,从我们所见的人以及他们愿意回答我们的问题等情况来判断,我认为这不可能。所以,还是那个看法,中国准备向我们展示她的新式法院和新式监狱,以使我们形成自己的有关看法。

4. 我们在旅行过程中了解到,警察犯法由警察厅处理,罪犯关押在警察拘留所。不允许我们进入这些拘留所,理由是它们归内政部管辖,而我们正在调查的只是中国的新式法院和新式监狱。在所有外国委员看来,这样的工作属于“中国司法行政”范畴,但我们得不到帮助,只能报告遭到拒绝。毕竟也许不是这么太重要,因为,从对德国人和奥地利人的办法来看,中国至少可以表明的是,受中国管辖的享有治外法权之外国人只在新式法院受审,并关押在新式监狱或拘留所。

5. 毫无疑问,一般而言,我们旅行的结果对中国相当有利。我和某些其他委员没想到在中国有充足的、大量的、令人满意的法院建筑和办公室(我在上海10年期间,绝没有人叫我注意上海中国人的司法行政,也没有注意在这个国家,在上海约5英里以外有很好的监狱);我们也没想到中国在监狱建筑方面所取得的进步。恐怕某些英王陛下在华的领事们有同样的说法。近年来对中国的失败和错误有太多的批评,以致于人们忽略了她在司法行政领域取得进步的实际作为。只举两个例子:在战争中有些战利品的事情需要处理,均由遴选出来的法官在处理战利品的军事法庭仔细、妥善地处理;还有,听说了很多民事案件拖延的情况,可是,哈尔滨的美国领事给我提供了一个案件的全部细节,案件开始于哈尔滨,在7个月内经过了初审法院、两次上诉(包括北京的大理院),而且这未必是一个容易的案件。

6. 我们所看到的法庭通常有三位法官,均身着长袍,书记官、检察官和律师也都着长袍出庭。一定的威严似乎成为了诉讼的一个特色。有地方保留给普通公众,每个法庭的墙上都有普通公众入场规则;被告和证人似乎完全有机会对审判长畅所欲言。每一个案件的正式判决书都包括有理由,这个方法非常好。每次我得以阅看判决书时,看得出来这些判决书是谨慎的、经过思考的,并且符合程序法规定的规则。法庭办案的方法不是我所想象的,但是,除审判长以外,任何法官在法庭上几乎都不起作用,甚至律师似乎也没有机会盘问,但是,每位证人的陈述都被记录下来,最后对他宣读,经他签字后存档,这样保存下公认正确的证言记录。无论如何,就审判程序而言,律师在中国是个新职业,因而不奇怪他们在诉讼中似乎没有很大的优势;同时,他们能够、也确实向法庭概述其当事人的案件,并在上诉法院争辩上诉,似乎有相当数量的民事诉讼以及数量不少的上诉,这似乎表明普通民众不反对到法院打官司,尽管中国人的一个特点就是通过和解而不是正式法律诉讼解决争端。因而,我在各地发现相当合情合理的报道,描述新式法院运用中国现代法律法规进行工作的方法。

7. 在中国,监狱改革之事始于民国以前,而且新式监狱非常令人吃惊。我并不怀疑许多中国罪犯在新式监狱里住得比他们自己家里好得多，一定也比张作霖元帅的某些士兵所住的帐篷好得多。牢房通常是通风、明亮的，可供暖。有冲洗和洗澡的设施，还有工场间和锻炼的场地。不奇怪，卫生设施是简陋的，或许值得注意的是，可能是由于为我们所做的准备，旅行团成员无一因视察监狱而受害虫之扰，尽管我们并未发现任何常规性的避虫方法。许多监狱被置于城外，这样保证了空气新鲜。所有监狱似乎都遵循着这样的制度，即，尝试改造犯人，除了惩罚，也提供给他出狱后谋生的手段。提供教育、道德训诫（为此传教士受欢迎）、参加体育活动、教授手艺。未采用囚犯整个关押期间单独牢房的原则：一定时间后，他们被移送到牢房和其他囚犯同住，甚至达到10人一个房间。有奖惩制度，一般说来，囚犯似乎没有受到苛待（外国囚犯肯定没有）。我附上一份有关北京第一监狱的独立报告，系由拥有丰富在华经历的葛罗夫人撰写。她是 E. M. 葛罗先生的妻子，最近被任命为绍斯伯勒委员会秘书。

8. 当然，我在以上第6段、第7段中对于法庭和监狱的批评，没有提到这些机构的管理。从外表来看，我们所见到的法官、检察官和监狱官似乎都是通情达理的友善之人。我知道我们在那里时他们全都举止规矩，为我们准备好了一切，但是，我禁不住对许多监狱工作人员的个人外表印象深刻，尤其是男女看守。如果我们把英国臣民移交给中国司法管辖权及其监狱生活，这自然是一个必须冒的风险，但是，从外表看，情况似乎比所说的要好。这里我不是指警察厅，警察厅不归司法部管辖，那里肯定存在着严苛和勒索的机会。

9. 在考量中国法律方面，我开始此项调查，没有想过细地批评它们。我研究中国的法律，旨在试图确定它们是否构建了一个外国人能够据以生活并从事其正当职业的制度，可能在很多地方我并不赞同其条款，但是，这不妨碍我的这个看法，即，这个制度纵然不够完善，但整体上是令人满意的。即使以刑事程序为例，在这方面中国采用了欧洲大陆的检察官制度。我对这个制度很陌生，也从未见过其实践，据我看,这个制度似乎没有仅仅因为不符合英国人的理念而受到指责。我知道欧洲许多国家就是这个制度。我知道近年来日本审慎地采用了这个制度,因为知道这个情况,即使看来它易有许多缺陷,我也不愿加以指责。公认立法程序不完善,而且中国的政治动乱给这样的批评提供了机会,即,从宪政的视角来看,现在法庭所执行的许多法律并没有真正的约束力量作后盾。当今没有适当的立法机构,我们看到,出版法仅凭一纸总统令便生效,再以同样的方式被废除,而且最新的宪法把立法职能归于国会,这自然是个实际的危险。我的美国同事为此大受困扰。中国人的回答是,不管宪法出现什么情况,立法机构不停止运转,中国的法庭和中国的律师则永远不敢怀疑国家元首在《政府公报》上正式颁布的法律的有效性。实际上,当今中国所执行的法律都是这样制定的,但我只知道一个以如此简单的方式废除法令的例子(出版法)。如果在一个号称是共和国并由宪法治理的国家,可以仅凭行政官员的命令废立法律,这就很重要了。

10. 不时听闻太多文武官员干涉法庭的情况,我不怀疑这种情况的存在,尽管旅行期间并没有让我们知道确实的例证。但是,由于不时宣布戒严以及担心司法官作出他们预期可能得罪行政长官的判决,较之对司法官施加实际压力以用特殊方式作出特殊判决来,更可能存在的情况是干涉法庭。关于贿赂之说应该也是类似的意见,贿赂即使不是不可能,也始终是难以证实的。在一个东方国度,经常可以通过家族对一位司法官施加间接影响,但在由三位或以上法官审案的制度下,谅必更加难以成功。对中国法庭的一个常见的指责是拖延,我认为这在某种程度上缘于我所发现的某些外国人所持的态度,即,法庭的职责就是立即对外国人提交的民事诉讼案作出有利于外方的处理。诉讼的拖延是众所周知的,而且往往是由于当事各方或一方,或者是由于法庭控制不了的事情,无论如何,我在第5段所提到的案件似乎表明,当事各方适当寻求补救办法的案件可以在合理时间得到判决。

11. 在这项调查中,我注意到一个始终如一的做法,即,把案件中出现的不符合某领事或外国诉讼当事人想法的所有情况都归咎于中国法庭。以民事诉讼的拖延为例。有一个案件是在哈尔滨向我提出的,抱怨说自某天起再没有音讯了。经调查,并非中国当局逃避责任;我查明,自那天以后,原被告双方律师三四次申请延期审理,法庭也同意了,因为有可能和解。经英国臣民(原告)律师本人申请,最后一次无限期中止审理,然而,这被极力说成是一桩拖延的事例,并归咎于中国法庭。还有,中国刑事诉讼程序是欧洲大陆的检察侦查刑事诉讼程序。最近在牛庄,有一桩对俄国人的讼案效行的就是这种制度,结果,预审法官根据检察官的要求做了预审,确定案件必须到法院审理,他把这个决定通知了被告,我想这样案件就公开了。这个决定被英文报纸称为完全的滥用司法,而且用这个案件来表明中国法官的无能。该案系杀人案,刚刚结案,被告被判处 1300 元罚款,之前已经向 6 位死者亲属支付了4000 元赔偿金。他被定罪为过失致 6 人死亡。

12. 相当困扰我的事情之一,就是应该对中国的法庭和监狱运用什么标准,或者我们应该期望从中得到什么标准? 就监狱而言,看来中国人已经确定了自己的标准,可以北京第一监狱和九江监狱为代表。就拘留所而言,可以采用的是汉口新拘留所的标准。不可能指望在中国会有与西方国家最好的监狱同样类型的监狱,但是,中国似乎已经提出了她自己在这个事情上的标准,而且如有必要,就以仅新式监狱供英国臣民使用为条件(正如德国人的情形一样)。我以为或许可以对法庭提出同样的标准,有完全令人满意的新式法院,许多房间通风良好,很适合工作。换言之,中国似已提出了自己的司法行政标准,而且这就是她向我们所展示的。因此,应该按照这个标准对她做出判断。

13. 我着手这项调查,所抱持的想法是:提出既关系到中国,也关系到缔约国的建设性建议。我理解英王陛下政府于 1902 年阐明并于1921 年更确切表述的政策,是要真正采取确切步骤撤废治外法权。为达到这个目的,在我看来,单独的防御或消极态度都是错误的,我自始至终努力得出切合实际的建议性设想。在我看来,在当今中国的政治动荡中,说废弃治外法权必须等到中国有一个稳定或强有力的中央政府似乎是荒谬的。我不知道一个强有力的中央政府是不是中国顺遂的未来;我知道目前没有迹象表明中国有可能组建一个稳定的中央政府(而且许多欧洲国家,比如法国,可能有同样的说法),但是,在我看来,除广州政府(我对其一无所知)治下地区以外,在中国,对司法部和最高法院指导下的司法行政有了某些尊重。

14. 报告的第二部分论述的是中国的法律,被明确拣出的缺陷问题如此之少,有几分称道这些法律的意味。委员会对中国法律所运用的检验标准是极其严格的;每一位委员按照自己的理论观点评价这些法律,检验的标准其实是要求中国有一个可以让每一国都满意的制度。我想,依照这个标准,世界上许许多多的立法都会受到责难。不过,免不了要补充的是——而且唯此才公正:有一两位委员着手此项调查,似乎或是抱有先入之见,或是想要尽可能多地找中国立法的漏洞。因此,一位委员对于他所认为的哈尔滨一官员对他无礼的印象之深,远远超过了主报告所描述的整个 6 周旅行期间展示给旅行团的所有殷勤和关注。因此,相对而言,暴露出来的缺陷如此之少更是出人意外了。

(下略)

BDFA,Part II,Series E Asia,Vol. 31,pp. 260-263

3. 调查法权委员会报告书

王宠惠签署调查法权委员会建议案时的宣言书
1926 年 9 月 16 日

一　近二十年来中国政府以深挚之诚意,不挠之毅力,对于中国法律、司法制度及司法行政,极力改良。中国因此切望享有治外法权各国,对于即行放弃其国人所享受之治外法权一事,认为适当。乃调查法权委员会以为按中国现状,未便即时为撤销之建议,中国对此殊形失望。

二　继续改良司法之政策,本属中国政府自动之坚决意旨,即调查法权委员会建议内所列诸项,大致亦在改良计划之中。

三　中国深信实行其司法改良计划时,此次参与调查法权委员会各国,接受中国政府之通知,即行商订撤销治外法权之确定办法也。

四　中国所预期即时撤销治外法权一事,未能建议,诚为遗憾。惟对于条约以外所发生不良之惯例立即取消及其他中外人民关系之改善办法,均有所建议,此为关系各国善意之表示,中国委员深为谅解。

五　所应特别注意者,撤销治外法权而易以中国主权所容许之制度,此为中国国民夙抱之恳挚愿望。此种愿望,如各国能持同情之态度,则实现更易。中国人民深信,各国同情之态度,当能更进一阶,则其正当之愿望自能早日实现也。

《外交公报》第65期

调查治外法权委员会报告书(节选)

1926年9月

第三编　中国施行法律之情形

第一章　概略

其一九七　本报告书第二编,系由学理方面研究中国法律与司法制度。至于该管官吏实行情形,尚未论及。凡法律中之规定,如为不完善者,其实行自不完善,至属明显。关于司法与监狱制度,其理亦然。故研究中国施行法律之情形,本委员会以为,其实行情形与法律规定相符之点,无须研究,其有研究之必要者,即实行情形与法律之规定不相符合之点耳。

其一九八　由下列各段内所引之大总统令及部令,足见凡有不当之事,一经中国政府察觉,无不设法纠正之。

其一九九　中国之新法律与司法制度,乃在前清末年由华人热心国事者所创设。至民国成立之日,尚属幼稚,缘民国未成立以前,此项制度颁行仅有数载耳。自民国成立以来,今仍继续其事业。在民国初元,中国政府之组织尚属稳固。近十年来纷扰日甚,中央政府之权日渐减消,而各省官吏所操之权同时加增。自一九二四年秋间至一九二六年春间,中央政府归于数省军人所拥戴之临时政府掌握。粤、桂两省,自一九一七年秋间以至今日,不承认中央政府。而其他各省,亦间有取相同之态度者。

其二○○ 近数年来,中国既无强有力之中央政府,而各地战争几无间断,本委员会开会以来,中国首都之北京与各省铁路交通,尝两次断绝。本委员会所拟往各省调查之行程,因之延迟至六星期之久,始能成行。因国内纷扰情形,各处地方盗匪发现时有所闻,人民生命财产,亦因此而有危害之虞。

其二○一 依民国政府之制度,立法事项属于国会。但该机关亦已瓦解。国会集会期间,不能持久。除制定临时约法、一九二三年之宪法、选举法及其他数种法律外,立法甚少。自民国成立以来,有临时参议院,第一届国会,与第二届国会。该第一届国会曾召集及解散三次。此外尚有数代表团体:例如,修改约法之约法会议,及临时执政段祺瑞时代之善后会议是也。故立法一事,多由大总统、司法部及其他各部为之。此亦事势之所必然。而各部总长之职任,又不稳固,则立法政策,自难继续一致。

其二○二 中国政纲之解组,既如上述。其重大之结果,有与司法行政极有关系者:一为政权操于军人之手,而军人因处于有力之地位,得任意综揽行政、立法与司法事务,几致行政立法司法三权,有失其界限之倾向。二为中国国库空虚,以致政府有时对于司法与警察官吏之薪俸不能发给。三为法律与司法制度之系统渐受破坏,缘各地之不承认中央政府者,自立法律及自设法院也。四为新法律与司法制度之扩充及发达因之滞碍。

第二章 军人之干涉

其二○三 现在中国普通法律之施行,其重要之障碍,军人干涉政府机关,其一端也。此等军人之领袖,常统率所属军队,从事于国内战争。对于其所管地方内之人民生命、自由、财产,几操有无限之权。除少数特别机关,例如海关,委托外人管理者外,其余中央及各省机关官吏之任免,军人得直接或间接为之。至军人所任用之官吏,当其地方为反对党占据时(京城亦在其列),即逃避他方,以求安全,乃常见之事也。

其二〇四　军人干政及于司法,以致司法独立为之危害。此种异常举动,常借戒严以为口实。但戒严每不依戒严法所规定之手续,有时并不宣告戒严,而公然为之。此外,政府财政权为军人所握,法院经费遂不能不仰给之矣。

其二〇五　依中国法律(见其一五三),军人在法律上之地位,不受普通法院之管辖。事实上,则因其势力直无何等法院足以管辖之。此种不受法律制裁之特权,旁及于军人之朋友,及与其有关之商店或团体者,亦容或有之。观于军人往往犯罪而逍遥法外,足见以上所述之非虚矣。且军人拥有兵权,彼受害人民欲向之求偿,大抵不易。此项请求,须向军事裁判所为之,而军事裁判所又为军人所支配者也。

其二〇六　军人与警察官吏对于应归普通法院裁判之案件越权受理一事,曾见于中华民国大总统教令。该教令略云:"立法、行政与司法本属分权鼎立,乃近闻军警衙门对于民刑诉讼仍有越权受理情事,嗣后不得再有此等不法之事。"(见一九二三年一月十六日大总统命令第一七四号,司法例规第一次补编第五四一页。)

其二〇七　上述军人之权威,其最足以证明者,自本委员会在北京开会前后,北京及外省曾数次发现处人死刑及其他事情而不依通常法律者。本会职责所在,碍难缄默。略举数事如下:

一、山东高等审判厅厅长张志案

其二〇八　一九二五年十二月五日夜间,山东高等审判厅厅长张志,在该省省城济南府住宅,被该省军政长官命令逮捕,谓有通敌嫌疑。翌晨,不经审判程序,立予枪毙。(该厅长枪毙后,该省军政长官派其陆军裁判所之审判长继任。)据本委员会所知,对于该案,未闻有侦查起诉及何等处分(参观下列第八号林白水案)。

二、徐树铮案

其二〇九　一九二五年十二月二十五日,中国著名军界领袖徐树铮,入京进谒临时执政段祺瑞毕,由京赴津,车抵廊房站时,铁路军警闯进专车,将其带往该军警司令部,不久即被枪毙,此为显著之事实。当时有军官名陆承武者,立即通告,谓徐氏系其所杀,因徐氏一九一七年在天津违法枪毙其父等语。徐氏被杀真情,至今尚未暴露。据本委员会所知,官厅对于该案,并无查究,且未缉拿凶手,亦无向法院告发等事。就该案而论,即使杀人者情有可原,然论其事实,以一军官杀人,事后公然自认不讳,而亦无人过问。且据该陆承武所言,则其父在十年前为徐树铮违法枪毙,惟当时司法机关并无何项调查或审判。

三、邵飘萍案

其二一〇　一九二六年四月二十三日,中国《京报》记者邵飘萍,为军人命令枪毙。邵氏于枪毙之前一日,系被北京警察逮捕,移交军事机关。其被杀原因,为其所著之论说,夫人皆知闻其论说系宣传反对当时占领北京之军队云。据本委员会所知,司法机关对于此案并无何项调查。

四、操纵军用票商人处斩之命令

其二一一　一九二六年六月十五日,北京卫戍总司令发出告示,禁止人民操纵军用票。该军用票即该军队占领北京后流通于京城及附近各地者,此种命令,似非根据法定程序,实由当时掌军权者所颁布,且该命令之末段云:

"自布告后,如敢再行违犯者(指操纵军用票而言),一经拿获,即依戒严法令,立予枭首。除分饬京师警察厅,京师宪兵司令部,及其他该管官署,随时加派便衣侦探严密缉拿外,特此布告。"

五、韩德凝案

其二一二　一九二六年七月十八日,长芦(天津附近一带盐税机关所在地)盐运使韩德凝,闻为直隶军政长官命令所枪毙。缘其支配盐饷,而获罪于该军政长官之故也。虽该案详细情形不明,然该盐运使为军人所杀一事,无人否认。

六、朱铁夫案

其二一三　朱铁夫,上海海阳药房主人,于一九二六年七月被拿审判后枪毙,其罪名系由外国私运吗啡等药,其枪毙系根据江苏省军政长官所颁布之禁卖吗啡与鸦片烟章程。由军人执行之该项章程,业由该军政长官呈报中央政府,以便转送国际联盟会备案。缘该会之鸦片烟股,曾对于私运麻药入上海一事,表示不满意也。本委员会曾向中国委员方面询问,江苏军政长官何得颁布此项严厉章程,以代现行法令。中国委员于一九二六年八月六日答称:司法部对于该案并无案卷可查,经已转咨陆军部查询一切,以俟该部查复等语。

七、德人阿图汉孙案

其二一四　德人阿图汉孙侨居福建省城之福州,于一九二六年八月三日为该省军政长官命令无拘票逮捕,捕后羁押于陆军监狱。据所得报告,该汉孙氏系于一九二六年二月以前,在某德人商店中充当茶员,该店之司理人为威林方氏。查方氏之主要营业,系由德国输入军火售与福建军界。贩运两次后,德国政府加入与中国政府订有协议,非得中国政府许可,不准将军火运入中国境内之政府团体。故第三次贩运之军火被扣留,俟得北京中央政府许可证书,然后放行。惟此项证书未能交出,而方氏于此时离去福州不返。故该军政长官将该汉孙氏羁押于陆军监狱,一月后始准保释。目前(即一九二六年九月)该案尚未了结。

八、林白水案

其二一五　林白水,中国新闻记者,即北京《社会日报》之记者及经理也,一九二六年八月六日被当时在北京之军人领袖命令逮捕枪毙。该氏之处分,似未经何项之审判。惟执行后宪兵司令发出告示一通,内称奉军长命,该《社会日报》经理通敌有证,着即枪毙等语,此外并无何种其他程序之公布。其可注意者,查所奉命令之军官,除原有官衔外,在北京未有何项官职。又该案发生时,北京地面并未宣告戒严,亦可注意者也。

九、成舍我案

其二一六　成舍我为北京一大报馆名《世界日报》之经理及记者,一九二六年八月七日为京师宪兵所逮捕。宪兵入宅时,成氏业已就寝,但被唤醒,押往宪兵司令部,闻于是日被判无期徒刑。该成氏之被逮捕,似系某军长之命令。八月十日,成氏恢复自由,据说讯明无罪。但该案之程序并无公布,且始终并未依何项法定程序办理。该成氏之能恢复自由,似系枪毙记者林白水所激动之舆论所致。

十、奉天枪毙操纵奉票商人案

其二一七　一九二六年八月十九日,中国人五名,在奉天当众枪决。因当时奉天省所发之纸币价值大落,地方政府出示禁止人民操纵此项纸币,而该商人违背此项命令故也。该五人中,有三人系某钱庄之雇佣。该钱庄在奉天、哈尔滨、长春等处,均设有支店。据所得之报告,该商人未经审判而枪决。数日后,更有数人因同一犯罪,亦被枪决。

十一、俄人鄂斯特罗乌莫夫案

其二一八　一九二四年五月三十一日,中国政府与苏俄政府签订中俄协定。按该协定,中国承认苏俄政府,并允将中东铁路交由董事会管理,董事会由中俄各五人组织之。鄂斯特罗乌莫夫当时适充该路管理局局长。东三省对于五月三十一日所立之协定,不予承认,并于一九二四年九月二十日,由其另行订立相类似之协定。同年十月三日,该鄂氏被新立之董事会免职,并为哈尔滨长官朱庆澜命令无拘票逮捕后,又不准保释。同年十二月五日,检察官始将其送预审。一九二五年一月一日,中国临时执政颁布大赦令。依该命令,当时对于该鄂氏所提起之诉讼,应即停止。一九二五年一月二十三日,东三省军政长官将该大赦令内容变更,除去某种犯罪不归大赦之列。所除去犯罪之中,有渎职一罪,此即该鄂氏被控之罪也。处此命令纷歧之间,司法机关经三个月之久,对于被告并无何项进行,只将其继续羁押,不准保释,四月四日始决定提起公诉。该鄂氏已被羁押六个月之久,此时始接到起诉状,得知所犯何罪。

其二一九　该案延至一九二五年四月四日,方开庭审讯,嗣后继续开庭数次,至同年九月十二日止。是日,法院根据一九二五年一月一日大赦令,将其释放。当时审判长并称被控之渎职罪,本系证据充分,今获大赦令之恩惠,实属幸事云云。该案可注意之点,可总括言之如下:

(甲)鄂氏系受军人逮捕,并未发出拘票。

(乙)逮捕六个月后,被告始受通知所犯何罪。

(丙)被告羁押十一阅月,不准保释。

(丁)中国临时执政所颁布之大赦令,与东三省军政长官所颁布之命令抵触,故司法机关(者)〔未〕遵照执行。

(戊)被告之释放,结果系根据大赦令。惟当时东三省司法机关将该令搁置十一阅月,方行照办。

其二二〇　本委员会认为有可特别注意者,系上述各案,多在此次调查时内发生,且发生地点即本委员会开会之地也。更有可注意者,此等案件,人所共知,且其事实亦大致不能否认。本委员会并接有领事报告多种,不但述及关于北京附近地方战事期内所发生事件,且指证近数年来中国各地司法,多受军人干涉。本委员会以为在中国现时状况,军人任意行动,所有人民生命、自由、财产所应受民政与司法之保障,皆无切实有效之拥护。以上所述,实为至平允之言,绝无过当者也。

第三章　其他干涉之情形

其二二一　关于县知事及特别会审公廨审判洋原华被案件,行政机关训令审判官为常有之事。由外国方面观察,此种训令,实属干涉司法。然由中国方面观察,则并无不当之处。其理由以为现行条约所规定之华洋诉讼程序,并非正式法庭,故训令官吏为之调处,并无不合也。

其二二二　关于广州附近地方,最近(即一九二五年至一九二六年)所发生工潮一事,该罢工人竟置依法设立之法院于不理,而自行设立机关,审判破坏罢工之事件。一九二五年夏季,长江一带发现重大排外举动,惹起骚扰、排击外人身体及财产等事。但司法方面对于此事,并未为何等有效之处置,或虽欲为之而不能。

第四章　法律与适用

第一节　法律适用之不统一

其二二三　本委员会所研究之法律,系北京中央政府所颁布者。系此项法律并未适用于全国,其原因有二:一为中国有数省公然否认中央政府;一省政府或其他实力派越权立法。例如,近九年来,粤、桂两省否认中央政府,于此期间内,自行立法,其所立法律之性质与范围,本委员会无从查考。又,各省政府,多为有力军人所组织。有时颁布法律或章程,与中央政府颁布之法令有所抵触。例如长江某省,对于麻醉品颁布禁令,违犯者处以死刑。而暂行新刑律鸦片烟罪与中央政府所颁布之吗啡治罪粤之规定,则较宽也。即在北京亦然,如军人机关颁布命令,对于伪造及操纵军用票者处以死刑是也。(法)〔此〕外中央政府亦常有关于特区颁布特别法令,例如对于北京与甘肃省之法院及兼理司法之县知事,授以拘押民事被告人之权,与民事诉讼条例不符是也。

其二二四　各省省长依法虽有颁布轻微罚则单行章程之权,但其所颁布之罚则,常过乎其法定之权限。中华民国大总统为纠正此项行为起见,曾于一九二四年十二月十一日训令内,认山东、河南两省省长,关于某种犯罪所颁布之单行章程,不应定有死刑。见司法例规第二次补编第八十一页(译者按:此系部令之误)。

第二节　保释

其二二五　中国法律关于保释之规定,除警察羁押人民之部分外(见其六〇),大致妥协。但中国司法官吏于适用此项规定时,往往持过严之态度。对于准保与否之问题,多趋于不准之倾向。一九二一年五月十日司法部训令,略谓"关于厉行保释一事,虽经迭次训令在案,然因解释保释条文过狭,以致看守所有人满之患,实于未决犯人生命有害。以后保释条文,应从宽解释"(见司法例规第一三九四页)。世界各国,于未决犯人之保释,无不重视。而中国今日事实上尚欠相当保障。司法机关对于保释一事,似应缩小其现在所有自由裁量之范围。

第三节　囚人之虐待及执行死刑之不依法定方法

其二二六　暂行新刑律与刑事诉讼条例,对于被告人、嫌疑人或关系人有强暴凌虐之行为者,处以罪刑。关于此事,中国法典虽有至当之规定,然据本会所知,用刑勒供,或对于特种犯罪施以非刑,与虐待囚人等事,尚未绝迹于中国,但以见于内地及僻远地方者为多。本会收有各处领事较近之报告,对于犯人施用刑具一事,所载各案之事实,虽未能逐一调查,但多数报告系由可信方面得来,其内容大致属实,无可致疑。所应声明而为公平之论断者,本会所得施用刑具与虐待犯人之报告,概属军人、县知事及警察所为。至于新式法院,未闻有此等情事也。

其二二七　执行死刑之方法,除惩治盗匪法得用枪毙外,依暂行新刑律之规定,应用绞刑。但军人执行军事裁判所宣告之死刑,与军事长官不依法定程序所定者,其执行系枪毙或斩决。

第五章　司法制度及其施行情形

其二二八　下列之意见,系根据本委员会在北京开会时搜集之材料,及附于本报告书之旅行团调查报告书。但须声明者:该旅行团调查报告书,对于警厅、县知事衙门与陆军审判机关之审判,并无何项陈述。缘委员会旅行团,对于上项机关,未有调查之机会。即对于新式法院之内容,其所陈述者,亦只限于报告中所述情形而已。关于警察厅一事,中国方面未允调查。其理由为警察事务不归司法部而归内务部管辖,故不在本委员会调查范围也。

第一节　新式法院过少

其二二九　中国现有之法院,其最满人意者为新式法院,自可断言。新式法院包括中东铁路附属地内所设之特别法院五所而言,现有新式法院之总数,为一百三十九所。本委员会旅行团共参观法院二十三所,计高等厅七所,地方厅十三所,分庭一所,铁路附属地特别法院两所。据该旅行团之报告,所参观法院之组织,显属完善。但中国现在只有第一审新式法院九十一所。按中国人数比例,即四百四十万人一所。

而中国交通又不便利，则此等法院实际适用之范围，更受限制也。现有法院之数目与中国幅员及人数比例，实属不敷，显而易见。其结果，国内之诉讼多归县知事衙门办理。即以县知事衙门论，约三十万人民仅有一所而已。

第二节　经训练之法官人数过少

其二三〇　中国各级新式法院，共计只有一百三十九所，其有训练之推事及检察官，人数自属不多，其实只有一千二百九十三人（见本报告第二编附录一）。即按现有法院而论，此项人数亦似不敷。就上述附录所载之新式法院表观之，地方分庭之仅有实缺推事一人或二人者，为数不少。故依法应用合议制之案件，须加入候补推事，方能组织合议庭也。

第三节　法官之训练

其二三一　法官任用章程载有采用已受相当训练人材之规定。据本委员会调查所得，此项规定业已见诸实行。本委员会各委员在京及各省所见之法界人员，均似有法律训练者，现任之推事与检察官，多数已服务在十年以上，且颇多在外国毕业，尤以日本为多。当一九二五年时，大理院推事三十二人中，二十一人系在外国毕业者。至中国国内之法律学校，其程度何如，本委员会未能查悉。

第四节　法官薪俸

其二三二　法官薪俸，系由法律规定，本报告书第二编曾经述及。此项薪俸，是否相当，本委员会无从论断。盖此项问题之解决，视乎中国生活程度何如也。但观一九二一年五月七日司法部令，足见法官薪俸，比诸其他同等职业之人所得之俸薪较少。但以推事而论，其薪俸之最低级定为每月百元，似非充足。况为推事者，于未受任以前，须经各种训练始取得其资格乎！

第五节　司法经费

其二三三　近数年来，中央政府筹发各机关经费，日见困难，司法经费亦然，此乃人所共知之事。本委员会在北京开会期间内，政府无法发给司法经费,以致法界人员罢工。据本委员会旅行团之报告,各省司法经费,几全藉司法机关收入及司法机关由省政府所领之款项。故中央政府对于司法机关经费,渐已无权支配矣。此种经费无着之状况,于司法界人员,恐难免不良之影响,而有材能者将不愿服务于司法界也。

其二三四　依本委员会接受之统计表,全国司法机关经常预算,连同司法部监狱及看守所经费,按一九二三年度,约二千万元,故欲维持现有之制度,须设法使司法部每年有此款项,专作司法机关与监狱之经费,由部支配,庶免各省及其他机关,将国家公款挪作别用也。

第六节　县知事衙门

其二三五　关于县知事衙门之法令,既(加)〔如〕本报告书第二编中之所述。此项机关办理司法事务,不能希望其完善,自不待言。但平心而论,中国政府对于此事,甚为注意。征诸下列命令,足见之矣。例如一九一九年三月二十六日大总统令谓:"县知事遇有繁难案件应自办理者,常常划入军法范围"等语(见司法例规第四八五页)。一九一九年四月二十八日大总统令"闻县知事受理词讼,迭有巧立名目,藉端勒捐情事,以后不得再有前项情弊"等语(见司法例规第三九六页)。一九二三年十二月五日大总统令谓"距京不远之县知事,亦竟有羁押六年之久,尚未判决之案"等语(见司法例规第一次补编第五〇九页)。

第七节　警察厅

其二三六　关于警厅审判之实况,中国未允调查。但依中国现行制度,警厅审判认为行政处分。且此项处分,不得上诉于普通法院。因此本委员会对于此项审判,依现行程序,不能认为满意。且此项机关,似有时越权受理非其管辖之案件(见一九二三年一月十六日大总统令,司法例规第一次补编第五四页)。又中国警厅,非由司法部管辖,而属于内务部,此节前曾述及矣。

第八节　陆军审判机关

其二三七　事实上,凡军人首领,均设有陆军审判机关,由其所指派之人员组织之。其审判不公开,不许律师出庭,且不许上诉。其所处刑罚,得易以棍刑至六百之多。似此情形,是项机关之审判,不能认为满意。

第六章　监狱制度及其实施情形

其二三八　本委员会关于监狱行政之意见,除根据监狱及囚人规则外,并根据本编附录之旅行团报告书。至中国现在新式监狱之数,据本报告书第二编附录三第二表所列,共有七十四所。其中十四所,曾经本委员会旅行团参观。此外尚有新式看守所,亦曾在参观之列。但旧式监狱,警厅拘留所与军人监狱,则无参观之机会也。其经参观之监狱,系依新法建设,大致不能不认为满意。其他之监狱,共一千六百二十二所,闻系旧式监狱加以改良者。

其二三九　本委员会对于新式监狱与看守所之意见,计有三点:即(一)间有地狭人稠之情形,(二)监所官吏之薪俸,(三)监所之经费等是也。关于地狭人稠一层,本委员会发见间有其地方,不足以妥善容纳所有犯人者。至薪俸一层,本委员会以为,其低级之薪俸由三十元起,未免太低,与前论法官之薪俸略同。据数处曾经参观监狱之典狱长所称,因薪俸太低,欲得相当人材为职员,时感困难。似此情形,更加以经费无着(见其二三九)(译者按:系其二三四之误),诚恐有妨碍于监所官吏办公之成绩,而于囚人之待遇或有重大之影响矣。

其二四〇　关于监狱及看守所之状况,下列各令文可供参考。一九二一年五月十日司法部令谓"查得监狱及看守所,有不合卫生等事,有发生传染病之虞"等语(见司法例规一三八五页)(译者按:五字想系四字之误)。一九二六年八月五日司法部谓"尚有此项情事,但引为经费不足之咎",而一九二一年五月十日司法部令谓"天津犯人因款无着,以致有时绝粮"(见司法例规一三八四页)。一九二三年二月十三日大总统令谓"各县监狱(即旧式监狱)查有积弊情事,以致犯人有时因之毙命"等语(见司法例规第一次补编一四六页)。观上项命令,足见中国政府对于监所之改良极为注意也。

第七章　警察

其二四一　关于警察滥权一事,本委员会收有各种报告。查警察得因轻微事件逮捕人民,且逮捕后得因行使司法或检察权,任意羁押被告多时。滥权一事,或属可信。更有可陈者:关于被告在羁押审判及拘留期内接见亲朋一事,警察有绝对准否权,且有时判令被告人负担诉讼费用。此项费用,在他国通常系由国家负担,况幼孩犯轻微罪时,警察亦有加以逮捕者,故本委员会对于警察之审判,就数重要之点观之,似不能谓为满意矣。

第八章　其他可议之点

其二四二　除本编上述各节外,关于审判迟延,执行困难,及不依法令侵入私人家宅等事,本委员会各委员曾收到报告不少。对于各案事实,本会无法查明。但据常人所知,其中所述事实,似非尽属子虚。夫审判迟延,执行困难一事,无论何国,在所不免。但本委员会以为中国现在异常之状况,更有以致之。再,所有外人之责言,几全关于县知事审判案件而发。盖按现下情形,县知事审判之不能完善,实意中事也。

第四编

各委员调查完竣,已将事实调查之结果,列举于本报告书第一、第二、第三编。今建议如下:

依各委员之意见,此项建议实行至相当程度时,各国自可放弃其享有之治外法权。

治外法权放弃后,各关系国人民在中国各处,得依照国际普通习惯及公平之标准,以享受居住与通商之自由及(私)〔司〕法上之权利,自属当然谅解之事也。

建　议

第一款

关于普通人民之司法事项,须归法院掌管。法院须有确实之保障,不受行政机关或其他民政或军政机关不正当之干涉。

第二款

中国政府应采纳下列之计划，以期改良现有法律、司法与监狱之制度。

（甲）中国政府应参酌本报告书第二及第三编关于中国法律及司法、警察、监狱制度各节，容纳其意见，认为有改良之必要者实行改良。

（乙）中国政府应完成及公布下列法律：

一、民事法典。

二、商事法典（包括票据法、海商法及保险法）。

三、第二次刑法修正案。

四、银行法。

五、破产法。

六、专利法。

七、土地收用法。

八、公证人法。

（丙）中国政府关于法律之制定公布与废止等事，应确定并实行一划一之制度，俾中国法律之内容悉臻明了。

（丁）中国政府应推广新式法院、监狱及看守所，以期裁撤县知事审判制度与旧式监狱及看守所。

（戊）中国政府应有相当经费之设备，以便维持法院、看守所、监狱及其职员。

第三款

上项所述各建议实行至相当程度以前，如主要部分业经实行，关系各国应中国政府之请求，可商议渐进撤消治外法权之办法，或分区或部分或以其他方法，可由双方协定。

第四款

治外法权未撤消以前，关系各国政府应参酌本报告书第一编所述各节，容纳其意见，改良现行治外法权之制度及习惯，遇有必要时应请中国政府协助。

（甲）适用中国法律

关系各国于其在华外国法院或领事法庭,应尽实际上之可能,适用所认为应采用之中国法令。

(乙)华洋诉讼案件及会审公廨

关于各国之人民为原告,受中国法律支配之人民为被告之诉讼,原则上应归中国新式法院(审判厅)办理,毋须外国官吏观审或其他之参预。至现有之会审公廨,其组织与程序应尽租界内特别情形所能容许之范围内,加以改革,俾与中国新式司法制度之组织与程序,愈趋一致。享有治外法权国人民为律师,而在华外国法院或领事法庭,有出庭执行职务之资格者,对于所有华洋诉讼案件,准其代表中外当事人,但除准免考试外,仍须遵守中国关于律师之法令。

(丙)享有治外法权国之人民

(一)享有治外法权国,对于中国人或实际上全部或大部分为中国人所有之商业或航业受外人保护之流弊,应革除之。

(二)享有治外法权国,现在尚无强制其在华人民按期注册者,应设定按期注册之办法。

(丁)司法互助

关于司法协助(包括嘱托讯问),中国机关与享有治外法权各国机关及各该外国之机关,相互间应协定办法。例如:

(一)外国人民与受中国法律支配之人民所订关于民事之一切公断协定,应认为有效。依此协定所为之公断,其关于享有治外法权国人民者,由该国在华法院或领事法庭执行之。其关于受中国法律支配之人民者,由中国法院执行之。但该管法院对于其公断认为有违背公共秩序或善良风俗者不在此限。

(二)中国政府与关系各国,应订定妥善办法,以备中国法院对于受中国法律支配之人民,依法定程序发出之判决书、传票、拘票或押票,经中国该管机关证明者,得以迅速执行。其由享有治外法权国法院发出者,如需中国机关执行时亦应照办。

(戊)赋税

治外法权未撤消以前,关系各国人民对于中国政府该管机关依法定程序公布法令所制定之税捐,经关系国认为适用于其人民者,应负纳税之义务。

一九二六年九月十六日署名于北京。

美国　司注恩

比国　王格森

英国　特　纳

中国　王宠惠(署名于本报告书不能认为对于第一、第二、第三编所载各节悉表赞同)

丹国　狄礼慈

法国　屠　僧

义国　德乐时

日本　佐分利贞男

荷兰　安格林

那威　米赛勒

葡国　毕安祺

西国　阿嘎拉

瑞典　雷尧武德

《调查治外法权委员会报告书》,第185—229页

王景岐[①]致外交部

1926 年 11 月 29 日

北京。外交部鉴:并转司法部参与法权会议:十一国政府本日将该会报告同时摘要正式发表,上月与比商订临时办法时,比外部曾将该报告大要举示并以中国委员业经同意签字为理由,提议根据解决领事裁判权问题,当以所示各节完全违反中国收回法权本意拒绝讨论。兹阅

---

① 　驻比利时公使。

报告原文,于宪法、法律、司法组织及监狱制度节节干涉,吹毛求疵,法权收回如俟河清末所,又以外人居留内地与中国人享受同一民法之权为希望条件,尤越调查范围,各国侵略习性,难怪一致协谋。我国主权攸关,何可自投陷阱,而各报均谓我国委员业已承认签字,仅为格式起见,轻描数语保留,致成我国司法不良不能放弃领事裁判权之铁证。究竟我国委员不拒绝签字系何理由,该报告内容究系如何? 可否从速详示为幸。景岐。二十九日。

中国第二历史档案馆藏北洋政府外交部档案

4. 反对法权调查会议之声音

国民政府关于不接待调查法权外国委员来粤令

1926 年 4 月 10 日

中华民国国民政府令　第一七九号

外交部长胡汉民令

司法行政委员会

为令饬事:国民政府唯一之职责在奉行先大元帅之遗嘱,其最先着手,即在废除不平等条约,领事裁判权当然收回,无须由外人调查。故对于此次调查法权外国委员来粤,决定不予接待。除分令外,合行令仰该部委员会迅即转电各埠交涉员、各级法庭一体遵照。此令。

中华民国十五年四月十日

委员会议主席　汪兆铭

常务委员　汪兆铭

常务委员　胡汉民

常务委员　谭延闿

常务委员　伍朝枢

常务委员　古应芬

《国民政府公报》第 29 号,1926 年 4 月

帝国主义又一骗局——法权会议

1926 年 1 月 21 日

超麟

关税会议——帝国主义为和缓五卅后民众革命怒潮而举行的第一骗局,尚未告终,而其第二骗局——法权会议,又于本月十二日在北京开幕了。中国革命的民众,对这正在开幕的法权会议,应该有个明晰的认识,而又要有个正确的答复。

此次法权会议之召集,亦和不久之前之召集关税会议,有同一的来源。即这二种会议都是根据一九二一年华盛顿会议的决议案的。关于帝国主义在中国之领事裁判权问题,华盛顿会议决定于闭会后三个月内由各国政府共同组织一委员会,"考察在中国领事裁判权之现在办法,以及中国法律司法制度,暨司法行政手续"。这个"考察"的时间定为一年。考察后各委员各报告及建议于本国的政府,而采纳之权尚操在各国政府。同时中国政府对于该委员会建议之全部或任何一部,只得"自由取舍",即是说中国对于这建议只能表示赞否,而这建议之实施并不因中国的赞否而改变。

从华盛顿会议这一段决议案看来,我们就很明白知道这完全是滑稽骗局。由十几国的政府各派一人组织委员会,而十几个帝国主义国家在华的利益就各不一致。这个委员会"考察"的时期已需一年,"考察"的结果,各委员对于本国政府的报告及建议自然不能一致。这中间各国政府又可"自由取舍该委员建议之全部或任何一部",如此,必须经过"重查""三查""四查"……乃至"考察"至百千次,或许才能得着一个合于十几个帝国主义国家共同利益的"建议",而此建议之实施是否合于中国人民所希望的,尚在不可知之数。这就是说,华盛顿会议的决议,不啻根本否决了中国人民取消帝国主义在中国领事裁判权之要求,至少限度言之,也是延迟这种要求之实现于半世纪乃至一世纪以后。这便是中国留美学生及一般小资产阶级和平主义者,所歌功颂德的华盛顿会议之根本的意义!

　　然而,这么滑稽之"各国放弃领事裁判权"的办法,帝国主义尚居为奇货,由原定的"三个月内"召集,一直延长到现在,一九二六年一月十二日——四年以后——才由美国帝国主义发柬召集在北京开会。而且这次又不是帝国主义诚意自动召集的,乃是五卅后轰轰烈烈的中国民众运动所迫出来的缓兵狡计哩!

　　中国一切革命的民众应该牢记这一点。我们应该明白,此次法权会议所根据的华盛顿会议决议案完全是滑稽的骗局,而这种骗局,帝国主义又须待中国民族运动之高压,才肯拿出来使用。

　　大家都知道,领事裁判权是中国所受一切不平等条约中最重要几点中之一点。领事裁判权的束缚,以前日本、土耳其、暹逻等者曾有过,但随后都撤废。现在世界上只有中国还受领事裁判权的束缚。这种束缚是和不平等条约中其他诸点有密切关系的。帝国主义为要从经济上、政治上、文化上侵略中国,所以强迫中国签订了许多不平等条约,而为要保护因不平等条约在中国所掠得的特权及殖民者的生命财产之安全,帝国主义又自然要设立领事裁判权。即是说这些殖民者在中国所有劫掠残暴的行为都不能受中国的法律制裁,而应该归各该国的领事裁判。亦即是说,这些殖民者在中国所有劫掠残暴的行为都是应当的无罪,而且有功的,因为他们的行为就是帝国主义侵略中国应该取的行为。领事裁判权乃是整个不平等条约中一不可离开的部分。提起领事裁判权的问题,同时就提起了整个的不平等条约的问题。凡撇开整个的不平等条约,而专拿领事裁判权来说,把领事裁判权看做是独立的问题,看做是法律的问题,看做是外交会议的问题——这都是骗人的或自骗的论调。帝国主义拿这种论调来欺骗中国人民,而中国一般小资产阶级和平主义者复拿这种论调来欺骗自己。——实际上这次的法权会议不但不肯提起不平等条约问题,而且并无诚意放弃领事裁判权。

　　此次发柬召集法权会议的是美国,而美国又是最强大的帝国主义国家。我们试看美国最有势力的商业团体之一,纽约商会,对此次法权会议发表了什么意见呢? 据《字林西报》载,纽约商会通过一决议案,因中国时局不清,不主张修改现行条约,取消治外法权与海关管理权;并议决:(一)美国于目下在北京开会之国际会议中,当与中国人民以建设的助力;(二)该会之意当维持各项现行条约,与中国更为有利,秩序之恢复亦可较速;至中国人民表示有建设并维持国内和平之能力,于法庭主持公道并能与外侨以相当之保护时,再议修约;(三)由商会长及执行委员以最合宜之方法,将此项建议呈报总统、总理①与国会,并取他种适宜之行动。我们用不着分析纽约商会这种决议案之意义,我们很明了这决议案中“与中国人民以建设的助力”等盛意的实际的作用。我们只就反对修改不平等条约、反对取消治外法权与海关管理权一点看来,就可明白“美国最有势力的商务团体之一”的决议案,支配了美国政府——实即是这些最有势力的团体之一个“理事委员会”——使美国的外交官不得不唯命是从。果然,东方社七日北京电就对我们说:“美国全权史陶恩氏本日语东方通信社记者云:司法制度调查委员会开始期,大约定于十一日。委员等必须与在北京、哈尔滨、奉天、天津、上海、南京、汉口各地行实地调查之各地领事之报告相俟而得良好之结果。美国对于撤废治外法权之态度完全与日英相同。俟至中国司法制度改良,被认为撤废治外法权亦可无碍时,无论何时皆可放弃。又所谓不平等条约之说,乃不过中国煽动政治家之一种题目而已。余不信有不平等条约之存在。凡属合理的条约,既经缔结,当然应遵奉之。中国目下之状态,与所谓不平等条约无关系。就于关税会议当注意之事,即为决定税率。华人过于希望高率者,系令中国国民受苦之结果。望各国(其中尤以日本为最)为必要之让步。”史陶恩的话完全就是纽约商会的决议案。他不仅不于领事裁判权问题中提起整个不平等条约的问题,他而且“不信有不平等条约之存在”。美国对于撤废治外法权(即领事裁判权)之态度完全与英日相同,即“俟至中国司法制度改良被认为撤废治外法权亦可无碍时,无论何时皆可放弃”。这是怎

---

① 原文如此。

么说呢？这是说,不平等条约存在一日,中国经济上、政治上、文化上一日不能解放,一日没有自由发展的机会。这其中,中国的司法制度自然不能改良到对于帝国主义在中国劫掠所得特权和殖民者的生命财产之安全"亦可无碍"的程度,于是帝国主义在中国的治外法权就无论何时皆不能放弃。结果这次法权会议,纯粹是帝国主义和缓五卅后民众革命思潮的一种骗局。

在中国方面呢？军阀政府积弱的外交自然相信"美国政府对于法权会议确有赞助其成功之意",颇为胆壮,自然命令各省司法机关赶紧装点门面,自然只好与各国帝国主义在法权会议中争争主席。这本是不足为怪的。所可怪的,即在这显明的骗局前面,中国的一般小资产阶级和平主义者,仍然保持其躬自厚而薄责于人的"君子"态度。他们的推论是这样:中国所以有领事裁判权,怪不得别人,只怪中国自己的司法制度不好。现在"他们"来中国调查我们的司法制度了。中国的司法制度是否可以受公开的调查,我们很觉得怀疑。目下撤销领事裁判权问题愈趋愈紧,我们应该对于中国的司法制度,加以"鞭策",使之迅速地"改良";而"改良中国司法的第一要着,不在法令的颁布,而在切实整顿司法的行政"(见《现代评论》第一年周年纪念增刊徐谟先生的"领事裁判权与司法行政")。徐谟先生为要充分表现中国人的"君子"态度,于是又列举了中国司法行政上许多"弊病",如上海护军使之杀人,赣西镇守使之枪毙安源工人首领黄静源,张作霖之拘捕陈友仁等,及其他许多法官和监狱的黑暗事件。中国一般小资产阶级和平主义者既然持这种"君子"的论调,自然是帝国主义所喜欢的。和平主义者完全不明了这次的法权会议是怎么一回事！他们不懂得帝国主义在中国有领事裁判权是何种用意;他们不问帝国主义有何权利可以干涉中国的司法行政,拿中国司法行政的改良为撤废领事裁判权的条件;他们为何不主张去考察美国的司法行政,到美国去设立中国的领事裁判权。他们完全把司法制度看成是神圣的东西,而绝未看出所有的法律及其执行,都是压迫者压迫被压迫者的工具。我们绝不承认中国的司法行政是"光明的"是没有"弊病的"。我们眼看见孙传芳秘密枪毙刘华,李鸿程无理枪毙黄静源,奉军司令部不宣布罪名枪毙高克谦,还有许多罢工而被拘捕监禁的工人,抗租而被成群屠杀的农民。这些都是中国军阀、资产阶级、地主压迫工人、农民之最"黑暗的"、最有"弊病"的司法制度。可是在这一点上,帝国主义国家自己的司法制度就比较我们"光明"了吗? 无"弊病"了吗? 我们用不着列举各国运动中,工农之被屠杀、监禁、通缉和失业,我们也用不着列举李卜克内西、卢森堡被刺的事件,我们只就去年五月三十日上海南京路的事件,即可以明白了。究竟中国司法制度的实施那一次比得上这外国帝国主义司法制度下的南京路事件之"光明"和无"弊病"呢? 帝国主义正在暗笑这些和平主义者的"君子"态度。和平主义者不是受了帝国主义的欺骗,便是自己欺骗自己,兼以欺骗革命的民众。

革命的民众明晰认识了帝国主义这次的骗局,明白领事裁判权(治外法权)是整个不平等条约中一不可分离的部分,撤废领事裁判权非取消其他重要的不平等条约是不能成功的,而取消不平等条约只有革命的群众的流血的行动可以做到,而绝不能靠法律和平的解决和外交会议的解决。五卅后民众革命的怒潮迫出了帝国主义对我们这次"示好"的法权会议的骗局,我们应该更加努力革命,以达到完全真实的撤废治外法权。但同时于这次会议中帝国主义间的冲突,也是我们所应注意的。

《向导周报》第 143 期,1926 年 1 月 21 日

省联会对法权会议之主张

1926 年 2 月

省议会联合会代表谒见法长马君武、全权代表王宠惠,对法权会议,有所质询,略志昨报,兹闻该联合会同时复通电全国,主张扩充范围,改为国际会议,解决收回法权一切程序,兹觅录如下:

　　"北京各部院、各省军民长官、各法团、各报馆暨全国父老昆季均鉴：此次各国根据华府条约，遣派委员来华，调查吾国司法状况，吾国遂乘此商请召集法权会议，意在扩充范围，即就此次会议解决收回法权之程序手续。讵各国所派委员，仅据以调查报告职务，并未加以全权代表之名义，故开会之初，各国代表，声明非同国际会议，坚持无庸推所在国代表充当会长，吾国法长，遂仅得一名誉会长而已。则今日所谓之法权会议，实为调查司法制度之会议，毫无疑义矣。抑知调查司法为一事，法权会议又为一事，决不能混而为一。各国因不信任我国司法制度，派员来华调查，已属我国有失体面之事，政府纵为亟图解决，委曲求全起见，亦至多派员招待指导，聊尽地主之谊，断无特派大员参加调查之理。乃闻政府竟派代表，以全权地位参与调查，考论得失，殊属损失国体，贻笑友邦。谓政府现正分电各国，力请加派全权代表，则在各国未经加派以前，我国代表亦不应以全权名义列席与议，事关国体，岂容玩忽。政府既铸错于前，国人应纠正于后，本会为全国民意所寄，不得不提起国人之注意：(一)我国司法自主，为世界公理所赋与，华府条约所认许，本无协议同意之必要。各国今既派遣代表来华，又多司法专家，应请政府商促各国一律，加以全权责任，即行召集法权国际会议，互商收回法权之程序手续，订定施行，以符华府条约之精神，而敦国际相互之情感。(二)在各国未经加派全权之前，应请政府内对国民，外对各国，郑重声明，中国代表，系暂以委员地位指导一切，俟开法权国际会议，再以全权名义，参加列席，至原派之全权代表，亦无庸明令撤销，恐启外人以放弃之误会。(三)将来召集法权会议，会长一席，应援照外交惯例，推所在国代表充当，以重主权。上述三端，于将来收回法权，具有莫大关系，特电奉告，幸亟图之。全国省议会联合会。宥。"

《申报》1926 年 2 月 5 日

5. 关于收回上海会审公廨的交涉

温宗尧为解决上海会审公堂事致外交部电
1912 年 2 月 8 日

外交部鉴:齐电悉。上海会审公堂自上海光复后领事团乘我民军地位尚未巩固之时,即乘机自行举员充任,有损主权,违背约章,先正与之交涉,尚未解决,详情另由函达,厦门鼓浪屿若欲效尤,似应力阻以保主权。温宗尧。齐。

中国第二历史档案馆藏北洋政府外交部档案

温宗尧致孙中山及外交部电
1912 年 2 月 10 日

孙大总统、外交部鉴:上海华洋诉讼,与审判厅商定,华人居租界者凭审判厅出票,送领事签字,会捕房协提;居华界者凭会审公堂出票,送本使签字,会审吏协提。照准法领事,认为向章照办公共租界,而领袖领事谓照向章,凡华人在租界必向会审公堂控告,事出两歧,商会中人颇不谓然,租界公廨委员未经民国委任,听其专办,主权所关甚重,应否不允签字以为抵制,事关交涉,合应请示维持,详情备在前昨函电,务祈迅即酌示,除分别照会沪商会、民政长、审判厅议复外。温宗尧。蒸。

中国第二历史档案馆藏北洋政府外交部档案

朱尔典①致外交部
1914 年 6 月 11 日

为照会事:上海会审公廨交还中国政府一事。去年十二月间,外交

---

① 英国公使。

次长曹君汝霖所交之节略,曾经各国驻京大臣详为酌夺。贵总长深知所致上海领事团辛亥年必须接管会审公廨之特别情形,迨接管之后,有数处办公之法,较昔略为改良。上海特别交涉员杨晟君,于去年十二月九日及二十八日,致领袖总领事公函内,于交还公廨讨论时,代政府及接续之各政府,应允俟公廨交还之际,将所有此等改良之处,妥为保存。合行告知贵总长。各国大臣愿将该公廨交还中国主权。惟应先由贵部正式备文,确行声明中国政府拟将下列一千九百十一年十月后所用公廨变法改良之办法,承认实行。

一、会审公廨之状态。会审公廨之承审员四人,应与值日之外国会审员或何位领事,先行函致公廨,声明此案,关于本国人之利益所派之会审员等,会同办事。该四承审员应由中国政府委任,由领事团认可。该承审员长应有高等审判厅长之职,与其享平等之权。只关于华人民事案内,中国政府应认外国会审员在堂时,作为领事团之会审员。

二、刑事案内,会审公廨之资格。所有租界内犯法之案,其中应以处五年以上之监禁者,全归公廨办理。命案内公廨应有定死刑之权,其执行应在租界之外,由华官监视行刑,所有验尸之事,应由公廨之承审员与会审员办理。

三、会审公廨办事之法,凡隶公廨之牢狱,应归工部局之巡警管理。所有公廨之命令及传讯票捕拿票,亦应归工部局之巡警管理。昔日廨役之隙法,确行取消。只关于华人民事案内,应准律师事到堂预闻,其预闻之办法,应遵民国元年四月之则例而行。

四、公廨上控之办法。凡华洋民事案内,在观察使暨有关之领事上控之办法,仍旧存留。倘观察使与领事未能合意,以原审公廨会同判决之词为定。其华人民事上控之案,应以交涉员及公廨原审会审员之本国领事为上控之地。倘交涉员与领事未能合意,亦以原审公廨会同判决之事为定。

五、公廨办公与监督度支各事。凡办公与度支各事,应交与外国之检察员及其所属之书吏管理。该检察员之职司,即管理廨内所用之人,并妥行监督廨内之度支。该检察员及办公事之人,应由领事团荐举,由中国政府任用。

以上五端内所言各事,一俟贵总长复文,切实声明后,则各国大臣愿与中国政府同意将公廨交还,并将所应发之令行知上海领事团。须至照会者。

民国三年六月十一日。

中国第二历史档案馆藏北洋政府外交部档案

外交部致朱尔典

1914 年 7 月 22 日

为照复事:关于交还上海会审公廨一事,准六月十一日贵领衔公使照会,开列五端,由本部确行声明承认实行,即将公廨交还各等因。查公廨积弊多端,其应行改善之处,本国政府亦为筹及。兹准照开各端,虽与向章及历来办法不符,惟体察贵领衔公使暨驻京各国公使交还公廨之美意,并为增进上海租界内公共利便起见,仅就照开各端,本国政府认为必须修改之处,开列如下:

一、中国政府承认会审公廨承审员四员,与值口之外国陪审员或何位领事,先行函致公廨,声明此案关于本国人之利益,所派之陪审员等会同办理。公廨之员,由中国政府委任,一面将人员姓名通知领团,廨长由外交部会同司法部荐请大总统任命。其官秩与地方审判厅厅长相等,有监督指挥全廨人员之权。至华人与华人民事案件,归公廨廨员审判,照中国现行法律暨诉讼法办理,无庸外国陪审员出庭。

二、凡租界内刑事案件,全归公廨受理。其应处以五年以上有期徒刑之案,亦在其内。惟按照中国法律并向章,所有应判以十年以上监禁之案及命盗案判至死刑者,其判案须由公廨详请司法部核准。遇有不核准之案件,即由司法部将不核准理由批饬公廨遵照复行□,所详请司法部再核,其核准应处死刑之犯,送交内地中国官执行,所有验尸之事,可由廨员会同外国陪审员执行。

　　三、凡隶公廨之牢狱，责成工部局巡警管理。所有公廨之命令、传票、缉票，亦责成工部局巡警执行。从前差役之制，切实取消。

　　四、道尹与该管领事官，审理华洋民事上诉案件之旧制，仍当保存。倘道尹与领事官未能同意，应以道尹暨该领事官合意，公推一第三国驻沪领事，会同公断。公断办法两造应即遵照办理。

　　五、公廨庶务以及出纳事宜，应责成主簿及其所属书记管理。主簿管理所属全体人员，并妥行监督廨内度支。该主簿书记，由领团推举，由中国政府委派。以上各节与来照所开各端，间有出入之处。其第一端内，华人与华人民事案件，按照同治七年设立上海会审公廨之洋泾滨章程所开办法，此等案件系由华官自行审理，自应归中国廨员审理，无庸外国陪审员出庭，以符向章。其第二端，关于租界刑事案件，查公廨向仅判断五年有期徒刑之罪，现租界内一切刑事俱归公廨受理，则几十年以上监禁之判案暨应处死刑之判案，自应详请司法部核准，遇有不核准案件，即由公廨加派廨员一人，会同陪审员暨原审廨员复讯，以期结案。而于公廨审理案件，并无窒碍。其第四端，华洋民事上诉案件，来照所称，道尹与领事未能合意，即以公廨原判为定一节，虽为免以交涉为最后之解决方法起见，但其结果实与未经上诉无异。即与上诉制度本意，殊不相符。本部以为此等未能同意之上诉案件，即由道尹领事合意，公推一第三国领事，会同公断。按照公断办法执行，庶两造实获上诉之益，亦无案件积滞之弊。其余各端，虽与来照略有异同，实亦无甚出入。且所有修改之处，大抵关于华人与华人民事诉讼手续，与华洋诉讼不相关涉，可无赘述。本国政府对于以上各节，认为于廨务进行必能大获效果，增进租界公共之利便，为贵领衔公使暨驻京各国公使所必赞同也。兹特切实声明：辛亥年西历十一月以后，上海会审公廨内所有改良之处，即来照所开五端，按照本国政府修正各节，均可承认实行。至同治七年洋泾滨设官章程，其与以上各节不相抵触之处自应继续有效。相应照复贵领衔公使，即希转达驻京各国公使，迅即见复为荷。须至照复者。

外交部致朱尔典

1914 年 8 月 4 日

为照会事:关于交还上海会审公廨一事,准上年十二月二十八日贵领衔公使照会,以第一端内,廨长有监督指挥全廨人员之权一语,系属冗词。查此节既经此次来照声明,廨长自有廨长之权位,则廨长有监督指挥全廨人员之权一语,自己包括在内,毋庸赘述,可允删去。其第五端内,主簿之上漏去外国两字,廨内办公事之人,不必易名书记,本国政府亦可允为增改。同治七年洋泾浜设官章程,上年六月十一日来照既未言及,此次即毋庸提及。惟关于上诉一层,本国政府以为,租界内一切华洋互控民事案件,既归公廨审理,原被告对于公廨判决不服而上诉,仅以道尹与领事未能合意,即以原审公廨判决之词为定,似于保障中外人民利益及上诉原理有未尽善之处。兹将该第四端修正如下:道尹与该管领事官,审理华洋民事上诉案件之旧制,仍当保存。但此项上诉案件,可先交该廨易员复审,其陪审洋员,除因特别情形,事实上不能换人外,小须另委原陪审员以外之人陪审。若原被告对于复审判决不服,仍须上诉,道尹与领事对于此次上诉,未能合意,即以复审判决之词为定。此种办法,本国政府系为格外尊重中外人民利益起见,想贵领衔公使暨驻京各国公使必乐为允认也。

中国承审员,须经领事团认可一节,本国政府仍以一面委任,一面通知办法为妥。以上各节,即请贵领衔公使查照,转达驻京各国公使查照,对于此事,平心体察,毋再更改,即将该公廨交由中国官管理,实纫公谊,并希迅为见复为荷。须至照会者。

外交部关于拟改陈贻范[①]呈送上海会审公堂章程的报告
1914 年[②]

拟改陈交涉使呈送上海会审公堂章程第三次报告

总释义

（甲）此次审定拟改各节，以审查条约上与主权上有无窒碍为第一要义。

（乙）会审公堂虽有特别性质，但既属法庭之一种，即照现行民刑诉讼法，隶属本省司法长，不能再令隶属他项行政官，以清统系。其判决以后之上告，向归上海道办理。上海道以行政官从事裁判，微论其执法能否明允，而手续上早含交涉性质，已授人以干涉审判之机。无怪外人遇事要求每进而向外交部寻解决也。关道现已裁撤，似可此时乘机将公堂上控案，改归上海地方审判厅，毋庸新设之。通商交涉使与闻，俾司法机关得以独立而为收回治外法权之地。

（丙）通商交涉使为暂设之官，将来能否永存，尚难预定。即存矣，能否以行政官兼司裁判，均未有法律之规定。今若遽认其有裁判职权，在法律上似乎不合。

（丁）将来上海租界内，上控案件须争归各该管地方审判厅办理，是以将裁判与交涉界限划清，彼时即许外人有观审及辩论之事，而裁判主权在我，似于司法权之独立仍不能有碍。

（戊）查在租界内发生之洋人控华人案件，按约应归公堂会审，而所谓会审者，按诸烟台条约第二端、第三节，不过许洋员观审也。乃历年公堂澉员昧于约文，每遇外人违约之干预，未能力争，以致今日公堂原有完全之裁判权，亦被破坏。此次亟宜剀切申明约文恢复权限确实办法。

第一条　于上海设立公共租界、法租界承审公堂两处，为关于交涉

---

① 外交部特派江苏交涉员。

② 原件无年代，据有关文件推断为 1914 年。

讼案之特别法庭,隶属于江苏省司法长,而以上海地方审判厅为该公堂之上级官厅。

(释义)陈交涉使拟以交涉使为承审公堂之上级官厅,惟交涉使非司法机关,应以上海地方审判厅为该公堂之上级官厅,会审字样均拟改承审,以符事实,其理由见前。

第二条　各该公堂承审官,应由江苏省司法长官,会同交涉使,遴派相当之员。公共租界承审公堂派正承审官一员,帮承审官二员。法租界承审公堂派承审官一员。宜限用法官,以免不谙法律之人办理失当。

(释义)承审官限用法官,固所以重视裁判而为司法权统一起见,更不应任他途人员搀入。法官以省中司法长为最高上司,故以遴派之权归司法长。但因承审官所办为租界内事,其人是否适宜,应并取决于交涉使,方能允洽,故令会同交涉使遴派之。

第三条　各该承审官分驻各该公堂,管理各该租界内钱债、斗殴、窃盗、词讼各等案件,并设饭歇。

(释义)本条仍旧。

第四条　凡租界内华人控告华人,及洋人控告华人或无约国之洋人,无论钱债与交易各事,均准该公堂提讯定断。惟审断刑事词讼,至五个月以下徒刑为限。

(释义)揣原章此条本意,不仅在限制发落罪名已也,凡系徒五个月以外之刑案,该公堂即无权审断,应提送上级官厅审判。此条若不修正,则于五个月徒刑以上之刑案,公堂不免一概揽审,惟处以五个月以下之徒刑而已。

第五条　租界内凡案件牵涉洋人必应到案者,须由领事官亲自观审,或派洋员前往观审。若案情只系中国人,并不牵涉洋人,即听中国承审官径行承审,各国领事官不得干预。

(释义)华人与华人讼案,归晚堂审判,向无领事干预。光复后,领事团自由行动,将观审之制推及晚堂,侵我主权实甚,亟应将本条旧章,切实声明,以图挽回。

第六条　凡为洋人延请或雇用之华人,如被告发即由该承审官将所犯案情照会领事,该领事立应将案内之人交出,不得庇匿。至讯案时,准该领事或其所派之员至公堂观审。如案中并不牵涉洋人者,该领事不得干预。凡不营商业而为领事所延请或雇用之人,如未得该领事认可,则不便拘提。

(释义)本条大意均仍原文之旧,惟字句冗杂,含混处为之一一改正。

第七条　华人犯案重大,或至死罪,或至徒半年以上之刑,应由上海地方审判厅审断。租界内出有命案,必须由上海地方检察厅诣验,领事不得径即会同公堂承审官验殓。

(释义)凡命案约分四种:(一)华人致毙华人;(二)华人致毙洋人;(三)洋人致毙华人;(四)洋人致毙洋人。除第四种案,由洋人自行办理外,凡租界以内所出命案,必须由地方检察厅一律诣验,以期慎重。陈交涉使对于命案一层,主张用列举法,原章则统称命案,用概举法当以概举为善。

第八条　中国人犯逃避外国租界者,即由该承审官派差径提,不用洋局巡捕。

(释义)此条除酌改字句外,与原改无甚出入。

第九条　华洋互控案件,必须按约办理,持平审断,不得各怀意见。如系有领事管束之洋人,仍须按约办理。倘系无领事管束之洋人,则由承审官自行审断,一面呈报交涉使。倘两造中有不服承审官所断者,有领事之洋人,准其呈报本国领事照会交涉使,移交地方审判厅复审。如系华人及无领事之洋人,准其呈请交涉使,径移地方审判厅复审。

(释义)凡洋人以本国领事为上诉之介绍机关,华人及无领事之洋人,以交涉使为上诉之介绍机关。倘两造有不服承审公堂审断者,准其呈请各该机关介绍于地方审判厅复审。

第十条　有领事之洋人犯罪,照约由领事惩办,华人与无领事之洋人犯罪，即由承审官承审，按律办理，一面呈报交涉使备案。

（释义）现今民国司法独立，法律改良，凡无领事之洋人犯罪，自应受我裁判，以归一律。至与有约国之领事公商酌办一层，并拟删去。惟应将所判案情，呈报交涉使备案，以便查问时可以随时通知他国领事。

第十一条　承审官应用通事翻译书差人等，由该承审官自行雇用，并雇洋人一二名看管一切。其无领事之洋人犯罪，即由该承审官随时派令所雇之洋人传提，管押所需经费，按月赴本省司法长官处具领，倘所雇人等有讹诈索扰及其他违法行为，必须从严究办。

（释义）承审公堂既隶属于司法长官，所需经费自应归入司法行政经费内支取，故应改向本省司法长官具领。

第十二条　承审官访拿人犯及审讯案件，须立一簿记，将因何案拿人，如何断定缘由，逐日逐款记明，以便上司查考。倘有违法行为，查有实据，应按照法官惩戒法，分别惩办，随时撤换。

（释义）原文内办理不善，或声名平常云云，词意含糊，参撤字样亦不甚妥，本条一律为之改正。

第十三条　承审官承审案件，倘有原告捏砌诉词，诬控本人情事，无论华洋，一经讯明，即由该承审官将诬告之人照章严行罚办。其罚办章程，即先由该承审官会同领事，参照中外法律，公同酌定。一面呈送交涉使核准，总期华洋一律，无偏无袒，以照公允。

（释义）本条诬告之处罚，华洋人相提并论。既须华洋一律，则不能无特别章程可知，兹令承审官会同领事官，参照中外法律酌定，俾与我现刑律不至抵触。

第十四条　公堂应需一切公费，须每月提出概算，送由本省司法长核定给发。至案件罚款，并须按月造报本省司法长，即由该长官核明解送司法部指定之国家银行收存。

（释义）公费之支用、罚款之存放，俱属司法行政范围内事，故本条一律改归司法衙门主办。

第十五条　该公堂本系前清国家商明各国允设之审判署，民国承认仍为中国之法庭。凡属上海租界内发生洋人控华人案件,如被告居住租界以内者,即认该公堂为洋人照约移原就被之法庭。

(释义)原拟仅用租界发生案件字样,范围嫌广,似须限定被告住租界以内者,本条为之改正。

第十六条　洋人控诉居住租界内之华人案件,若该华人逃避租界以外,应由正承审官呈请交涉使备文关提,不得由公堂径自行文。

(释义)本条从程都督议,将沪字改作租界二字。又所控华人须系居住租界内之华人首语,特与添叙明白。

第十七条　晚堂审讯华人案件,应毋庸领事观审。惟此项华案,只限于两造华人均居住租界以内者,始为适用。该公堂为租界以内控诉审判之所,但有一造居住租界以外者,该公堂即不得受理,须将该案移归地方审判厅传讯。

(释义)此条除修正字句外,余尚无出入。共十七条。

中国第二历史档案馆藏北洋政府外交部档案

上海会审公廨问题

1924 年 4 月 15 日《上海晚报》

上海之会审公廨,其过去之历史,备载于私家之著述中。此等领事裁判之特殊机关,弱国如土耳其,小国如安道耳,亦未尝有之。有之独我国耳。向来一个国家之司法权,均采一种严格之属地主义,不受侵犯。在过去历史中,因战争屈服缔定条约之结果,乃有所谓领事裁判权者,将此项领事裁判,其主义之所存,仅以保护自国人民之利益而止。若上海之会审公廨,其受理诉讼之权限,实超过其他之领事裁判机关。盖并华人与华人间之诉讼,亦一举而纳之会审制度之下矣。此项会审制度,名则由华员主审,领事陪审,实则华员不过一襄讞耳。判决结果,大抵出于领事之主张,华员不得而否定也。且辛亥革命以后,会审华员,尤几类领事团之所雇用,中国政府亦未曾有丝毫之过问,此真特殊国家之特殊现象,令人百思而不得其解者也。

　　自华会以后，中国人民，始进行收回其已失之司法权，于是而上海之公廨问题，遂成一时讨论之点。但此事实不待讨论，苟列国人民，有尊重华府议决案之诚心者，以中国丧失之主权，还之中国，乃天经地义不可毁灭之原则也。然在事实，则华会之九国协约，尚未得法国政府之批准，而列国派员调查司法之举，又迟迟不行，故今日吾人所热望收回之领事裁判权，其前途完全黑暗绝无丝毫之光明。兹篇所述，即是揭布英使馆随员之一篇谈话，观于此，可以知上海之会审公廨，在目前时势下决无收回之可能也。

　　昨记者偕友人游公园，晤英使馆随员某君，余询问收回上海领事裁判权问题，外交团之态度究竟如何，中国方面之要求，得为使团之所容纳否。彼谓此项问题，使团方面，现已正式照会贵国外部，因述其照会内容如下："关于收回领事裁判权之对华照会，系采用驻沪领事团之建议，驻沪领事团对于上海之租界范围，深感其不能尽量而为向前之发展，过此数年，上海之万国租界，不独内部有人口过剩之患，即对于港口水道，亦将发生非常之阻碍。故领事团之意思，向有改革上海司法权之中国要求，表示可为有限制之容纳，唯望中国政府，对上海港之将来位置问题，与以充分之援助而已。所谓要求改革有限制之容纳者，即关于上海之安宁秩序问题，据领团意见，以为中国内地，几尽为兵匪之所盘踞，考虑中国情形，殊不能补充分保护外人之力量，故租界之治安，仍应由租界之列国人民出而代管。关于上海市面之华洋刑事诉讼，与租界治安随处有密切之影响，此时形势，万不能徇华人之意思，轻言改革。至华人与外人间之民事关系，由最近中国之司法情形而观，则中国人对于已决之民事案件，往往经年累月，不能执行。此项实证，在驻沪领事团，已搜集不少，对中国方面之要求，亦是不能同意。现在所可允许者，即限于华人与华人间之民事诉讼，领事团关于此点，曾经过几度之考量，可表示相当之允诺。此所谓相当，即中国政府允许将黄浦港水道完全隶属于租界之下，并对于毗邻租界之陆地，属于上、宝两邑者，量予扩充，使租界范围增至今日四分之三，俾得尽力发展其在华商业之利便是也。"上所述者,皆英人某君之言。然则吾人所要求于使团者,其结果只一项,华人与华人间之民事诉讼,表示相当之容纳,尚须以黄浦之全道水道与四分三倍毗邻租界之陆地,为其交换,此等代价,不免骇人听闻。就记者所知,外部接到此项照会后,已搁置不提。故上海人所热心收回之会审公廨,此时无望进行。盖今日之外交悬案,一一不了。关于华会议决之对华条约,在列国人民早已存食言自肥之心。上海之会审公廨,为司法权收回之一部分,法政府以金法郎案之故,多方阻挠。不独九国协定尚不能批准,成为完约,即对于派员来华调查司法之预备,亦早有延期举行之传说,吾人今日处此乱国危邦之下,本无外交之可言。记者以使团有此照会,不能不略为陈述,实则徒令人失望悲叹已耳。

中国第二历史档案馆藏北洋政府京畿卫戍总司令部档案

领衔公使致外交部
1925 年

为照复事:准五月十四日来照内开,关于交还上海会审公廨一事,中国政府切盼解决,即希答复等因。查此事极为重要,有关系之各国公使亦均切盼从速解决,故对于贵总长一千九百二十四年八月九日来照所开各节并所附协定草案,业经详加注意,关于贵总长之提案,各国公使金以为其主要目的是在使公廨对于公共租界之中外人民能行使职权,得收良好之效果,同时兼顾及一千九百十一年时公廨之组织及章程,暨中国政府之主权与夫各国条约上之权利,各国公使为妥筹解决办法,以期符合上述各节起见,对于贵总长一千九百二十四年八月九日来照所开各节,业经予以熟思及同情之考量,兹本此种精神,嘱由本公使将下列答复转达,即盼中国政府能予采纳,作为即日收回公廨之根据。

第一条:各国公使鉴于公共租界向有之特别情形及成例,对于公廨完全适用中国诉讼法一节,不能同意,因此拟于草案内加除经上海会审公廨历来成例变更者及本协定之条款外一句,似此则中国诉讼法可为公廨遵守之根本条例,而对于在公共租界特别情形之下,实行必要上所生之特别方式,亦兼为容纳矣。至外员陪审民事案件一节,各国公使对于草案内之规定可予容纳,但以为中国人间之民事诉讼案件与享有领事裁判权外人之利益有直接关系者,及所有无领事裁判权外人为被告而有领事裁判权国家之人民为原告之各案件,亦应加入外员陪审。关于公共租界内发生之刑事案件,各国公使仍坚持外员必须陪审。一千九百二十四年八月九日来照所开,在公共租界内与外人无关较为重大之华人刑事案件,辛亥以前并不属于公廨管辖,亦自无外员陪审之例一节解释公廨办案手续,并非确当之论,各国公使不能承纳,据调查所得,所有刑事案件,均有外员陪审,惟对于故杀、误杀及长期徒刑之案件,经公廨华员与陪审外员预审后,即移送租界中国法庭办理,此种办法之理由,实因公廨华员系由道台提出,经省宪札委,位仅委员而已,因此各国公使对于第二条规定,凡十年以上徒刑及死刑案件特别法庭之判决,应呈报司法核准一节,可以同意。至刑事案件外员陪审一层,系公共租界管理制度上之必要部分,业经中国政府及有关系各国之同意实行,抑更有进者,由一国际法庭试验实施。中国刑律方面观之,则此项制度,各国公使金信能使侨沪外国官民藉以熟悉中国刑律,而收最有益之效果也。因此数项理由,各国公使以为既有贵总长一千九百二十四年八月九日所提之各修正案,切盼中国政府能容纳此项原则。盖此项原则,自公廨创办以来,即已实行,凡属公共租界内刑事案,无不先经公廨华员与陪审外员审讯也。再应请注意者,凡刑事案件不直接关系享有领事裁判权之人者,陪审外员之执行职务系代表公共租界行政全体,而非代表某一国家也。因此有谓此种习惯为某一国家逾越条约付与权利范围,不正当干涉一语,殊非的论。

第二条:上文业经叙述,各国公使可以容纳一千九百二十四年八月九日之提案。

第三条:各国公使对于此条提议变更两点,缘径由特别法庭推事自行调查,特别法庭之监狱,不如责成该庭会同警务陪审员派员调查,由该员报告特别法庭。又为预防将来误会起见,拟将工部局巡警应即照办一语,添改为工部局巡警能以实行时应即照办。

第四条:据各公使调查,凡刑事案件判决,虽在一千九百十一年以前并无上诉制度,故对于现在变更此项制度甚不赞成,所不赞成者,并非对于此项原则,系因此项变更,只能俟详细调查与郑重考虑之后方可为之。且查第二条所载程序,司法部对于十年以上徒刑及死刑之案件有监督权,是于不适当之判决已加一层防范,故各公使对于刑事上诉问题,拟从缓再议,上年八月九日草案第四条之规定照此改正。

第五条:各公使对于此条变更,以委任书记须与委任主簿同一方式,缘欲书记与主簿通力合作,此为必要之变更,各公使采用一九二四年八月九日(此月日似指领衔和使来文月日,否则文义不符。)草约所规定各条,并不妨碍中国政府主权。

第六条:此条无所更改,可以同意。

兹将上述修改各点新草约附后。

再关于维持特别法庭经费办法,由中国政府重行担负筹给责任一节,各公使对于上年八月九日贵总长来照第七段之声明不能承诺,殊为抱歉,缘该庭关系重要,经费之供给能否,不至如哈尔滨特别法庭及京师各法庭之欠绌,各公使实不能无疑,前所提议办法简而易行,敬请采纳,或请贵国政府另提同样可靠办法,在公廨改为公共租界特别法庭以前,各公使以此层办法系属必要。至特别地方法庭之判决及一切处分,中国各法庭应认为有效,又各公使与中国政府所订交还公廨条件,由上海官吏妥为施行各节,贵总长上年八月四日来照并未言及,是可推定贵国政府已认为当然赞同矣。

各公使以交还公廨拟向贵国政府建议,凡刑事案件发生于租界外之外人所有船上或码头,而在上海港口范围之内,涉及享有领事裁判权之外人或其利益者,应归特别法庭管辖,此项办法甚合约章之精神,并适乎租界之便利,特为恳切之建议,望贵国政府善为考量。至民事案件涉及享有领事裁判权之外人或其利益者,如发生在公共租界之外而在相当距离之内,依照约章,由国籍关系须由其本国陪审官出席者,各公使以为统归公共租界特别法庭管辖,亦极适乎各方之便利,且无须每案单组特别法庭之必要。有关系各国公使特欲声明,今因勉顾邦交,对于交还公廨办法已极力筹备,以贵国政府之希望,并欲声明现在要点,即系实行解决此项长久之悬案,以便恢复一千九百十一年之一般状态。至其他变更,留待将来再议,最为适当。此项变更可待华府会议规定调查司法委员成立时,再行提出讨论,为此照会。

上海会审公廨,民国二年间本部交涉交还,民国四年与领衔英朱使商订交还办法五端,适值欧战,未及实行。上年八月,复经会商司法部酌加修正,照会美使,使团亦延未答复。此次沪案发生,上海提议条件重在恢复条约上之原状,措辞固属扼要,惟洋泾滨章程系数十年前所规定,核与中国目下司法情形有不适合之处,沪案移京,本部即将沪提条件照会使团,但对于此条仅言收回会审公堂,余未声叙。一面即咨请司法部酌定办法。旋准法权讨论委员会函送办法四条,并准司法部来咨,请先将上年八月部致美使照会撤回,因参酌拟具提案,以备开议。嗣又准司法部于本月十一日咨送收回沪廨办法,核与所拟提案大旨虽属相同,而详略则相悬殊,究应如何提出,方臻妥协之处,俟议定办法,再拟议案。

《中日关系史料——排日问题》,第613—616页

克宁翰致领衔公使

上海,1926 年 7 月 10 日

关于阁下今年 5 月 27 日的电报,我荣幸地报告,领事团与经正式授权的江苏省政府代表关于交还会审公廨问题的谈判,已于上月 21 日如期开始。

由美国、挪威、英国、日本和荷兰总领事组成的委员会代表领事团——该委员会由 6 月 1 日的领事团会议为此选举产生,由淞沪商埠总办丁文江博士和江苏外事交涉员许沅先生代表江苏省政府——他们

是由孙传芳元帅为此而任命的代表。在接到阁下委托权限的电报之前,应丁、许之邀,克宁翰①、巴顿和矢田②已经与他们举行了非正式会谈,以弄清能否找到商讨的根据,证明领事团可以接受中国当局可能提出的要求,即,请有关外国公使授权开始进行地方解决的谈判。

一收到阁下的指示,就及时通知中方会谈必须停止。但是,已将这些详细情况告知领事团委员会,一致认为可以 1924 年 8 月 9 日的中国政府提案为基础开始谈判,该提案由丁、许根据会谈的情况进行了修改。

领事团委员会已开会七次、领事团已开会两次、委员会与中方代表已开会两次。其结果是就交还会审公廨的指导原则达成了有待批准的协定。

所附的九款协定草案中会看到这些原则。草案的措辞是领事团委员会所采用并经领事团批准的,但是,中方代表是否接受该草案所包含的经修改的措辞形式,尚未及得到其答复。

领事团认为,最好立即将体现所达成协定意思的文件呈递给阁下,遂决定不等中方代表答复就快寄附件以供有关外国公使参考,预计收到中方答复后不需要对文件的意思作重大的改动,不过某些措辞的改动可能是需要的。

与在北京一样,在上海斗争主要集中于华人刑事案件中陪审员的出席,在第一条第三项中可以看到所采用的折衷办法,该办法规定,领袖领事派代表出席,该代表具有领事官根据条约所拥有的观审权,而不是通常所说的会审权。

这一保障办法因保留外国书记官和外国对监狱的管理而得到强化;我们相信,它意味着可以得到的最大让步,并使这样的一个制度有可能运转。

---

①　E. S. Cunningham,时任美国驻上海总领事兼领袖领事——译者注。
②　矢田七太郎,Shichitaro Yada,时任日本驻上海总领事——译者注。

如果协定草案得到有关外国公使和孙元帅的批准,建议在经类似批准的互换照会中再收录关于以下内容的诸项条款:法院对于在港口、商埠附近地区以及外侧马路所发生案件的管辖权,判决的有效性,法院的人员和经费,书记官的权限,以及为第一条第三项列举出中国刑法的犯罪行为中应被视为"影响租界治安"的那些部分。

关于这些条款,中方代表准备在相当程度上满足领事团的愿望,同时,关于法院的程序,建议任命一个由有法律经验的、华洋各三位人士组成的委员会,以决定现行的地方程序有多少在将来可以采用。

混合委员会的工作自然需要一些时日,其调查结果须经领事团和中方代表批准,若如所希望的那样可以提前交还公廨,而协定草案和互换照会过后再得到外国公使和孙元帅的批准,那么,在该协定(批准)之前,现行程序仍暂时有效。

较之北京中央政府代表所提出的条款,省政府代表所提出者总体上更有利于外国利益,还要注意第 7 条充分保留了所拟协定的地方性质以及上级中外当局的权利。因此,领事团冒昧地希望有关公使第一步原则上批准所呈递的协定草案,如能用电报告知其决定则不胜感谢。

BDFA,Part II,Series E Asia,Vol.31,pp.103-104

孙传芳①致外交部

1926 年 7 月 22 日

外交部、司法部钧鉴:关于收回上海公共租界会审公堂事,前经委派淞沪商埠管办公署总办丁文江、江苏交涉员许沅负责办理。兹据呈称,此事迭与上海领团所推举之英、美、日和瑞威②各国总领事,先后会议八次,订有收回暂行章程九条大纲,业已解决,并抄录华洋文各一份,呈请核示。所拟暂行章程,如华人触犯与租界治安直接有关之刑事案

---

① 江苏省督办。
② 即挪威。

件,以及违警案件,均由法庭单独裁判,领袖领事仅可派员观审,且无干涉判决之权。并设上讼庭,处理前项上讼案件,所有手续与初审同。其与租界治安无关之华人刑事案件,及华人民事案件,完全由法庭全权审理。又取销领袖领事对于拘票、传票之签字权,则为十三年草案所无。其余如监狱虽仍由工部局警务处管理,传票、拘票及命令虽仍由工部局警务处选派法警执行,书记官长一职,虽仍由领袖领事推荐,但既订明归法庭监督指挥,书记官长如不称职,并得由法庭加以惩戒或撤换,则权操自手,但使驾驭得法,自不至越出常轨。统观全文,虽与十四年提案相去尚远,然比照十三年提案似已较优。惟第一条庚项,法庭庭长推事,由省政府任命,及第二条,十年以上徒刑及死刑案件均由省政府核准,与法令不无抵触。但其所以如此规定者,无非表明此项暂行章程,纯系省政府所订临时之办法,仍无碍于中央交涉之进行。是以第七条明白规定,中央政府如有根本解决办法,本章程决即废止也。总之,会审公廨自辛亥归领事管辖,迄今十有五年,外人认为权利所关,意在推广租界为交换,故不肯轻于放弃。此次会议,对方鉴于我国民气激昂,始愿让步,仍得有此结果。外交部十四年提案以及法权讨论会所主张,考虑周详,极为钦佩,无如事实上骤难办到,徒延时日,无益事情。而租界人民十余年来所受痛苦,呼吁无门,对于公廨收回莫不喁喁属望,实有不能漫延之势。且案查会审公廨,系基于同治七年洋泾浜设官会审章程而成立,该章程系由上海道与十有关系国领事所商订,经南洋大臣核准施行。而廨员亦即由上海委派,考其质,似属于地方一部份之会审官署,而非纯粹之司法机关,义甚明了。传芳等往复筹商,意见相同,始有负责办理之举,好在此项暂行章程,属于临时性质,仍留中央回旋之余地,不受任何之拘束。除将暂行章程,饬由丁总办、许交涉员径寄贵部察阅,并经传芳等予以核准外,即希查照备案,无任企祷。孙传芳、陈陶遗。养。

中国第二历史档案馆藏北洋政府外交部档案

许沅致外交部
1926 年 12 月 31 日

外交部钧鉴:二十九日电敬悉,会审公堂定一月一日接收,领事团业已同意,已电请省政府发表,并约领袖领事明晨十钟同往公廨,以便接收。昨准法总领事面称,奉法使训令,以公共租界会审公堂交还在即,法廨拟自动变动办法三端,于一月一日同时实行。一、华人民事案件,由华官单独审判,毋庸法领陪审。一、华人民事案件,外籍律师不准出庭。一、无领事裁判权及无约国人民民事诉讼案件,均按照华人办理等语。当答以法廨组织情形,本与公共公廨不同,惟自民初推广新界后,关于新界组织,中国法庭本应另订办法,现在先将上项办法实行,极表赞同。惟俟公共公廨接收就绪,所有法廨变更组织及任用人员各节,尚须从长计议。法领亦以为然。查法使此项主张,自系表示好意,谨先电陈,伏祈垂察。许沅叩。

中国第二历史档案馆藏北洋政府外交部档案

许沅致外交部
1927 年 1 月 1 日

外交部钧鉴:今晨十时,沅赴会审公廨,当经关正会审官,将印信及文卷清册交由领袖领事转交沅接收,彼此均有简单演说。旋将印信等件交徐院长维震收受,即于是时就职。修正换文,今日领袖领事始来署交换,容即录呈察核。谨陈。许沅叩。

中国第二历史档案馆藏北洋政府外交部档案

台克满①关于 1926 年 2 月—5 月会审公廨谈判的报告
1926 年

1924 年谈判的提出,系根据外交团在 1924 年 6 月 5 日领衔公使照

---

① Eric Teichman,时任英国驻华公使馆参赞——译者注。

会中向外交部递送的提案,以及外交总长在外交部 1924 年 8 月 9 日照会中向领衔公使递送的中方对案。这些外交部提案被交给上海领事团详细审查,此一程序致长时间拖延,其后于 1925 年 6 月将外交部提案连同领事团的批评意见提交给外交团的一个特别委员会做最后的考虑。1925 年 7 月,该委员会向外交团提交其报告,建议经某些修改后接受外交部的提案。1925 年 10 月 15 日公使馆第 764 号快信所封寄的报告,附有外交部 1924 年 8 月 9 日提案的副本以及外交团委员会最终的对案的副本。不过,外交团并未将这些对案递送外交部,他们只是于 1925 年 8 月 1 日通知外交部准备恢复讨论交还公廨,并于 10 月 1 日再次通知。11 月 25 日,外交部向领衔公使提出一份有关五卅事件责任问题的冗长照会,一并提出了交还会审公廨和工部局华人代表问题的全新提案。该文件的措辞令英王陛下公使完全不能接受;他随后通知外交总长说,尽管愿意而且急于着手处理会审公廨问题(以及工部局华人代表问题),但如果它与五卅事件的问题完全脱离,他只能这样做。

2. 应外交总长(王正廷博士)的要求,1926 年初恢复谈判,谈判在分别代表外交部和外交团的两个委员会之间进行。外方委员会组成如下:美国公使馆代表佩克(M. Peck)、英国公使馆代表加斯廷(Mr. Garstin,后来是台克满)、日本公使馆代表泽田(Mr. Sawada)、法国公使馆代表兰必思(M. Lepice)以及意大利公使馆代表罗斯(M. Ros《英国外交文件》,第 31 卷);德国公使馆的一名代表也是委员会的名义成员,但未积极参与委员会的工作。可以注意的是,从一开始就让委员会的美、英成员处理大部分的工作并作出决定,不过,曾担任会审公廨陪审员的意大利委员很有帮助,提供了有关公廨实际情况和诉讼程序的建议。日本委员是日本公使馆级别较低的秘书,自始至终不过是观看会议。

3. 中外委员会间的第一次会议于 2 月 4 日在外交部举行,立即显现出对讨论基础的意见分歧。外交部代表称,谈判的基础是 1925 年

11 月 25 日外交部照会之附件 4, 而公使馆代表坚持他们已准备好讨论 1924 年 8 月 9 日的外交部提案。外交部代表被要求解释其态度, 他们说, 1924 年的提案不再适合于变化了的时代环境, 尤其是考虑到外交次长所做的关于 1925 年五卅事件的调查结果, 特别证实了现行制度下会审公廨的缺陷。因此, 中国政府的看法是, 根据他们的期望, 各国将会审公廨交还中国, 公廨应在符合现行条约规定的范围内予以改造以符合中国的司法制度。公使馆代表拒不承认五卅事件提供了任何理由可以中断那时已在进行的谈判, 或规定讨论的任何根本性的改变。他们回忆说, 外交团于 1925 年 8 月 21 日通知外交部, 愿意讨论外交部 1924 年 8 月 9 日的提案, 他们还说, 已开始落实这样所提出的要求。他们解释道, 他们的目标是讨论恢复 1911 年的情形, 连同须使会审公廨符合现代条件的种种变革, 而不是谈判公廨章程的根本性改变; 他们还补充说, 如果中国政府认为需要这样的根本性的变革, 促使法权委员会关注此事更为合适。经过此一讨论后, 会议休会, 让双方考虑有关谈判基础的意见冲突。

4. 第二天, 即 2 月 5 日, 领衔公使 (荷兰人) 和外交总长讨论了这件事情, 并决定既不以 1924 年 8 月 9 日照会, 也不以 1925 年 11 月 25 日照会作为谈判基础, 而是外交部委员会简单明了地将其提案摆到桌面上, 如果这些提案在外方委员会的授权范围内, 就立即讨论, 否则, 如果需要的话, 就提交给有关各国公使考虑。

5. 2 月 8 日, 两个委员会再次开会, 其时, 英国代表在最后时刻意外身染小恙, 遗憾未能与会。外交部代表提出了他们的提案, 实际上就是 1925 年 11 月 25 日外交部照会附件 4 所包含的提案, 但作为单独的新文件提出。兹附上副本。随即对这些提案逐项审查, 然后休会, 让外方代表可以向公使们报告中方提案各项以得到训令。他们目前的训令不允许他们讨论这些提案。提案各项涉及: 租界内实施中国警察条例, 重要案件中有一位以上中国法官出庭, 使用条约的措辞 “观审” 表述外国陪审员的作用, 以中国的诉讼条例取代地方条例, 建立中国新式法院取代现行的会审公廨,新式法院由中国法律管治并运用中国法律,由一个特别庭处理混合案件,以及类似的上诉法院处理此类案件。所有诉讼中取消外国陪审员,惟缔约国人对中国人提起民事诉讼的案件除外,亦拒绝缔约国之外国律师,惟涉及缔约国之诉讼人的案件除外。

6. 外方委员会于2月9日向领衔公使报告了谈判的过程,请求就以上诸项给予训令。但是,由于种种原因,其中包括中国新年假期,政治局势以及有关关税会议和其他事情的工作压力,等等,领衔公使一个多月没有采取行动。最终,委员会的英、美成员起草了一份答复各该项的备忘录草案(起草时,英国委员与英王陛下最高法院的法官进行了商议,因他在北京出席法权委员会,故可听取其意见)。有关公使及时地讨论并接受了该备忘录,作了一些小小的修改。4月26日,备忘录作为训令重新传达给外方委员会。附该备忘录副本以及随同的训令函。

7. 到这个时候中国政府业已解体,但决定加紧谈判,希望如果可能的话在5月30日以前与外交部委员会达成一项解决办法,一俟中央政府重新建立就可以和外交总长正式缔结。因而两个委员会于4月底重开会议,经若干进一步谈判后,公使馆代表提出了一份外交部提案的修正本,连同修改的说明。外国公使们认为须先作此修改才能接受这些提案为协定的基础。附该外交部提案修正本之副本。在接下来的讨论过程中,很明显外交部委员会不能同意公使馆代表对于中国提案各项的反提案,而该中国提案是外交团所不能接受的。在5月11日举行的两委员会最后会议上,清楚地解释了争论中的各项,谈判明确中断,这个结果是公使馆代表们更愿意接受的,因为休息时得知,有可能通过上海的地方谈判以更满意的条件达成解决办法。附公使馆委员会致领衔公使信件之副本,信件报告了谈判所陷入的僵局,还包括关于最后一次会议的备忘录。除了次要的几项外,谈判破裂的主要问题在于:陪审员的作用及其莅庭参加刑事案件,以及继续任用外国书记官。

8. 在这些谈判的冗长讨论过程中,外方代表详尽阐述了每一个理由,努力对中方委员会解释说,尽管愿意而且急于尽其所能满足中国人的愿望,并推进在租界建立中国新式法院,但是,办法须有一定的灵活性,而且现行中国司法实践须作某些修改,以应对建立法庭并必须在外国行政管治地区运作所造成的情况。可是,中方代表们不听任何理由,显然是奉命顽固坚持司法部去年制定的、用于对付国民政府叫嚣的方案,所有中国政府部门最为戒备、愤恨带有外国干涉中国内部行政机制意味的任何事情。一旦明了中国人采取这种态度,并坚持建立与中国现代审判制度严格一致的、纯粹的中国法院来取代会审公廨,就确确实实地肯定,他们(即司法部)决不会同意由(或者通过)外国书记官对法庭行任何一种监督,也不会同意陪审员作为合作法官以任何形式或方式继续起作用。在用以支持其论点的其他理由中,中国代表指出,中国的新式法典和司法行政机构外国人可以普遍接受,但是不奇怪,由于政治动乱以及所造成的对法庭工作的军事干预,他们对于法律的施行不满意、不信任。然而,设立于上海外国租界的中国新式法院不会遭到这样的干预,自然会中规中矩,而且它们急于作为样板而出现,表明如果给予自由行使职能的机会,中国的法庭应该而且可以是个什么样子,所以,可以安全地托付以对租界华人的司法管辖权。在中国政府看来,租界华人本不应该离开中国的完全管辖。这样的论据自然在理论上很有说服力,而且,是不是不可以依据有关条约的规定设计适当的保障措施,以保护我们迄今没有考虑到的相关外国利益,也是一个可以争论的问题。但是,另一方面,外方很自然地不愿意把拥有巨大外国利益的上海当作此类试验的场所,问题难在外国市政当局有责任在拥有众多华人居民的租界维持法律和秩序,而且不可能托付一个纯粹的中国法庭维持其权威;在某些政治性案件(比如,与学生和其他民族主义煽动分子有关的案件)中,完全可能出现的情况是:纯粹的中国法庭实际上不可能维护外国工部局的权威;完全可以争辩的还有一点,即,取得对外国维持治安地区百万华人居民管辖权的中国法院机构,不可能完全脱离当地外国行政机构的管辖,所以,中国法院和外国管理的巡捕之间必须有适当的联络办法。如果这样的理由适用,以及中国坚持上海的华人居民只能服从于纯粹的中国法庭的管辖,所得出的结论就是,唯一的解决办法,似乎是所有华人案件移送租界外的中国法庭审理,必要时由租界外国当局作好准备执行此类法庭之判决,然而,这个办法可能需要租界巡捕对界内华人居民更专横地行使权力,远甚于依照有关外国利益集团已宣布可以接受的原则,用一项协定所暗示者。

9. 最后,可以补充的是,有关承认所有中国法律适用于该法庭的麻烦,完全是由于美国代表根据其训令所采取的态度,可能被解读为美国政府承认中国现行法律符合宪法的任何事,他都不能表态。不用说,对于这一点,法权委员会的美国代表作了类似的强调。

BDFA, Part II, Series E Asia, Vol. 31, pp. 39—42

附录一:厦门鼓浪屿会审公堂的有关资料

孙道仁[①]致外交部

1912 年 2 月 6 日

南京。外交总长王鉴:厦门鼓浪屿租界会审公堂向派曹委员友兰驻办,光复后,仍着接续办理。兹据该员密呈,在厦各领事拟仿上海,由彼举员办理。顷又据电,奉准领袖领事照会各国公使,以中国政体未经承认之前,特许厦领事团任福建华官,关于鼓浪屿会审公堂政治权,公举兰续任,并由各领事轮派洋员会审,事民事,无论是否干涉洋人案件,正月起经费由其担任。又德副领事面称,系照上海办理,请速答复,等由,亟查明上海如何办理,请电示,友兰叩。歌。等语。查厦门鼓浪屿公地章程十二款载,会审公堂委员应由省局并厦道札委,中国人民被控干犯捕务章程之案,即由该员审判,等语。乃厦领遽议更张,是侵主权而背旧章。应如何对付,并上海公堂现时办法,迅乞电示,以便转电遵

---

① 福建都督。

办。闽都督孙道仁。麻。

中国第二历史档案馆藏北洋政府外交部档案

通商交涉使①致王宠惠②
1912 年 2 月 9 日

　　亮俦仁兄大鉴：昨接电音论鼓浪屿设会审公堂事，电复谅达。查满清外交无道，委租界警察权、领事裁判权于人，厥后在沪议设会审公堂。在当事者之意窃窃为收权起见，岂知约载，我以我法治我国人，彼以彼法治彼国人，专制法律与立宪法律较，我民失败受抑已不可言。就统治权而言，各治其民之界限始尚未紊，嗣且渐淆，继以不肖无知官吏或中于媚外，或中于货取，并裁判之半权亦暗中断送殆尽。光复以来，军事方殷，无人顾问，外人且施其笼络癙员手段，增薪委办，法权遂明明外移。弟接任通商交涉使，谂知其情，力谋补救已破之局，下着颇难。近日因审判厅向租界提人，领袖领事竟不允签字，声言凡居租界之华人，须就公堂控告。公堂为我设，以我民受治于我之公堂可也。此公堂设于满清，满清无效，可以临民，其委员系受委于清沪道，沪道失效，而领事公堂用之，是直外人之公堂质姓矣，岂应为华人裁判讼案乎？照约恢复半权，非该委员由我另委不可，否则只能不认公堂。按约凡遇讼案，以原就被，华人控洋人由审判厅起诉，凭厅员赴领事署观审，洋人控华人，由领事起诉，凭领事赴审判厅观审。凡公堂向华界传案之票，一概不与签字，以为抵制。闻华商会颇欲主持辩论，此事拟俟禀到当向领事交涉，妥筹应付，特先将拟办情形达之左右，以期接洽一切。如有伟见，尚希见教为荷。此布，敬请筹安。

中国第二历史档案馆藏北洋政府外交部档案

---

① 原件无姓名。
② 外交总长。

陈能光[①]致王宠惠

1912 年 2 月 15 日

中华民国军政府闽都督府外交使司为呈报事。案照厦门鼓浪屿会审公堂委员，厦领事拟举员充任一案，既违定章，复侵主权，业经本司呈请总长察核示遵。昨复据曹委员派令翻译王临丰赍禀到司，业经本司函致厦门道查照办理。嗣准政务院转奉钧电，又经本部电致厦道及曹委员向该领事等据约力争，各在案。顷间又据曹委员电，以鼓浪屿各处华人汹汹，抗不承认在案，请主持以顺舆情，等语，及该员函送德领事华洋文告示各到司。据此，除分别电复外，合将函电各稿录折，呈请总长察鉴，实为公便。为此，备由呈乞照呈施行。须至呈者。计呈清折一扣。右呈南京外交总长王。中华民国元年二月十五日。

闽外交使司陈能光

清折

中华民国军政府闽都督府外交使司谨将鼓浪屿委员由领事委充往来文电，录呈察核。

衔为呈请核示事。本年二月初三日，准厦门领袖领事德领事梅照称，驻京各国钦差大臣以中国政体未经承认成立之前，特许在厦领事团任福建中国官吏。关于鼓浪屿并会审公堂政治之权，贵委员乃系从前政府所派，现厦门领事团会议仍请续任鼓浪屿会审公堂之缺，并由各国领事官轮派会审员会同办理，由阳历一千九百十二年正月起每月发给公费银四百五十元，贵委员暨翻译等薪俸各费一切在内。所派洋员在民事刑事诉讼，无论干涉于外人与否，该员均应到堂会审，为此照会贵委员，请烦查照，希即见复为荷。等由，准此，业经电陈察鉴在案。查鼓浪屿公界章程第十二款内载，界内仿照上海成案设立会审公堂，是以历来办法，较诸上海大致相同。准德副领事卫面称，现鼓浪屿系仿照上海办法，应否调查上海会审公堂现在情形，援照办理之处，出自钧裁，理合

---

① 中华民国军政府闽都督府外交部部长。

具文呈请部长察核示遵,实为公便。须至呈者。

计呈送洋文照会一纸　　二月初八日鼓浪屿委员来文

部长钧鉴:敬肃者,准厦门领袖领事梅照会各国公使,以中国政体未经承认成立之前,特许在厦领事团任福建中国官吏,关于鼓浪屿并会审公堂政治权等情一案,友兰本拟晋省面聆教诲,只缘职守攸关,未敢擅离,兹特委托翻译官王君临丰趋谒崇阶,代陈一切,仰祈详加训示,俾获遵循,无任祷祝屏营之至。专肃,敬请勋安。

厦门鼓浪屿会审公堂委员曹友兰谨肃　　二月初八到

敬启者,前接来函并歌电均悉。当经面奉都督电请南京外交总长核示,并由部电复尊处在案。查公堂委员一席关系主权,断不能听由领事团选员办理。且按公界原定章程,凡界内华人被控干犯捕务之案,应由公堂委员独断独行,洋员不应有会审之权,与控涉洋人之案不同。兹各领事议以无论刑事民事,无涉洋人之案皆欲派员会审,与原章不符,此层万难承认,应与力争照前办理,方无流弊。惟现时南京复电未来,上海公堂现办情形调查亦未复到,厦事应由执事暂议权宜之策,以便对待。兹将呈电各稿录送,即请会审公堂曹委员大鉴。

附抄件。

闽外交部长陈能光顿　　二月十日发

径启者,兹奉都督交到外交部电一道,相应照抄呈阅,即希遵照办理为荷。此上外交司公鉴。

政务院启　　二月十一到

南京外交部来电

孙都督鉴:麻电悉。上海会审公堂自上海光复后,领事团趁我民军地位未巩固时,自行举员充任,损权违约,莫此为甚。现正由驻沪通商交涉司与领事团开谈判,尚未解决。鼓浪屿会审之权万不能听其乘此侵攘,希即就近据约力争,以保主权。上海会审事件俟决定后当再电闻。外交部。佳。

厦门原道台曹委员鉴:顷接南京外交部佳电,上海会审公堂自上海光复后,领事团趁我民军地位未巩固时,自行举员充任,损权违约,莫此为甚。现正由驻沪通商交涉司与领事团开谈判,尚未解决。鼓浪屿会审之权万不能听其乘此侵攘,希即就近据约力争,以保主权。上海会审事件俟决定后当再电闻,等语。请执事据约力争,以保主权。闽外交司陈。二月十一发。

外交部长陈鉴:蒸电敬悉。本应遵饬斟酌暂办,惟鼓浪屿各界华人以交涉事若暂许,即难挽回,群情汹汹,抗不承认。兰惟有竭力与领事团磋商,坚持到底。务恳钧部主持力争,以顺舆情,仍乞电示。兰叩。尤。二月十二到。

厦门原道台曹委员鉴:昨转南京佳电谅达。顷接曹尤电,该屿各界华人抗不承认,民气如此,足为外交助力,此事应由道督委协商坚持原约,与各领力争,以保主权。本司九号所致道电应即取消。外交司陈。二月十二发。

敬肃者,兹将领袖领事告示一纸函送察核,专肃,敬请勋安。

厦门外交委员曹友兰谨肃　二月十二到

大德钦命驻厦正领事官领袖领事梅代领事团示

出示晓谕事。照得鼓浪屿公界华商居民人等为数甚众,查民刑诉讼事件,本有特立之会审公堂办理。兹厦门大局情形未定,即将会审公堂仍旧接续办理,以为维持地方上商业公安之要务,因此,各立约国领事官特行出示晓谕居住鼓浪屿公界内之华洋商民人等知悉。现驻京各国钦差大臣以中国政体未经承认成立之前,特许在厦领事团任福建中国官吏,关于鼓浪屿并会审公堂政治之权,领事团准奉前因,业经派有委员续任鼓浪屿会审公堂,随同领事团所派之会审洋员办理,为此出示晓谕,仰尔公界华商居民人等知悉。目下中国大局虽未定,但尔等公界华商居民素享公界之特别取益免损,各权利仍无丝毫损失。切切特示。

西历一千九百十二年二月初八日示

陈能光致外交部长

1912 年 2 月 17 日

中华民国军政府闽都督府外交部部长为呈请事。查闽省厦门鼓浪屿一岛于前清光绪二十七年间开作万国公地，界内照章设立会审公堂，其公堂委员向由洋务局（嗣改名交涉司）或厦门道札派，凡公界内中国人民被控干犯捕务章程之案，即由该员审判，若案涉洋人，则由该管领事自来或派员会同公堂委员审问，历办无异。旧历九月间，闽省光复之际，该公堂委员曹令友兰由本部加札，派其接续办理在案。新历本年二月五号，接据曹委员函称，以驻厦德国副领事卫顷间来廨调查会审公堂经费数目以及办事情形，前闻在厦领事团开会公议，有将会审公堂仿照上海办法，由领事团举员办理担任一切之说。现卫领事前来调查，谅即此意。理合飞函密陈察核，恳即调查上海对付办法，以便交涉。俟接有领袖领事正式公文，即当具报等情到部。正在核办间，又据该员电称，准领袖领事照会各国公使，以中国政体未经承认成立之前，特许厦领事团任福建华官，关于鼓浪屿并会审公堂政治权，举兰续任，并由各领事轮派洋员会审，刑事民事，无论是否干涉洋人案件，正月起经费由其担任。又德副领事面称，系照上海办理，请速答复，等因，恳查明上海如何办理办法电示，各等语前来。查厦领此举既违旧章，复侵主权，且以经费由其担任，尤属无此治体，未便听其所为。除呈请闽都督电请核示办理，并由部咨请上海温交涉使司将上海公堂现时办理查明见复外，合就具文呈请总长察核示遵，实为公便。为此，备由呈乞照呈施行。须至呈者。右呈南京外交总长王。

中国第二历史档案馆藏北洋政府外交部档案

陈能光致外交部

1912 年 2 月 23 日

中华民国军政府闽都督府外交司司长为呈报事。窃照厦门鼓浪屿会审公堂委员厦领事拟举员充任一事，业经本司先后录案呈报在案。

兹复接到厦门道及厦门会审公堂曹委员来函,以厦门会审公堂每届阴历年关,向有停审旧例,现拟藉此暂行循例停审十五天,且德领事已允将华人控告华人案件不必会审,现正与之续议,如何,容再详。并准厦门道特派卢委员承铭到司面陈,以华人与华人之民事诉讼,各领事已允不再会审,惟刑事诉讼仍执会审之说,现就停审期内力与磋商,各等情。除由司分别咨谕厦门道及会审委员务遵钧部电指据约力争,不得稍有退让外,合将卢委员面陈情形并厦门道与公堂委员原函,录折呈报钧部察鉴,为此,备由呈乞照呈施行,须至呈者。

计呈清折一扣。

右呈

南京外交部

中华民国元年二月廿三日

闽外交司司长陈能光

闽字第贰拾六号

清折

中华民国军政府闽都督府外交司司长谨将厦门会审公堂一案函件,照录清折,送呈察鉴。

厦门原道台来函　二月十五号

敬肃者,厦门会审公堂改章一事,前奉大部电嘱暂免干涉,鸿逵当静审时机。旋据鼓浪屿华民各代表以事关主权,领事团议改各条均难承认,恳予争执,而曹委员亦至鄙处,复经鸿逵授以办法,并令该员电请大部主持力争。越宿,即奉大部转准南京电饬坚持,窃幸宗旨相合。乃华人民事互讼一节,领事团已许转圜,凡旧历每届年终,华民岁事阑珊,公堂向有停审。各代表昨复来道酌议由曹委员函致各领事,停审十五天,声明期满开审之时,一切仍照历年旧章办理。今日领袖领事德领事函复曹委员,尚有欲照前日照会应行会审之说。鸿逵又嘱该员函复仍予争持,其续议如何,容再报告。明日有办事员卢承铭晋省之便,趋诣大部面达其详。专肃驰陈,惟祈察鉴。

厦门道原鸿逵谨肃

厦门曹委员来函

　　部长钧鉴:本日两奉电示,敬悉种切。兰于初十日发蒸电后,邀请在地绅商各界茶会,广集众意,到会者多数反对。因思民气坚强,正宜利用以为后盾。是晚接奉复电时已夜半,十一晨,复延各界会议,均以不可暂从,恐日后难以挽回,群情汹汹,坚不承认。当告以钧电词旨甚明,倘领事团坚执不允照旧办理,方准斟酌暂办。现诸君但确守文明对待宗旨,兰即可据情再与领事团交涉,复思领袖德领事对于此案异常强硬,徒与面争,恐决裂,愈难对付。日本菊池领事与兰感情较厚,先往面托菊池君将舆论反对情形预为转知,一面缮发尤电,即往晤领袖领事,仍前坚执,并云明日礼拜一堂期如不能会审,自有洋员问案,等语,诘以领事团,发生此项问题是何命意。据云系仿照沪廨办理,不过暂时维持公界之安宁秩序而已。驳以公堂自厦门光复接续任事,迄今三月有余,员役如故,即鼓浪屿地方亦安静如常,况秩序云者,即上下相安之谓,现鼓浪屿华民因此项问题群生疑虑,抗不承认,必欲强行此议,实使界内华民反不安宁,谅非领事团本意等词。辩论至再,舌敝唇焦,德领事方允再与各国领事会商,礼拜一日暂再停讯。今日鼓浪屿华人公举代表于午前十时谒领袖领事,要求会审公堂照旧办理,由德副领事卫接洽。午后,兰晤卫副领事,据云,领事团是何办法尚不可知,但华民代表要求一切照旧办理,恐难允许,只有华人控告华人民事案件可免会审,等语。现惟有利用民气,力与磋商,此后是何情形,兰自当随时报告,并就近商承原道台办理,尚祈部长时加指导,俾获遵循。再,麻电尊谕迄未奉到,合并声明。专肃,敬请钧安。

鼓浪屿会审公堂委员曹友兰谨肃

中国第二历史档案馆藏北洋政府外交部档案

附录二:外交部为交涉德俄侨民案件事与司法部来往函
(1924年8月—11月)

司法部致法权讨论委员会函
1924年8月—11月

　　径启者,上海会审公廨受理德俄侨民案件多与条约不符,节经本部咨请外交部交涉在案,兹将往返咨文一并抄送贵会,即希查照。此致法权讨论委员会。

　　附抄咨文五件

(1)外交部致司法部咨

　　外交部为咨行事。准驻京德使节略称,案查中德协约内外交总长复德国卜代表公函中,载有德侨在会审公堂原被告案件,中国将来当寻一解决方法,使各方面均得其平等语。中国政府在该约内所承认寻一解决方法之办法,至今尚未办理。本国政府亦知中国政府具有困难情形,惟其结果,本国对于此事深不满意。因现在相习已成之办法,在会审公堂,如德人为被告,除中国法官之外,尚有与原告人同国籍之陪审官在座,深恐其判决办法不能公允。本国对于此种办法曾屡次抗议,现经上海领事团允可,在会审公堂诉讼时,暂且派一中立国人以代有关系国之陪审官出席会审公堂。此种办法于中国并无区别,且中国法官视中立国人为陪审官,较之有关系国人之陪审必深表赞成。在陪审制度未取消以前,凡遇德人诉讼,谅中国政府亦深愿以中立国人为陪审而不愿以有关系国人为陪审,等因。查上海租界德人诉讼案件自中德协约签定后,曾有特派江苏交涉员拟具办法,由部咨商贵部核准,以未获驻沪领团同意,遂至延搁。现德使根据协约,对于在中国有领事裁判权国人为原告,德人为被告事件,拟有中立国人陪审,并经商得领团允可。此项办法系暂时对待原告国陪审官而设,在会审公堂未经正式收回以前,似尚属无妨碍。相应咨请贵部查核办理并见复可也。此咨司法部。

外交总长

中华民国十三年八月七日

（2）司法部致外交部咨

司法部为咨复事。准贵部第五七三号来咨谨悉。查洋原华被案件,因有条约关系,准领事观审已为万不(护)〔得〕已之举,若无领事裁判国人民为被告之案件,亦认许他国领事越权观审,是该国人民权利亦由我国代为牺牲,殊非情理之平。复查上海洋泾浜设官会审章程第六、第七二款由中立国人陪审一节,系就无领事管束之洋人所定办法,德国人民并非无领事管束,自不适用各该款之规定。上海领事团对于此项案件亦欲派员陪审,显系违背约章。德使主张暂派一中立国人以代有关系之陪审官出席会审公堂,意在暂时迁就,原亦无可厚非,惟此事内则有关国权,外则除德国外尚有苏俄等国,此时承允德国之主张,则先例一开,领事团对于苏俄等国自必援例办理,届时俄奥等国即无异议,已属有损我国国权,如或苏俄等国不肯同意,则交涉尤觉困难。现在上海公廨正在筹议收回,如能就我范围,则纠纷自解,此事似可从缓办理。相应咨复外交总长。

中华民国十三年八月二十七日

（3）司法部致外交部咨

司法部为咨行事。查上海领事团关于我国对前俄使领停止待遇后曾聘用前俄驻上海副领事充上海会审公廨陪审员,此项举动本不合法,现在新俄条约业经成立,俄人在中国已不复有领事裁判权,嗣后上海会审公廨审判事宜,俄领当然不能参加,领团方面亦不容再有聘充陪审员之举。为此,咨请贵部转饬上海交涉员随时注意纠正,至纫公谊。此咨外交总长。

中华民国十三年九月八日

（4）外交部致司法部咨

外交部为咨行事。准九月八日咨称,新俄条约成立,俄人不复有领事裁判权,上海公廨审判俄领当然不能参与,领团亦不容再聘俄人充陪审员,请饬上海交涉员随时纠正,等因,当经本部据令江苏特派员与领团接洽办理。兹据复称,苏俄既已放弃领事裁判权,侨局亦经遵令裁撤兼任公廨陪审员之该局秘书,仪万福亦解职,当然毋庸仍在廨陪审,遵经函致领团。准复称,本领袖领事业经函知公廨检察员,凡有俄侨民刑各案,应即按照华人案件办理在案。嗣后公廨对于俄侨各案,当由值日之中西会审官办理,等因,乞鉴核等情前来,相应兹请贵部查照可也。此咨司法部。

中华民国十三年十一月七日

(5)司法部致外交部咨

　　司法部为咨行事。本部前以新俄条约成立,俄人不复有领事裁判权,上海公廨审判,俄领当然不能参预,领团亦不容再聘俄人充陪审员,咨请转饬上海交涉员随时纠正在案。兹准咨开,当已令行江苏特派员与领团接洽办理,兹据复称,苏俄既已放弃领事裁判权,俄侨局亦经遵令裁撤兼任公廨陪审员之该局秘书,仪万福亦已解职,当然毋庸仍在廨陪审,遵经函致领团。准复称,本领袖领事业经函知公廨检察员,凡有俄侨民刑各案,应即按照华人案件办理在案。嗣后公廨对于俄侨各案,当由值日之中西会审官审理,等因,乞鉴核,等情,咨复查照到部。本部查上海公廨会审事宜,多与原约不符,迭经交涉,迄未解决。兹据领团声称,嗣后公廨对于俄侨各案,当由值日之中西会审官审理,等语。是欲以俄人放弃领事裁判权之案,复置于他国领事裁判之下,自未便承认。拟请据约驳复,将来归入收回上海公廨交涉案内办理。相应咨请查照。此咨外交总长。

中华民国十三年十一月十七日

中国第二历史档案馆藏北洋政府外交部档案

（三）罢免安格联

说明：由于关税特别会议未能就附加税问题达成任何协议，北京政府为解决财政危局，遂决定独自采取行动。1927 年 1 月，北京政府在未得到列强一致批准的情况下，宣布立即开征华盛顿会议条约所规定的附加税，并决定通过海关统一征收。由于海关总税务司安格联表示不能从命，北京政府解除了安格联的职务。围绕着开征附加税和安格联免职事件，外交团与北京政府展开了一系列的冲突和争斗。罢免安格联的举措遭到了各国，尤其是英国的反对。英国驻华公使蓝普森多方活动与交涉，力图使北京政府收回成命。经协调，双方最后达成各自保全面子的协议，罢免安格联的命令不予撤回，但改为准其回国休假一年，一年内待遇不变，另任命易纳士代理总税务司之职。北京政府还同意不再强迫由海关征收附加税，而是另行建立征收附加税的机构，附设于海关之内。

1. 北京政府开征附加税及各国反应

北京政府关于开征附加税的三项命令
1927 年 1 月 12 日

（1）关税为国家岁入大宗，我国自清季以来，因条约关系对于进口货物课以协定税率，既违国际关税自由之原则，且碍以政治经济发展之进行，前经本诸国家主权及国民希望，于关税特别会议中，由我国委员依据华盛顿会议时保留之原议，提议于民国十八年一月一日实行国定关税定率，当经各友邦代表好意赞同，并由政府先行制定关税定率条例公布在案。现距实行之期不远，所有应行筹备各事宜，着外交部、财政部会同税务处，详加拟议，并由财政部迅将裁撤厘金进行方法妥为筹议,分别呈候核夺施行。此令。中华民国十六年一月十二日。

（2）民国十一年华盛顿会议缔结九国间关于中国关税税则条约第三条,规定在裁撤厘金以前,对于应纳关税之进口货物得征收附加税,应一律按值百抽二五,奢侈品得按值百抽五,海陆边界同时施行,自应依据条约精神,先将前项进口附加税,自民国十六年二月一日起,分别征收,着财政部税务处遵照办理。至国定税率未实行以前增收过渡税办法,应着外交部迅催续开关税特别会议商洽进行。此令。中华民国十六年一月十二日。

（3）海关进口货物附加税,业经令由财政部会同税务处先行定期分别征收,并着外交部迅催续开关税特别会议,将前次提议增抽之过渡税商洽进行。所有此项附加税及将来增抽之过渡税,自应分别指充筹备裁厘、整理内外债、建设事业、紧要政费等项之用。着财政部会同主管各部署,妥筹分配并拟订切实保管方法,呈候核定施行。此令。中华民国十六年一月十二日。

《政府公报》第 3855 号,1927 年 1 月 13 日

外交部致各国使馆
1927 年 1 月 13 日

为照会事:查一九二五年八月十八日,中国政府召集北京特别关税会议之请柬中,曾声明拟将中国关税自主问题,提出会议。厥后被邀与会各国代表,答复中国政府提议,承认中国正当之权利,代表各该国政府,声明承允中国应享受主权国关税完全自主之原则,此项关税自主,应于一九二九年一月一日开始实行。中国全国如此切要之问题,得各与会国,一致之赞同,中国政府实深感荷。中国政府欲使举国人民一致之愿望于正当时期得以实现,同时并欲促进中国对外商务之关系,俾得本此新基础,以图发展;是以自关税会议以来,即从事于国定税率之厘订,一俟完全告竣,即予公布。但就商务利益计,由现行协定税则制度以至关税自主制度,为谋过程之便利起见,中国政府现决定一种过渡办

法,即将现行关税税率,拟加以下列之改革,此种办法,照中国政府之意,实最足贯彻上项之目的,兹特请贵国政府予以同意:

(一)在国定税率颁布施行以前,于最近期内,实行附表所列之分级过渡附加税^{此项过渡附加税应由海关征收。}同时将现行征收之二·五附加税及值百抽五之奢侈品附加税,停止征收。

(二)自上拟附加税实行日起,中国各陆路边界现行之关税减征办法,停止实行。凡中国海陆边界,一切关税及附加税之征收,其税率应归一律。

查中国应征收一较高于华会条约第三款所定之过渡附加税,一九二五年中国关税特别会议与会各国实已完全同意,且上述过渡附加税,曾经与会各国代表详细研究,事实上该项全部税表原拟在国定税率法实行前之时期内,对于外国进口货征收者也。

至前述之两种现行附加税,虽拟取消,然现由海关对于货物征收之他种税项,若出口税,沿岸贸易税及进出口子口税等,均仍照旧有效。抑又有应行注意者,中国海陆边界关税划一征收之原则,固为华会条约签字各国在该约第六款所明白承认,该款既曾载明,凡遇因交换某种局部经济特别利益,曾许以关税上之特权,而此种特权应行取消者,得秉公调剂之。且中国对于商务利益需要之时,极愿作此项之调剂,是以中国政府深信为避免会商此项调剂办法异常之迟延起见,甚愿定一切实日期,实行此项原则。诚以华会条约第五款所规定之平等待遇及机会均等,欲求实效,该原则实最足以补助之也。

上拟办法,既系根据条约及一九二五年关税特别会议各国代表研究之结果而来,中国政府将其提出,切望必能立邀各关系国之同情,俾实行日期至迟不得过一九二八年七月一日。

兹更有言者,中国政府为再表示其尊重债务之诚意起见,自上拟过渡附加税实行日起,当由增收项下,每月拨五十万两,即每年共拨关平银六百万两,以充偿还中外无抵押及无充分抵押各债务之用,该款即作为此项用途之特别准备金,由中国政府委派特别委员会保管,顺此附达,须至照会者。

征收二五附加税的有关事项
1927 年 11 月

关于附税收入:二五附税实行征收之收入数目,以全国概括计算,每年可得三千四百四十二万八千余元,除去南方一部分,不能由北京政府直接提取者外,仅余二千四百余万。此中尤以上海江海关一处占其半数。孙传芳既于本年一月一日自动的宣布实行,则此半数款之一千二百余万,是否由政府支配? 殊不可料。且二月一日以前之各海关入口货,皆已征收,尤非四月一日以后,不能实得其惠。

讨论征存方法:关于征收二五附税之地点,前有人主张在海关以外,另设机关征收,嗣以事权不能一致,且恐列国反对,乃决定仍由海关征收,至其保管地方,内国资本家早已争持甚烈,现已下令实行,故进行猛力,惟有人因已征得之二五附税用途中有整理外债一项,遂主张由中国内国银行及有债权关系之外国银行,共组织一保管委员会,设在上海,专司其事。闻内国各银行,已群起反对,同时又有人主张交边业银行保管,但迄未确定,闻政府已训令主管部署妥筹办法。

至于分类问题:奢侈品类,原分甲乙丙丁戊己三种,其中甲乙为一类,丙丁为一类,戊己为一类,但究竟何种为甲乙类,何者为丙丁类,及戊己类,关税特别会议,迄未决定;且进口货,多属外货,事实上须与外人协议之后,始能决定,因此各主管部署,于自行讨论实行办法之余,更不能不与外人商议,故已拟及早协商,以免临时掣肘。

当时列国态度,日本输入我国货物,皆为普通品,如值百抽二五,日本所受之损失,必较各国为多,故日本方面,积极反对,且将以中日通商条约,尚未订定为口实,主张差别税厘。英国为提议实行二五附税之当事者,故绝无异议。法国因有中法越南修约问题,亦愿以此为交换条件。美国入口货,皆奢侈品,虽因二五附税,不无影响,但该项奢侈品,尚可在市面增高价格,以稍资弥补,故亦取相对赞成态度。其他如意大利、西班牙等,皆以领袖公使荷使欧登科之主张为主张,政府事先已得欧使之全部同意,故各该国亦绝无问题。综上以观,反对者只有日本一国而已。

上海《时报》1927 年 1 月 17 日

财政部致税务处咨文

1927 年 2 月 6 日

为咨行事:准贵处第九一号咨,以进口货物附加税定于民国十六年二月一日起征一事,据总税务司呈称,海关职权原系征收条约所准之洋货进口税,如非有约各国允许之税款,海关即不能征收。缘海关并无权勒令商人完此条约以外之税款,欲征此项附加税,应先由政府征得有关各国一体承认,海关始能实行照征等情。当经本处以此事自奉明令后,一面由处令关遵办,一面由外交部照会有关系国公使转达各该国政府在案,应仍由各海关遵照前令,一律于二月一日起征。如各国提出异议,自有外交部与之交涉,不必由海关负其责任,复令总税务司遵照。除咨外交部外,咨行查照等因。又准函开,接据总税务司署总务科税务司易纨士转陈安总税务司自汉口来电,报告与党军方面接洽开办海关附加税经过情形,并附抄原电各到部。查此次奉令定期开征之海关进口附加税,本系华会条约之所许,总税务司谓为条约以外之税款,殊属错误。政府现已决定责成海关征收,希即由贵处令催总税务司按照政府畀予之职权实行征收,不论何国货物及何国船舶,如不纳上项附税,应即扣留,所有种种责任,当然由政府负之。该总税务司既为中国政府所委任之官吏,自应遵照中国官吏服务令,不得违抗,即行电关遵照公布之二月一日开征日期,切实办理,毋庸顾虑。相应咨复贵处,请烦查照饬遵可也云云。

《政府公报》第 3879 号,1927 年 2 月 7 日

关税委员会议决：二五附加税决另设征收机关

1927 年 2 月

关税特别会议委员会前日下午五时半，在居仁堂开会，委员顾维钧、汤尔和、王宠惠、罗文幹、夏仁虎、王荫泰等十人列席，顾维钧主席。除讨论解决安格联免职问题，如另条所志外，主席顾维钧又报告二五附加税征收问题。外交方面，前此曾声明二五附税，并非正税，非条约所承认之税，海关实行征收附税，足以破坏目下海关制度，因此中国及各国之利益（即内外债及赔款），均处危境，深愿政府注意及此。现在征收问题，应如何进行，请付讨论。在席诸人，经长时间作缜密之讨论，结果，决定于海关之外，另行设置征收机关。其办法，一仿海关内部之组织，俾有条不紊。次又讨论二五附加税保管问题，当以前此所提出阁议之保管委员会条例，系根据海关征收起草，现在既变更征收机关，前项条例，多不适用，须由主管之税务处、财政部等机关，重行按照现在情形，详细起草。当决定请各该机关于即日内起草竣事，以便提出十三日之国务会议，至迟亦须提出十四日之国务会议。至下午八时始散会。

又闻政府对于附税，现虽拟于不得已时，由政府另行设处在海关外征收，但目下仍希望使团可以转圜，由各关税务司遵令征收，节省廉费。日前各关系机关对此协议之结果，曾决定即由江海关设法首先实行，现财政部已有电致江海关监督，令即转商税务司遵令办理。昨外部亦有电致上海交涉员许沅，令会同江海关监督转商税务司照办，大致谓：附税事安格联以免职阻挠，事关中央威信，政府仍决实行，仰即会同江海关监督转商税务司遵令办理，勿得玩抗为要云云。

《顺天时报》1927 年 2 月 12 日

日本反对承认附加税

1926 年 12 月 21 日

（东京二十一日电）币原外长，早晨在外务省召集重要员司会议，对于芳泽日使所请训示之英国提议承认附加税问题，业已训令该使，绝对反对。此当系日政府主张仍照从来方针,以为关税问题,须在关会或中日通商条约中决定之故。

又关于日本是否承认二五附加税问题,驻京日记者团昨与芳泽问答如下:

日记者问:倘有一国竟提议,不经关会手续,而施行华会条约规定之附加税,则日本将如何?

芳泽答:以余个人意见,惟有根据华会协定第三条,答以只有在关会讨论而已。日本截至今日,始终遵守华府条约而不渝,此后日本之态度当亦如是。

北京《晨报》1926 年 12 月 22 日

马慕瑞①致凯洛格
北京,1927 年 1 月 18 日上午 9 时

编号 43。1 月 13 日下午 4 时我的第 27 号电报。

1. 这些命令中,第一项当然是头等重要的。但是,我相信,在必须就这个命令采取最后行动之前,我有机会亲自与您讨论。

2. 第二项命令提出了一个要立即决断的问题。一方面,我们可以作徒劳的抗议,或者把事情忽略过去,否则,另一方面,我们可以在不利的情况下尽力而为,而且同时履行在华盛顿会议所承担的法律上和道义上的义务,办法是请求英国以及其他国家与我们一起联合声明(即我在 12 月 4 日下午 4 时的第 598 号电报中提出的联合声明),意思是,我们准备应允由海关在全中国对我们的贸易立即无条件开征华盛顿附加税。我相信,后一种办法是应对危局、避免两头落空的唯一可行之策。

3. 我了解到,除瑞典、挪威和日本以外的所有有关政府现在都接受了上述建议,瑞典和挪威政府尚未给其代表任何指示,而日本政府

---

① J. V. A. MacMurray,时任美国驻华公使——译者注。

反对。

4. 关于包含关税会议复会问题的这项命令,在我看来,很明显,中国人单方面处理必须由关税会议经过共同安排来决定的华盛顿附加税问题和关税自主事宜,完全破坏了为处理过渡税或其他遗留问题而要求复会的权利基础。我认为,复会的结果不会是真正的谈判,而是这样一个局面,即,外国代表团已经失去了对大部分重要会议活动的控制,现在他们又不得不作出选择:是基本上全盘接受中国人的提议,还是被告知这些提议将单方面实施。

5. 如果说我有些相信关于分配新税款的第三项命令不只是用来装饰门面,以显得北方人比南方人更注意中国的责任,我自己对我的这个看法就不是那么肯定。中国人想要贸易所能负担的一切,而且,我担心,不施加以各国的威望(现已失去了)在 1925 年 10 月本可以施加的那种压力,任何人要是从字面上理解命令并抱着希望,以为贸易将免除内地税或征收了还会退还,他们都必将幻想破灭。

6. 以下考虑进一步打动了我,如果我们为了安排新税款①现在同意以奉系为中国政府来打交道,那么,我们肯定将使自己遭到南方人的攻击,理由是通过向北方提供绝大部分军费,我们正在不付代价地恶意蓄谋支持北方镇压南方。这样,我们会给自己招来同样的谴责——南方对英国最近的建议就报以这样的谴责,而且我们简直不能作出有充分根据的辩护。

7. 现在,三项命令已交各公使馆,还附有一份照会,内称,鉴于特别会议未能就关税自主和征收附加税达成任何明确协定,中国政府别无选择,只能主动宣布将自规定之日起实施国定关税税则并开征华盛顿附加税。但是,照会没有邀请恢复关税会议以讨论"过渡税率"。

8. 我的看法是,不应该用在同意自规定之日起开征附加税的声明中暗示承认来鼓励这个武断的行动,而对付局面最好的办法,可能是各

---

① 新税款有一定语,电报原稿明显漏字——原文件注。

国方面类似的单方面行动,各国通过各自照会表示同意依照以上建议立即无条件由海关对其侨民的贸易开征附加税。然而,据我了解,英国人将明确复照承认开征附加税。似乎可以肯定日本人将不会批准开征附加税,但在这一点上他们可能是形单影只的。考虑到开征附加税已是不可避免的情况,日本人的态度令人费解,但可能受制于因日本商界和金融界施加压力而产生的国内政治因素。

9. 关于课以5%附加税的奢侈品的分类,我已经得知,中国人打算制订的就是他们最初在关会上提出的范围广泛的目录。英国公使正在建议他的政府,努力劝使中国人接受关会暂时商定的奢侈品目录。由于未能达成关于附加税的协议,该目录从未生效过。

10. 有关公使20日开会讨论上述事项,如果可能的话,请国务院在那之前作出表态。

FRUS,1927,Vol.2,pp.373-375

凯洛格致马慕瑞
华盛顿,1927年1月18日下午7时

编号14。你的第43号电报,1月18日上午9时。

(1)我批准你在电报第8段中建议的行动,即,你答复表示同意经海关对美国侨民的贸易立即无条件开征附加税。

(2)我同意努力劝使中国人接受关会暂时商定的奢侈品目录,但我不想坚持这一点。

(3)我不认为北京当局实际上发出了复会邀请。关于这一点以后给你去电报。

FRUS,1927,Vol.2,p.375

麦耶致凯洛格
北京,1927年1月21日中午

编号58。国务卿第14号电报(1月18日下午7时)以及公使馆第

43 号电报(1 月 18 日上午 9 时)的最后一段。

1. 在昨天的会议上,日本公使说,他的政府反对附加税,虽然日本公使急于在会议上交换意见,但是他希望说明,他的政府现准备不管其他各国,向中国政府宣布反对附加税的意见。看来显然日本政府将要向外交部发出抗议照会。而且,芳泽谦吉证实,他的政府很高兴看到中国政府想要恢复关会,日本政府完全赞同这个提议。

2. 关于公使馆第 43 号电报(1 月 18 日上午 9 时)第 2 段中马慕瑞公使的建议以及电报第 8 段所表述的想法,我越来越相信,我们应该避免正式答复外交部明确承认附加税,不仅是因为公使馆第 43 号电报中所提出的理由,而且是为了避免显得歧视国民政府而支持北京政权。记得前者在广州鲁莽地开始征税时我们提出了抗议。默许以及由此容忍北京当局类似的非法行动,在南方人看来必然显得不公平。

3. 因此,我在会上建议,不是对该外交部照会的联合答复或相同答复,而是有关各国作出特别努力商定一份声明,依照公使馆第 43 号电报第 2 段的意思,以笼统的措辞同意开征华盛顿附加税,声明副本可送外交部供其参考,以此作为对它 1 月 13 日照会的答复。虽然日本公使表示他几乎肯定不能赞同这样一份声明,重申他向外交部正式抗议新附加税的必要性,但是,会议的意思是应该尝试起草这样一份声明。由荷兰、法国公使和我本人组成的委员会起草了大意如下的声明:

"《1922 年 2 月 6 日华盛顿关于中国关税税则条约》缔约或有关国家的驻华代表,注意到以下事实:在华盛顿会议上确定并向中国允诺的附加税已经或即将在全国各地实施。

鉴于广泛的迹象表明中国人民希望这些附加税立即实施,有关各国代表认为,与其落实华盛顿对华承诺的意图相一致,他们有责任宣布,不反对立即无条件在中国各通商口岸开征华盛顿附加税。

有关外交代表认为,出于方便和效率的原因,可以做好准备通过海关征收这些附加税。"

4. 虽然我的初衷是试图设计一个日本人能够同意的方案,但是,起草委员会认定这是不可能的,所以,更好的做法是继续努力起草一份其余同僚可以接受的草案,希望日本人到最后与其因拒绝同意而被孤立,不如参加进来。相信不把由海关征税作为同意附加税的先决条件是明智的,因为我们实际上没有办法强加这个条件,也因为我们想要不附带任何条件地把附加税给予中国人民。

5. 虽然根据国务卿第 14 号电报(1 月 18 日上午 7 时)我设想国务院会批准这样一份声明,但是,我谨请求尽早给予这个意思的电报训令,切实可行的是特别提到要是日本人没有同意,或者即使只有英、法、意等几个国家与我们意见相同,我也参加这个行动。

FRUS,1927,Vol.2,pp.375-377

凯洛格致麦耶

华盛顿,1927 年 1 月 24 日下午 4 时

编号 23。你的第 58 号电报,1 月 21 日中午。

1. 显然,不存在各国在立即无条件实施华盛顿附加税问题上意见一致的可能性。1 月 21 日,日本大使拜会我,概述了他政府的立场,即,反对所提议的同意中国未经华盛顿条约规定的正式谈判就实施附加税。日本政府认为,遵行这样一条路线就等同于正式承认中国抛弃华盛顿会议条约,并且,相信中国人会将此理解为一个明确的预示,即,各国将认可中国单方面废止条约中有关关税和治外法权的规定。

2. 1 月 22 日,日本大使拜会了远东部主任,再次概述了日本政府的上述看法。他补充说,他的政府指示他说明,日本政府已经得知 1 月 20 日外交团会议对此事采取的步骤。他说,他的政府得知,如果 1 月 27 日外交团再次开会时日本人不收回反对意见,外交团拟公布除日本公使外全体同意的这份声明,即你的第 58 号电报第 3 段所引述的内容。

3. 日本大使说,他的政府了解本政府对附加税问题的态度,但认为,中国南方所谓的国民政府当局开征的内地税,与北京当局提议的在

全国实施的华盛顿条约规定的中国外贸附加税,此二者差别巨大。日本政府弄不懂,在外交团提出的声明中,这个税务问题的两个方面怎能包括在同一"附加税"名目下。

4. 大使表示,日本政府指示他进一步阐明,在日本政府看来,值此缔约国权利受到攻击,如此需要各国展开合作之际,这样一份声明意味着废止华盛顿条约;日本政府始终遵守华盛顿条约,而且受到在这些事务上与其他各国合作这个真诚愿望的鼓励,因此,如果采取外交团所建议的行动,不仅日本受到孤立,而且会向中国人表明各国间缺乏合作,这必然会对国际友谊和信义产生非常令人遗憾的影响。

5. 大使问,考虑到日本政府所预见的外交团建议的行动将会带来的最重要后果,美国政府是否还会批准外交团通过的建议。

6. 国务院几次通知你,本政府准备同意立即实施华盛顿附加税,国务院最近一次的指示是 1 月 18 日下午 7 时的第 14 号电报,授权你对中国人表示,本政府同意立即无条件对美国侨民的贸易开征附加税。国务院赞同你的意见,即不应该把由海关征税作为开征附加税的条件。

7. 但是,美国政府不希望在中国现在的战争中显得偏袒某一方。美国政府还认为,为了各国对此事采取统一行动,应尽一切努力调解观点分歧,因而,在批准你参加不包括日本人的声明(如你在第 58 号电报第 5 段所建议的那样)之前,希望知道你对此问题的意见。

8. 在 1 月 21 日与国务卿的会谈中,日本大使说,日本驻北京公使前些时候就遵照指示,建议外交团恢复关税特别会议讨论这些事情,邀请中国两个敌对阵营的代表和与政治无关的华商代表共同参与。这可能是个办法,可以把争斗的集团召集到一起,通过有序谈判解决这些事情,关于这个建议我想听听你的意见。

麦耶致凯洛格

北京,1927 年 1 月 25 日上午 9 时

1. 英国公使说,他接到海关总税务司的电报(总税务司眼下在汉口与国民政府成员磋商),内称,陈友仁宣布,如果北方通过海关征收附加税,国民政府将夺取各海关。因此,英国公使决定,不同意把最后一段放在声明草案中,见我致国务院的第 58 号电报(1 月 21 日中午)中的声明草案第 3 段,表示希望由海关征收附加税。

2. 我建议在讨论这件事情的会议上采取类似的态度,除非收到相反的训令(以及假定在此期间国务院通知我批准声明草案),会议定于1 月 27 日,星期四。

马慕瑞致凯洛格

北京,1927 年 2 月 7 日上午 9 时

编号 116。关于你的第 23 号电报。

1. 公使馆第 58 号电报(1 月 21 日中午)建议的声明草案,系根据除日本以外的所有各国都准备同意立即无条件实施华盛顿附加税这一假设而起草。在 1 月 27 日的外交团会议上,我政府那时不准备采取这一立场的态度一经明了,法国和其他利益关系较小的国家便普遍倾向于把整件事情忽略过去,默许征收附加税。除非英国人再次成功地把利益关系较小的政府集结起来,已经完全不可能提出所打算的声明了,而且在那种情况下,我们默认附加税无疑是明智的,我在第 27 号电报(1 月 13 日下午 4 时)中说过,避免或者是徒劳的抗议[原文件注:原文漏字],只是在招惹南方和日本都反感,而不会使我们更接近于履行我们的华盛顿条约义务。各国间观点歧异,无论如何没有任何可能进行调解(你电报的第 7 段)。

2. 日本人建议与南北方均派代表参加的中国代表团重开关税会议(第 8 段),我认为此建议不策略。即使他们能够抑制住你死我活斗争

的仇恨,可现在双方同样确认,他们有可能未经请求就从各国手中得到他们想要的东西,而且从合作谈判中看不到好处,谈判只是对他们完全不顾华盛顿或其他条约义务采取行动的能力施加限制或条件。尽管北京当局近来含糊地表示了与其重开关会的愿望,那也只是为了使其武断开征附加税的行为事后合法化,从而使附加税成为更好的贷款担保。

3. 我必须非常遗憾地报告,随着英国政府最近主动表示英国侨民在所有税务事宜上服从中国政权(见 1 月 27 日下午 4 时你的第 17 号电报所引述的英国 1 月 19 日的备忘录),随着北京政府开征附加税(我的第 27 号电报),随着由罢免安格联而开始的对海关完整性的攻击——安格联因不同意为北方集团的某个派系效力被北京政府粗暴免职(2 月 1 日下午 5 时我的第 104 号电报),我们已经到了对有关外贸税的一切事宜都无能为力的地步。南北双方不但明确背弃了“旧”条约,而且也背弃了华盛顿关税条约。抗议违反条约必然是徒劳的;因此,从此以后外国商业就没有保护措施防范从上岸地到目的地沿途地方当局的任意勒索。例如,在广东,已经规定了除进口税、附加税和厘金以外的地方税;在沈阳,当局已经宣布免税单制度不适用于满洲全境,这样在这方面废除了满洲境内开放口岸的地位;在山东,自 2 月 1 日起开征二·五进口附加税,而去年 10 月起该省已经征收了类似的进出口“货物税”;在察哈尔地区,只准许凭总督特许证装运货物,特许证没有固定的收费等级,交费后也不提供收据;在北京,最近据说内阁给受到优惠的中国公司免除所有内地税和沿海税。

4. 由于条约的保护措施受到践踏,垄断、特权和人为限制的古老的广州体制正在迅速地卷土重来。我担心抗议的时机和行动的时机都已经过去,只能以他我双方都蒙受巨大利益损失为代价,让中国人从经验中了解到这个体制在经济上是荒谬的,而且在现代世界组织体系中行不通,除此之外,别无他法。

5. 由于缺少某些具体而明确的办法对付这个局面,我认为目前别无选择,只得屈服于这场风暴,并尽可能体面地接受这个事实,即,尽管在这里受到无数限制和勒索——据我所知这是在任何其他国家没有经历过的,我们的贸易现已完全没有了在大多数其他国家都享有的条约保护,结果,尽管在上岸地点享有低税率,可我们的大部分进口商品支付的总费用远远超过任何其他国家税则所规定的费用。

FRUS,1927,Vol.2,pp.379-381

凯洛格致马慕瑞

华盛顿,1927 年 2 月 15 日下午 4 时

编号 61。关于你 2 月 7 日上午 9 时的第 116 号电报。

1. 一段时间以来,国务院已经认识到,美中间现行条约所赋予在华美国侨民的权利越来越难以得到完全的承认。

2. 不可能动用美国陆海军部队强制行使现行条约所保障的权利,因此,在有效新约取代现行条约之前,国务院认为,忍耐和谨慎行事乃是唯一可行之策。

3. 关于对输入中国的美国货以及美国公民在华购买货物用于出口所征之(地方)税和关税,国务院的看法是,公使馆和美国领事馆应仔细观察形势,并详细报告所有这些税项、他们的征收办法以及由什么当局规定征收。你认为抗议直接违反条约的严格规定征收这些税项可能是没有用的,而且一般说来以后不应再作抗议,尽管国务院倾向于赞同你的意见,但是,国务院认为,公使馆和领事馆应密切注意向现当局提出能够表明美国公民或利益受到差别待遇的任何情况。答复 2 月 10 日上午 10 时来自福州的电报时,你根据这个意思指示领事官。

4. 关于美国公民缴纳地方税的某些全国性的总体政策,请寄快信告知你的意见。国务院记得地方税有警务、防火、街道维护以及类似的税项。这方面内容见国务院 1923 年 5 月 22 日的第 405 号书面训令。

5. 国务院认为,公使馆应向在华领事们发出全面指令,指示他们鼓励美国公民在针对中国人的案件中利用中国新式法院(审判厅)所提供的便利。国务院认为,新式法院的便利应得到公正的检验。回复美

国驻汉口总领事2月10日下午3时的电报时,你根据这个意思给他指令。

6.国务院希望公使馆研究应该写进替代中美现行条约的新条约中的条款问题,希望经邮件报告你这方面的建议。

FRUS,1927,Vol.2,pp.382–383

马慕瑞致凯洛格

北京,1927年2月19日下午5时

编号158。关于你2月15日下午4时的电报,第3段。

1.我假定国务院赞成我在2月7日(上午9时)的电报中所建议的行动方针,即,关于默许我1月13日(下午4时)电报中报告的附加税。

很明显,英国人已经放弃了正式承认附加税的想法,以避免招致南方的反感以及可能加快海关的分裂。

不过,我了解到蓝普森非正式地告诉顾,英国政府认为新税等同于华盛顿附加税,而且不打算在征收方面设置障碍。

2.关于国务院对差别待遇的看法,我理解为不仅包括外国侨民之间,而且包括中美人士之间的差别待遇的情况,即最惠国待遇和国民待遇,我的理解是否正确?

FRUS,1927,Vol.2,pp.383–384

格鲁①致马慕瑞

华盛顿,1927年2月24日下午5时

编号71。你第158号电报,2月19日下午5时。

(1)你电报第1段。国务院批准默许附加税。

(2)你电报第2段。美国现正谈判的友好通商条约规定在影响商业的税费方面享有无条件最惠国待遇。国务院认为美国原产货物保留

---

① Grew,时任美国代理国务卿——译者注。

其国籍,直到通过海关成为另一国存货之一部分,不论货主国籍如何均如此。因此,原产或去往美国的货物,其货主是美国人、中国人还是其他人这个问题在决定关税待遇时不重要。

关于税的问题,现正谈判的条约规定,不同于或高于要求该国国民缴纳的内地税费,缔约国侨民无需支付。

请以上述内容为指导。参见 1923 年 12 月 8 日与德国签订条约之第 1 款和第 7 款。

FRUS,1927,Vol. 2,p. 384

2.北京政府罢免总税务司安格联

汤尔和①的呈文
1927 年 1 月 31 日

窃查总税务司一职,在前清同治三年,总理衙门规定各关募用洋员帮办税务章程内,曾声明总税务司为总理衙门所派,本属中国政府委任之官吏,所有办理一切事务,自应遵照中国官吏服务令,并服从主管官署之指挥,谨慎将事,方为无忝职守。乃现任总税务司安格联,前于政府依据华会条约筹备开征海关进口附加税时,突然藉口调查税务,离京南下,迨奉本年一月十二日明令,定于二月一日起实行征收前项附税,遵由本部与税务处分别咨令奉行,一面由税务处训令总税务司转饬各关税务司遵照办理,并电令该总税务司迅速来京,俾策进行。讵该总税务司兼旬以来,逗留沪汉,既不回京供职,亦不将上项命令转行各关税务司遵办,饬拟办法,迄未据复,多方藉延,不惜贻误要政。似此抗令玩公,不能忠于所事,实未便再予姑容,拟请明令将该总税务司安格联即行免职,用示惩儆,所遗总税务司职务,查有本任总税务司署总务科税务司易纨士,情形熟悉,并请饬下税务处,委派易纨士暂行代理,以专责

---

① 财政总长。

成,而免延误!

《三水梁燕孙(士诒)先生年谱》(下),第 508 页

北京政府大总统令
1927 年 1 月 31 日

大总统令:财政总长汤尔和呈请将总税务司安格联免职,安格联准免本职。此令。大总统印、国务院摄行、国务总理顾维钧、财政总长汤尔和。中华民国十六年一月三十一日。

大总统训令第一号:令财政总长汤尔和、税务处督办罗文幹。总税务司安格联现已免职,改派易纨士代理总税务司职务,所有以关税作抵之借款、赔款,应各依原条约合同照旧履行。其从前由政府委托安总税务司保管之各项内国债券还本付息事宜,仍着易纨士继续原案妥慎负责办理,着财政部税务处饬行遵照,并晓喻中外商民,各体政府整饬税务维持国信至意,毋得妄滋疑虑。此令。大总统印、国务院摄行、国务总理顾维钧、财政总长汤尔和。

《政府公报》第 3874 号,1927 年 2 月 1 日

论安格联免职事
1927 年 2 月

一月三十一日夜,北京政府突以迅雷不及掩耳手段,发表总税务司安格联免职令。自总税务司用客卿以来,未有之创举也。安格联乃中国政府所任命官吏,不听命令,予以免职,自属当然之事,毫不足奇。所奇者,安格联不听命令,不止一次。北京政府必待党军势力日张,外交空气一变后,乃毅然为之耳。安格联以海关行政故,屡与党政府抗。今日免职命令,不出于党政府,而出于北京政府,此尤奇之奇者已。闻安格联此次免职原因,系由拒绝北京政府由海关直接代收二五附税命令。又闻安格联之所藉口者,系党政府要求,海关若代收二五附税,党政府将直接另派党军所属各地税务司,以为抵制云云,是非若何,姑不具论。

要之北京政府与党政府立于对抗地位,总税务司一职,在今日诚极感困难,盖听北则将免职于南,听南则将免职于北也。安格联既免职于北矣,继安氏者,仍不出此两途。倘或不再免职于北,则必又将免职于南。至少西南各省及长江上游各关,亦将不复更归统辖。是海关行政之统一,北京政府自行破坏之矣。此岂安格联意料所及哉。海关不直接代收二五附税,问题甚小。海关行政之纷歧,关系甚大。而在北京政府,尤为失算,乃不惜自滋纷扰,论者于此,殊不胜意外之感。谁谓谋国者多老成哉。

关税自主与关税行政,别是一问题;关税行政之统一与关税用客卿管理,又别是一问题。此三问题中,以关税用客卿管理问题为最小。北京政府先其小者,且去一客卿,用一客卿,客卿管理问题,仍未解决。而万一如吾人所料,关税行政,因而纷歧,关税自主,亦转多枝节,是诚小不忍而乱大谋也。然此犹就将来言之,就目前论,二五附税,是否能如愿代收,尚未可知。即能代收,是否不为各地方截留,仍未可知。而使百分之五正税,因以冒分征拦截之危险,以之作抵之内外债,当然发生绝大恐慌,实无可幸免之事。北京政府虽同时发表内外债照旧办理命令,然其效力究有几何,经济现状之破坏,此其责果谁负哉?

安格联任海关总税务司有年,其办理海关事务,成绩若何,吾人不得而知。就其连年来表现之态度,以总税务司地位言之,不无过当。然保管内外债基金,尚属忠实。迩来周旋于南北之间,委曲以谋海关行政之保持,其用意亦可予以谅解。安氏去矣,继之者若何?南北当局对于继任者又若何?关于内外债基金及海关行政,所与人之信念又若何?此不独吾人所为悬念不已者矣。

天津《大公报》1927 年 2 月 5 日

安格联不能复职,各国无根据口头抗议
1927 年 2 月

政府于卅一日夜特别阁议,决定罢免总税务司安格联及税务督办

蔡廷幹职,此项命令于一晨四时始行发出,致本报未及登载,当于一日上午发刊号外,报告读者。现安格联业于四日到京,而新总税务司(署理)易纨士尚未就职。一日令下之后,英国公使蓝博森曾访顾维钧以口头陈述不满之意,然以英人继英人,则英对于个人地位问题,既无抗议之根据,亦无抗拒之必要。二日外交团会议,英使蓝博森曾提议各国共同提出抗议,终因各国态度不一,致无结果。昨日英、美、法、日、义、荷六国联袂访问顾维钧,外传亦为此事而来,但据本报所闻,则免安事,不过为附带之表示,而重在二五附税之征收问题也。闻政府既已免安,无论各国如何抗议,决不变更。易纨士之未即就职者,亦非因此,似为征收方法尚未确定耳。海关能否执行课税,现在磋商中。安格联向有太上财政总长之称,既握海关全权,又负保管内外债基金之责,操纵金融,左右财政,历来当局,无不仰其鼻息。而安格联之允诺,可以生死内阁。安格联之言动,又可以高低公债,虽安之滥用职权,有以致此,而官僚财阀迷信外人,实为主因,举国人心之愤慨,已非一日。此次当局毅然罢免,无不痛快。惟上海银行公会、钱业公会尚以金融恐慌,人心震动为辞,要求维持安之地位,是真别有见解者矣。安免职之近因,自为不肯执行征收二五附加税问题。当北京政府下令实行附加税时,曾累电召安回京,而安乃逍遥沪汉,而来电竟谓"据国民政府外交总长陈友仁面称……"。明白表示海关不能征收附税,在安以为向玩政府于股掌之上,其奈我何,乃不料此电大触当局之怒,立下免职令,而安时尚在京沪道上也。

北京《晨报》1927 年 2 月 8 日

税务处致安格联函

1927 年 2 月 10 日

税务事项,承阁下服务多年,经营擘画,勤劳足佩,惟阁下既已迭次表示归国意思,故予照办,以遂初衷。本处因念阁下前劳足录,殊堪嘉尚,应准于一年以内,仍予以总税务司待遇,以示笃念之意。此后如有所见,并希随时陈报,尤所厚望!

《三水梁燕孙(士诒)先生年谱》(下),第509页

《时报》的评论

1927年2月10日

　　政局虽静,然政府有一惊天动地之举措,即自动的罢免洋财神安格联之职是也。此事若只打官话,则安格联为中国所用之客卿,为中国服务,其职本得自政府之委托,则政府有任免之自由,然事实上则京中向有"总统易换,总税务司难摇"之言。去年某阁员虽曾说"使行政府职权,免其职务",不过一种反激之语词(因安不肯签保某券故),众竟不过说说痛快而已,而岂料不声不响,忽然迅雷不及掩耳。说者谓因安氏汉皋之行,有通南之嫌,为实力当局所怒,然实不如此之简单也。安以洋财神之资格,据洋迷信之优势,握财政金融之命脉(海关)十余年,其本国及其个人所获之利益,殆难数计,而于中国之利益,则算筋算骨,扣出扣入,毫不放松。年来司农仰屋,所赖者公债库券流转支持,而每一公债库券之发行,必赖此洋财神之大笔一签,金口一诺,始则签字,继只备案,后乃仅来函阅悉四字,有似前清之硃批知道了,后乃并此而吝之。此次年关,以安氏绝不帮忙之故,政府只可用完全靠帮之态度,向内银界发出二百四十万之库券,以致年关过度,为历年未有之窘况。安则遁出京华,逍遥事外,此关于财政方面者。若金融方面,则安亦为做买卖之一人。顾其做法,往往与内国金融界相背而驰,视公债之跌落,如秦越之肥瘠,金融界畏之而实恨之非一日矣。际此潮流所值,对外渐强,遂为财政、金融界所群起而攻,政府中诸西洋博士,又洞悉外情,以为行使职权,只免其个人,仍尊重条约,决无关碍,于是免安之命,毅然发下,又以洋税司既易人,则中国税督,亦不可不换。蔡廷幹之税督,历经政变,安若泰山,今以做陪客而下台,亦不测之风云也。蔡本患心脏病,得此意外,遂以加重,已入医院矣。罗文幹出身华侨,自告奋勇,遂为所得焉。

《时报》1927年2月10日

免安问题告一段落
1927 年 2 月

前晚之议决　前日午后五时半,关税会议委员会,在居仁堂开会,顾维钧报告免安之经过,并谓迭据内国银行界代表面称,安氏免职后,各项内国公债市价陡落,影响金融,牵动市面,实非浅鲜。同时据上海银行、钱业两公会来电,请收回成命等情。政府之免安氏职,原意在促成二五附加税之实行,现易纨士因英使之抗议,观望未敢就职,致迄今尚未通令各海关征收二五。目下外交内政因此事转多纠纷,不得不变通办理,惟政府既已下令,自难撤销,以损威信,拟由税务督办署致函安格联,以经手事件繁重,一时难以结束为辞,请暂缓交代,继续办理云云。安氏复函,则称因病亟宜休养,请假一年回国养疴,再由税务督办署函复照准,并派易纨士代理总税务司职权,以资转圜。当时汤尔和、罗文幹、王宠惠、王荫泰、颜惠庆等均表示赞成。

昨日之实行　关于安格联免职问题,其解决办法,表面上仍维持中政府之威信,不撤消安之免职命令,然实际则仍容纳英使之要求,由督办税务公署,以公函致安,请其暂缓交卸,以便清理经手事件。安氏接函后,即复一函,声明下列三点:

(一)遵命暂缓交卸。

(二)旧疾复发,须回国静养,恳请给假一年。

(三)在本人假期之内,请派易纨士代理总税务司职务。

税署对此,立予复准,并转咨院部备案。在政府则认为安之免职,与易之继任,事实上均已办到,可不必再事苛求。在安氏则认为自动的请给病假,与目前体面既无损伤,嗣后尤有复职之机会,故亦满意。其与税署往返之公函,业于昨日相互送达,易纨士并已决定本月十四日就任代职云。

《顺天时报》1927 年 2 月 12 日

安格联昨已办移交

1927 年 2 月

据路透社本京消息,安格联氏十一日已将海关及内外债基金保管事务,均移交易纨士氏,但安格联刻虽抱有回国之意,仍向后一年间,暂留于总税务司之任云。

《顺天时报》1927 年 2 月 12 日

安格联、张家璈①和北京政府

(1)安格联爵士被革职

在我谈到北伐之前(北伐因日本人在济南的干涉和宁、汉分裂而受阻),我想先谈谈有关导致安格联爵士革职这一插曲的某些情况。还在我任杜锡珪内阁财政总长时,为了安然渡过中秋节,我的内阁提出的建议之一,是用对奥赔款豁免部分作担保,发行一种债券。蔡廷干当时是海关的税务督办,安格联爵士是总税务司。内阁要安格联尽快从他休假的英国回来。我们向蔡催问他的情况。蔡说他已代表内阁给安格联发了电报,但没有回音。一天天过去了,仍得不到回答。我和整个内阁都很着急。最后,我们要蔡将军以海关税务督办的身份查询他不作答的原因。安格联没有回复蔡廷干代表内阁打的电报,但却回电答复了蔡将军本人打的电报,说他不能很快离开英国,但如一旦准备返回中国时,他计划去广州并访问武汉。我们得知这一情况后,让蔡将军告诉他直接返回北京,不要去广州和武汉。

正如我们下边就要看到的那样,安格联不立刻返回的原因远非其个人的决定。他给蔡将军的答复表明,他已从中国各银行得知政府实际上叫他回来的意图。他了解了当时的局势以后,就不回来了。我在北京也不断得到财政部各司司长传来的可靠消息,说我提出的发行短

---

① 亦作张嘉璈。

期债券的建议,没有可能获准,因为中国银行总经理张家璈已向安格联表明了其反对的意见,并建议他不要回来。我们是从银行本身得到这个情报的。财政部公债司司长长期以来就与中国银行友善;财政部还有另外几个人与中国银行或另外四大银行之一有联系。

这事发生于 1926 年秋至圣诞节左右这段时间内,也是英国新任公使兰普森爵士到达中国的时候。在他来到北京之前,还访问了汉口和南京,估计了南方的形势,得出了一个不利于北京政府的印象。旧历新年是政府另一关键时刻。政府急切地盼望安格联回到北京。我记得他是 1 月份的某一天回来的,当时我是总理兼外交总长,他和兰普森先后到达。我们感到他在讨好南方集团。作为仍属北京政府的一名公务员,他这样做是不应当的。为了安然渡过旧历新年,政府打算用对奥赔款作抵押发行债券。至于债券发行的担保问题,一般的做法是向中国银行的代表商谈。我记得我邀请了中国银行的总经理张家璈谈了一次话,他说,金融界历来的作法是,任何债券不管用哪一种形式以关税作担保,均须得到海关总税务司的同意。没有总税务司的签字作保,债券就不能在市场上出售。所以,他让政府去找安格联。于是我们与安格联进行了联系,他以不能令人信服的理由拒绝同意。如果我记得不错的话,他说的是:在当时国家分成两部分的政治形势下,他不能签这个字。这意味着,北京政府将因财源缺乏而垮台。我不知道他思想深处想些什么,但联系到早先中秋节时他拒绝给蔡廷幹以电报回答以及违反政府指示访问广州和汉口的事,政府极为愤慨,并决定将其革职。我们提醒蔡廷幹,他是安格联的直接上司,安格联应是在税务督办直接监督之下。蔡将军对政府的计划表示反对,并指出:这样骤然改变惯常的作法将会造成许多麻烦。他的说法未使我改变原意,整个内阁都同意我的意见,认为一个公务人员的首要义务是服从政府的命令,尤其是作为一个外国人,他应该知道他的地位特殊,无权使自己处于可以对政府施加压力的地位上。内阁一致同意将其革职,并公布了这项命令。

革除安格联海关总税务司的职务,在中国银行界引起了一阵忧虑不安。革职命令下午公布,第二天上午就在《政府公报》中刊登了。该日上午九时,中国银行总经理张家璈在其他三四家中国的银行头面人物陪同下来找我。我接待了他们,并问他们早晨来访的目的。张家璈是发言人,他极为严肃认真地说,他希望通知政府,革职令在中国银行界中引起了很大的震惊。根据他们的说法,革职是一个前所未闻的行动,在全国金融市场,特别是在上海,孕育着严重的后果。他想了解政府将采取怎样的行动,以对付这种形势。他扬言,中国银行界的意见是,如果政府不准备有效地应付局势,最好是辞职,让位于能处理局势、懂得如何立即采取有效行动的其他人物。

我对他有意制造严重气氛的企图及其威胁性声明感到意外的吃惊。虽然预料中国银行界反应不妙,但没有想到银行家们会像张家璈刚刚表现的那样,威胁政府到这等地步。我理所当然严肃而坚定地回答说,政府在决定革去安格联的职务时,完全准备好应付可能出现的任何后果。我说,政府的行动是合情合理而且是合法的。中国银行界对此关心可以理解,但是如果政府自己没有能力应付局势,威胁政府却不是银行家应该做的事。政府一定会知道应采取什么对策。我还告诉张家璈,他的语言很不得体,叫政府下台肯定不合乎银行代表的身份。

他说,早晨上海纷纷来电,对政府革掉安格联职务感到十分不安。这些电报还表示,上海商人想知道如果中国政府的债券市场发展至混乱的程度,政府打算怎么办。他继续说,中国债券市场实堪焦虑。他问我,如果中国债券市场发展至十分严重时,政府将采取什么办法。我告诉他,政府没有接到它驻上海代表的任何情报。我还告诉他,我的看法是,形势是否会恶化,完全要看各银行自己的举措。如果他们保持镇静并且尊重政府的行动(这是他们应当做的),就没有什么可怕的。另外,政府公职的任免是政府正常职权的一部分,所以我认为政府革除安格联职务这一行动,与其任免其它高级官员没有什么不同。张先生说我想必了解中国政府债券须根据安格联的保证来发行。他的去职,自然会使债券持有人失去信心。我回答说,政府举债不是以安格联的话而是以关余做保的。同时政府借债不是私人问题,一笔债券的发行是与关税收入紧密相关联的。他再次警告说,如果现政府决定留任,而不采取应急措施的话,就须对革职一事造成的全部后果负责。我对他如此无所顾忌和很不得体的话,感到惊异。我再次重复我在开始时说过的话,即政府完全了解这个显然仍不为他赞同的行动可能造成的后果。最后,我说各银行应该明白,如果他们以正确的看法来考虑形势的话,就能够设法避免任何不幸的发展。说完,我起身告退,因为我在外交部还有别的约会。这样,我就走了。

张家璈反对政府将安格联革职一事暴露了政府财力薄弱,也暴露了各银行和安格联的关系。中国政府发行债券已变得非常困难,只有中国政府接受各银行坚持的条件,才有可能办成。这个条件就是提出的任何债券都应经安格联同意,以其签字为准。这样,他对他签署的意见就负有责任,并在关余上注明用于归还政府的债款。这是中国各银行坚持的做法。政府每一次提议发行新公债,中国各银行都要在总税务司的庇护下,以求与顾客进行债券的交易中处于有利的地位,用这种办法取得他们的合法利益。安格联和中国各银行之间的合作,变成了这种情况:总税务司(安格联)在中国被看成是一位太上财政总长。中国各银行以这种合作为得计,而张家璈则是安格联和中国各银行之间联系的纽带。至于财政部,大家都知道,如果想得到足够的款项来维持政府开支的话,它就得唯命是从,按中国各家银行的吩咐去做。各银行所持的这种立场再次使我回想起我被任命为财政总长尚未到职时,有人对我敲的警钟。一个银行界的陌生人,特别是一个不听他们命令办事的人来当财政总长,可能是中国各银行的一颗眼中钉。

(2)外交界的反响

我突然退出在我家与张家璈及其同行的会见,是为了接见在北京的外交使团的代表们。到外交部不久,七国公使约见的电话接着就来了。接见不是在我的办公室,而是在外交部二楼的接见大厅里,这是因为有人通知我,他们七人是作为一个小组来的。我注意到,他们是兰普森爵士、马慕瑞先生、比利时的道依西先生,我想还有玛德伯爵、日本公使芳泽谦吉、荷兰的欧登科以及意大利公使。他们已经看到了《政府公报》上的革职令。我向他们问候,请他们坐下。因为他们表现犹豫,我就问他们前来所为何事。因为他们作为一个整体来此颇不寻常,所以看来这次来访必有什么特殊目的。兰普森爵士看着马慕瑞先生,意思是应该由他讲话。但是马慕瑞先生则说他希望兰普森爵士来代表他们说话。兰普森爵士说,他们来此是要问一下外交总长对安格联爵士革职这一不寻常行动的理由。我对他提问的态度感到有点生气。我说:"公使先生,我恐怕不能对你的问题作答。"他说:"为什么?"我说:"因为你问到的这件事,只涉及中国政府内部的事务,是政府正常管理的问题。可以肯定,你这是想干涉中国内政。"他当即否认有意干涉,说他和其同事们希望知道政府采取这种意外和不寻常行动的理由。我问他有什么资格向我提出这个问题。他说他在中国的地位我甚为了解,不知道我为什么提出这样的反问。我说,如果他以英国驻华公使这样官方的身份提问,我不能回答,因为这只是涉及中国政府的事务。他说,如果是这样,他要解释一下。他不是以英国政府的代表,而是以关税担保的中国公债持有人利益的代表提出问题的。他还说,这些持有人为数很多,而且外国许多银行也代中国政府大量发行债券,其中就有一些英国银行。我说,"因为你代表英国的一些银行说话,你的担心我可以理解。你要问理由,很简单,就是:'抗命'"。他问抗命是什么意思,请我作充分的解释。我说,"抗命"这个字是英国字眼,我肯定他完全明白。我说,他自己的政府以其良好的管理著称,凡是负责政府管理工作的人,无论使用何种语言,都可以理解这个字眼。他说,"抗命"这个罪名怎么会适用于安格联爵士呢? 他想从我口中得到正式的说法,他是怎么"抗命"的。我说,即使他代表英国债券持有人的集体利益,也代表出席的其他公使,即代表其他国家债券持有人说话,我也没有必要去解释政府为什么要革去安格联的职务。我已经说明了革职的理由,我认为这已经够了。我肯定债券持有人是会理解的。至此我表示还有另外的约会,结束了会见。

于是,我就离开他们回到办公室。这是一次不愉快的会见,但也使我了解到:即使他们振振有词地说是代表外国债券持有人,他们也没有什么好理由来干预这件事,特别是我向兰普森解释了政府对安格联爵士革职的做法决不会影响以关税作担保的公债的安全。我先离开,他们跟着就走了。

当然这件事并不就此完结,政府在免去安格联职务的同时,任命了易纨士。他多年来一直是海关秘书长的秘书,大家知道他在任职期间与英国公使馆有密切关系。兰普森手里有一件武器,就是阻止易纨士任职,以此对政府施加压力。蔡廷幹是海关的税务督办,是海关的直接上司。我让他催易纨士马上接受任命。蔡将军说,他已签发了任命易纨士的文件。易纨士本人是乐意的,但他明确表示,如无英国公使的批准,他不敢接任。兰普森明白地告诉他不应该接受此职。因此我让蔡将军十分直截了当地通知易纨士,他只在空缺期间代理一下,如他不愿意留在这个职务上,我们再找合适人选接替易纨士。虽然易纨士是海关的从业人员,但鉴于他和英国公使馆的关系,所以他的犹豫不决是可以理解的。从个人来说,他认为这个职务极其光荣,但没有英国公使的批准,他就有很好的理由迟迟不到任。并没有条约规定这个任命须经英国公使批准,但是,甚至在1900年以前,外交换文中就规定:只要中英贸易额在中国贸易中占主要比重,海关总税务司就应由英国人担任。

蔡将军坚持认为政府采取的行动是严重的,只要海关没有总税务司,只要易纨士不就任,就可能导致严重的后果。我问他:在这种情况下,他认为应采取什么方针最为妥善。他回答说,他想做出某种安排来使安格联留任。他提出的理由是,安格联爵士的革职不仅给海关造成了严重的局势,而且也使英国公使馆和中国银行界大为不满。换句话说,他感到十分不快,但又不知如何是好。他认为,除非政府找到某种出路,否则他不能应付这种局势。我认为他过于懦弱。他未能用正确的眼光来看待政府的行动,所以他就不能从非常的局势中把自己摆脱出来。我指的是关于中国银行界、海关和安格联。从长远来看，如果政府想维护其合法权威，就不应容忍这种局势。所以我向内阁作了报告，我们一致同意决定解除蔡廷幹的职务。他被解职显然是因为他感到十分不快并认为无能为力。司法总长罗文幹博士被任命兼代税务督办。

罗博士和我自己对形势私下作了讨论。他建议让大理院院长（即大法官）王宠惠博士向英国公使馆了解一下兰普森爵士是真的拒绝让易纨士任职，还是为了向政府施加压力而作出的策略行动。我让王博士告诉兰普森，易纨士的任命原系英国公使馆所推荐，而且他与英国公使馆有密切的关系。如他继续反对易纨士接受新的任命，政府将任命别人，替换的人选是梅乐和爵士。梅乐和是全海关资历仅次于安格联的人，故内定任命他接替安格联。但大家都知道因为梅乐和持独立的态度，他和英国公使馆的关系不协调，而让易纨士暂时代理，则可尽量避免与英国公使馆的摩擦。

王宠惠和兰普森的第一次会谈效果不大。但有一点很清楚：公使馆不接受对梅乐和的任命。换句话说，兰普森估计了形势，如果要在梅乐和和易纨士之间选择的话，他宁愿选择易纨士。但他仍对政府可能采取某种方式收回成命抱有希望。我对王博士说得很清楚，他也完全同意我的意见：撤消命令绝对不行。所以王博士告诉兰普森，安格联的复职是不可能的。但如他考虑另作安排，能使英国公使馆和债券持有人认为可以冲淡在海外的不良印象的话，王博士说他很愿意听听他的想法并报请政府考虑。

最后，内阁和我自己对英国公使馆的刁难很不耐烦了。几天以后，我们通知兰普森，在安格联革职的前提下，如他有什么政府能接受的建议的话，或可加以考虑。但总税务司的职位不能久悬，我们将通知易纨士于两周内到职。同时我以外交总长的身份通知驻伦敦代办陈维城就兰普森企图干涉中国政府的行政事向英方提出抗议，并试探英国外交部的反应。陈的报告表明，对兰普森为安格联的革职理由与中国政府争辩，英国政府持有不同观点。陈代办的报告给我的印象是：英国政府已经感觉到要中国政府废除官方命令是不可能的,倾向于寻求一种保存面子的解决方式。那时,英国政府已经知道我让王宠惠要兰普森撤回他反对任命易纨士的意见。最后兰普森同意易纨士接任新职,但他建议安格联保留总税务司的名义,改为离职一年,以缓和他被革职在海外所造成的影响。这是王博士和兰普森向政府建议的方式,我们认为不无理由,遂予以接受。随着易纨士的到职,这段插曲亦终于结束。

(3)结 语

政府将安格联革职,不是因他拒绝同意以对奥赔款作债券抵押而产生的怨恨或恼怒,而是经内阁一致通过的。内阁中我的一些同事还积极主张以此来打破中国银行界和海关总税务司的勾结;这种勾结是蓄意控制政府公债市场并企图加强和继续其对中国政府、特别是财政部的控制。安格联的革职遭到以张家璈为代表的中国银行界的强烈反对,但在全国却受到衷心的欢迎。中国舆论界一般都认为这是维护中国主权和中国政府权力的合法行动。这不是一时的冲动,内阁从各种观点的角度作了讨论,在完全明了这次行动的意义和可能发生的各种反应的情况下作出了最后的决定。我必须说,以国外舆论和有关外国政府的反应而论,这段插曲则更进一步加强了我的这样一种信念:只要中国立足于其合法权益的立场上,不管其行动在远东或在整个亚洲看来是如何引人注目或甚至令人震惊,也都将会在海外得到充分的理解。何况任何一个外国政府,如果它的官员像安格联一样行事的话,不论其职位多高,它也会像中国政府一样将其革职。

这件事未遇到太大麻烦就过去了。后来当我在二次大战期间在伦敦任中国大使时,年事已高的安格联,请英国政府与我联系,要求中国政府给他做一件好事,同意删去海关年报中有关他的官方记录中的"辞退"一词。这是一个需要极其慎重处理、也是一个相当令人同情的请求。我觉得很难办,因为对总税务司来说,"辞退"是一个事实,而且要在官方报告中改换这个用语将置政府于非常尴尬的境地。我说,不管怎样,我是驻伦敦的中国大使,对此事不再感到为难。这事是二十年前发生的,我将给财政部打个电报,把安格联的意见通知该部。所以我就给重庆的财政部打了电报。我想这是 1945 年的事。回答是否定的。我记不起当时的财政部长是谁了。

毫无疑问,易纳士要比安格联更为合作,而且也较为谦顺。易纳士是一个比安格联年轻得多的人,乐于和中国人接触,而安格联则习惯于独行其是,而且往往对自己职位的重要性颇为自得,不是因为这个职位确实重要,而是因为中国银行界的阿谀奉承。中国银行界人士把安格联看成是一个庇护者。每当政府拟用债券筹款,解决一些重要的财政问题的时候,张家璈就以能左右一切的地位自居,因为他有本事能使他所提的任何计划得到安格联的同意。换句话说,每当张家璈代表各银行与政府打交道时安格联总是给他当后台。这两人的互相勾结,当然加强了张家璈在政界的地位,因为当时国库被弄得如此空虚,以致没有一个政府不仰仗中国各银行提供财政援助,否则就难以长期维持下去,张对此完全了解。

政治形势的多变是这两个人权力的又一来源。内阁的更迭就像万花筒一样,有时甚至同一届内阁中财政总长也有变动。在这幅图画中,仅有的不变者,一是安格联,他作为海关总税务司处于政治浮沉之外;一是中国银行总经理张家璈。因为他和安格联的特殊关系,其他一些银行都唯他马首是瞻。

《顾维钧回忆录》第 1 分册,第 305—314 页

顾维钧:《颜惠庆自传》序

作者在自传中,有关列强侵越我国主权,及领土完整的记录,颇多启迪。在我国境内,除订约各国之人民得享受领事裁判权,及治外法权外,尚有前节指出之租借地,与势力范围等项。至于侵犯我国行政权之事实,尤难列举。缘于过去曾与英、法两国,交换通牒,致我国邮政、海关两行政之主管人员,须由法籍与英籍人士,分别充任。颜先生在自传中,曾经特别而有趣的提到首任总税务司之赫德,及继任之安格联。二

人均隶英籍。关于安格联之罢免,在我国外交史上,当时显属创例。此案经过,不妨予以补充,藉明原委。

彼时我适任国务总理,与内阁同僚咸一本宪法所赋予政府与总统的职权,作为施政的根据。一九二八年(民国十七年),正值安格联回英休假,而政府亟须筹措巨款,以应要需,决定以奥国庚子赔款项下余额,指供担保,在市场发行公债。此事在手续上,需要安氏来京办理。彼之休假期限,既已届满,我因嘱税务处督办去电饬其克期来京,无庸在广州、汉口逗留。盖当时南方革命政府已在武汉成立。关于税务处经过,颜先生在自传中亦曾提及,乃系清末唐绍仪先生为节制海关总税务司而设者。经过多日,伦敦迄无回音,因嘱税务督办再电催促,仍无结果。税务督办只得以私人名义径电相催。安氏随即复称迅将离英返华。数日后,报纸揭载安氏已抵香港,取道广州,而汉口,而上海。似此藐视政府命令,公然访问与北京合法政府敌对的革命政权中心,实属携贰。

根据内阁决议,我即颁布命令,免除安氏职务,并训令税务督办转饬总税务司公署之主任秘书英人易纨士暂行代理。税务督办对此一决议,虽不反对,然显示疑惧,深虑势将引起外交后果。嗣即向我报告易氏对于代理安氏遗职一节,颇为踌躇。我当即嘱彼不妨暂行兼摄总税务司职务,以便同时物色英籍适当人选。惟彼终恐与英国驻京公使发生外交纠纷,竟然自动辞职。政府遂明令税务处会办黄开文继任。

英国驻京公使对于此案的反应,确属迅捷。据报披于当晚即在使馆内召集与辛丑条约有关的各国公使会谈,翌晨彼等齐集外交部请谒。当我与各使相见于部内大客厅时,英使首先示意美使代表全体发言。嗣见对方迟疑,只好径向兼任外交总长的我,质询罢免安格联的理由。我因询彼以何种身份提出此一问题。据称系以英皇陛下政府的代表资格后,我立即告以既然如此,此事涉及我国内政,碍难作答。彼于是改称系以持有用关税担保之中国公债券的英国债权人代表资格发问。我告以安氏违抗政府命令,故被免职。岂知英使竟然问道"违抗命令"

（Insubordination）作何解释。我告以此一字义，曾在英国史课堂内，学自英籍教师，相信贵使对于此字意义的了解，必不亚于本部长。他正感尴尬，盼望同僚援手之际，我起立表示尚有来宾坐候请见，必须告辞。嗣易纨士终于接管总税务司职务；当然系出自伦敦的指示。而此案遂亦告结束。

此一事件，不过涉及政府内部行政，本不应引起外界注意。不期竟至掀起我们银行界的惊惶。在政府公报公布罢免安格联命令之清晨，银行公会会长特来官邸请见，称有要公相商。他说罢免安格联一举，"最为不智"，并述公会接到由商务金融中心之上海来电，纷纷报告我国公债市场紊乱不安的严重情形。他要求知道他所谓"最为不智"的政府措施，理由安在。并问政府对于此一不智之举，所造成之后果，将何以善其后。我当即告以政府的举措，事先确经深思熟虑，对于可能招致的后果，亦筹有妥善对策。他仍复强调声言，倘现政府无能应付彼所谓不智之举所引起的恶果时，当政诸人最好引咎辞职，让别人出来组阁，另谋补救。当时我正告彼实已逾越礼貌范围，失态殊甚，只好端茶送客。

《颜惠庆自传》，第4—6页

蓝普森①致张伯伦
北京，1927 年 2 月 4 日

在 2 月 2 日我的第 222 号电报中，我荣幸地报告说，1 月 31 日颁布了总统令，解除安格联爵士②海关总税务司之职，并任命北京总税务司署秘书长易纨士③代理总税务司。附该命令的译文。

2.我冒昧地认为，这明显证实了英王陛下政府的警告。英王陛下

---

①　M. W. Lampson，时任英国驻华公使——译者注。

②　F. Aglen，时任中国海关总税务司——译者注。

③　A. H. Edwardes，中国海关总税务司署秘书长——译者注。

政府近来不止一次警告华盛顿各国拖延履行华盛顿会议对华承诺所伴随的危险，即，英国宣布愿应允"立即无条件批准华盛顿附加税"，接踵而来的将是在几个星期之内英籍总税务司因拒绝征收该税被即刻免职，而各国未能同意开征要为此拒绝征税承担主要责任。

3. 现在，我尽可能简洁地叙述最终致使北京政府采取行动的一连串事件，该行动可能有两方面的最为严重的后果，一则关乎现行海关行政——我们的对华贸易主要依赖其顺利运转；一则关乎迄今为止海关为投资中国贷款的英国资本所提供的担保。

4. 在导致安格联被解除职务的一系列事件中，第一个环节形成于广州。其时，香港联合抵制事件于去年10月结束后，国民政府宣布，计划开征某些进出口附加税来筹集北伐资金。没有要求海关征收这些附加税，但是，请海关予以合作，为新设的附加税部门提供便利条件，诸如在海关安排一个房间供其使用，等等。税务司根据总税务司的命令对此予以拒绝，理由是有关缔约国尚未批准开征新的附加税。

5. 安格联在这件事情上的立场后来成为他被解职的直接原因，因此，可能概述一下这些命令基于何种考虑为好。它们是，海关作为中国政府的一个部门，依据中国与各国间缔结的条约所赋予的权力征税，并在完纳此等税款前扣留船只及货物。他们不可以向外国船只征收未经缔约国批准的税项，因为他们没有合法权力强迫缴纳。海关与中国对外贸易的关系完全以关税的合法性为基础。

6. 11月3日，有关各国驻北京代表正式通知外交部和广州政府，不能承认山东和广州政府对外国贸易所征的某些税项的合法性，从而支持安格联在广州采取的态度。

7. 该联合照会(可以提一下，广州政府对此拒绝接受)发出前的冗长讨论显示出：关于对该新税应采取的态度，尤其是附加税是否应由海关征收，有关各国看法迥异。日本人明确反对征收附加税，视之为非法；美国人准备默认，但反对由海关征收，理由是这相当于使之合法化。我们反对作任何正式抗议，那必定是徒劳的，除非以武力为后盾，而日本人和美国人都不准备动用武力。但是,我们认为,可取的做法是默许征收附加税并且由海关来征收,以避免建立一个并立的、但脱离了海关的独立征税部门。

8. 英王陛下政府于 12 月 18 日发表政策声明后,附加税问题被再次提交外交团讨论,当时的情况是,除日本人以外,所有的人都准备同意开征华盛顿附加税(大概是出口附加税,不过连提也没提),而且赞成由海关征收。可是,由于日本人的拖拉之策,外交部照会和 1 月 13 日宣布北京政府拟自 1927 年 2 月 1 日起开征华盛顿附加税的命令已经摆在面前的时候,外交团还没有作出决定(1 月 13 日命令见 1927 年 1 月 26 日致外交部的第 75 号快信)。经美国代办发起,详细讨论后起草了一份联合声明(1927 年 2 月 2 日致外交部的第 152 号电报),同意在"中国全境"开征华盛顿附加税,并建议由海关征收。这时日本再次拒绝保持一致,拖延并最终阻止了声明的发出,这样就失去了机会消除总税务司反对征税的理由。

9. 当北京外交团正在商谈时,在此期间,国民政府已经行动了。1 月 21 日,安格联(他已前往汉口以与国民政府接触,如果可能的话,搞清他们对海关是什么意图)通知陈友仁,他接到了北京政府征收附加税的强制命令。陈友仁对此答复说,如果海关根据北方政府的命令开征附加税,他的政府将立即控制辖境内的所有海关机构,并"摧毁现行(海关)行政"。得知这一威胁,我向我的同事们建议说,为了不让总税务司为难或危及海关,明智的做法是在我们的声明中避免提及海关,对此他们同意了。但是,如上所述,由于不可能取得一致意见,最终决定对外交部照会根本不予答复,不过,我后来亲自口头告诉顾博士,英王陛下政府当然同意开征附加税。

10. 这样就留下安格联与南北方政府独自作战。1 月 29 日,财政部致信税务处,提到总税务司拒绝征收附加税,并称,由于政府已决定由海关负责征收附加税,应指示总税务司行使政府赋予他的权力,相应行事。财政部还补充说,中国政府将对这一决定可能导致的任何后果负责。附信件副本。

11. 安格联还是不在北京,这把他的代理易纨士和我置于极其尴尬的境地。安格联来电报说他不能服从这些命令后,1月31日颁布了本信第一段所提到的命令。

12. 应该注意的是,批准征收附加税的命令没有提到由海关征税,而且有这种可能:要不是孙传芳元帅迫使其行动,考虑到总税务司的态度,北方政府愿意在各口岸建立自己的征税机构。孙传芳于1月初宣布1月21日将在上海开征新的附加税,并且让人们知道他会被迫"暂时"保留此税款作军事用途。北京政府显然希望以总税务司(在上海外国租界的安全庇护下)征税汇解北京来回击孙传芳的这一举动。(1月30日致外交部之第211号电报)

13. 一听到传说北京政府打算将总税务司免职,我就借当晚与外交总长顾博士会晤之机,警告他免除安格联职务会使海关面临的危险。为把事情记录在案,我交给他有关这个问题的一封信,不过他好像有点不愿意接受。附信件副本。这之后就是2月1日在外交部的会见,即命令发表之日。会见中,我尽可能以最强硬的言辞表达了我所确信的我的政府得到解职消息时的忧虑。(2月2日我的第223号电报。)北京政府卑鄙地对待一位可以信赖的老雇员,尽管我没有试图掩盖我对此的义愤,但我尽可能不详究事件的个人因素。但是,我清楚地告诉他,我认为他的政府采取的行动是对海关完整性的蓄意攻击,是对迄今海关所保护的中外利益的毁灭性一击。

14. 当天下午,我如约拜会了张作霖元帅(2月2日我的第225号电报),并在会谈中提到了安格联事件。张作霖元帅要说的只不过是,安格联是一位中国政府雇员,他故意违抗命令,因而被解除职务并任命另一位英国人担任其职,所以,海关不会有变化。当天晚上,我见了司法总长罗文幹博士,他已被任命接替蔡廷幹将军担任管理海关的税务处的督办。我与罗博士相识多年,能对他坦率讲话,不然是完全不可能的。我相信我令他相当震动。但是,那时当然为时已晚,补救不了内阁已经做了的事情。

15. 代理总税务司将安格联被罢免一事通知了外交团,2月2日外交团开会讨论。会上大家似乎一致认为,海关已陷入严重危险的境地,需要有关各国方面有所行动。我向会议通报了我已经采取的行动,略加讨论之后,大家认识到必须阐明我们在这件事情上的立场,原因在于,除了基于(海关)行政完整性这一较为宽泛的理由我们可能想要有所作为外,关于保证中国外债和赔款的偿付,命令中有现行[海关]行政不拟变更的声明,这使得有关各国必须进一步调查,然后才能决定他们在这个问题上的行动方针。比如,如果南方实施其威胁,北京政府打算如何维持这一项保证不受影响。关于这一点,可能明智的做法是得到他们的某种声明。根据我的建议,最终决定到安格联回北京才做决定,届时会安排他与我的同事们——不是作为外交团而是作为朋友,在我的寓所会面。

16. 预计安格联于2月4日上午从上海返回北京。在与他充分讨论之前提出我对我们未来行动方针的看法是不明智的。无论从哪个角度看都是危机四伏。假如安格联被解职有效,如果易纨士继任,他会发现自己面对的正好是导致安格联被解职的同样的陷阱。如果他拒绝接任,我们面临着任命非英国人的极大风险,那么,对[海关]行政的威胁依旧。已有传言说法国人宝道①将得到任命,他现任审计院院长及北京政府顾问。正是出于这个原因,易纨士按照我的意见,迄今没有向罗文幹表露任何不愿意接受任命的迹象。再者,我还不知道安格联自己拟采取的态度,而很多事情须取决于他的态度。因此,我重申,我在此时刻对我们接下来的行动方针发表看法就太早了。

17. 概括来说情况就是这样:在今天下午我的外交团同事与安格联讨论之前,所有的人此时都停顿不前。因外交邮袋收闭较早,很遗憾不能在本信中报告这次会议的结果。

---

① Padoux,法国人,北京政府顾问——译者注。

18.同时附上易纨士今天上午致罗文幹信件的副本。信中表明,如果南方口岸停止向中央财库递解其税款,北京控制的口岸拖欠其外债将在550万两以上。所以,看来有可能到头来北京政府会发觉,完全没有从其莽撞行动中得到好处,相反,他们很可能发现自己承担了力所不及之事。当然,除非他们拒付庚子赔款,或者行某些其他欺诈之举,他们完全能做得出来。我们必须始终记着,从中国事态发展的方式来看,中国人在目前的精神状态下没有底线。在这方面,北方人与南方人恰好是一模一样的动物,不过,说句公道话,到目前为止,北方人在与外国人打交道时,至少保留着国际礼仪的形式。

19.要是任何拥有在华利益的英国人明天到我这儿来征求意见,他是应该抱着战胜困难的希望留在这个国家,还是如果有机会就逃离,我会毫不犹豫地建议后者。

附件一:蓝普森致顾维钧

北京,1927 年 1 月 30 日

关于几天前晚上我们的谈话,我不断听到传言,说北京政府正在坚决要求海关尽力在全国征收华盛顿附加税。

没有理由怀疑,如果北京政府坚持尝试通过海关在他们未有效控制的地区征收附加税,其后果只能是,总税务司的地位难以维持并导致海关行政的分裂。

无须指出,英王陛下政府一直而且仍然很关心海关行政,不仅因为它是半个多世纪以来接连几任英籍总税务司逐渐建立起来的,或在此艰难岁月里它的有效运转为持续进行英国在华贸易所必需,而且因为关税乃外债和赔款中的英国份额的担保,而英国债券持有人在外债中拥有巨大的利益。我确信,如果北京政府的这一命令有上述的后果,英王陛下政府将深感忧虑,一想到不是以关税担保的其他英国对中国政府贷款现在违约,更是殊为忧虑。因此,如果这些传言并非空穴来风,那么,在作出任何不可挽回的决定之前,若阁下尽早提供会谈机会面呈我的看法,我将不胜感谢。随时听候阁下安排。

附件二:易纨士致罗文幹

1927 年 2 月 4 日

关于我们本月 2 日的谈话,事关通过中国海关在各口岸开征附加税的政府命令,尤其是关于您的保证,即,根据最近颁布的命令,不言而喻,如果海关征收附加税在那些目前不在政府控制下的口岸导致对海关的严重干涉,政府将承担全部责任足额清偿目前以中国海关关税担保的债赔各款,应您的请求,我附上一份报表①,列明了去年中央政府控制下各口岸所征税款以及必须用关税税款偿付的债务。

由该表可见,收入款项不敷支出之数在 550 万海关两以上。我还要说的是,去年的收入系以往历年的最高记录,不该设想这是正常的收入款项。我还得提出,外债和赔款的汇率按 1 上海两等于 2 先令 6 便士计算,但汇率因素应该是个未知数。

如您肯定知道的那样,中国与外国各国间的贷款合同明文规定,不得改变中国海关现制。鉴于政府打算采取可能导致严重破坏海关现行制度的行动,鉴于政府自己承担了付清所有外债的责任,我想请求您让我知道,政府拟用什么财源偿付外债不足之数,而且其担保还是缔结合同的各国可以接受的。

这个问题无疑需要内阁来考虑,因此,最好推迟我与您原定于今天的会见,尤其是我已经接到电报,说安格联先生今天上午才到天津。所以,以后我会与您电话联系。

BDFA,Part II,Series E Asia,Vol.32,pp.222-227

蓝普森致张伯伦

北京,1927 年 2 月 15 日

我已尽力把海关危机的各个发展阶段全部通过电报呈报给您。

---

① 所附报表略——译者注。

2. 在 2 月 4 日我的第 101 号快信中①，我谈到了安格联回北京之前的情况。从那以后又发生了很多事情。安格联于 2 月 4 日（星期五）上午抵京，当天晚上他来到我的寓所，与外交团全体成员会面，并与他们交换对时局的看法。您大概还记得，2 月 2 日的外交团会议决定，在安格联回京亲口解释他的情况之前不该有任何举动。在我寓所的会议上，我告诉同事们，我收到了您的第 102 号电报，同意到目前我所采取的行动，但是，关于我们未来采取的方针，您正在等待我的进一步建议。

3. 应领衔公使之请求，安格联接着做了清晰而庄重的陈述，表明自己被北京政府置于绝境。他们坚决要求他执行开征华盛顿附加税的命令，他们很清楚他不能够执行这个命令，因为不是所有有关各国都同意开征。北京政府也没有理由自称对安格联的处境一无所知，因为几个月前广州首次出现附加税问题时，安格联相当明确地表明了他的立场，而且当时北京政府完全理解。原则依旧，而今他被北京政府免职，原因是拒绝试图完成某件不仅不可能而且必定瓦解海关的事情，因为海关被置于这样的处境，即，知道不可以强行尝试，还要力图对日本货物和船只征收附加税。

4. 安格联的陈述效果明显。会议显然认为，海关的完整性受到威胁，必须有所作为加以挽救。不过没有人非常明白我们可以采取什么有效的行动，于是我提出建议以供讨论。我的建议是，我们可以先集中精力于征税命令，采取的方法是，事实上不可能执行命令，所以必须予以放弃。接着就会产生符合逻辑而且对总税务司公平合理的结果：他的免职基于错误的理由，应该撤销或改变 31 日的命令以官复原职。

5. 这个建议立即得到法国公使的支持，日本公使也坚决支持。葡萄牙公使毕安祺②曾在驻伦敦大使馆工作多年，也非常帮忙。遂认定外交团有正当理由根据我建议的方法向政府提出正式抗议，惟有一个

① 即前译 1927 年 2 月 4 日蓝普森致张伯伦之信——译者注。

② Bianchi，时任葡萄牙驻华公使——译者注。

微小的困难,即,只有美国公使说他必须先得到国内的全面批准。任命了一个小型起草委员会准备并散发拟议中的抗议书,其成员有领衔公使、日本公使和我本人。我们起草了抗议书,以特别坚决的方式要求撤销1月31日的命令和征税令。但是,那天深夜,美国公使马慕瑞来电话说,恐怕他不能赞同这种方式。第二天上午我见到他,最终他与起草委员会见面,我们得以在他的帮助下修订草稿,以使他未经国内事先批准就能够接受。这似乎特别令人满意,因为意味着如此地意见一致。我们打算下周初某个时间提交抗议书,但是,当天晚上(2月5日,星期六)易纨士来访,告诉我新任税务处督办罗文幹召他于第二天上午会面,届时他无疑会发现自己面对着一个明确的问题,即是否立即接管海关,而且,如果这样的话,同意即刻实施征收附加税的命令。所以,如果计划任何的国际行动,罗文幹应该在会见易纨士之前知道这个情况是至关重要的,因为这可能会使他放慢行动,而且更为理性。我立即打电话给领衔公使欧登科①,他同意把将要发生的事情告诉国务总理顾博士。事实上会见定在星期一清早(2月7日),撇开所有其他的考虑因素不提,这个时间也证明是幸运的,因为随后不久美国公使便接到国务院的训令,禁止他参与即使是重新起草的抗议书——我秘密搜集到这样的情报。可是,接到这些训令时,他已经行动了。

6. 我希望外交团集体前往外交部,但是,选定的小国的代表没有到场,原因不明。这样,代表团由领衔公使、法、日、美、意公使和我本人组成。领衔公使向顾博士递交了抗议书,并初步阐明了我们所担忧的危险。在我们看来政府的行动必定会对海关产生影响,我们几个人依次以最坦率的方式谈了我们对此的忧虑,只有意大利公使没有发言。我们不仅强调不可能征收附加税,而且强调在这个没有统一的时候海关的任何变化必定对南方产生的影响。自始至终,我们说得很清楚,我们的谈话是为了我们自己的利益,同样也是为了中国作为一个整体的利

---

① Oudendijk,时任荷兰驻华公使兼领衔公使——译者注。

益;我们认识到北京政府因其考虑不当的行动而被置于困境,但我们完全愿意帮助政府找到出路摆脱困境。

7.顾博士似乎被我们说得有点不知所措。但是,他尽力坚持安格联被免职不是因为未能执行征收附加税的命令,而是因为全面抗命。我得就此打断,我说,他不必指望我作为英国公使会默认这种含糊其辞、没有实质内容的指责,但是,现在我作为国际代表团的成员,在此时此地不想就这个问题多说什么。现在的代表团只是就其对海关行动的影响来关心安格联的个人问题。顾博士在争论中远不如平常能言善辩,我的印象是,他开始认识到政府行动的愚蠢,而他本人对此负有主要责任。

8.我正在考虑进一步行动,第二天(2月8日,星期五)王宠惠博士来访。虽然他并非现政府的实际成员,却是一位具有巨大政治影响力的人物,而且与现政府成员很接近。王博士以中国人惯常的方式来看看,他作为中间人,能否找到某种令各方"保全面子"的解决办法。所以,我必须作出决断,是坚持要求收回1月31日的命令并恢复安格联的职务,还是谋求妥协,我选择了后者。我的理由是,第一,我非常怀疑撤销成命是否会成功,因为我的同事中几乎没有人准备支持我作此要求;第二,如果我确实成功了,政府几乎肯定要垮台,而且会声称此举乃外国、尤其是英国行动的结果;第三,我必须考虑海关总税务司的继任。如果我的尝试失败了,可能还殃及于此。因此,我退向和解一方,我告诉王博士我准备施以援手。同时,我非常激烈地谈到以卑鄙的方式对待安格联。安格联为中国服务30余年,其中17年担任责任重大的海关总税务司,甚至于连申诉的机会都没有就被解除了职务。对待安格联还不如对待一条狗。这对所有的外国人都是个教训,知道现今中国人十足的忘恩负义,没有任何公平感。把这以及其他许多这类怨气撒到他身上以后,我们转入正题。我要求准许总税务司"休假"一年,他坚持这个措辞不可能,这与命令用词的冲突太明显了。我说,如果这样的话,就由他这位资深律师想出某些可供选择的说法。但是,让他记住这一点:总税务司决意愤然离开中国,除了收回成命(只要这样)会使他留下以外,中国政府没有什么可以做、可以说。所以,依靠任命他为"顾问"或此类职位这种中国人的老一套计策是没有用的。

9. 王博士离开了,随后不久又拿着一份方案回来,我附上副本以供备案。我马上拒绝考虑,因为不可能接受,但同意给安格联看看。安格联立即予以拒绝。最终我让他们两人会面,进行了坦率的讨论,此举消除了误会。第二天上午(2月9日)王博士回到我这里,说他急于找到我不是那么反对的其他方案。长话短说,最终起草了一封税务处致安格联的信,信中提到了他广为人知的愿望,即勤勉忠实服务多年后希望回国,税务处应允满足他的心愿,并称一年假期期间仍给予总税务司待遇。安格联同意了,内阁亦然。当天晚上(2月9日),局部略加修改后,由税务处将此信送给安格联。附最初草稿及最终递送信件的副本。原信系中文(一道附上),所附译文是在本公使馆准备的,是非正式的,中文是原始文本。虽然安格联将权力移交给易纨士,但仍以海关总税务司待遇名列"海关年报"一年,这一点作为协议的一部分,说得很清楚。

10. 为这个问题已经连续工作几天了,我真是着急,希望达成解决办法,并准备报告给外交团的同事们,为此已经把他们召集起来了。这时,出现了新的复杂情况,但遗憾的是并非出乎意料。就在我要去开会的时候,安格联带给我一封汉口税务司的电报,报告说,陈友仁发表声明称安格联被免职给海关带来了一场变革,他必须就此与南方政府同仁磋商。在外交团会议上,我们就此进行了讨论,但没有人提出任何建议;最后决定唯一要做的是:据知王博士与南方人有着极为密切的联系,由我以外交团的名义,力劝他运用力量让南方人相信,事实上海关没有作出新的任命,以使他们不要给刚刚达成的协议添乱。在我与王博士会谈时,我还将补充说,外交团认为,与此同时,在笼络好南方之前,北方不坚持安格联到易纨士的实际权力移交是明智的。

11. 我见了王博士,告诉我的消息,起初他表示愿意按照建议行事。但是,他离开后不久,罗文幹博士来访,他处在近乎歇斯底里的状态。他声称,我在背弃与内阁的约定。如果安格联不立即移交权力,他(罗博士)和政府的地位都将不保。总的来看,举止狂暴而激烈。我让他停下来,告诉他,如果他这样说话,我不能继续讨论。我让他明白,我们的建议本身很是合情合理,但是,如果内阁不予采纳,我会要求安格联明天移交权力。罗文幹博士离开时的情绪没有来时那么激动,他保证竭力使移交推迟 48 小时,好让王博士有时间向他汉口的朋友做工作。但是,1 小时后王博士回来说,内阁不允许他采取任何行动。因此,当天夜里和安格联一起进餐时,我告诉他,依我看他应该立即移交权力,否则,处在这般心理失衡状态下的政府,可能收回易纳士代理总税务司的任命,那事情就越发糟糕了。

12. 2 月 11 日安格联移交了权力,我附上同日易纳士宣布就任总税务司职务的信件副本。

13. 哪怕啰嗦一点,我也认为需要把这个不幸事件的发展过程详细一点记录在案,否则,可能难以明了和理解我这样处理事件的原因。在往昔的岁月里,无疑会比较容易采取更强硬的行动。但是,现在不可能使用这些办法,呼呼砸桌子的年代已经过去了。另外,这桩难事的整个过程中,我头脑中始终不清楚英王陛下政府准备走到什么地步。尽管本来我强烈怨恨以严重不公的方式对待安格联,而且仍然怨恨,但是我不得不始终提醒自己,他毕竟是中国政府的雇员,而且,我的主要立足点与其放在错误解职上,不如放在对海关的威胁以及对中国以关税税款担保的合同债务的几乎不可避免的损害上。不过,正如我在电报中表明的那样,在与顾博士会谈时,事实上我谈到了错误解职的问题。

14. 我认为中国政府对安格联的主要不满之一,是他未经他们允许即前往汉口,并在那里开始与北京视为叛逆的南方政府会谈。关于这一点,请您参阅安格联在 2 月 11 日给我的信中所说的情况(附副本)。我本人认为安格联前去汉口的行动没有什么错。他面对着汉口严重的海关危机,并且有理由相信,他单枪匹马即可解除危机。海关系中国的全国性机构,安格联希望以他的到访挽救海关免被南方分裂。就南方而言,他的来访似乎是成功的,所以,这竟然会导致他因北方的怨恨而被迫辞职,真是命运的嘲弄。

15. 安格联的行动有一个方面或许是不明智的。他本来应当早些回来面对北京的风暴。我一听说将要发生的事情就警告了易纨士,请他发电报催促安格联尽快回来。出于某些我不了解的原因,他没有这样做。后来,我直接给他发电报命令他务必回来,最终他照做了。但是,即使那时,他还是从上海走海路而没有乘坐快得多的火车,这样花去4天时间。因此,依我看,他本人至少在某种程度上要为所发生的事情负责任,因为他没有回北京为自己辩护,待他回来时木已成舟。北京政府再三发电报命令他马上回来,他无视这些命令,无疑是认为如以往证明的那样,命令大多是吓唬人的。但是,当我和他自己的秘书长都给他发电报时,我认为他本应以最快的速度返回。

16. 目睹安格联离开中国,最难过者莫过于我。安格联是中国的忠实雇员,从某种角度看是太过忠实了,因为只不过出于拯救他所服务的国家的愿望,他同意为国内公债提供担保。他的这一举动常遭非议,但是,无论如何,他从事着令人钦佩的、责任最重、难度最大的工作,为此我们都得感激他。我相信,不仅海关全体成员,而且无论任何国家的全体在华商界都会把他的退职视为一个重大损失。

BDFA,Part II,Series E Asia,Vol. 32,pp. 235-238

安格联致蓝普森

1927 年 2 月 11 日

关于您今天的信。对您的四点回复如下:

1. 我汉口之行的目的,是处理那里因工会行动而导致的严重的关员危机。

2. 总税务司在中国的行动没有限制,也没有总税务司向北京政府——作为一个政府——通报此类行动的惯例。总税务司自然必须与税务处商定离开及接续手头工作事宜后才可以离开北京。我与当时担任总务处督办的蔡廷幹将军商定好了,并告诉他,和他就这个问题达成谅解后,我打算和平常一样出公差。当然,我告诉蔡将军,我想要去汉口,而且我们都认为那个时候最好不公布我的目的地比上海还远,因为我的行动可能被误解。我在途中时,租界的暴乱以及九江的骚乱导致海关遭到严重洗劫,关员们不得不上船。听说了这些动乱,知道它们会加剧关员危机,而这正是我离开北京的主要目的,我决定尽快继续前往汉口。我离开北京时,附加税问题不严重,6周前我警告过政府海关不可能征收附加税,并给出了我的理由。我经常和税务处讨论这个问题,关于海关的态度,我和我的上司意见完全一致。

3.实际上,我听说了北京政府决定在1月31日(即命令发布之日)对我采取激烈的行动。我是这样听说的:你给巴顿先生的电报,他给我看了副本。从我自己的职责出发,我只能说一场严重的危机即将来临。我尽快离开了上海,那是2月1日,并于2月4日抵达北京。

关于移交职责,我未与中国人联系过。昨天夜里你告诉我那些情况后,我不抱任何希望了。实际上,在我签署致税务处的信件时,处里的一名代表正在拜访易纨士,劝说他接管。易纨士只是告诉他们,他正在接管的过程中以及我给处里的信已经发出了。

BDFA, Part II, Series E Asia, Vol. 32, p. 240

蓝普森致张伯伦

北京,1927年2月15日

在我今天的第133号快信中①,我尽力叙述了导致安格联从海关总税务司实职退下的种种事件。

2.估量一下安格联退职的总体影响可能是饶有趣味的。就英国利益而言,可能毫无根据地总是以为协定就会继续有效,而且不会被南方

---

① 即前译1927年2月15日蓝普森致张伯伦之信——译者注。

政府的行动所打乱。

3. 目睹安格联离开中国,尤其是在这样羞辱、令人恼怒的气氛中离去,我很难过,而且没有人比我更难过,尽管如此,可我不能不怀疑,从更宽泛的角度看,我们是不是失败了。因为,说人们都知道安格联久已盼望离开中国,主要是对继任职位的担忧使他没能早些成行,这个说法并不是对安格联的责难。正是出于这个想法,安格联选中了易纨士,把他带到北京,在职位空缺时培训他。但是,当这个时刻真正到来的时候,是否会提出某些其他人选始终是个问题。

4. 诚然,根据1898年2月13日总理衙门照会的条款,只要英国对华贸易超过他国,就一定任命英国人(担任总税务司)。但是,这一权利现在是否还能够保持,至少这一点是可以争辩的。对我来说,我一直担心最终我们可能发现自己面对着日本任命本国人的要求。无疑我们必须反对这一要求,但是,我承认我不愿意出现这样的情况。现在,随着事态的发展,继任问题已经解决,而且(假如南方不打乱),易纨士已在全体外交团——尤其特别的是日本公使也在内——的全力支持和拥护下得到了总税务司的职位,尽管是暂时的,同时出于其他原因只是代理。在我看来,这是过去几周所发生事件的第一个、也是最重要的结果之一。

5. 我想提请关注的第二个结果是,为了打消各国的疑虑,并如其所愿不给各国提供抗议的合理借口,北京政府以命令的形式主动重申其偿付关税担保贷款及其他还本付息的义务。未来数月里这一重申可能非常有价值。

6. 第三个结果在某种程度上与第一个有关联,涉及到易纨士的个性。我不是很熟悉易纨士,因为从前我在这里的时候①他在战争期间离开去了法国,所以,他离开中国以前我根本没有见过他。但是,根据我到任以后对他的了解,他似乎是一个机智稳健、拥有中正判断力的人,完全有资格担当现在意外承担的责任重大又微妙棘手的职责。除

---

① 蓝普森1916年来华,易纨士1903年来华——译者注。

了其他条件以外,易纨士还是个具有幽默感的人。我当真认为在中国目前的形势下,这一点几乎是必不可少的,可以保护他的身心健康。易纨士有相对年轻的优势,如果一切顺利,他的任命该会使我们以后许多年都得到总税务司的职位,而这本身就是一件大事。

7. 还有一个结果我提请注意,在与王宠惠博士会谈时(我以前的快信中有记录),有一件事我说得很清楚,我再也不可能同意把国内公债托给海关总税务司。对此,王博士令人吃惊地欣然同意了,我也这样告诉了易纨士。但是,王博士目前并无官职,因此,是否会得到某种官方保证仍有待观察。为此我一直在询问王博士(见所附给他的两封信的副本)。他差不多已经保证,但是,在这个国家没有什么事情可以是理所当然的。如果我们能让这一点正式记录在案,在以后会是很重要的。

8. 最后要说的是,一直有这种可能性,即事情的结果也许不是目前看来可能的那样,而且南方可能会分裂海关。如果他们这样做了,我们始终要记住,根据我们与北京达成的协定,安格联还要名列“海关年报”一年。在那期间可能会发生很多事情,我认为很可能把安格联和海关绑在一起的这一线联系被证明是很重要的。

附件一:蓝普森致王宠惠

北京,1927 年 2 月 10 日

外交团今天上午开会,考虑所建议的海关总税务司问题的解决办法。

我将在会上告诉他们,在我们的会谈中,您向我保证中国政府打算不再以关税税款担保发行国内公债;其次,政府拟撤销由海关总税务司征收附加税的命令。但是,目前我们的会谈都是非正式的,我的同事们可能想要确切了解,中国政府会正式采取什么措施处理以上两个问题。劳驾您尽快让我知道中国政府对该两项事宜有何举措。

附件二:蓝普森致王宠惠

您大概还记得上周我写给您的信(见我 2 月 10 日的信),我和你一直在就弗郎西斯·安格联爵士离开中国的愿望讨论海关问题,我的信是关于其中所出现的两个问题的。

我认为,通过政府发布命令,由海关以外的某机构征收华盛顿附加税,一个问题已经得到处理。关于另一个问题——总税务司对于国内公债还本付息的责任只限于现在已有的国内公债——我想了解一下,政府拟采取何种措施落实你已代表他们作出的口头承诺。我已经将您的保证报告给我的政府,我还想有该保证的某些正式记录用于以后参考并提交给我政府。我确信,我的政府会因为您一直能给我保证而大感宽慰。

BDFA, Part II, Series E Asia, Vol. 32, pp. 241-242

安格联致蓝普森

北京,1927年2月11日

我在第3749号通令中说过,我会采取行动,向海关说明导致我突然交出职权的种种事件。这些事件紧随先前半官方通令中所表达的看法而发生,想必会令许多人惊愕和诧异。我还认为,把我所知道的事实详细一点地记录在案,对海关和我本人都是理所应当的。

2.首先,我想说一下附加税,因为我对这个问题的态度是中央政府迅疾行动解除我职责的表面理由。当广州政府为了筹集资金收拾那里的罢工和联合抵制局面,决定向外国货物征收附加税的时候,我就得出这样的结论:除非首先满足以下两个条件,即,其一,必须通过某种协议程序使国际上承认附加税为合法税项;其二,广州政府必须表明他们希望由海关征收,否则,如果海关负责征税会危及这个机构的安全。这些条件一个都没有履行,各国最初的抗议仍然有效,而且,最近我在汉口时,国民政府通过其外交部长之口,以最明确的措辞通知我,在广州从一开始根本就没打算允许海关直接插手附加税,并且,在中国任何地方这样做都会被视为战争行为。各国方面,有某国不理解我关于上述第一个条件的态度,所以我草拟了一份备忘录加以解释,附上副本供您参考。为了赶上外交邮袋,备忘录口授得很匆忙,但足以解释清楚。结束这一部分叙述时,我唯一必须说明的是,早在去年 12 月 9 日,当时北京政府正在考虑征收附加税,我就有机会向财政总长和其他高级官员非常清楚地解释了海关必须避开的理由。自始至终,直到 1 月初动身南下之前,我和税务处督办在这个问题上意见完全一致。不言而喻,无论政府决定采取什么行动,海关都得避开。我离开了北京,一点也没有想到在我离开期间附加税问题会变得如此尖锐,或是会把海关和我本人卷入一场危机。

3. 我必须去往汉口,因为那里的工会活动致使去年 12 月出现了严重的关员困境。我去汉口税务处督办是知道并批准的,而且我认为,我发挥了作用帮助税务司消除非常严重的危险。我在汉口时必定要与政府成员讨论海关问题,因而和他们有了私人交往。我认为这对于消除过去的误解、发展以后的良好关系都大有裨益。正是在其中的一次会谈中外交部长提出了附加税问题并发表了我提到的那个声明。

在汉口时,我第一次接到通知,说中央政府打算早日由海关征收附加税。海关问题解决那天我离开了汉口,打算去南方的口岸。1 月 28 日,我在南京得到消息,说正在通过税务处向海关发出 2 月 1 日开征附加税的断然命令,所以,我决定立即返回北京。1 月 31 日,我在上海第一次得知政府想要因不执行命令处分我。解除我职务的命令的日期实际上就是 1 月 31 日,2 月 1 日,通过来往于上海和大沽间的英国皇家学会"平庆"号(Pingching)上的无线电报,我接到了这个消息。短短的4 天时间里危机完全难以控制地迅速发展。1 月 27 日写信时,易纨士没有给我理由认为需要惊慌。我认为,有与海关或我本人无关的原因促使政府仓促行动,这是毫无疑问的。

4. 我于 2 月 4 日抵京,发现政府认为随着命令的颁布职权已经转移。所以,我必须解释,未经正式交接,这个机构以及历届政府委托给我的许多职责是不能移交的,而我需要必要的时间交接。于是产生了僵局,来自各方面的反应只是使僵局更加严重。这不仅给政府,而且也给被任命的我的继任者造成困难,迫切需要从中摆脱出来。在此我想以最雄辩的言辞证明,在我离开期间和回来以后,易纳士处理他那方面极其困难的局面时所具有的忠诚、智慧、机智和能力。在这种情况下,政府做了中国政府以往经常做的事情,他们要求总税务司为他们找到摆脱困境的办法。命令自然是个绊脚石。经与政府代表多次讨论后,确定了我的退职安排,这您已经知道。在所有这些谈判中,如果可能的话,我必须加以引导以防止海关的分裂。政府默认放弃命令另作安排,这样承认了我拒绝征收附加税是正确的,可是太晚了。

5. 最后,如果允许我以更私人化的口吻结束本信,我想向海关表示:我很遗憾在这个关键时刻被迫放弃领导权;要是安排我离开的方式可以更合乎这个为中国良好服务 70 年的重要机构的尊严就更好了。在我主政的 17 年里,海关迭经变迁,克服重重危难,所幸有过去和现在海关成员的忠诚合作。对于所有支持、帮助我担负重任的人们,我谨致以衷心的感谢。

BDFA,Part II,Series E Asia,Vol. 32,pp. 258-259

蓝普森致张伯伦

北京,1927 年 2 月 15 日

过去几周导致安格联退职的种种事件中,值得注意的特点之一,是日本对海关的态度。

2. 从我来到这里,我第一次发现日本公使不仅支持我,而且甚至很突出地亲自出马。不用说对此我已经尽表谢忱。

3. 由于这个原因,我和安格联、易纳士都谈了一下海关中的日本代表问题。长久以来,这是个令日本人有点难堪的话题。在我看来,是做些事情满足其愿望的时候了,而且我们可能借此一石二鸟。因为,如果打算最终把海关保全下来,我们在没有办法时能够寻求日本人的实质性帮助是必不可少的。所以,日本对这个机构越感兴趣,到时候她采取坚定立场保全它的可能性就越大。

4. 经与安格联和易纳士谈话,商定把易纳士空出的秘书长一职提供给岸本①,他现在是大连的海关税务司。因此,几天以前我就得以告诉吉泽正在研究此事,他显得非常高兴。

5. 这一任命后来由安格联正式通知吉泽,岸本立即离开大连到北京就任新职。

BDFA,Part II,Series E Asia,Vol. 32,pp. 242–243

马慕瑞致国务卿

北京,1927 年 2 月 5 日上午 9 时(上午 9 时 25 分收到)

编号 114。关于我的第 104 号电报(2 月 1 日下午 5 时)。

1. 有关外交代表昨晚举行会议,安格联在会上说,两个月前第一次讨论由海关征收附加税时,他就与财政部、税务处以及其他有关金融当局的官员们进行了商议,并使得他们同意他的论点,即,海关实际上不可能对抗着任何缔约国的异议征收附加税,比如来自日本的异议。此后赴汉口公干时,陈友仁②告诉他,如果海关在任何时间、中国的任何地点开始征收附加税,国民政府将视之为"一种战争行为",并将尽全力"捣毁"海关,尽管他们了解海关对中国的价值,不然的话,他们会急于保护海关。其后不久,还是在南方期间,还是那个曾经承认不可能由海关征收附加税的北京当局通知安格联,他必须让海关征税;因此,两天后,没有机会作进一步考虑,安格联就接到通知,他因未能执行该命令而被免去总税务司之职。

2. 安格联解释说,命令的结果是要把在任何口岸(或许大连除外)都不可能顶着日本的抗议而履行的职责强加于海关,而且,尝试执行这些职责将立即导致国民政府当局所辖口岸海关的分裂。任何继任者(原文件注:此处明显漏字)必定面临着导致他被解职的同样的窘境。安格联进一步指出,北京当局任命继任者,此举本身就向国民政府当局

---

① Kishimoto,日本人,大连关税务司——译者注。
② 陈友仁系汉口国民政府外交部长——原文件注。

提出了一个引起争论的问题,并且同样必定导致海关的分裂。

3. 外交代表是否准备向北京当局提出任何形式的抗议,以劝阻他们不要采取对中外利益同样如此有害的行动方针,关于这个问题,英、法、意、日公使——日本公使甚至更加强调——宣布,他们为达到此一目的,愿意合作采取任何切实可行的行动。我暂时保留看法。其他代表宣布若取得一致意见他们至少愿意合作。任命了一个委员会起草该抗议书的主要内容。今天我和委员会进行了磋商,为的是制订出声明和行动方针,据此能够根据您的指令合作参与对中国人的抗议,抗议的基础不是权利,而是共同利益,即,避免外贸和中国财政安排的利益蒙受重大灾难。由于此番商议的结果,领衔公使正在向其同僚建议,他马上前去拜访顾博士①,愿陪同者则共同前往,他们代表所有有关公使,力陈坚持这个将证明是灾难性的行动方针是不明智的。首先强调,明智的做法是说明张作霖找到某种办法,避免必须执行给海关的征收附加税的命令。其次,为了强迫南方表示态度,希望找到办法避免按照命令立即罢免安格联。关于与顾的商讨,建议递交给他如下措辞的备忘录,该备忘录可以帮他接下来把事情提交给张作霖:

"有关政府的外交代表已注意到1月31日解除安格联海关总税务司职务的总统令,被迫做出以下声明:

首先,此一解职起因于这个事实,即,对外国进口货物征收没有条约依据,而且并非所有有关政府均予批准的某些税收,总税务司确确实实不可能执行征税的命令。试图执行这样的命令正是对海关的存在和行使职责构成的威胁,从而影响到所有外国的贸易并损害中国契约债务之担保。

为了外国的利益,同样也是为了中国的利益,这个威胁使得废除或彻底改变上述命令是至关重要的。上述外交代表认为他们不得不敦促这样做。

---

① 顾维钧,北京政府总理兼外交总长——原文件注。

其次,他们希望唤起注意华盛顿会议代表团所做的声明,即'中国政府不打算实行任何可能干扰现行中国海关行政的变革'。

现任海关总税务司因未执行不可能执行的命令而被突然解除职务,很明显,结果必然是该声明所防范的这种干扰。

因此,别无选择,唯有要中国政府遵守其诺言,一位可靠的政府雇员因他所不能控制的原因被解职,要力劝中国政府不要因为这样做制造此等干扰。"

4. 中国银行副总裁张嘉璈今日来见我,他使我了解到,尽管中国银行界担心公开化,但他们正在打算尽可能强有力地发挥其影响,以防止他们认为的海关机构分裂必然带来的灾难,虽有派系妒忌,但海关迄今仍得以保持可在全中国行使职能、并代表中国整体之唯一行政机构的地位,而且,海关始终是中国金融和中国对外贸易中唯一的稳定因素。他们这个行动的目标同样是找到某种办法,使张作霖及其派系在内阁中的下属能够不失面子地使征税令和免职令无效。

FRUS,1927,Vol.2,pp.458-460

凯洛格致马慕瑞

华盛顿,1927 年 2 月 7 日下午 3 时

编号 50。关于你的第 114 号电报(2 月 5 日下午 9 时)

我不希望你参加你在电报第 3 段中所说的这种抗议。

FRUS,1927,Vol.2,p.460

马慕瑞致国务卿

北京,1927 年 2 月 8 日下午 2 时

编号 122。关于我的第 114 号电报(2 月 5 日下午 9 时)

1. 昨天,在英、法、意、日公使和我本人陪同下,领衔公使拜访了顾,在友好但极认真的讨论过程中,领衔公使指出了所有外国代表对海关机构分裂的担忧,他们认为如果政府打算坚持目前的方针,海关的分裂

是不可避免的。至于我本人则强调说,尽管无权干涉中国内部的行政事务,但我感到至为焦虑,唯恐北京当局因强行处理有关海关职能的问题而造成海关的毁灭,那对中外利益都会是一个灾难,而且,尤其会给中国的对外贸易制造混乱的局面以及数不清的摩擦点。

2. 起初他的语气略带傲慢,称"中央政府"能够处理这种行政小事,没有必要惊慌,而且全然不顾海关发现它不可能执行北京政权这些命令的实际情况,尽管如此,在全面讨论的过程中,顾承认了解到一个重要的新情况,即外国代表确信,如果海关打算试图为北京征收附加税,国民政府真的会损害海关行政的完整性。他宣称,北方政权懂得海关必不可少,真正想要维护它。他说,根据这个意想不到的新情况,内阁将重新考虑整个问题。稍不留意他还透露说,北京政权实际上已经在考虑取消其仓促的行动,即我在第 104 号电报(2 月 1 日下午 5 时)中所报告者。在答复中他对于我们友好、有益地讨论问题表示感谢,并重申"他的政府"认为必须维护海关。

3. 我和我的同事们的印象是,顾认识到采取了愚蠢的行动,而且实际上欢迎以我们的抗议作为不丢个人面子地要求重新考虑的依据。这个推测与以下情况相吻合,即先前的晚上他私下派调停人来询问我对此问题的个人看法。我推断出,整个问题起因于不负责任的幕僚劝说张作霖,通过让海关征收附加税,他可以把名为下属实为对手的孙传芳目前在上海收入的很大部分(约占全国的四成)的税款弄到手。多亏了中国银行家施加的压力——海关的分裂对他们是灭顶之灾,现在开始明白:剥夺了海关全国性的特性,使之屈从于控制北京的某个军事集团,这样的尝试将是杀鸡取卵。

4. 刚刚收到您的第 50 号电报。我很遗憾已经采取了不符合您的要求的行动。没有从您先前的训令,特别是您的第 286 号训令(1926年 11 月 29 日下午 1 时)推断出:您希望我除了作为正当权利拒绝干涉这一点以外对海关采取不干涉态度,也不承担维护海关的责任。

FRUS, 1927, Vol. 2, pp. 461–462

马慕瑞致国务卿

北京,1927 年 2 月 21 日

编号 935。

我荣幸地谈及我的第 156 号电报(2 月 19 日下午 3 时),关于任命大连关税务司、日本人岸本担任海关总税务司①。

在这方面,公使馆参赞麦耶先生最近与新任海关总税务司易纳士的一次谈话很有启发,易纳士告诉麦耶岸本即将得到的任命,关于过去一年左右为了让日本人更多参与海关所做的努力,易纳士有一些饶有趣味的言论。易纳士说,很长时间以来他都认为,即使只是为了安抚日本人,这样的举动也是明智的,日本人认为其目前在海关的地位最不公平,特别地令人不快。在不同的非正式场合把这些个人看法告知驻北京的日本公使以及佐分利贞男②时,易纳士发现他们关于日本人参与海关的愿望都是完全合理的。看来确实不是不可能的,日本政府以强硬态度支持维护海关(见我 2 月 5 日下午 9 时第 114 号电报的第 3 段),至少首先是由于易纳士和日本人之间建立的友好关系——如上所述,而且,日本感觉,如果海关继续行使职能以及易纳士晋升为总税务司,易纳士的设想就会占上风。当然有可能易纳士等英国人和日本公使双方之间达成了可以说是非正式协定的东西。

现在为时太早,尚不能确知是否可以说服国民政府和北方人一起不去分裂海关。不过,这一点倘若有幸实现,将主要归功于日本政府坚定而明确的支持,支持英、法、意、荷政府试图保全这个中国人民作为一个整体与各国之间的金融的、实际上也是政府的最后的联系。

FRUS,1927,Vol.2,pp.464-465

---

① 原文有误,岸本担任的职务应为海关秘书长——译者注。
② Saburi,时任日本外务省条约局局长——译者注。

四、重订或修订中外通商条约

说明:北京政府修约运动的主要内容,是与有关国家就双边条约的修订问题展开交涉。由于中外条约通常规定每 10 年可由缔约方提议进行修改,北京政府便采取了期满交涉修约的办法。鉴于中法、中比、中日、中西各项条约均已接近期满之时,北京政府借此机会与法国、比利时、日本和西班牙展开了关于修约的交涉。由于对手实力不一,北京政府在交涉中采取了不同的策略。这一时期,北京政府还根据尊重主权、平等相互之原则,与奥地利、芬兰签订了平等的外交条约,亦是修约活动所取得的进展。另外,中国和葡萄牙多年以来关于澳门勘界的交涉亦在本章一并收录。

本章主要资料来源:

中国第二历史档案馆藏北洋政府外交部档案、北洋政府京畿卫戍总司令部档案、中华民国驻英国使馆档案

北京政府外交部编:《外交公报》第 60、64、69、73、75 期

金问泗编:《顾维钧外交文牍选存》,上海别发印书局,1931 年

台湾"中华民国"外交问题研究会编:《中日外交史料丛编》(一)国民政府北伐后中日外交关系,台北:中国国民党中央党史委员会,1964 年

台北中研院近代史研究所编:《中日关系史料——商务交涉》,台北,1994 年

台北中研院近代史研究所编:《中日关系史料——一般交涉》(一)、(二),台北,1997—1998 年

王铁崖编:《中外旧约章汇编》第 3 册,三联书店 1957 年

台北中研院近代史研究所编印:《澳门专档》卷 4,台北,1996 年

Kenneth Bourne and D. Cameron Watt ed. , *British Documents on Foreign Affairs*：*Reports and Papers from the Foreign Office Confidential Print*(《英国外交文件集》,以下简称"BDFA"), Part II,Series E Asia, Vol. 30-33,University Publications of America,1994

United States Department of State, *Papers Relating to the Foreign Relations of the United States*(《美国外交文件》,以下简称"FRUS"), 1926,Vol. 1,Washington：United States Government Printing Office,1941

北京《晨报》,广州《民国日报》。

英文资料由张丽翻译。

其他资料来源文中说明。

（一）中奥、中芬平等条约的签订

说明：北京政府在修约运动中,对于正在与中国谈判准备建立或恢复国家关系的国家,坚持在平等的基础上采用新原则,不再给予它们其他列强已在中国享有的特权。1925 年 10 月,北京政府继签署《中德协约》后,与另一战败国奥地利政府在维也纳签署《中奥通商条约》。1926 年 10 月,北京政府与芬兰政府签署《中芬通好条约》及《联合声明》。中奥、中芬条约都明确规定取消领事裁判权和协定关税权,这是北京政府修改不平等条约、缔结平等新约种种努力的积极成果。

1. 中奥条约

中国政府答复奥国政府节略
1924 年

奥国政府以为中奥两国订立商约大体上应与一千九百二十一年五月二十日所订中德协约意义相同一节,中国政府极表赞同。奥国政府并以德国承认履行凡尔赛条约对华各条款,系因中国未批准该约,故须有此项声明。现中国既批准圣日尔曼条约,奥国自无发表该项声明之必要,中国政府亦深谓然。中国政府为使中奥两国益敦睦谊起见,深愿以尊重主权、平等相互之原则缔立商约,因此项原则实为中国订立新约之精神。关于奥国政府开送九项,中国政府业已详加考量,并参照中德协约,拟有中奥商约草案二十二条,均取尊重主权及平等相互主义,当可得奥国政府之赞同。至开送九项,可以容纳者,中国政府无不酌予赞同,其碍难许可者,亦于另条说明。即如最惠国条款一层,既与中德协约大体上意义不同,且与上列尊重主权平等相互原则不合,中国近与他国订约概未允许,碍难予以承认。兹将开送九项逐一答复于后。

(一)设置领馆权　已于中奥商约草案第二条规定。

(二)个人法律上地位及诉讼权财产权　已于中奥商约草案第四条规定,惟不动产所有权,依照中国法律,外人不能享有此项权利,碍难允许。至关于财产保证及法律保障暨会审公堂案件,请求依照德国办法给予保证一节,如奥国政府对于中国商约草案能予赞成,中国政府亦可酌量声明,惟奥国对于在奥华侨亦应同样办理。

(三)居住及职业权　已规定于中奥商约草案第一条,其商务旅行人一节,亦已包入该条矣。但本约既以相互平等为原则,以最惠国条款解决条文一节碍难允许。

(四)平等纳税办法　已于中奥商约草案第六条规定。

(五)关税问题　关税自由为中国新订条约原则之一,故今年中国与各国订约概不许以最惠国条款,致碍两国征税之主权。此项中奥商约草案第八条纯为两国互利之规定,所请援照最惠国条款一事,碍难允许。

(六)关于进出口及通过之制限暨禁令　已于中奥商约草案第十七条规定,惟无须加入最惠国字。

(七)商标事项　已于中奥商约草案第十六条规定,如奥国政府对于中国草案加以容纳,中国可允照中德换文加以声明。

（八）船舶问题　照奥政府意旨订入商约草案第十三条,至中国船只照圣日尔曼条约第十二条规定,亦得在奥国口岸航行,故本草案仍为相互之规定。

（九）财产问题　奥国政府必须照中德协约有交换条件,中国政府认为满意后方能仿照德国办理。

中国第二历史档案馆藏北洋政府外交部档案

陈述[①]致外交部
1924 年 7 月 14 日

驻奥公使馆公函　民国十三年七月十四日

敬启者:中奥商约三次会议情形,曾于四月三十日函陈大部鉴察。关于关税自由规定暨领事依法待遇,本为立约主旨之一。

大部寄来节略约稿,既已明叙规定,本公使会议辩论,亦未稍事迁就。乃奥国于去年及最近在津、沪设领,事先毫无接洽,亦为始料所不及。幸蒙五月六日赐电详示,当经先晤奥外交总长,并于九日将接谈情形电陈在案。嗣与奥政府所派议约专员、外部司长徐纳开第四次会议,即遵照大部意旨,与之谈判。在初该司长尚持异议,卒之完全容纳,尚有其他一二点为原稿所未经规载者,亦由本公使提议,彼允照办。唯迄今多日约稿犹未交来,迭经派员往询,均以未曾办就为答。日前复派员催询,据该司长声称:现以财政问题将随外、财两长赴日来佛甚忙,容赶办送达。但关于财产问题,奥政府致中国政府第一次节略末段声明:中奥商约不能依照中德商约有赔款作开议之代价,此节中国政府答复节略内未曾明言,现在中国政府持何意见,奥国政府深愿闻知。不过奥国政府以为商约系一事,财产系一事,二者未便并为一谈,致与约事有阻等语。查财产问题关系重要,两经电陈,并请赐示办法,想邀澄察。本

---

① 驻奥公使。

公使以为此项问题,欲谋解决考量之点尚多,兹再为大部一陈之。按协约国如英、法、意、比、日本等,当初稔知奥国战后受创深巨,名为新国,实等空壳,故于财产问题概未提议。一九二一年容纳巴黎损失赔偿委员会建议协约国与奥国财产问题,俟二十五年后奥国经济充裕再行协议,其他参战各国亦未闻向奥国提议兵费赔款。我国系参战国之一,对此问题应持何方针。此不可不考量者一也。奥国与各国间财产问题,虽经保留待决,然自各邦分立,精华随失,收入甚少,支出浩大,当时唯一挹注,只有滥发纸币,财政危殆几将不国,大协约小协商,深恐奥如合并此国,则不利于彼国合并,彼国则又不利于此国,即中立各国亦惧奥国颠(复)〔覆〕祸及全欧,故由国际联合会议决各国贷款,并推举财政专家随莫门为委员,驻奥整理,凡赋税官俸收入支出,悉由该委员稽核,并逐一报告联合会,是该委员名为财政委员,实即财政监督。我国提议赔偿,姑不论奥国目前财力如何,而能否得该财政委员承诺,直言之,即是否不为债权各国从中阻扰。此不能不考量者又一也。奥国第二次节略,对于收容费等所称详细清单,在我自不难按款开列,但该节略末段又称,欧战期中,奥人在中国之财产为英、法所没收者,亦当同时谋以解决。权衡轻重利弊如何。此不能不考量者又一也。溯自大战以后,各国竞争实业商务,以冀经济之发展,故东欧各国多渴望与中国立约通商。近闻中捷通好条约早经签定,捷政府不久即遣使赴华。是说果确,则匈牙利、罗马尼亚、由哥斯拉夫等亦将踵效。唯此四国亦皆属前奥匈帝国之一部分,战事赔偿允宜均担。设奥约先成,暂置财产问题于不议,则将来与此数国立约有无不受影响。此不能不考量者又一也。前者,中德商约以有交换条件,而获得赔款等费。此次中奥商约取尊重主权为主旨,以平等相互利益为原则,正约以外并无换文。然国人对德奥向皆相提并论,以为对德既经如此,对奥亦应如此,设此次订立中奥商约暂置财产问题于不议,不知内情者将不免责难。此不能不考量者又一也。综上述情形,本公使对此问题毫无成见,应如何办理,相应函陈大部鉴核,并祈电复,详示遵行,此致

外交部

中国第二历史档案馆藏北洋政府外交部档案

外交部上执政呈

1926年1月20日

呈为中奥商约缮呈正本,谨请批准用玺,以备互换事:窃查驻奥地利亚①公使黄荣良前与奥政府商订中奥通商条约二十一条,曾于上年九月十一日呈奉指令,派黄荣良为全权代表签订中奥商约等因,当经转行遵办。去后旋于十月二十日准该公使电称:奥约业于十月十九日签订,亦经转呈在案。查该约第二十一条内载:本约应行批准,批准文书在维也纳互换等语。为此谨将该约缮成正本,恭呈钧鉴,请予批准盖用国玺发交本部,由外交总长副署,并请特派黄荣良为互换中奥通商条约全权代表,一俟令下,即由本部将约本寄交该公使与奥外部,订期互换,以资遵守。再,查以前我国缔结条约,应先行提交立法机关取得同意。现在正式立法机关尚未成立,而该约亟待批准,未便稽延,拟请先行批准,俟正式立法机关成立后,再行提请追认。是否有当,理合呈请执政鉴核训示施行。谨呈。

《外交公报》第60期

外交部上大总统呈

1926年6月21日

为中奥通商条约业经互换,请予公布事:窃查民国十四年十月十九日,驻奥地利亚公使黄荣良与奥地利亚民国外交总长麻达雅,在奥京签订之中奥通商条约,经本部于本年一月二十五日呈奉指令:呈悉,应即批准,钤用国玺,交由该总长副署转寄。此令。同日奉令:特派黄荣良为互换中奥通商条约全权代表。此令,各等因。当即遵令副署,后转寄

———————

① 即奥地利。

驻该国公使黄荣良遵照办理。兹准该公使电称:中奥通商条约业于六月十五日互换等语。查该约现已互换,按照该约第二十一条,互换批准文书三个月后即发生效力,除分行京外各机关备案外,理合将该约全文恭谨缮录,先行呈请大总统指令公布,伏祈鉴核施行。谨呈。

《外交公报》第60期

2. 中芬条约

外交部上大总统呈

1927年5月18日

呈为中芬通好条约缮成正本,谨请批准盖用国玺以备互换事:窃查中国与芬兰通好条约,前奉令派驻瑞典公使曾宗鉴为全权代表,就近签订。上年十月二十九日准该公使电称,条约已于本日签订,等因。业经具呈报告在案。该约第六条内载明,各按本国立法通例批准于最近时期互换。为此谨将该约缮成正本,恭呈钧鉴,请予批准盖用国玺,发交本部由总长副署,并请指令派驻苏联代办使事郑延禧为互换中芬通好条约全权代表。一俟令下,即由本部将约本寄交该代表与芬外部,订期互换,以资遵守。再,查我国缔约成例,应先行提交立法机关取得同意,现在正式立法机关尚未成立,而该约亟待批准,未便稽延,拟请先行批准,俟正式立法机关成立后,再行提请追认。是否有当,理合呈请大总统鉴核训示施行。谨呈

外交部

中芬通好条约批准文件

1927年6月2日

大总统令

本大总统前特派全权代表,与大芬兰民国全权代表在芬京议订中芬通好条约,业经两全权代表于民国十五年十月二十九日彼此签字盖

印。本大总统亲加核阅,特予批准,并署名用玺,以昭信守。此令。

外交部上大元帅呈
1927 年 9 月 14 日

　　为中芬通好条约业经互换,请予公布事:窃查中芬通好条约签订后,业经呈明,并于六月二日奉指令中芬条约应即批准,盖用国玺,着派郑延禧为换约全权代表,等因。奉此当经本部将约本及换约文凭寄交遵照办理。兹准该代表九月一日电称,昨日抵芬,今午换约礼成,等因。查该约现已互换,按照该约第七条,应即发生效力。除分行京外各机关备案外,理合将该约敬谨缮录,呈请大元帅指令公布。伏乞鉴核施行。谨呈
外交部

　　　　　　　　十六年九月二十日奉大元帅指令:公布。此令。

中华芬兰通好条约①
1926 年 10 月 29 日

　　大中华民国大总统、大芬兰民国大总统
　　愿敦两国直接睦谊,决定订立通好条约,因是各派全权代表
　　大中华民国大总统特派驻瑞典国兼驻那威国特命全权公使曾宗鉴为全权代表;
　　大芬兰民国大总统特派外交总长萨得拉为全权代表;
　　两全权代表将所奉全权文据彼此校阅后,议定各条款如左:
　　第一条　中华民国与芬兰民国及两国之人民间,应永敦和好,历久不渝。
　　第二条　中国政府、芬兰政府得互派外交代表、总领事、正领事、副

---

　　① 本条约于 1927 年 9 月 1 日在赫尔辛基交换批准。

领事、代理领事,驻扎彼国京城及凡许他国各代表驻扎之重要城邑,享有依国际法通例许与外国外交、领事代表之一切权利、优待利益、免除例、豁免例。

总领事、正领事、副领事、代理领事须照通例,由所驻扎国政府发给证书后,方能就职视事。

两缔约国不得派商人充总领事、正领事、副领事、代理领事,但可派为名誉领事,其应享之权利优待与其他各国之名誉领事相等。

第三条　此缔约国人民在彼缔约国境内,其身体财产均在所在国法庭管辖之下。两国人民依照所在国法律,有游历、居留及经商营业之权,惟以第三国人民所能游历、居留及经商营业之处为限,并依所在国法令规定缴纳关税、租赋。

第四条　两缔约国即拟于最近期内商订两国间之通商专约。

第五条　本约用法文、中文、芬兰文三国文字缮写二份,遇有疑义之处,应以法文为准。

第六条　本约由大中华民国大总统、大芬兰民国大总统各按本国立法通例批准,并于最近时期互换。

第七条　本约自批准互换后发生效力。

中华民国十五年十月二十九日
西历一千九百二十六年十月二十九日　订于希尔新福①

曾宗鉴印押

萨得拉印押

《外交公报》第 75 期

中芬联合声明

1926 年 10 月 29 日

当签订中华民国与芬兰民国通好条约时,中华民国与芬兰民国全

---

①　即赫尔辛基。

权代表奉各本国政府合法之委任,互相商定左列两项声明:

一、司法保障　在中国芬兰人诉讼案件,全由新设之法庭以新法律审理,有上诉之权,并用正式之诉讼手续办理。于讼案期间,芬兰籍律师及翻译经法庭正式认可者,得用为辅助。

二、会审公堂之案件　芬兰籍侨民在会审公堂原被告案件,中国将来当寻一解决方法,使各方面均得其平。

中华民国十五年十月二十九日　订于希尔新福
西历一千九百二十六年十月二十九日

曾宗鉴印押

萨得拉印押

《外交公报》第 75 期

3. 中国与波兰关于商订条约的交涉

顾维钧①会晤宾铎②
1926 年 12 月 23 日③

总长会晤波兰全权委员宾铎问答。十二月二十三日下午四时。靳志在座。

中波订约事。

宾委员云:新自哈尔滨归来,经过奉天、天津,曾与奉天交涉员及张雨帅会晤中波商订条约,尚未能告成,以致两国间交换外交代表因而迟顿。波兰与欧洲各国实行交换代表,尽有在议约未完成以前者,故本国议会方面对于贵国主张,先成条约,然后开始邦交办法,其初颇不甚谅解,嗣经本委员告以此系中国习惯,今始释然。

总长云:据本部钱司长所陈,与贵全权委员屡经会议磋商,两方意

---

① 外交总长。

② 波兰全权委员。

③ 原文无年代,据有关文件判定为 1926 年。

见颇为接近,此次贵委员回京,颇希望能在京久住,以便与钱司长赓续
会议,早日完成新约,则两国交换代表不难克日实现。

宾委员云:关于中波条约,以平等互惠原则为根据一层,在王外交
总长任内,本委员曾有公函致贵部,声明赞同。至关于施行之细则,本
国政府近来又有具体训令到来,并且前经钱司长半官式表示,中国与其
他各国间旧有之治外法权,均将次第(扩)〔廓〕清。故波兰对于规定施
行细则,亦愿完全以平等互惠为根据,惟列强(用)〔向〕来所享之治外
法权,中国既欲次第(扩)〔廓〕清之,然其方法、时期、程度、将来究竟如
何? 须于钱司长前次半官式表示以外,更得贵部之正式切实声明。盖
以在缔约各国之中,倘有一国仍然保持治外法权,则足使波兰侨民及商
务相形见绌也。

总长云:中国缔约国约分为二类:一为新约,完全以平等互惠为根
据,如中德之类;一为旧约,现方拟次第修订(扩)〔廓〕而清之,此为中
国预定之计划,事在必行。享有旧约特权之诸国,以不平等之故,时常
发生国际误会,颇不利于商务发展,其新经缔约,如德国者,则利益既无
冲突,商务亦日见顺利,论者每谓治外法权足以保障外侨权利,实系观
察之误。今者中波议约之始,当以德国为法,而不当退而却走,仍蹈旧
约覆辙。

宾委员云:中国与列强修改旧约,欲实行平等互惠原则,然此原则
之实行,将来究至如何程度,与波兰颇有关系,或至发生影响,故希望贵
部切实声明。

总长云:本总长对于贵委员看法,极端反对,无容纳之余地。中国
缔约国只有二类,旧者将去,新者自新,无骑墙之可能,今两国议约,而
忽牵连第三者于其间,甚属不合,即欲有所取法,亦当择一新缔约国,如
德国之类,而不当仍蹈覆辙也。贵国为新立国家,对于中国主张国际平
等互惠之精神,似应表示同情,倘贵委员坚持所见,恐于议约前途妨碍
进行。

宾委员云:本国对于贵国主张国际平等互惠之精神,非但表示同

情,且愿竭力帮助,顷者所谈一层,姑暂置之。

中国第二历史档案馆藏北洋政府外交部档案

钱泰[1]会晤宾铎

1926 年 12 月 27 日

钱司长会晤波兰代表宾铎问答　民国十五年十二月二十七日。

王治焘在座。

宾代表云:此次谈话,请即以本年七月十四日尊函所列各节为根据,该函甲项第一节,关于领事条款,两方意见大致相同,惟敝国政府以为关于派领一层,宜照设领专约格式,订立详密条文。

钱司长云:设领条文,若过于详密,将变为领事专约,而今日所谈论者,乃一种普通通好条约,似觉不合。

宾代表云:敝政府所以如此者,乃欲为两国邦交上立一稳固基础。盖各国与中国订约者,事前均有长久之往来,约文偶有遗漏,不患无补救之术。至波兰与中国订约,事属创举,一切交涉,均无成例,故敝政府有先通使后订约之主张,正欲于未订约之前,先事考察,俟彼此相知较稔,然后订约互守,必较周密,惜此意未得贵政府之同意。敝政府以为,彼此既不深知,则约文规定,即应求详。

钱司长云:如此则需时较久。

宾代表云:波兰与邻近诸国,如里底亚尼 Lithuanie、列多尼 Lettonie 等国,均订有详细条文,凡关于设领承继等问题,不妨参照,至其余各问题,则仿照中奥条约可也。

宾代表即将前列两国条约,交与钱司长阅看。

钱司长云:此项文件,可留敝处研究,再行从长讨论。贵政府有无订立领事专约之意。

宾代表云:同时订立专约,亦无不可,如一千九百二十三年波兰、土

---

[1]　外交部条约司司长。

耵其之通商条约及居留条约,即系同时订立。

钱司长云:承继问题,贵国曾与他国订立专约否?

宾代表云:予出国有年,不甚知悉,惟关于此种事项,似宜各归本国领事经理,较为妥洽。

钱司长云:如此则领事之权过重,恐与地方法官权限发生冲突。

宾代表云:波兰与邻国,彼此领事,即系如此,从无冲突之处,且闻德国领事,在中国事实上实有此权,但于订约之前,自必将地方法律习惯,详加研究也。

钱司长云:事实上或偶有之,然未可订为明文也。

宾代表云:关于护照,中国提出草案,未列入时期,且有证明目的字样,似不甚妥。

钱司长云:时期可以加入,至于目的者,乃指旅行之目的而言,因入境之人民或为通商,或为游历,或为作工,中国之意盖欲深知入境人民之职业也。

宾代表云:鄙人前次致足下函中,主张新约订立之后,所有从前中国官厅发给波兰人之执照,一律作废,另由波兰发给护照,请中国官厅签字,作为凭证,此事极关重要,因波兰人在中国内地往来者,偶一举足,即须向中国官厅请发执照,而守候之久,动经旬日,殊与波兰人营业有碍,极应发给正当护照,签字为凭,签字一次,生效一年,或若干时间,在有效时间之内,即可通行无阻,似较便利也。

钱司长云:证明身份之凭照有二:一为护照,乃入境时证明国籍之凭据,至于常居境内则须另由地方警察官厅发给居留证,作为长久证据,世界各国莫不如此。如贵代表所云,是混护照与居留证为一也。

宾代表云:诚然,但居留证系于到境时发给者,而发给以后,即无须时时更换,例如吾人行抵巴黎,由巴黎警察厅发一居留证,持此证,即可遍游法境,未闻今日由巴黎赴里昂请一执照,明日由里昂赴他处,又须请一执照也,且闻德侨在中国者,并无如此限制。

钱司长云:此种办法,或者出自苏联,其待华侨因如此也,波兰人国籍,是否业已确定,不致变更?

宾代表云:波兰人之国籍,各有其身分之证据,目下大致均已确定,关于国籍之请求甚少,波侨资送回国者,约三千人,其留居中国者,均系有职业之良民。

钱司长云:贵代表之意,是否欲在境内自由往来。

宾代表云:诚然,鄙意最简单办法,莫过于护照上签字,不必另发特别执照。

钱司长云:护照系领事签字,而居留证则由所居之地方官发给者,两者截然不同。

宾代表云:鄙人对于此层,特别注意者,因临时请发特别执照,旷时废事,为害实多,敝国人营业上所受影响太大,故不惮为阁下一再声明之也。

钱司长云:此层可保留。

宾代表云:新式法庭项下所谓正式承认之律师,是否指司法部承认而言?

钱司长云:中国定例,律师资格系由司法部批准,至于执行律师职业,则在何地方者,即应入何地方之律师公会,始能在该处之法庭出席。

宾代表云:司法部批准之后,则入律师公会一层,纯为形式上问题;再司法部批准之后,是否永久有效?

钱司长云:入律师公会,虽系形式,然不入此会,即不能出庭,至部准资格永久有效,但因惩戒停止资格者,自亦有之。

宾代表云:部准资格,对各处法庭均能生效否?

钱司长云:当然可以,但非谓同时可在所有法庭执行职务。

宾代表云:翻译如何规定?

钱司长云:有正式翻译,但私人携带者亦可。

宾代表云:法庭认可之私人翻译,是否临事而设,抑有长久性质,鄙人之意以有长久性质为佳。

钱司长云:普通系临事而设,但详细办法,俟调查后再行奉告。

宾代表云:"定若干人,常在法庭办事",为尊函内遗漏翻译字样,似宜补入。

现在可讨论关税问题。

钱司长云:中奥条约第八条内有"他国所产"字样,敝政府现欲删去此数字,以后中国与某国订约,但规定某国与中国货物适用条约办法,如订约两国人贩运第三国货物时,即应适用与第三国所订之条约。

宾代表云:如此则意义全然不同,设如波兰人贩运日本货则如何?

钱司长云:适用日本条约,总之条约所定,以两国之货物为限,不问何人贩运也。

宾代表云:如此则条文应明白规定,如缔约甲国对缔约乙国之货物,适用最低税率,则乙国对甲国,亦宜采最低税率。

钱司长云:所谓最低税率者,各国往往规定以数年为限。

宾代表云:或可于藏事议定书内详细声明。至于奥约关于航务问题,纯属虚文,波兰情形正复相同,至其第十一条所定事项,已在第三条内规定,似嫌重复,或者可于第三条内声明在第十一条另有规定。

钱司长云:第六条亦然,第三条系专就警察章程而言,似较详尽。

宾代表云:奥约第十五条关系商标,其第二节与波兰无关,中国现已加入万〔国〕商标协会否?

钱司长云:未加入。

宾代表云:倘已加入,或可照协会章程规定。至于内地杂居一层,不许波兰人享受,殊与相互原则不合。

钱司长云:相互原则并不作如是解,例如美国人在波兰境内,可以自由往来,而波兰人之在美国者,则受移民律之限制,岂能谓美国对波兰为不合相互原则乎?盖各国因其自身利害,对于外人,加以特别限制,乃国家固有之主权,固未可厚非也。

宾代表云:鄙人之意,以为相互之义,终当见诸实事,不宜徒托空言。关于司法事项,确无特殊办法否?

钱司长云:现在情形,与本年七月业已不同,近日法权调查委员会宣布之报告,仅规定若干条件,如中国能履行条件,则领事裁判权即行撤销,并未主张特别办法,此贵代表所深知。

宾代表云:果能如此,夫复何求,但平等相互原则之解释,难免不生歧异。

钱司长云:贵代表所疑惑之处,似不可解。总之中国近百年来受各国联带之束缚,今日订约,不愿重蹈覆辙也。

宾代表云:敝国历史,向无侵略之事迹,故今日所谈各节,均为两国亲善起见,并无丝毫有碍友谊之意也。设领地点,贵国提案与敝国主张不过文字上之争,而内容全然相同,但敝国政府必欲定为:"随处皆可设领,惟不愿任何国家设立领事之处不在此例。"

钱司长云:中国与他国订约,均用"凡他国有领事之处均可设领",亦无不妥。

宾代表云:"既得权"字样,较"所有权"含义为广,如经济上利益甚多,不能以"所有权"包括之,定为"既得权"免致遗漏。

钱司长云:"所有权"范围甚广,如美术、文学、工艺之出品,凡为个人所能有者,均在其内。

宾代表云:敝政府则不作如是解,例如使用土地权,固不得作为所有权也。关于兵役及代兵役之赋捐一节,尊函内有特别事故发生时,应纳异常捐项之主张,鄙意此层似可照土耳其条约,分为兵役、代兵役捐及强迫公债三项规定。至宗教学校,以特别条款保障,亦关紧要。

钱司长云:学校另有教育法律规定,且无特别保护之必要,贵国亦有学校在中国否?

宾代表云:东省亦有敝国学校,中国警察有俄人在内,举动粗暴,敝国人往往受其欺凌,哈尔滨波侨国庆纪念,为警察所干涉,前曾为阁下言及,如此之类,如有条约保障,受益必多。

钱司长云:此层俟审查后再行答复。

宾代表云:敝国与土耳其订约,凡关于民事上之结婚、离异等事项,均各归其本国法庭裁判,如此办法,既可为在地之官厅省事,又可免适用外国法律之困难,而宗教之冲突亦可减少。

钱司长云:两国相距太远,裁判太不便易,中国素无宗教之区别,民事办法,极其开明,且法庭适用外国法律,疑难之处,又有外国律师为之解释,不致如贵代表所述之难办也。中国受领事裁判权之束缚,已六十余年,不宜重开此例。

宾代表云:法典固定,而人事乃活动者,适用外国法典,而不明其国情,必多窒碍,且鄙人所主张者,乃相互之办法,殊与领事裁判片面之权利不同,如能照此规定,于中国亦有利益,盖敝国对于贵国情形完全隔膜,贵国能有信用否?

钱司长云:鄙人对于两国法庭均有信用。

宾代表云:领事裁判权,如系相互的,或者今日不致有反抗之潮流?

钱司长云:即使为相互的,亦必撤销,如中俄、中日最初之条约,即系相互治外法权,然极感不便。

宾代表云:中国公断法曾否规定,凡事前于合同内规定将来发生争执,可付公断者,其规定为有效?

钱司长云:大概有效,俟调查后再行奉告。

中国第二历史档案馆藏北洋政府外交部档案

中波友好通商条约草案
1927 年

大中华民国与大波兰共和国愿以发展两国经济及商务关系条约增进两国间友谊,并觉悟尊重领土主权与平等相互各种原则之实行,为维持各民族间睦谊之唯一方法,因此各派全权代表如左:

大中华民国特简

大波兰共和国特简

为全权代表,彼此将所奉全权文凭校阅合例,会同议定各条款,开列于左:

第一条　大中华民国及大波兰共和国应永敦和好,历久不渝。此缔约国对于彼缔约国在本境内之人民担保按照本国法律,予以身体之安全,私人财产之不受侵犯,并对于上列人民之一切私人权利及利益加以保护。

第二条　两缔约国有互相派遣正式外交代表之权,此项外交代表应享受国际公法普通承认之一切权利(及)豁免权与优礼待遇。

第三条　在两缔约国境内驻有他国领事官员之处,彼此均有互相派驻总领事、领事、副领事、代理领事之权,此项官员应享受他国同等官员之优礼待遇。凡依据国际法赋他国官员之权利职权,该领事官员等在平等相互原则范围以内均得享受执行之。惟根据领事裁判权发生之各种权利及职权,不能认为合于平等及相互之原则,总领事、领事、副领事及代理领事于未执行职务之前,须请求所驻国政府发给通例应有之领事证书,上项证书所驻国政府仍得声明正当理由,随时撤回。

两缔约国不得委派商人充总领事、领事、副领事及代理领事,惟任为名誉领事不在此例。

总领事、领事、副领事及代理领事于执行国际法所赋予之职务时,驻在地地方官厅应予以最大及最善意之辅助。

第四条　此缔约国人民愿入彼缔约国境内者,应持有本国主管官厅发给之护照,证明其国籍及职业,护照必须先经彼缔约国领事签证方为有效(参阅议定书一)。

第五条　此缔约国人民在彼缔约国境内凡属他国人民所能游历、居留及经营工商业与其他正当职业之处,得遵照所在国法律章程,有游历、居留及经营工商业与其他正当职业之权,上述规定对于个人及商业公司一律适用。

该人民等应遵守所在国之法律,其所纳之税捐租赋不得超过所在国本国人民应纳之数。

两缔约国人民身体财产均在所在国管辖之下,该人民为主张及防卫自己权利起见,有向所在国法庭申诉之自由。

在中国波兰人之诉讼案件,应由新法庭按照正式诉讼手续及新法律处理,其关于上诉权者亦同。

凡一切民刑事件涉及波兰人民者,该波兰人民有权委用波籍及他国国籍经司法部及管辖法庭正式承认之律师,并有权聘用波籍及他国国籍经管辖法庭正式承认之翻译。

凡遵照中国法律章程在中国境内设立之波兰教堂学校,得照旧继续享受在中国官厅之充分保护,波兰官厅对于中国人民日后在波兰设立之教会学校,亦应按照波兰宪法同样予以充分之保护。

第六条 凡关系此缔约国人民利益之民事商事,在彼缔约国境内,得于不与所在国法律章程相抵触范围以内,准其适用一切公断契约及公断条款。

公断判断书之执行以及公断之组织,应依照执行公断所在国法律章程之规定。

第七条 此缔约国人民在彼缔约国境内,不得令其服任何当地兵役,并免纳一切代替兵役之捐派,亦不得担负强迫公债或捐助。

第八条 两缔约国约明关税税则事件完全由各该国之内部法令规定,惟此缔约国所产未制或已制之货物在彼缔约国进口出口及通过时,所纳关税不得超过该国本国人民应纳之数,亦不得有何区别。

此缔约国所产之未制或已制货物输入彼缔约国时,应互相享受平等之待遇(参阅议定书二)。

第九条 此缔约国人民在彼缔约国境内遗产事项,应遵照下列各款办理:

(一)此缔约国人民在彼缔约国境内有写立遗嘱,任意处理私人所有财产之权。

(二)波兰人民在中国所有遗产以及中国人民在波兰所有遗产所纳税项,不得超越本国人民遗产应纳之数,亦不得有何区别。

(三)遗产属于不动产部分者,应照不动产所在国法律办理,至关于遗产其他事项,应按照死者身故时所属国之法律办理。

(四)此缔约国人民如在彼缔约国境内身故,而其财产所在之处并无合法继承人及合法管理人时,其遗产应由死者该管领事暂时管理。

此缔约国人民如有财产在彼缔约国境内而非该境内身故者,其财产所在之处若无合法继承人及合法管理人时,亦照上项规定办理。

(五)若一缔约国人民在海上身故,则其遗于船内之财产应送交附近死者所属国之领事。

第十条　此缔约国人民在彼缔约国境内所有住宅及商工业备用之栈房店铺与一切附属物件,应与所在国本国人民之住宅栈房及同样建筑物一律遵守警察规条以及赋税章程,除依照对于所在国本国人民适用之现行法令外,不得藉故搜索,并不得非法检阅其关于商业之帐簿函件。

第十一条　两缔约国互相约允对于彼此之商船与以自由驶入本国对外所有已开商港之权。

悬挂此缔约国旗帜之船只以及船上货载材料,除本约第十四条规定外,在彼缔约国商港内不得拘留或押收之。

第十二条　此缔约国之船只如失事遭风或遇其他危险时,得暂行驶入彼缔约国海港躲避,并准修缮损坏,购备粮食或所需物件,再行出口。除本国船只在同一情形下所纳之税捐外,不得令其缴纳他种捐税。惟船长或货主为措资起见,不得已欲销售一部分货物之时,应遵照该船进口地方之现行规章税则完纳税项。

此缔约国军舰或其他各船只在彼缔约国沿岸搁浅失道,当由地方官立即通知最近该管领事,并按照国际公法惯例,就近予以一切必要之救助。

第十三条　两缔约国约定在不抵触本国法律章程之范围内,对于彼缔约国人民所设商号公司或工厂曾经在所在国该管官署注册之发明及商标图样,彼此均加以保护,如有假冒或伪造情事,一概即从严禁止。

第十四条　此缔约国政府禁阻本国或他国人民不得运入、运出之各种货物,对于彼缔约国人民亦得施以同等禁令,如有违犯,应按照所在国现行法律惩办。

　　两缔约国嗣后订立或施行进出口禁令,除因公众治安及卫生关系,或为防止牲畜瘟疫外,对于货物之出产地点及输往地点,不得有所歧视。

　　第十五条　本约未经规定之事项,两缔约国约定适用本约所引为基础之平等相互及互相尊重领土主权各原则。

　　第十六条　本约用中文、波兰文、法文三国文字缮写两份,遇有疑义之处,应以法文为准。

　　第十七条　本约有效时间自实行之日起,以三年为期,期满前六个月,两方如均未通知废约,本约仍应继续有效,至通知废约日起六个月期满为止。

　　第十八条　本约应从速批准,自两国政府互相通知业经批准之日起,发生效力。

　　为此,上列各全权代表签字盖印于本约之上,以昭信守。

　　　　　　　　　　　　　　　　年　月　日订于北京

　　　　　声明文件一

　　大中华民国及大波兰共和国全权代表将本日中波友好通商条约签字之后,复经彼此同意,声明如左:

　　(一)在本约订立前侨居中国波兰人之护照,一俟本约成立后,应送交所在地方官厅签证,以替代中国从前发给旅华波兰人之身份证书。

　　(二)在华波兰人民持有本国护照,经中国主管官厅签证者,凡他国人民所能游历①并毋须于每次游历时预先请求许可证。中国人民持有波兰主管官厅签证之护照者,在波兰亦一律享受此项权利。

　　　　　声明文件二

　　大中华民国及大波兰共和国全权代表将本日中波友好通商条约签字之后,复经彼此同意,声明如左:

　　(一)为鼓励两国间货物直接贸易起见,两缔约国互相约定,采用

---

　　①　此处漏字,本句之意应为"凡他国人民所能游历之处,皆得自由前往"。

一种临时办法,至一九二八年十二月三十一日为止,所有此缔约国所产未制及已制各货物于输入彼缔约国境内时,所征关税税率不得超过其他任何各国同样货物现在或将来应纳之数目。

（二）上项规定对于此缔约国为便利边境商务起见,现在或将来特别赋予接壤国税则上之让与比适用之。

（三）上述期限届满前五个月,如两缔约国均未将终止本议定书之意通知对方,则本议定书作为双方默认,继续有效,至任何一方宣告本议定书终止日起满五个月为止。

中国第二历史档案馆藏北洋政府外交部档案

外交部拟《中波订约案节要》

1928 年 2 月 23 日

中波订约案节要　十七年二月二十三日

十一年四月准日本使馆呈称:波兰驻日公使奉令,拟往北京商订条约。当经本部电令驻日使馆转复波使,与我国订约极表赞同,惟须先行声明,以平等相互为原则,凡领事裁判权、关税协定、最惠条款,概不允许。是年三月①该使来京,本部面交条约草议定书二则,其中包含条款之最重要者,约有四项:一、设领事项;二、司法事项;三、关税事项;四、保障私人权利事项。

第一、设领事项

一、关于设领地点,普通条文只云"凡他国有领之处均可设领",而波兰代表要求用"随处皆可设领,惟不愿任何国家设立领事之处,不在此例",本部未予容纳,仍采用普通格式(修正案第三条第一段)。

二、波兰委员主张在条约内将领事职权,用详细条文规定,并主张将侨民身分、婚姻、承继等问题,均归本国领事管理。本部以寻常通商条约不宜将领事职务特别从详规定,至于身分、婚姻、承继等问题,归诸

---

① 原文如此,应为五月。

领事管理,于事实上既多不便,且恐开领事裁判权之渐,尤为不妥。结果仍用概括方式按十条。十三年四月该国又派委员宾铎来京磋商,拟先遣使,后订约,本部未予容纳。至十五年六月,宾铎奉波政府命令来华议约,与条约司司长就十一年四月华方所提草案交换意见,截至十六年八月宾铎回国之日止,共计讨论五次。本部就历次磋商结果,将十一年四月所提条文,加以修改,另行提出修正草案,于十六年五月交宾铎带回波兰复命。十六年十二月十九日宾铎由波京来函,内称:华方修正草案,全文在原则上已经波兰政府承认,惟文字上尚有应行修改之处,并称:该代表拟于阳历新年后,即行启程来华签订条约云云。兹将华方修正草案内容节述如左:

十六年五月华方提出之修正草案共计十七条,附蔵事,规定领事之待遇及职权(修正案第三条第一段),惟加入“在平等相互原则范围之内”一语,又恐此节发生误会,故于其后更补足一语云:“根据领事裁判权而发生之特权及职务,不应认为与平等相互原则相符。”(此节系修正案已交出后彼此通函商定者)

第二、司法事项

一、波兰委员要求保证中国领事裁判权一律取消之后,如有过渡办法,波兰在中国人民所受待遇不得劣于他国人民。本部以领事裁判权取消之后,外国人即归中国法律统治,决不定过渡办法,无庸加以保证。讨论结果,仍照奥约第一条规定两国侨民之身体、财产受所在地法律之充分保护。(修正案第五条第二段)

二、关于波籍侨民在中国法庭诉讼,其所用波籍或他国国籍律师承认手续,波兰代表要求只由司法部认可即可出庭,本部未予容纳,改为“经司法部认可并经当管法庭承认”。(修正案第五条第五段)

三、修正草案内未列入民商事公断条文,嗣因波兰代表来函要求,本部乃将该代表所提条文加以修正,允许追加。

第三、关税事项

一、关税问题,照中奥条约第八条大意,用同一方式规定,惟删去

"他国出产"字样。（修正案第七条第一段）

二、关于最低税率，波兰代表拟采最惠国待遇字样，并欲将其实行期限延至二年以上，本部未予容纳。讨论结果，将最低税率一层，用葳事议定书声明之，并将此项待遇实行期限缩至一九二八年十二月三十一日为止。葳事议定书以五个月为声明作废期限。（第二葳事议定书）

第四、保障私人权利事项

一、波兰代表要求内地杂居权，作为不采领事裁判权制之交换条件，本部予以拒绝。结果仍照中奥条约第一条，规定两国人民在彼此境内往来"以他国人民所能游历居留之地为限"。（修正案第五条第一段）

二、关于保障"私人所有权"条文，波兰代表要求于"私人所有权"之下加入"及其既得权利"字样，本部以既得权字样易生误会，未予容纳。磋商结果，改为"保障私人所有权不可侵犯，并保护私人之权利及利益"。（修正案第一条）

三、关于教堂、学校之保护，经波兰代表再三要求，本部于修正草案第五条末段加入此项规定，惟声明："以人数众多，确有设立教堂、学校之必要者为限，并须遵守所在地之法律章程"。旋据波兰代表函称：如此规定殊与波兰不便，坚请修改，本部函复可以通融，惟条文尚未确定。

四、两国人民入境护照，亦照中奥条约第三条规定，惟"证明其国籍及入境事由"一语，改为"证明其国籍及职业"。（修正案第四条）

从前在中国之波侨，均由中国官厅发给执照，本约成立之后，此项执照应即取销，改发正式护照，由所在地之中国官厅签字为凭。又以后旅华波侨，持有正式护照者，在中国境内凡外人可到之处，均可自由前往，不得于每次旅行时再令其领取特别执照。以上二项均于第一葳事议定书内声明之。本约实行期限定为三年，以六个月为声明作废期限，其余各条与中奥条约相同，惟译文略有更动耳。

中国第二历史档案馆藏北洋政府外交部档案

（二）中国与法国关于修订条约的交涉

说明:到 1926 年 8 月,《中法越南边界通商章程》、《中法续议商务专条》和《中法续议商务专条附章》将届十年满期,该三约主要是规定洋货经由法属越南边境输入中国时的减税特别办法。值此行将满期之际,北京政府照会法国外交部,表示中方不愿重续该三项条约,到条约期满时,中国准备废止中越边境的减税办法。1926 年 8 月,法方要求一年后商订新约,中国外交部拒绝此议,并于 8 月 6 日通令各省交涉署,中法间有关越南通商的三条约失效。在此情况下,法方否认中国有权利单方面宣布条约失效,但同意在一定条件下就修约问题进行谈判。两国政府的修约谈判自 1926 年底即告展开,但直到北京政府垮台也没有取得结果。

1. 外交部与法国驻华使馆的往来交涉

沈瑞麟①会晤法玛德
1925 年 9 月 15 日

总长会晤法玛使问答　　十四年九月十五日

钱司长、魏秘书、刘秘书、韩参赞在座。

一、修改商约事

玛使云:关于中越条约事,本国外部已于九月一日送交驻法陈公使节略一件,以答复贵国八月二十五日之节略。该节略原文本公使尚未见过,不识贵部已否接到?

总长云:尚未接到。

---

① 外交总长。

　　玛使云：本公使接政府训令，只有该节略之大纲。政府之意，新约成立之时，旧约始能废止。故中政府所称该三约期满作废一节，实难同意。

　　玛使又云：按照政府之意，中越商约十年期满可以修改，并不废止。因此请求中政府展期一年，以便在此期内商议修改。本公使已将政治商务各款应行修改意见送达政府，贵部已否接到陈公使来电？

　　钱司长云：已接来电。只述大概并云贵公使已得贵政府许可开始商议。因此本部已备有新约草案，可送交贵公使。

　　玛使云：新约草案请俟巴黎节略原文寄到，再行送交。

　　玛使又云：中越商约实际上与两方面均有利益，并非一种不平等条约，不可与中比条约相提并论。如政府不坚持废止，总可商量修改。万一中政府以排外态度视旧约为不平等，完全废止，本公使不得不为保留，即用法律手续法庭亦难表示同情。总之，法政府对于此事，如中政府仅允修改不即废止，本国政府及本公使即可开始商议。

　　钱司长云：为两国利益计，当从速修改为是。

　　玛使云：倘贵政府赞成此意，一俟接到政府训令即可开始办理。

　　钱司长云：希望得一圆满结果。

　　总长云：商议详细节目，贵公使拟指定何人接洽？

　　玛使云：可派祁参议接洽。

　　总长云：本总长可派钱司长与祁参议接洽。

中国第二历史档案馆藏北洋政府外交部档案

边越关税协定草案

1926 年 1 月 12 日

　　边越关税协定草案　　法国公使十五年一月十二日提出

　　中法两国前为增进越南东京与中国边省之商务邻谊，彼此给予相互之利益，缔定一八八六年四月二十五日《天津条约》及各项追加协定，施行以来，两方贸易民情最称惬意。兹以欲使各该约与现在情势丝

丝入扣,并与华会关税条约第六条规定秉公调剂主义相符起见,决定修改如后:

(一)甲表所列中国各货由此边关通过东京运至彼边关或运至东京海口以转入中国境者,缴纳从价税百分之二,仍依现行缴税方法行之。

(二)法国及越南货物由东京运入华境者,照关税减纳十分之三。

乙表所列各货物应予减纳十分之七。

此项减税仅指正税而言,如由本届特别关税会议所订之加税或附加税等不在此例。

(三)上项减税须经有法国官员发给产地证书,证明实系法国或越南货物,华关始允予减税。

(四)一八八七年六月二十六日续议专约第三条第三节所定十分之四出口税减纳办法,即行废除。

(五)本协定应提交本届关税会议,并与该会议所定之各项加税及附加税等规定同样赞成,同时施行。

甲表　第一节所指之中国货物:

茶;制烟;药料;丸散胶□;中国纸;祭祀用纸;杂具;钢铁用具;鞭炮烟火;帽;零星玩具陈设品。

乙表　第二节所指之法国或越南货物:

植物油;水门汀;煤炭;碱;炭化钙;漂白粉;人造靛;染料;杂用肥皂;玻璃碗盏;整块玻璃;生绵纱单线;绵纱单被;毛织物;绒毯;销制皮;刀;火柴;自行车、电动自行车、汽车;留声机及唱片;药料。

中国第二历史档案馆藏北洋政府外交部档案

外交部致玛德

1926 年 2 月 4 日

为照会事:中法两国鉴于中国南部各省与法属安南间商务关系之重要,曾经次第订立各项条约及约章,藉以发展彼此商业。查所订条约及约章中如一八八六年四月二十五日之《中法越南通商章程》、一八八七年六月二十六日之《中法续议商务专条》暨一八九五年六月二十日之《中法续议商务专条附章》均已将届期满，各该约章订立年代既已久远，□任何条约决无不加修正而能永久施行之理，故时至今日，揆度各种情形，为增进两国双方利益计，将前开各项约章加以修改而代以彼此同意之新约，实为当务之急。中国政府犹忆法国政府于一九二五年九月四日答复中国一九二五年六月二十四日之照会中，对于中国修改条约之议表示赞同之意，良用欣慰。盖该答复中，法国政府声明准备考虑中国修改其现行条约之提议也。

上述各该约章，对于终了及修改时期已均有明白之规定。一八八六年四月二十五日《中法越南通商章程》第十八款规定如下：

"以上各款，如须续修，即照一八八五年六月九日新约第八款所载，换约后十年之期，再行商订。"
前项批准约文，系于一八九六年八月七日互换，核计至本年八月七日，如不展期，又届十年期满修改之日。至于一八八七年六月二十六日《中法续议商务专条》暨一八九五年六月二十日《中法续议商务专条附章》，其在前项商务专条第九款中规定如下：

"此项续约并一八八六年四月二十五日通商和约，经互换后，此续约与该通商和约所载一体施行。"
其在商务专条附章第八款中，又规定如下：

"以上各条，视如一八八七年六月二十六日续约所载，一体施行。"
准上观之前述之《中法续议商务专条》及《中法续议商务专条附章》，为一八八六年《中法越南通商章程》之一部分，甚为明显。是故此项通商章程届满期时，上述两项专条及附章，亦应同时失效。

按照前引各款之规定，中国政府敬告法国政府：兹中国政府欲将上开一八八六年四月二十五日《中法越南通商章程》、一八八七年六月二十六日《中法续议商务专条》暨一八九五年六月二十日《中法续议商务专条附章》加以修改。至本年八月七日满期之时，所有各该约章中规定及商务专条之附属函件,均行失其效力,并另订新约以代旧订各项约章。

中国政府之采此步骤,系欲以最诚挚之愿望巩固中法两国间较前更深切之友谊。两国政府苟能基于平等互惠之精神,缔结新约,必可另开一新时代。俾中国南部与法属安南间,商务关系日臻密切,人民感情日益亲善。想法国政府切望两国关系日趋美善之诚意,当与中国政府同其怀抱。中国政府特再声明,准备与法国政府及早开始磋商,缔结一基于平等互惠原则之新条约,以代替本年八月七日届满之各项约章,不胜切盼。相应照会贵公使查照,即希转达贵国政府为荷。

中国第二历史档案馆藏北洋政府外交部档案

王正廷①会晤玛德
1926 年 2 月 6 日

总长会晤法玛使谈话纪要　　十五年二月六日

刘锡昌、王怀份、韩德卫在座。

重订中法陆路通商条约事

玛使云:前日本公使接到贵总长照会,因《中法陆路通商条约》于本年八月满期,中国政府按照该条约之规定,于满期六个月前提出修订该约之议。本公使业已电达敝国政府,尚未接奉回电。今日本使此来系以非正式之谈话,询问贵国政府所要求者为何事?

总长云:中国政府提出修改之初意,因该条约在四十年前订立,多有不合于现时之情势及互惠之原则者。敝国政府及人民均感该约之不平等,欲易以新约。本总长已于照会中提及,至于中国所欲改之详细各节,则今日尚未届谈判之期。

玛使云:贵总长照会中所称各节,业已领悉。但本使今日专程晋谒,拟请贵总长将贵国政府所欲改之处,作具体之表示。

总长云:本总长于星期一用电话与贵公使订期会晤,届时再行

---

① 外交总长。

讨论。

玛使云:贵总长曾否电驻法陈公使与敝国政府接洽?

总长云:已电陈公使。

中国第二历史档案馆藏北洋政府外交部档案

王正廷会晤玛德

1926 年 2 月 19 日

金问泗、韩德卫在座。

一、修改边越商约问题

玛使来谈修改边越商约问题。

总长云:有极应注意者五事:一、越南地方设置中国领事。一、取消法国在滇桂等省敷路开矿特权。一、海陆关施行划一税率。一、取消越南向华侨征抽人头税。一、取消货物通过税。此外问题保留日后提出之权。旋又提及取消通行证一事焉。

玛使云:余当将阁下所述各点(抱)〔报〕告法政府。其施行划一税率一层,余前次送上草约一件,不知阁下意见若何?

总长云:草约业已阅悉,但未能容纳,深为遗憾。其理由可于本星期六关税分委员会散会后与阁下详谈。

玛使云:愿于彼时与阁下详谈,但贵国方面对于边越减税问题之意旨若何? 余甚愿略知梗概。

总长云:划一税率之原则,必须维持。但为秉公调剂起见,所减关税可分三期逐渐取消。如边越进口税,现时减去十分之三。本年仍照现行办法减十分之三,明年改为减十分之二,后年又改为减十分之一,至关税自主之年,海陆边关施行划一税率。照此办法,增税以渐,商民足以从容调剂而无骤加负担之患。其出口税十分减四办法,亦可比照递改。例如本年照例减四,明年减三,后年减二,至关税自主乃与海关划一征税焉。至减税云者系专指正税而言,其附加税与新增之税,本不在减抽之列。此则华会条约明白规定,无庸赘述者。

玛使云：附加税不在减抽之列，此层余无异议。但照阁下所云，则是自主以后，虽为特种货物，亦不能纳较低之税率矣。

总长云：关税自主后，尽可商订互惠税则协定。

玛使云：关于取消路矿特权一层，照余记忆所及，条约中似不过规定中国倘欲于滇桂等省设路开矿，得向法国资本家筹款。依此规定似亦无妨。

总长云：中国开辟天富有赖外资本，得随时向各国资本国筹借款项，自不必于条约中明文规定某地方由某国借款造路开矿也。

玛使云：通行证如果取消，恐贵国南方过激派入境无从限制其往来。

总长云：广东现正从事整顿地方行政，如增抽税捐而不增加人民负担，又如严禁赌博二事，诸如此类，殊多可取，似未可以过激派视之也。

玛使云：此次贵国提议修改越南之约，其他如日本、比利时等国条约亦将到期，贵国亦拟修改否？又贵国修约是否限于通商条款，抑政治条款亦将修改？又如英美等约修改之年尚远，似贵国尚当稍待？

总长云：条约到期，无论为政治条款或通商条款，均当修改。至英美二约修改之期固远，但中政府去年曾发修改条约之照会，期前亦可从事修约也。

中国第二历史档案馆藏北洋政府外交部档案

外交部致玛德

1926 年 2 月 23 日

中国答复中越边界关税制度法国协定草案备忘录。

按照草协定第一条，系将附表所开两种中国土货自中国此边关经由东京运至中国彼边关，或至越南海口出口回中国者，其经过东京时征收值百抽二之通过税。查一八八六年四月二十五日《中法会议越南边界通商章程》第十二款所规定，值百抽二之通过税系适用于一切中国土货。今草协定第一条之征收此税，以表列各货为限。如果此项规定

868 中华民国时期外交文献汇编 1911—1949 · 第三卷

为欲令附表以外之中国土货完纳更高之通过税,岂非一种关税上之退步乎?而况鉴于目下增进国际过境自由之趋势,自应将中国土货之通过税完全取消也。

至第二条,因其对于法货或越货输入中国边界时,有表列二十一种货物,除其他一切进口法国或越南货所享十分之三之减税外,复予以中国海关正税十分之七之减税,则其规定似又未免特标退步也。关于此点,吾人必须注意一八八六年《中法会议越南边界通商章程》第六款,盖是款规定税则未载之货,无论为进口货或出口货,均须完纳实足值百抽五之进口税或出口税,并无折减。

故对于进口法国或越南货,如有减税之事,按照九国间关于中国关税税则条约第六条第二项,则其享有此项减税,不特与本会议将来所议定之加税或附加税不合,抑且与因修改税则而增加之关税税率不符。此殆无庸申说者也。

又第三条所定指证法国或越南货出处之办法,如法官所发之出处证明书,系归中国派驻东京或越南他埠之领事加印作证,自可容纳。于是中国在越南设领之悬案,又应讨论而解决之矣。

至第四条规定自中国边界出口至东京货物,应取消十分之四之减税一节,窃以此事宜归中国政府完全自定也。

再,一八八六年《中法会议越南边界通商章程》第十三款所附之自用物免税表,应予废止。

一九二六年二月二十三日
中国第二历史档案馆藏北洋政府外交部档案

玛德会晤颜惠庆[1]

1926 年 3 月 8 日

钱泰、金问泗均在座。

---

[1] 外交总长。

边越减税协定问题

玛使云:阁下对于本使馆所提边越减税协定草案,意见若何?

总长云:余当逐条讨论。查草案第一条列举十一种华货,纳值百抽二之过境税。但按照一八八六年原约,此项过境税本系适用于一切华货,草案规定似将范围缩小,况按照佛赛移条约及他项国际公约之规定,此项属于国际通过税性质之过〔税〕,似当以完全裁撤为是。

草案第二条,越南货物运进华关时,除旧约普通十分减三纳税外,乙表列举二十一种货物,竟得减纳十分之七,未免超越原约范围之外。且该条第三项所指不得减纳之加税或附加税,仅以本届特别会议所订者为限。是前次修改税则后增加之税率,不得在海陆各边划一征收,殊非华会条约第六条第二项规定之正当解释也。

第三条所指之产地证明书,应由中国领事签证。故越南设领一问题与此事有连带关系。

第四条规定出口税办法,查出口税中国政府拟收回自办。目前或因财政上之需要,未能骤予裁撤。将来终当逐渐减少,至完全免税为止。

其甲、乙二表所列各货尚待彼此磋商。

此外,尚有一八八六年通商章程第十三款列举免税物品,此为当时订约时特予之优惠,现在时异事迁,此项特惠实无存在之必要,故该款所列免税单应予作废。

总长云:总之,关于海陆边关划一征税之原则,彼此应予承认。但为过渡时有以秉公调剂起见,似可按照余本月十八日与阁下会晤时所拟办法,将减税制度分年递改焉。

玛使云:阁下所谈各节,拟请备一节要,见示后再行商议可也。

总长云:善。

中国第二历史档案馆藏北洋政府外交部档案

麻克类致张伯伦

北京,1926 年 3 月 16 日

兹荣幸地传送给您中国政府致驻北京法国公使照会的复本,事关中国政府想要修订与法国的条约,即涉及中国南方省份和安南的那些(中法)条约。

2. 玛德[①]告诉我,因他不知道他的政府的看法或指示,所以他和王正廷就中国政府修订 1886 年商约以及补充商约的要求进行了非正式的讨论。他问王正廷,中国政府采取此一步骤并通告废除这些协定时,是否得到了云南省地方当局和人民的同意和认可,根据这些协定,他们享有某些特殊权利。玛德暗示,一旦开始修约或谈判新约取代这些现在被中国通告废除的旧约,可以想到,这些特权可能被收回。

3. 王先生似乎答复说,中国政府能够和代表全中国一样代表云南讲话。玛德还提出,关于北京现政府的宪法地位可能会产生某些异议,而且怀疑他们是否能够通告废除与各国的条约并缔结新约。

罗纳德·麻克类爵士

BDFA,Part II,Series E Asia,Vol. 30,pp. 342–343

蓝普森致张伯伦

北京,1927 年 5 月 4 日

关于您今年 3 月 2 日有关法国对华商约问题的第 335 号快信,我荣幸地报告目前情形如下:

2. 1926 年 7 月法国公使了解到税务处业已给海关总税务司发出指示,称鉴于 1886 年、1887 年和 1895 年法国三商约临近期满,东京边界特别减税将从 1926 年 8 月 8 日起取消,其时他立即与外交部接洽并达成协议,将条约展期两个月,希望到那时至少可以商定新约草案。您

---

① M. de Martel,时任法国驻华公使——译者注。

快信中提到的发给云南关的命令相应取消。

3. 很快就清楚了,极不可能在这样短的时间里完成新商约谈判,主要是由于中国人提出的有关印度支那华人待遇和地位的极其意义深远的要求,因此,第一次两个月期限满期时,玛德得到再次展期两个月,每一次将届满期时都重新展期。

4. 眼下的时段将于 5 月 5 日满期,将不得不再次展期,因为谈判没有什么进展。不过,如果外交部就进一步展期制造困难,法国公使不会提出反对,但会允许条约终止。如果这样的话,毫无疑问中国政府将立即取消特别过境税。法国政府不太重视这些税,他们已经原则上同意撤废。但是他们可能报复,办法是剥夺根据 1886 年条约第 12 款中国货物经东京到云南——反过来也是一样——所享受的 2% 过境税的特权(而其他外国货物适用的过境税为 20%)。

5. 法国使馆商务专员悄悄地告诉本馆商务参赞以上信息,他还说,他有理由相信,他的政府对于终止目前与北京政府的谈判不会感到遗憾,因为北京政府的要求有许多是不能接受的。他解释说,与印度支那的其他外国人相比,中国人在许多方面处于特权地位。例如,他们可以在安南拥有土地,并在内地经营生意,他们自然必须支付其他外国人不缴纳的某些税款来换取这些。中国政府希望保留所有这些特权,甚至还要得到其他特权,但反对特别税。

6. 克乃德①说,在印度支那定居的中国人,除少数情况下受布尔什维克宣传的影响而堕落外,他们是和平、守法的人民。他们基本上是富裕而满足的,他认为,别说是现行条约废除,就是修改,他们都不想看到。所以,法国政府处于强势地位,可以对顾博士废除、取消条约的威胁泰然处之。

蓝普森

BDFA, Part II, Series E Asia, Vol. 33, pp. 50-51

---

① Jean Knight,时任法国驻华公使馆商务专员——译者注。

法国使馆致外交部

1926 年 7 月 12 日①

本年二月间,外交部通知法国使馆,以北京政府欲得法国政府之同意,从事修改一八八六年商约、一八八七年续议商务专条及一八九五年续议商务专条附章内各项之规定。

嗣后因政治上之变,故阻止会议正式之开幕。而本年八月四日预告届满之期已近,在此时期决不能开始并终了有益之谈判。情形如此,法国政府为便利从长讨论,为修改此种协约所必须者,提议将上述各约自本年八月四日起,再延长施行一年。

中国第二历史档案馆藏北洋政府外交部档案

法国使馆致外交部

1926 年 7 月 15 日②

魏文彬、刘锡昌、祁毕业、韩德卫在座。

修改中法商约事

玛使谓:中法商约期满修改事,本年二月接到贵部照会,当时法政府之意认为可行。但数月以来,贵政府屡经变更,遂致此项修约事宜未能进行。现旧约将届期满,新约尚未讨论。本公使奉政府训令,向贵政府提议将旧约自本年八月四日起展长一年。

总长答:容明日提出国务会议讨论后,再行正式答复。

中国第二历史档案馆藏北洋政府外交部档案

外交部致法国使馆

1926 年 7 月 26 日

中国政府对于一九二六年七月十二日法使交与外交部之备忘录,

---

① 此系收文时间。
② 此系外交部收"法馆问答"时间。

提议将一八八六年商约、一八八七年商务专条及一八九五年商约专条附章，自本年八月期满后再行展限一年，业已阅悉。

查上载各约之主要目的，为规定洋货经由法属越南边境输入中国减税之特别办法，惟其继续，实与关于中国税则之华会条约所确切承认之划一中国海陆边境征收关税之原则，显相反背。而该约中法两国实同为签字国也。

上载各约依照其所含之规定，及根据一九二六年二月四日中国政府致法国政府之照会，至本年八月七日既当然失其效力。是以中国政府鉴于自各该约签订后情形之变迁，以为似无须将其再行延长。故对于上文所载法国政府之提议歉难承认。

中国第二历史档案馆藏北洋政府外交部档案

法国使馆致外交部

1926 年 8 月 6 日①

外交部于七月二十六日致法国公使说帖，对于一八八六年通商条约及一八八七年补订条约及一八九五年增加条约再续一年期限一节，表示拒绝，并声称以上各项条约截至本月七日止当然届满，永归无效。法国公使应请外交部注意者，该各项条约内所列各款，在二月四日外交部函内既行提及，然按约只可加以修改，并不能将所定各款全部推翻。若由误会各项条约所列各款，将来两国间发生事故，并越南政府因中国独一方面作废该条约迫而采取之办法等等，均由中国当局担负完全责任也。

中国第二历史档案馆藏北洋政府外交部档案

---

① 此系收文时间。

蔡廷幹①会晤玛德

1926 年 8 月 17 日

总长会晤法玛使问答纪要　十五年八月十七日

刘锡昌、关菁麟、康栋在座。

中法条约事

玛使云：前接贵部复文，谓中法间各约于本月七日满期后即停止发生效力，本使愿盼各该约暂行继续一年或六个月，以便从事商议。倘中国政府方面愿意有所修改，吾人不妨开诚布公从事商量。中国倘有认为不利之条文，可明白指出，彼此酌量修改。以本使所知，各该约利于中国方面之处甚多，如一八（六）〔八〕六年某约第四条，特准华人在越南购置不动产，而于他国人民则绝对不许此类。有利于中国之条文甚多，难以尽述。中国政府何以竟认各该约完全作废，复文拒绝，殊费索解。为中国计，对于本使提议延长一年或六个月一节，应即表示赞成。从事商议，则在事实上无异使法国承认现在之中央政府，如此好机会，中国轻轻放过，未免可惜。贵总长对于此事之意态究竟若何？本使甚欲知之。

总长云：各该约到期，本部只要求修正，对于商量修约并未拒绝。中法间邦交素厚，自无拒绝之理。修约一层系历任外长一种不移之政策，本总长无非继续施行之耳。

玛使云：贵总长须知，中国政府倘认为中法间各约作废，则法国对于广东政府以及云南政府等处可就近自由接洽，一如英国。而越南方面对待中国侨民，亦可取相当办法。本使被派来华，原为对华亲善，联络邦交起见。故本使断不致向中国政府提议上述对待办法，深盼双方从速继续商议，以免两国关系有所间断，作废之议想必已通知税务处各机关矣。即如在半途中输运之货物，将必大受影响，其他一切之事亦多感困难。

---

① 外交总长。

总长云：中国政府对于各该约谨欲修改，并无恶意，请贵使万（无）〔勿〕误会。无论如何，吾人当尽力想出一种妥善之临时办法，断不会中法间关系有所间断也。

中国第二历史档案馆藏北洋政府外交部档案

中国驻法国公使致法国外交部

1926 年 8 月 20 日

关于一千八百八十六年、一千八百八十七年及一千八百九十五年条约修改一事，法国驻北京公使曾于本年八月六日向中国外交部提出备忘录，内开：按此项条约规定仅能修改而不能完全作废，如因作废而发生不利之结果，或越南地方官因条约作废采取他种手段时，所有责任均应由中国单独负担。本月二十三日中国外交部对前项备忘录曾备文答复，其解释要点如下：

一、条约既经规定在满期前六个月之内，如未经声明准备修改，即应继续有效。由此可断定此项条约于期满时应失效力，盖预先通知之手续业经中国政府于相当时期照约（覆）〔履〕行故也。

二、本年七月一日法国驻北京公使之备忘录，请求将旧约延长一年，足见订立新约以代旧约之必要。法国政府所见正复相同。

三、中国既遵照约章于相当时期通知其修约之决定，则条约期满后及因期满而发生之结果，中国政府即不能负责。且法国政府如照中国态度亦以邦交为重，则中国以为无论何种不利之结果均不致发生。

四、中国政府为表示亲善起见，曾自行发动训令中越边界中国海关，将进口货减税之办法延长两个月。

中国政府确信：法国政府及越南地方官为维持两国之睦谊起见，必能尊重一千八百五十八年及一千八百八十五年天津条约之第一款，而不采有妨两国邦交正式妥协之任何手段。

法国公使接此备忘录之后，表示满意并请其政府颁给训令，以便开议。

中国驻法公使本日接收前项电文至为欣幸,特将其内容奉达法国外交部,甚盼法外部将对于此事之意见示知,以便转达中国政府。

　　　　　　　　　　　一千九百二十六年八月廿日巴黎

刘锡昌会晤法国公使

1926 年 8 月 23 日

刘锡昌赴法馆会晤法玛使问答　　十五年八月二十三日

赛参议在座。

修改条约事。

锡昌云:兹有备忘录一件,章总长命前来面送贵使察阅。

玛使阅毕后谓:前因贵政府不允展期,本公使早已拟定麻烦中国边界官厅之种种办法,后因间接得有贵政府决定展期两个月之消息,遂改变方针。虽贵国尚无正式政府而仍继续向来之友好态度,曾经电达政府,请示准本公使开始议约。俟接得训令后当再奉达。请烦转陈、蔡总长为荷。

锡昌云:当为转陈可也。

发法馆备忘录

1926 年 8 月 23 日

中国政府为答复本月六日法公使送交外交部之备忘录起见,甚愿指明中国对于一八八六年天津条约及一八八七年商务专条与一八九五年商务专条附章各条款之解释,不惟适合情理,且与各该条款之字句精神亦相符合。

查根据各该条款内明显之规定,就其相互之关系论,上载条约,如十年期满前六个月,双方并未通告修改,仍将继续施行,是观夫此等规定之字面已显见。倘业经正式通告,则上载各约,至规定时期终了之后,再难有效。中国政府于本年二月四日致法国政府第一次照会中,已将此种理由充分表明,即法国政府当七月十二日,法公使将备忘录送交外交部,提议将上载各约之施行展限一年之际,似亦与中国政府所见正复相同,以为上载各约假令继续有效,亦须经有关系双方相互协定之特别允许。中国政府鉴于上文所述之理,且由敢声明中国政府既已恪遵各该约明白之规定,正式作修改之通告,则各该约终了后一切之结果,自不能负任何之责任。且中国政府以为得法国政府对于此事与中国抱同一宽大及友爱之精神,自不致有发生各种不利结果之疑惧。

兹中国政府为表证其对于法国之善意及诚实之友谊起见,已自动训令各税关官吏将取消中越边界特别减税办法之实行。自上载各约终了之日起,延期二个月,俾得便利商业上各种必要之整理。

再中国政府鉴于中法二国之时谊,及二国正式之协定即一八五八年《天津条约》第一条规定:两国人民彼此侨居皆获保护身家。与一八八五年《天津条约》第一款规定:中国侨居人民及散勇等,在越南安分守业者,无论农夫、工匠、商贾,若无可责备之处,其身家财产均得安稳,与法国所保护之人无异。深信属于法国政府之越南总督府必能赞同中国政府之所见,而不致出何种之步骤,足以妨害二国之睦谊及其正式之协定也。

中国政府为两国利益计,并敢表示一种真挚之希望,愿法国政府赞同,早日开议,缔结新约,以代替已经终了之各约,庶中法二国固有之睦谊得益臻巩固焉。

中国第二历史档案馆藏北洋政府外交部档案

法国外交部致中国驻法国使馆
1926 年 9 月 2 日

为照会事:接准本年八月二十七日来照①,关于要求修改一八八六年、一八八七年及一八九五年之各项约章事,曾以贵国外交部八月二十三日答复本国驻北京使馆备忘录之内容抄示本部,该备忘录即系答复

---

① 即 8 月 20 日中国驻法国公使致法国外交部照会。

本国驻北京使馆同月六日之备忘录者,并表示愿将法国政府考量该问题所取之决议报告北京政府。

兹为避免易使贵国外交部与本国驻北京使馆历来交换意见原旨变质之误会起见,本部特就来照内所载之五点,将本国政府对于贵国政府提议事项所处之地位,加以明确之说明:

(一)法国政府认为按照原文规定,中国政府无声明废止该项约章之权,惟有请求修改之权。在对方允许修改之新约尚未订定及施行以前,该项约章仍继续完全施行有效。北京政府以为可以根据原文规定,实由解释原文之误会。再以预告期限之条款为根据,更难承认。盖此期限只为修改请求而定,与全约之存在无涉也。

(二)驻北京法国公使向北京政府提议将修改之举延期一年或六个月,并不能即视为代法国政府承认事实上废止该项约章。盖条约效力在实行修改以前,无论如何不能终止,已如前述。

在中国未有法律上承认之中央政府及其政治地位足以代表全国订约,而尤要者,能代表与该项约章有直接关系之西南省份订约行之有效。可与正式开议以前,法国政府尽可拒绝请求修改。其不出此者实愿与北京政府以友谊的趋向之明证耳。此种态度实为诚意,关顾事实上政府行政之便利,故公然尊重其权能及其尊严。对其来源及合法问题,不为主义上之争辩。即所以巩固其对外之信用,而在可能范围以内保全中国统一之假定者也。

北京内阁对此态度之善意,似未加以承认,法国政府之意向反被解释作为中国主张之助证,殊出意料之外。似此则法国政府坚持其法律上之地位,使中国之要求不能如愿以(尝)〔偿〕者,盖有所本而然矣。

(三)无论情形如何,期限长短,中国请求修改之举,不能连带即废止各该约章。该项约章于未经实行修改以前,不拘何等原因,均仍继续有效。中国政府于七月二十六日(竞)〔竟〕专断知照法国驻北京公使,依其单方决定视上述各约自八月七日起当然完全废止,实有背乎条约上之义务。中国政府不顾法国之友谊的趋向,而取如是无友谊性质之态度,并训令中国海关立即取消越南边界之优待制度,益使此种性质更为增重。且在正式知照法国代表前二日,先将北京内阁之专断决定由于报纸宣布,形式上尤为不当,态度更为显明。法国代表八月六日之备忘录将该决定所生影响之完全责任加诸中国政府,亦完全有所依据。其影响所及,即当然取消旅越华侨关于纳税及居留条件所享之权利焉。

(四)北京内阁将其颁行海关之训令暂停两月,不能即引为对法国政府有友谊上之确实表示,并不能证明其所处之法律地位,使法国政府有承认之可能。中法条约未经修改,自应继续有效,无可争论。至施行有效之期限,亦并不成问题。法国政府保持其根据条约效力不可变更之权,对于单方声明废止并不承认。但北京内阁惟有求在两月以内修改上述各约。法国政府在中国现况许可范围之内,仍可偿满此种愿望。现在北京政府法律上、事实上所处地位,发生主义上之辩驳姑置不论,而此种辩驳已足使要求修改之举归于延缓,法国政府以为以此即足以表示其对于维持与北京内阁友谊交际之诚意及重视,北京政府完全同意之后,即可于声明同意之日起两个月内,准备开始修改上述各项约章之谈判。

此议在下述范围之内方能有效:

(一)八月二十三日备忘录内中国政府所提出之四点,应无丝毫之误会。在新约未实行以前,应加修改各约,仍旧继续有效。

(二)修改条约,当与负责之政府并事实上足当此称者作有益之进行,且须中国西南独立各省承认。此项条约实以关于该省之利益为重,而订约国正以保护其与法国、安南善睦邻交为目的者也。

以上法国外交部对于中国使馆提出之议案,请即转达贵国政府。如荷转示中国政府允按上开条件及期限内请求修改各该项约章,本国政府不胜荣幸之至。为此照会。

中国第二历史档案馆藏北洋政府外交部档案

曾宗鉴①会晤韩德卫②

1926 年 10 月 2 日

次长会晤法馆韩参赞问答　十五年(十一)〔十〕月二日

请阻止报纸宣传废约事

韩云：日来报纸宣传废止中法条约甚盛，但该项条约实际上已展期两个月，以便开始商议。玛公使以为报纸如此宣传，恐碍商议之进行。是以特请贵次长设法令各报纸停止宣传，至为感荷。

次长云：当即代陈总长。

中国第二历史档案馆藏北洋政府外交部档案

顾维钧会晤玛德

1926 年 10 月 15 日

总长会晤法玛使问答　十五年十月十五日

朱鹤翔、韩德卫在座。

询商修约事

玛使询中日商约本月二十日期满，已否定有办法？

总长谓：日本方面间接向我各方表示颇欲符洽中国舆情，是以彼国政府对于改订新约甚愿善意办理，好在该约规定届满六个月之内可随时提出改订办法。

玛使又询中比商约届满时，双方拟定一暂行办法，目下已否商妥？

总长谓：尚在商酌中。本总长以为最关紧要者，在迅即开始改订新约之谈判，只须约定新约完成期限，则旧约届满至新约成立之间，为期甚短可勿深论。目下中国人民期望改除旧约中之不平等条款至为迫切，南方且以为取消不平等条约为目标，藉资号召，当为贵使所炯知。是以改订新约中极应纠正不平等条款。此次本总长到任后，正在调阅

---

① 外交部次长。

② 法国使馆参赞。

改订《中法安南陆路通商约章》案卷，深愿与贵使早日商决此案，以期两国友谊善臻亲密。

玛使谓：本使亦同具此情，曾以修改意见递达政府。查安南陆路通商条款系属一种附约，关系较轻，其中最要者为进出口税及通过税，即减至最低限度，每年亦仅十万元之关系而已。本国政府对于修改该约原亦赞同，惟安南事宜，向由安南总督主政，倘中国政府意在按约修改而非废约，则本使极愿与贵总长商决此案，当即电达政府催促进行。且贵部前已声明旧约展期两个月，而近复展两个月矣。

总长谓：对于改订新约之旨趣，再为贵使详释之。因年来国中民意所向，凡约中不平等各款，悉宜纠正。所以本总长注重新约之内容务以平等为主义，但实行改订新约以前，双方须规定新约完成之期限，假如两个月至多或三个月，则在此期间之内事实上暂维现状，亦无不可。

玛使谓：当以贵总长顷示各节电陈政府，催促开始改订新约之谈判。

中国第二历史档案馆藏北洋政府外交部档案

玛德会晤顾维钧

1926 年 10 月 26 日①

总长会晤法玛使问答

朱鹤翔、韩德卫在座。

改订中法陆路商约事

玛使谓：本月十五日贵总长与本使所谈情由，经本使电达政府去后，兹奉复电颇愿应合贵总长之意见。惟对于依约修改的意义务期明确，故特备具节略一件，所有日前贵总长为本使面告各要端，复叙其中，此为商榷修约之初轫，请贵总长察阅见复，未识贵总长以为何如？遂朗诵节略。

---

① 此系外交部收"法馆问答"时间。

总长谓：或据贵使先日来文复之，如何？

玛使谓：本使拟将此节略留存贵总长。

总长谓：亦可。及接阅节略后又谓：贵使所叙，大致颇合。惟本总长曾经切实声明，务须规定一完成新约之确切限期，即以两个月或三个月为限。当时贵公使亦以为可行，此层未经叙入，但颇有关系，自应补入。

玛使谓：贵总长犹虑倘不确定限期，将旧状态尽任延展，此意本使亦颇明了。其实本国政府极愿早日商决此案。本使可为贵总长直道者，本使已将应行如何修改旧约之具体计划，同自安南来京之税务委员拟具说帖，呈报本国政府察核，以为准备开议之资。今贵总长所云限期一层，日前确曾声明，再行补叙亦无不可。遂酌商词句决定补叙"新约之完成，自实行开议之日起，以三个月为限"等语。

总长谓：节略内所云，在两个月期限之内开议新约，此项两个月期限以何日为始？

玛使谓：即以递交节略之本日为始。

总长谓：似觉为期过长，可改为一个月。

玛使谓：然。则或以本使上次谒晤贵总长之日，即本月十五日，因两个月之说，业经本使电告政府矣。

总长谓：既若是，即于两个月字样之下加"自十月十五日起"一语可也。

玛使谓：甚善。本使尚须电达政府，俟一二日内将节略修正后送达贵总长可也。

中国第二历史档案馆藏北洋政府外交部档案

玛德会晤顾维钧

1926 年 11 月 5 日①

总长会晤法玛使问答

---

① 此系外交部收"法馆问答"时间。

杨永清、韩德卫在座。

改订中法陆路商约事

玛使谓:关于上次所谈改订中法陆路商约开议以及完成日期各节,已奉政府复电大致表示赞同。惟对于两个月以内开议新约一层,本国政府欲自提交节略之日起算,即自今日算起,兹特备就节略面递。

总长接阅节略后谓:目下之维持现状办法,乃一事实问题,与旧约之是否存在毫无关系,此点谅贵使业经明了。商订新约大约何时可以开议?

玛使谓:法外部现正与殖民部会同草拟新约,本使当竭力催促法政府,其愿本使接到新约草案后再行开议。如中国政府坚持,则可于提交节略之日起两三星期内开议。

总长谓:今日贵使所提节略当加以考量再行答复。至于改订新约,人民慕望甚切,故希望能于开议后三个月以内完成。不然对于旧约问题又当重生争执。

玛使谓:此节本使亦所深悉,故亦极愿改订新约可以早完成,以免再行发生问题。

以后随便谈话之际,玛使述及近日镑价日落,佛郎渐涨,并法美所订偿债办法。据玛使云,此事与法国经济状况极有关系,提交国会通过时或将发生问题,惟大概不致摇动政府以其为全国对外问题而非政党问题也。

附:收法国使馆致外交部节略译文

1926 年 11 月 5 日

关于修改一八八六年四月二十五日所定《天津通商条约》并一八八七年六月二十六日《续议商务专条》以及一八九五年六月二十日《续议商务专条附章》一事,法国公使于本年十月十五日与外交部顾总长交换意见,业已报告法国政府。

顾总长声明:对于上开各条约确系修改性质,按照一八八五年六月九日所定条约第八条及一八八六年四月二十五日所定条约第十八条之规定办理一节,法国政府业已备悉。

　　且中国政府担保在新约未实行以前,所有中越边界征税现行规则仍予存在。双方定明修订新约之会商应由实行开议之日起,限三个月完竣。法国政府亦已备悉。

　　根据上开条件,法国公使据本国政府训令,特向中国外交总长声明,法国政府冀愿修订新约之会早日开始。无论如何自本节略交出之日起,限两个月以(前)〔内〕即当开始谈商。法国主管各部已将此项问题开始研究,其所拟之详细办法,当不久由巴黎寄至法国使馆。一俟接到上项详细办法,法国公使即与外交部接洽不误。

中国第二历史档案馆藏北洋政府外交部档案

外交部致法国使馆
1926 年 11 月 19 日

　　中国政府为答复本月 5 日贵公使面交外交总长节略起见,兹特通告贵公使,以中国政府对于贵公使宣言:法国政府预备立即开始新约之会商,无论如何,自一九二六年十一月五日送达本节略之日起,限二个月期间未满以前即当开始一节,业已阅悉。中国政府在不妨碍其所持意见范围以内,愿在会商订立新约期内,事实上维持关于中越边界收税之临时现状,但该项新约须自上载开议日起三个月内予以完成。

　　中国政府深望新约必能于协定时间内正式订立,俾中越边境通商关系得早日立于一种两国利益均能获益之新基础也。

中国第二历史档案馆藏北洋政府外交部档案

法国使馆致外交部
1927 年 4 月 6 日

　　关于修订《中法陆路通商章程》一事,上年十月十五日法国公使与中华民国外交总长商定:应自会议正式开始之日起,限于三个月后修竣。嗣以巴黎所寄之重新提议不能如期到达北京,以致未克按照前述期限,即一九二七年四月五日以前送与中国政府考查。至其延迟到北京之理由,法国使馆业于四月五日函知外交部在案。兹为法国政府之重新提议得以考查起见,法国公使请将上项期限由本日起展限期一个月,并希顾外交总长对于此节复函表示赞同为荷。

中国第二历史档案馆藏北洋政府外交部档案

外交部致玛德

1927 年 4 月 7 日

准法国公使一九二七年四月六日节略,提议将中国政府于一九二六年十一月十九日同意之订约完成期限展期一月,外交部业经阅悉。兹特向法国公使声明:中国政府在上述一九二六年十一月十九日节略同样谅解之下,对于上项提议将订约期限由一九二七年四月六日起展限一月,予以赞同。中国政府现既赞成法国政府之意,深盼现正商订之新约于此次商定延长期内完成。此略。

中国第二历史档案馆藏北洋政府外交部档案

外交部致玛德

1927 年 4 月 23 日

法国公使前于本月五日中法第七次修订《中法边界通商协定》会议中,向外交部提出法国政府所拟草案七条,中国政府将该草案详加考虑后,知该草案不特所载关于边关税则各项规定与中国政府意见悬殊,且将设领及在越华侨待遇与华货过越通过税等项问题置之不论,此等问题为以前几次会议讨论问题,中国政府视之綦重。故中国政府意见以为,此等问题应为本协定所不可缺乏之部份。因此,中国政府歉难承允以此项提案为正式协定之基础。

外交部一方面现已另备一项草案,系参斟法国公使与外交部谈话中交换之意见而拟者,兹将该草案附送,即请法国政府考量。该草案中如法国公使有欲请说明之点,中国外交总长愿与法国公使再开一度会议。此略。

中国第二历史档案馆藏北洋政府外交部档案

外交部致法国使馆
1927年5月5日

案查,依据一九二七年四月六日外交部与法使馆间之交换节略,修订越南陆路通商新约期限至五月六日满届。法国公使曾于四月二十九日会议席上提议再行展期。兹外交部特向法国公使声明:中国政府在一九二六年十一月十九日节略所载同样谅解之下,对于将订约期限自一九二七年五月六日起展限两月之提议,予以赞同。

中国政府既一再表示友好精神,深盼法国亦以同情,与中国政府竭力合作,以期此项议约得于延长期内完竣。

中国第二历史档案馆藏北洋政府外交部档案

玛德致外交部
1927年5月6日

关于订立中越商务新约允许延长期间,本月五日贵部所交节略敬已收到阅悉。

按照一九二六年十一月十九日贵部节略中指定之条件,拟自本日起延长两个月新时期之提议,中国政府议决予以认可,不胜欣幸。此种友谊的倾向之表示,本公使极为重视,深信法政府具有同样的情感,将尽其所能,准备在延长之新时期(间)〔内〕结束各种进行会商中之事件。

中国第二历史档案馆藏北洋政府外交部档案

2. 外交部就中法修约与其他部门的来往文件

外交委员会致外交部
1926 年 1 月 25 日①

径启者:本会查《中法越南边界通商章程》已届十年,修改之期为时至迫。兹定于一月廿七日星期三下午准三时提前开会,附呈原案油印一份,务请察阅,届时并盼莅会为荷。顺颂

公绥

外交委员会启

附件

查光绪十二年即西历一八八六年所订《中法越南边界通商章程》,自光绪二十二年六月二十八日即西历一八九六年八月七日互换以来,已三十载,每届期满,彼此均未提议修改细绎。此项通商章程于我国法律税收多有妨碍。如该章程第一款、第十六款、第十七款则与领事裁判及会审制度有关,第六款、第十五款则与税率有关。现值筹备收回法权、税权,召集各国会议之时,此项条约自宜极图修改。且查该章程瞬将期满,若不及时提议,必致坐失机会,枝节丛生。此项章程修改时期,据该章程第十八款载明,以上各款将来如需续修,即照新约第八款所载,换约后十年之期再行商酌。又按光绪十一年中法越南条约即该章程第十八款所称,新约第八款载明此次所订之条约内,所载之通商各款以及将订各项章程,应俟换约后十年之期满方可继修。若期将满六个月以前,议约之两国彼此不预先将拟欲修约之意声明,则通商各条约章程仍应遵照行之,以十年为期,以后仿此云云。是此项章程修改时期,约章本有明文,届计本年八月七日即为此项章程期满之时,如果认为必须修改,应于期满六个月以前,即本年二月六日以前依约预先声明。为

---

① 此系收文时间。

期甚迫,不容稍缓。似应由主管部迅于本年二月六日以前备文声明,以便届期修改,而免贻误,是否应请公决。

中国第二历史档案馆藏北洋政府外交部档案

国务院致外交部

1926 年 2 月 3 日①

径密启者:本月二日经贵部提出修改不平等条约意见一案,当经国务会议议决照办,除将原提意见书留院存查外,相应函达贵部查照。此致

中国第二历史档案馆藏北洋政府外交部档案

外交部致广东、广西、云南特派交涉员

1926 年 2 月 5 日

查前清光绪十二年所订《中法越南通商章程》与翌年之《续议商务专条》及二十一年之《续议商务专条附章》,均系于光绪二十二年六月二十八日即一八九六年八月七日互换施行,计至本年八月七日届限满年份。本部已根据该章程第十八款,于本月四日向政府声明期满另订平等相互新约。桂、粤、滇三省距京遥远,沿边商务情形部中未能尽悉。现距届满之日尚有六个月,除分电外,即希对于旧约应行修改各端详速条举意见先期报部,以备采择。外。

中国第二历史档案馆藏北洋政府外交部档案

外交部致临时执政

1926 年 2 月 6 日

关于修改不平等条约事,本部曾于上年六月廿四日向英、美、法、

---

① 此系收文时间。

日、比、义、和、葡八国提出修改条约之照会,各国九月四日复照大体容予考量,惟在共同商议未达目的以前,对于期满例应修改之条约,自应依照普通国际惯例提出修改。查中国与各国所订商约,本年首先届满者为光绪十二年三月二十二日所订《中法越南边界通商章程》与光绪十三年五月初六日续议专条及光绪二十一年五月廿八日续议专条附章,均系于光绪廿(六)〔二〕年六月廿八日,即一八九六年八月七日互换。按该章程第十八款载明以上各款如须续修,换约后十年再行商订。算至一九二六年八月七日,即本年八月七日已届期满修改年份,自应依期提出修改。经部于本年二月二日提出国务会议议决照办,业于二月四日照会驻京法玛使转达法政府,一面并由部电达驻法陈公使照会法政府,声明前约届期失效,应由两国另订平等相互新约。法使星期一晋谒,如提及上项修约事件,拟请告以对于期满条约,自可提议修改,另订相互平等之新约,一切可请法使径向外部交涉。谨略。

中国第二历史档案馆藏北洋政府外交部档案

交通部致外交部

1926 年 2 月 18 日

径启者:查修改《中法越南通商章程》及专条附约,前经本部委派秘书祝书元前往贵部出席与会在案。兹将本部对于修改该附章第五、第六两条意见,备具节略函送贵部,即希查照为荷。此致外交部。

附件:节略一份

本部拟删改中法商约附章第五、第六条主文及说明

第五条原文:

议定中国将来在云南、广西、广东开矿时,可先向法国厂商及矿师人员商办,其开矿事宜仍遵中国本土矿政章程办理。至越南之铁路或已成者、或日后拟添者,彼此议定可由两国酌商妥订办法,接至中国界内。

本部意见如下:

议定中国将来在云南、广西、广东开矿时，可先向法国厂商及矿师人员商办，其开矿事宜仍遵中国本土矿政章程办理。

（此节应由农商部审核其关于铁路事项。说明如左：）

说明：

查中法商务专条订立于前清光绪二十二年五月二十八日（即西历一千八百九十六年）①，其第五条后段规定："至越南之铁路，或已成者，或日后拟添者，彼此议定可由两国酌商妥订办法，接至中国界内。"照此文意解释，法国所有之越南铁路，无论当时已成未成，因此专章规定即取得接至中国界内之权利，已无我国置议之余地。所应由两国酌商妥订者，不过接至界内之办法而已。故自此约成立以后，法国公使即动议筑路之问题，经前外务部迭次争执，毫无成效，结果广西龙州、南宁之铁路，经前铁路督办苏元春与法国国家委托之费林公司订约，由该公司包办。又于光绪二十四年三月十九日与法订立滇越铁路章程，现在滇越铁路早经通行，而桂路经该公司经营十余年，徒糜巨款，仅建房屋数间而已。在前清光绪末年即有废约之议，民国以后迄未计议，及此就现在情形而论，此条之关系不在滇路而在桂路。缘滇路已成事实，而桂路尚多问题也。然主张废此约文，若以桂路为理由则转多周（拆）〔折〕。不若凭空主张，谓此约成立于光绪二十二年，此时中法铁路尚未接界，自滇越铁路通行以后，越南铁路已经接至中国界内，此条已属赘文。至滇越铁路以外，越南之铁路如因商务关系，有与中国境内其他铁路有接线之必要时，自可随时由两国妥商办理，毋庸预定此项条文，此条自应废止。

第六条原文：

法国与中国于光绪十四年十月廿八日在烟台互定电报接线条款，第二条内应添一节如左：

---

① 原文有误，应为中法商务专条附章，订立于光绪二十一年五月二十八日，即1895年6月20日。

由思茅厅至越南应由中国思茅电局与越南之孟阿营,即下猛岩在越南莱州至两伯邦两处之半途电局互相接线,其电报价目应查照上项烟台条款第六款定明。拟改:

中国与法国于光绪十四年十月廿八日在烟台所订滇越边界联接电线章程,应即重行修改,由两国另派专员商议办理。

说明:

查滇越边界电线章程内订两国在镇南关、东兴、蒙自三处接线,嗣中法商务专条附章第六条又规定,两国应于上列三处之外,再添思茅一处互相连接。唯此项电线中国方面虽已设至思茅,而法国电线迄未达孟阿营,其间又以猓猓及野象等对于已设杆线屡加毁坏,以致延至今日接线一节迄未实行,此项条文几同虚设。然逐年因防剿匪乱及为交通便利之故,滇越边界陆续添设电线已有多处,近复屡见阻断,时日既久,情势悬殊,不但商务附章第六条应在取消,即滇越连接电线章程虽经光绪三十三年十一月廿七日展期一次,至今亦已二十年,必须重行修改。惟如何修改之处,似勿庸在商约内言明,只须规定将来两国各派专员商议办理,较为概括无弊。

中国第二历史档案馆藏北洋政府外交部档案

侨务局致外交部

1926 年 8 月 27 日[①]

径启者:据越南华侨代表欧耀庚呈称,窃代表据旅越北圻华侨商会联合会函称:敝会奉云南外交司函开:案奉外交部电开:前清光绪年间所订《中法越南通商章程》现届期满,已经声明另订平等相互新约。滇、粤、桂三省沿边商务情形本部未悉,希将旧约应行修改各节意见先期报部。等因。商等僻处一隅,商业往来殊难调查清晰,且北圻无商务总机关,无从具报,谨拟具请愿书乞转呈察核。等因,事关修改旧约,拟

请政府特派熟悉该地情形人员往查,庶收实效等情,并附旅越华侨请愿书一件到局。查越南华侨商务近颇发达,地邻滇、粤、桂三省边境,非有详细调查不易明了。兹值修改中法商约之际,对于调查商务事项尤关重要,似应迅派熟悉越南侨情人员前往考察,以利侨商。如何办理之处,相应抄录原件,函请贵部查照,迅予核办,见复为荷。此致。

附抄请愿书一件

谨将中法修改条约华侨请愿管见列呈,察核施行。

一、查照原约第二款设(官)〔馆〕,中国可于河内、海防等处设立领事官一条,应请我国政府实行设立领事,俾我侨民有所保障,或有违约苦待,亦得以告诉。

一、查照原约第四款,优待保护中法两国侨民,彼此照最优之国优待,惟华侨居民留越,(屡以前)〔以前屡〕受种种违约苦待,姑不具论,应请我国郑重声明,凡我华侨在法国保护越南境内,所有营业、置产、应纳赋税、词讼、交际,照最优之国优待,凡有日前不平等之待遇,一律废除。

一、立约通商所以维持商务保护侨民,应请北京政府选派干员来越调查商务、接洽侨情,俾下情得以上达,不胜欣忭之至。

一、拟请政府照会法政府,准我华商于河内设立北圻总商会,以得联络商情。南圻已有设立,有案可援。

中国第二历史档案馆藏北洋政府外交部档案

侨务局致外交部

1926 年 9 月 8 日①

为咨请事,案据越南华侨代表欧耀庚呈称:兹准旅越北圻生熟药材祖农公会函称,敝埠会馆接奉云南外交司公函内开,案奉北京外交部电开:《中法越南边界通商条约》本年八月七日期满,须再立新章,着侨等将商务情形从速条举意见先期报部,以备采择。等因。具见我政府诸

---

① 此系收文时间。

公关心侨胞之致意,侨商等经即召集各埠代表会议并组织调查委员会,分开行头各自调查,以得易知其真相。无奈寄人篱下,举动不能自由,竟至有名无实,只得略拟请愿书分呈广东、广西、云南三省外交司、北京外交部、全国商会联合会而耳。其实侨等受法国种种苛待,罄竹难书,然而尤以敝行为最惨。缘中国出产货物入口海防者,以药材为至大宗,据其报纸登称,以一千九百二十四年而论,约谱值本银一百陆拾万元之巨,以故西药房、西医生等视为眼中钉,居然有欲拒绝中药到口岸之宣言。尤幸越人数千年来用惯中药,舆论难(徒)〔徙〕。故此他转向加抽入口课税,意欲绝我来源。初每百已劳只税十五贯佛郎耳,后加至三十,由三十而至六十,由六十而加六倍至三百六十贯,今更三百六十又加三矣。膏丹丸散等数亦由一百五十贯而加六倍,至九百而又加三,敝业同人等之营业未歇者,不过短衣缩食,正如俗谚所谓,吞口水养命耳。虽曰水涨船高,贵来贵去,但其中苦况实有口难言,如此仍未得法政府见谅,现更变本加厉。入口税虽频频加抽,买卖则不准自由。一千九百十九年七月十六日部令取缔华越药材贸易规条十二,敝同人等极力要求多方运动,虽幸暂免,惟是特设之医务检查官,不时委员到处搜查,间有屈臣氏货尾存在而被他查到者,竟律以封铺拿人,收回营业门牌之大罪,延请状师辩驳兼托人事斡旋,虽幸将案情取消,然已耗去不赀矣。而其中因此被罚二三百元者,不可胜数。此尤藉口外国药品也,今更有禁卖中国膏丹、丸散药、油水药、酒药、茶等等,限制中国药材炮制与发卖,同时更有欲对于华商药肆,卖百抽十之苛议,寻瑕抵隙苛例层出靡穷。兹将其原文并译本夹呈台端,求俯念敝行同人等,身为正式商民,几同走私漏税罪犯,万恳代禀侨务局总裁,向法国交涉,俾商等得照常贸易,则敝同人等故当感戴大德,即中国药业前途亦当恩同再造也。等因。查该会所称各节,尚属实情,理合据情呈请鉴核施行等情前来。据此,查法国对于侨民特例待遇,近复限制药材,加税靡已,如果属实,殊与通商前途有碍。除将该代表所呈各节咨请驻法陈公使核办外,相应咨请大部查照,迅赐酌核施行,并希见复,至纫公谊。此咨

外交部

农商部致外交部

1926 年 9 月 10 日①

为咨行事,据全国商会联合会呈称:据旅越生熟药材祖农公会函称:中国出产货物入口海防者,以药材为大宗。故西医有欲拒绝中药到口岸之宣言,幸越人数千年来用惯中药,故此转向加抽入口课税,意欲绝我来源。今更有禁卖中国膏丹、丸、散药、油药、酒药、茶等等之限制中国药材泡制与发卖,同时更有欲对于华商药肆卖百抽十之苛议,寻瑕抵隙苛例层出靡穷,万恳代呈向法国交涉,俾商等得照常贸易等情,当于八月二十八日提付评议会讨论,金以该会所称,在越侨商受法人重捐苛待,均系实在情形,应报据转以救侨胞,一致通过。理合呈请鉴核,分咨交涉施行等情前来。查原订中法越南边界通商各约现已期满废止,新约尚未商订,来呈所称法人重捐苛待各节,药业侨商(询)〔洵〕感痛楚,应如何设法交涉以期挽救之处,既据分呈有案,相应咨请贵部查核办理见复。此咨

外交总长

税务处致外交部

1926 年 9 月 24 日②

税务处为咨行事:案查停止中法越南边界陆关减税一事,前准贵部传字第二六五号来函,以拟予宽限两个月,自十月八日起开始征收值百抽五之税等因,当经本处令行代理总税务司易纨士转电蒙自、思茅、龙

---

① 此系收文时间。
② 此系收文时间。

州等关税务司遵办去后，兹据代理总税务司呈称：奉令当经转令各该关税务司遵照办理。兹查两个月期限瞬将届满，至期是否再予展限，应请早日示知，以便先期分饬遵办，俾免迟误，理合备文呈请核夺示遵等情。正核办间，又据云南蒙自县商会呈称：本年八月十号准蒙自关罗税务司函开：顷奉中央政府电令，以前订滇越边关条件现届期满，至本年八月七日止一律取消。自八月八日起所有各种税课均应十足征收等由，当经职会开会研议，正拟据案呈请，又准罗税务司公函开：本年八月十九日奉总税务司电令内开：奉中央政府令，自民国十五年八月二十二日起，所有光绪十二年、十三年、二十一年中法各条约内规定滇越边界货物减税办法及一切特殊待遇，仍继续有效两个月，等由到会，复经职会开会集议，佥谓滇省年来旱潦迭灾，岁遭饥馑，商业凋敝，生计困难达于极点，重以兵事频仍，税捐繁多，凡我商民均有生机日蹙，每况愈下之慨。盖边地与腹地迥异，值此凋敝尚欲求减，若遂加收商业必渐堕落。窃思前清政府减轻边关课税，盖有鉴于边民瘠苦不得不尔。今者滇省商务适当否运，人民生计较前十倍困难，而各项之课税征收年年递加，甚有加至一倍之多者，钧处对于此次关税十足加征，若不网开一面，予边民一线之路，将有不堪言者。为此恳请俯念边民瘠苦，处于水深火热之中，准予展限三年。一俟三年期满，再行援照十足之例征收，理合呈请查核施行，等情各前来。查中法越南通商新约尚未成立，旧有商约自本年八月七日起自动展限二月，现已瞬将届满，兹据代理总税务司暨蒙自商会呈称各情，究竟停止中法越南陆关减税是否再予展限，抑应如何另筹办法之处，相应咨行贵部查照，希即从速酌核见复，以凭办理可也。此咨

中国第二历史档案馆藏北洋政府外交部档案

云南外交司致外交部

1926 年 9 月 25 日①

敬肃者。顷准蒙自关监督咨开:前准蒙自关罗税务司面称,奉中央政府转由总税务司电令:前订滇越边界享有货物减税条件办法,现届期满。自本年八月八日起所有各种税款,均应十足征收等因。曾经电请查核并由敝监督会同税务司衔布告各商民一体周知在案。兹复准罗税务司函称,现又奉总税务司洋文密码电报内开:奉中央政府令,所有光绪十二年、十三年及二十一年中法各约内规定减税办法及一切特殊待遇,自民国十五年八月二十二日起仍继续有效两个月等因,奉此。自应遵照办理,相应函达贵监督,请烦查照核办等由,准此。除分别呈报咨函布告外,相应备文咨会贵司,请烦查照等由,准此。查滇越边界通商章程至本年八月七日满期,前奉(均)〔钧〕部三月微电内开,已根据该章程第十八款,向法政府声明期满后另订平等相互新约等因在案。兹准蒙自关监督咨开:准税务司函称,奉总税务司密电,约内规定减税办法及一切特殊待遇仍继续有效两个月一层,未知已否得钧部同意,用特肃函陈明,即请查核示遵。专肃。敬请崇安。

云南外交司长徐之琛　谨肃

中国第二历史档案馆藏北洋政府外交部档案

外交部致云南特派交涉员

1926 年 9 月 29 日

九日函悉。减税展期系准税务司咨。据总税务司报告,思茅等处电线毁坏,边关减税办法不及先期通令停止,经部提出阁议,决定特予展期两月,咨复税务司办理。特复。外。

中国第二历史档案馆藏北洋政府外交部档案

---

① 此系收文时间。

国务院致外交部

1926 年 10 月 16 日①

径启者:准贵部提议关于中法越南通商章程及续议商务专条暨专条附章、中比通商条约、中日通商行船等条约之修改与废止问题一案,现经国务会议议决,一律根本改订,务期达到消除不平等条款之目的,一面声明保留条约期满对于旧约自由取决态度之权等因,相应函达贵部查照办理。此致

中国第二历史档案馆藏北洋政府外交部档案

外交部致唐继尧②

1926 年 10 月 30 日

报载《中法越南通商章程》,尊处已与法国方面商允展期,未知有无其事?盼即电复。查该项章程本年八月七日届满,业经本部于七月二十七日通咨届期失效在案。关于关税一项,先据总税务司报告电线损坏,不能如期转行办理。嗣据蒙自商会以边地瘠苦,请予展限,先后由税务处训令总税务司展限四个月,此系我国自动内政,与条约无关。修约一事现正与法使交涉,候有结果再行电告,并祈随时电示,早见为盼。外。

中国第二历史档案馆藏北洋政府外交部档案

唐继尧致外交部

1926 年 11 月 10 日

外交部鉴:修改《中法会订越南边界通商章程》案,业已两次展期。现第二期又将届满,已无再事展缓之必要。至修改内容,为日已久,想经厘定,盼速详示,藉慰遥念。此间所注重者,第一为废除通过税,盖此

---

① 此系收文时间。
② 云南省长。

等税法世界各国无此先例,不惟本国商人感受痛苦,即滇旅英、美、日各外商亦啧有烦言。现日本工商视查团来滇游历,动以请求废除此事为言。此次华府会议时,旅滇英美商人会联名去电,要求提出废止,足见公理所在,实难容忍。此(则)〔外〕护照加费,与越南设领两事亦属重要,并请大力主持,妥为修订,见复为盼。唐继尧叩。世。

中国第二历史档案馆藏北洋政府外交部档案

外交部致云南省长

1926 年 11 月 22 日

修改越南通商章程事,三十一日电悉。尽筹极佩。此事自二月四日向法政府声明期满失效,另订新约去后,旋准法使来文请展限一年,经部拒绝。惟将边关减税办法提经阁议决定展限两月。共先后两次作为体恤商艰自动办法。八月六日复准法使来文,谓按约只可修改不能废止。倘因误会发生事故,或越南政府采取何种办法,均应由中国负责。当经解释约文,详加驳复。现与法使商定订立新约期内,事实上暂行维持中越边界收税之临时现状。但该项新约自十一月五日起,须于两月内开议,自开议日起三个月内完成。至新约草案,部已拟定,共十七条,主要之点有五:一、废除边关减税办法,取消境内通过税。二、边界通商各处,法国人民刑诉讼暂照一八五八年《中法天津条约》办理。法属越南人在中国者,概归中国法庭管辖;华人在越南有置地建屋各权,所受刑事赋税及其他待遇,均与西洋人无异。三、中国在河内、海防、西贡三处,法国在龙州、蒙自、河口、思茅四处设领。四、删除路矿、电线条款。五、取消越南对华侨所抽之人头税及通行证。余款与旧约略同。草案全文另寄。如有卓见,盼随时电示。外。

中国第二历史档案馆藏北洋政府外交部档案

外交部致唐继尧

1926 年 12 月 6 日

径启者:修改越南边界通商章程之经过情形及新约草案大要,业于本月二十二日电达在案。此事关系甚重,而于滇省尤为密切,必须将一切事实研讨靡遗,方足以(扩)〔廓〕清积弊,期收美满之效果。兹为融合内外,通力合作起见,特派本部办事苏希洵密(齐)〔携〕部拟之新约草案全文,经由越南前往滇省切实商榷。该员到时,应请予以接洽并将卓见详细告知,至纫公谊。此致

中国第二历史档案馆藏北洋政府外交部档案

唐继尧致外交部

1926 年 12 月 29 日

外交部鉴:十一月养电诵悉。新约草案拟定主要各点,尽筹极佩,核与本省所拟修改意见书,于上月五日邮送贵部,采纳者其理由款目大致相同。惟云南别无通海路线,交通状况辄为越南一隅所遏阻,与粤桂情形完全不同,所受滇越铁路之限制亦极烦劳。至过越护照问题,外交司意见书业已详述。此次修约务请力予主持。根据通商章程第五款之规定,取彼此互不收费之办法,如彼不就范围,则取双方收费办法,将护照分为一年期、半年期、三月期三种,照费递减,中法一律,庶符平等相互之原则。至滇省因事实之所必需,向滇越铁路运输军械、军用品、化学药品之时,限制过严颇感不便,应请乘此时机,于约文中详为规定,免除烦重手续,得相当之便利,滇省幸甚。以后磋商情形,仍请随时由无线电复告。唐继尧。艳。

中国第二历史档案馆藏北洋政府外交部档案

唐继尧致外交部

1926 年 12 月 30 日

外交部鉴:三十日电悉。修改《中法越南通商章程》一案,此间法

员从未提议,本省政府并无允其展期之事。十月俭日继尧曾以二次展限期满,不能再事延长等语,专电贵部有案,应请大力主持,迅予宣布废止,并查照本省建议各案催订新约,勿任其延搁观望,以重国权。至蒙自商会要求展限,实属不识大体,原属私人行动,已令蒙自道尹予以申斥矣。至此案与法使交涉经过情形,请并随时电告为祷。唐继尧。卅。印。

中国第二历史档案馆藏北洋政府外交部档案

外交、财政、农商等部意见稿
1926 年 1 月 29 日

一月二十九日下午四时,外交、财政、农商部、税务处各专门委员在外交部大楼,集议关于中法滇越商约问题,议决陈述意见如左:

我国原提三条件,即:(一)废止滇边减税办法。(二)免除越南通过税。(三)华货运往越南应适用轻税。法国方面如不能悉予同意,似可巧为让步,以期就范。

滇边减税办法谓,可根据华会条约秉公调剂之旨作为互惠条件,予以相当之承诺。其减税货物种类,由专门委员另行详细议订。

通过税照旧约值百抽二,以越关任意估价,实际超过约定税率甚巨。此项法国提案总已轻减,若仍前任意估价,我国未必能沾实惠。且滇省与腹地交通舍假道越南(末)〔未〕由,此项通过税,实足为振兴滇省商务之梗,自应坚持免除。

至华货运往越南适用轻税种类,在我自多多益善。如法必不允,可采用互惠主义,由专门委员另行详细开订货单。

附

税务处关于中法越南互惠物品表

税务处第二次会议提出中法越南互惠物品表

欲作中法越南互惠物品表,必先三致意于左列之原则:

(一)我国要求法方减税或免税之物品,宜为越南税则或法国母国税则内有税物品。如已为越南税则或法国母国税则内无税物品,则毋庸要求,因无利益可护也。

(二)我国物品须由边关输出于越南,因由江海各关输出于越南之货物不能得此减税或免税之利益也。

(三)我国物品须为销售越南之物品,若为越南过境之物品,则不能享受越南进口减税或免税之惠也。

(四)法方物品须不为我国土货之竞争品,以免不利于我国之工商业。

(五)法方物品须为我国之须要品或有益品或原料品,使有利于我国家。

(六)互惠物品不宜太多,以免国家税收短少过甚。

(七)两方物品之总价值须相等,以免片惠之害。

本以上七种原则,拟下列之中法越南互惠物品表,是否有当?尚祈鸿裁。

(甲)我国要求法方减税或免税之物品:

(一)土布、粗斜纹布。[因此品(子)为制造品。(丑)为思茅关及龙州关输出于越南之物品。(寅)为越南华侨需用之物品。]

(二)各种袋包。[因此品(子)为制造品。(丑)为蒙自关输出于越南大宗物品之一。]

(三)磁器、瓦器、陶器。[因此品(子)为制造品。(丑)为龙州关输出于越南大宗物品之一。]

(四)爆竹、焰火。[因此品(子)为越南华侨所需用。(丑)为龙州关输出于越南大宗物品之一。]

(五)染料。[因此品(子)为制造品。(丑)为蒙自关及思茅关输出于越南大宗物品之一。(寅)为越境销售之物品。]

(六)药材。[因(子)云南、广西产药材甚多。(丑)此品为龙州关、蒙自关输出于越南大宗物品之一。(寅)销售于越境者不少。]

(七)各种油。[因(子)广西产八角、茴香油、芝麻油、桂油等。

（丑）此品为龙州关输出于越南大宗物品之一。]

（八）纸神纸。[因（子）为越南华侨所用之物品。（丑）为龙州关输出于越南大宗物品之一。（寅）为由他处运入滇省,输出于越南大宗物品之一。]

（九）茶叶。[因（子）云南、广西产茶不少。（丑）云南普洱茶尤有名。（寅）为龙州关、蒙自关、思茅关输出于越南大宗物品之一。（卯）为越境销售大宗物品之一。]

（十）大头菜、咸罗卜干。[因（子）为龙州关、思茅关输出于越南大宗物品之一。（丑）为越境销售大宗物品之一。]

（十一）火腿。[因（子）为制造品。（丑）为蒙自关输出于越南大宗物品之一。（寅）为越境销售大宗物品之一。（卯）为将来在越南市场占优胜之物品。]

（十二）熟皮。[因（子）为半制品。（丑）为龙州关、蒙自关输出于越南大宗物品之一。（寅）为越境销售大宗物品之一。]

（十三）香菌。[因（子）为蒙自关输出于越南大宗物品之一。（丑）为越境销售大宗物品之一。（寅）为将来在越南市场占优胜之物品。]

（十四）铁制品。[因（子）为制造品。（丑）为龙州关、思茅关输出于越南大宗物品之一。]

（十五）八角、茴香。[因为龙州关输出于越南大宗物品之一。]

（乙）我国可减税于法方之物品:

（一）苏打。　　　　　　　此种物品由边关输入者不多,且

（二）石炭素（即漂白粉）。　为普通用品,有益于我国工艺。

（三）炭化石灰。

（四）药品。　　　　　　　为病人之必须品。

（五）草麻油。

（六）铁路材料。　　　　　因与发达交通有利,且与各路合

	同有铁路材料免税或减税之条文不相矛盾。
（七）脚踏车。	因由边关输入者不多,且有益于转运。
（八）自动脚踏车。	
（九）汽车。	似可以长途所用者为限。

以上九种物品为法方所要求减税者。

以下作为预备:

（十）未镀锌钢铁。	因系原料品,于制造物品颇为有用。
（十一）煤油。	此种物品非纯属法国或越南出品。
（十二）搪磁铁器。	
（十三）机器。	因有益于发展中国工业。
（十四）糠麸。	此品输入虽多,但不由边关进口。
（十五）手工缝针。	因手制物品颇需用之。

注意:两方面所减之税收,若能使之相等,则真互惠矣。

中国第二历史档案馆藏北洋政府外交部档案

张翼枢[1]致外交部

1926年2月[2]

天津协约问题

《中法天津协约》法国迄未充分履行,其中种种情形,业已见于节略。兹假定法国政府对于我国要求其较重要者,不能完全容纳,特拟定对付方法,以供采择。

我国要求不一而足,其最重要而较困难当在华侨实行享受最惠国

---

[1] 特派云南交涉员。

[2] 原件无年代,据有关文件判定为1926年。

待遇^{详见节略。}同时并维持"特别权利",与夫实行二厘过境税率。各节

^{不问邮政包裹与轮船所运货物,统以二厘特定税率施之。}此等事项,我国若能满意,自属甚善。否则法国拒不履行协约于先,又不给予补偿于后,在我惟有求直于国际公断法院,请其承认法国对于我国负有未尽之义务而已。

《天津协约》未在越南公布,仅择其愿履行者而履行之,实于信义有亏。法国为顾全体面计,终当与我国妥协。则求直于国际公断法院云者,特一恫(喝)〔吓〕之计耳。又国际法庭规约议定书,中法两国均已签字,我若以国际法庭相要挟,法国亦且以为苦也。

张翼枢　二月　日

节略

《中法天津协约》法国迄未充分履行,其中种种情形业已见于第一次节略暨拙著《天津协约问题》一文。兹尚有未尽之意,谨以补陈于次:

《天津协约》缔结于法国占领越南之后,在我国已有绝大牺牲。在法国亟欲发展越南经济,并有以缓和我国人心,乃以最惠国待遇畀予华侨,而以协定税率施诸通过北圻之中国货物。以是而言,尚不失为平等条约。然若征之事实,则华侨身份与越人相等,所纳税捐抑且过之,则又不平等之至。我国通过北圻货物,越南税关上下其手,我国商人多以为苦,英、美、日本人之与云南通商者,莫不皆然。我国为惩前毖后计,凡条文所规定之权利丝毫不能放松,且当要求充分履行之信约,即华侨实际上所享之"特别权利"亦当继续维持。此其理由前已言之,毋俟赘述。

越南华侨约有三十万人之谱,其中以粤人为多,闽人、桂人次之。北圻过境税所关,以江浙为最密切,云南、广东、四川次之,天津、福建又次之。以言货物种类,则有棉布棉纱、丝织品、药材、烟丝卷烟、纸张书籍、杂货食品等项。^{指中国货物或在中国制造照惯例认为中国货物而言。}似此《天津协约》关系无论人

民货物,类皆属中国南部。^{以货物言天津棉布除外。}中央政府磋商修改,若得满意结果,既有以尽其职责,实亦足助长声威,使非然者。越南既定政策在与地方当局修好,择其能力较足维持治安而与法国利益无大妨碍者予以援助,获其好感以补中央政府之所不及。其目的一在因利垂便,一在我国内乱影响勿任波及彼(帮)〔邦〕。一旦南方当局窥破此点,有所操纵,对于越南边境谋使扰乱,对于越南人民加以宣传,在法国正以全力应付欧洲事而又惕于国际潮流,未敢以武力出之结果,越南政府不惜偏重局部事实,以与南方当局妥协。则《中法普通条约》短时期内虽或置诸不议之列,《天津协约》实际上自可大为改善。又况法国虽与中央政府友善,其对于民党素亦有所联络,^{属于中法大学系之民党,民党亦多倾向法国。}或且更进一步。然则中央政府对于《天津协约》若不能完成其职责,致使华侨与边省商务继续受其影响至于若干时日,已属非计,而法国对华政策或将连带为所左右,亦非绝不可能之事,谓之一误再误或将无辞以解。^{越南乃法国最庶富之殖民地,法国对华政策,越南不无发言权利。}此又我国当在越南设置领事之一理由,以有领事乃易调查情形,相机应付故也。

　　抑有进者,《天津协约》与《中法会议简明条款》、《中法会订越南条约》、《中法续议商务专条》、《中法商务专条附章》、《中法会巡章程》,莫不互相关联,自应连带修改。举凡实际上不平等或违反原约文字精神之事,自须力予纠正。其中有属于"势力范围"之条文,既有背于现代思想,又不合乎华会精神,尤当加以撤废。推而至于无理举动,如在云南设置法越巡捕之类,亦乘机制止。凡此诸端,除第一次节略所载不赘外,谨以条举于次:

　　一、《中法会议简明条款》第一款,中国南界毗连北圻,法国约明无论遇何机会并或有他人侵犯情事,均应保全助护云云。含有势力范围意义,当废止。

　　一、《中法会订越南条约》第一款,载有法国并约明中国边界且保他人必不犯之之语。含有势力范围意义,当废止。

一、《中法会订越南条约》第七款,载有日后若中国酌拟创造铁路时,中国自向法国业此之人商办,但不得视为法国独享之利益各语。又《中法商务专条附章》第五款规定,中国将来在云南、广西、广东开矿时,可先向法国厂商及矿师人员商办,至越南之铁路或已成者,或日后拟添者,彼此议定,可由两国酌商妥订办法接至中国界内。此项条文愈逼愈紧,含有势力范围意义。除滇越铁路已由法国公司建筑至云南省城,钦渝铁路约定由中法工商银行承修,应俟另案核办外,其他各节无复目标可言,均当废止。

一、《中法会议越南边界通商章程》第十六款规定,边关通商处所华人与法人、越南人词讼案件,归中法官吏会审。为不平等条文,当废止。

一、《中法续议商务专条》第三条规定,凡由北圻入中国滇粤通商处所之洋货,即按照中国通商海关税则减十分之四收纳正税,其出口至北圻之中国土货,即按照中国通商海关税则减十分之四收纳正税。又《中法商务专条附章》第四条规定,中国边界通商处所经由北圻互换土货之出口进口税率,暨边界通商处所与沿江沿海各通商口岸经由北圻互换货物之出口复进口税率,以第一项而言,含有势力范围意义,《华盛顿条约》所定之附加税,不以此为例,已有规定。以第二、第三项而言,其对于经过北圻而在中国行销之中国土货,亦复协定税率。则第一次节略所谓《天津协约》精神,在界我国通过货物以特殊待遇,即所以助长北圻之发达,自未可以普通惯例削减其效力,于此益足证明。此外《中法会议越南边界通商章程》第十一款规定,中国土货由陆路入北圻者,照法关税则完纳进口税;若系出口,一概免税。其后《中法续议商务专条》第四条加以改订,谓除中国之外,如系前往他国,则出口之时应照法越税则纳出口之税,颇有片(务)〔面〕性质。以上各条,现拟改为互惠而以恢复《越南边界通商章程》第十一款为一交换条件,越南税关对于我国边省输入北圻之货物并应减轻税率,大体如是。至其具体办法,非此所能道及。

一、《中法续议商务专条》第五条规定土药交易,应即废止。

一、《中法会订越南条约》第四款规定,法国人民及法国所保护人民与别国居住北圻人等,欲行过界入中国者,须俟法国官员请中国边界官吏发给护照,方得执持前往;至有中国人民欲从陆路由中国入北圻者,应由中国官吏请法国官(员)发给护照,以便执持前往,此中越护照制度所由来也。我国人前往北圻或通过北圻请领护照,须向法国领事纳费,其数约大洋十元之谱,若在北圻居留一月以上,另须缴纳身税而以其护照为通行券(详见第一次节略)。至于我国发给护照一概免费,实非对等办法。现拟要求法国政府将护照费大为减轻,以便行旅;我国亦当如数征收,以求对等。原约中国人民欲从陆路由中国入北圻者云云,其理由法国国民及法国保护之人民不必限于居留北圻之人,且可经滇、粤、桂而入内地,我国亦可要求不以从陆路由中国入北圻者为限。又华侨身税既在废止之例,则以护照为通行券一事,自已不成问题。此外有可注意者,法官行政官与个人对于华侨类不重视,时或加以侮辱,施以暴行,影响所及,中国国民与官吏通过北圻非由外交领事(官)〔馆〕特别介绍,难得适当待遇。翼枢尝告沙河总督 M. Sarraut 曰:越南人民对于法国行政类非仇视,法国个人行动则易招致怨尤。又告以越南警察关吏对于华人类多失之粗野。沙河总督答以谐语,谓此次人员非社交家,过分之处在所不免,会须告诫,乃通令所属禁止暴行,并令司法官厅加以惩处。法国官吏与(各)〔个〕人有因此而对簿公庭者,然对于华人之观念,并未因之改善也。

一、《中越边界会巡章程》第十五节规定,两国人民及别国寓居北圻人等,有因生理通商耕种之故,必须轮次过界。在界限之两边暂住者,可由两国地方官对汛弁会同发给过界长行准单,至于收费与否,则未见诸明文。前清光绪二十一年三月十九日法国公使照会总理衙门,其言有曰:长行准单单费一事,本大臣现已照贵署之意,行致驻越大臣酌准极廉数目作为定例,并咨商遇有可怜良民准全免单费,以示恩惠。是年三月二十五日总理衙门照复法使,答以一切办法自无不可,照允。

是则长期准单越南收费我国虽已承认，其应照收与否，幸未与之约定。现拟要求越南停止准单费以便边民，并不得征收其他费用，与身税或与营业税相类之费用。否则越南征收若干我国亦如数征收，以求对等。

一、云南蒙自县城本为无租界之约开口岸，昆明县城按照条约系属内地，乃法国于此等地方设有法越巡捕（其后日本领事馆亦在昆明仿行之），令其穿着制服，藉以管理法越人民。其活动范围直延及沿铁路一带，且曾受某国领事馆武随员某之指挥，私擅在昆明县城逮捕一越南重要党人，其未发觉者恐不止一次。迩时欧战方酣，某国拟利用时机对于越南有所图谋，其国驻昆明之武随员欲使滇越滋生纷扰，故有是举。实则所谓越南重要党人系一能操越语专事捣乱之某国殖民地人，而当时被捕者系别一无关系之越党，特法人为某武随员所愚弄耳。此项法越巡捕屡次抗议迄未撤去，其属于法籍者仅不任其穿着制服外出，此际修改条约自宜要求撤去。

此次修改条约，我国所当提出之事不外以上各节，至应如何运用始臻妥洽，管见所及，《中法续议商务专条》第六条，对于越南货物通过我国领土，允许免税即其一端，其他不欲多所拟议，致贻隔靴搔痒之讥。然有不能已于言者，我国重要提案若不得满意结果，所当采用之压迫方法业已见于《天津协约问题》一文。法国对于我国不无要挟之具，不可不涉想及也。此际云南出口货物系以大锡为大宗，运往香港销售，即以其值购买回头货并藉以周转市面。法人有见于此，径自免去过境税，仅征统计费，冀使大锡畅销。此非有爱于滇人，而为一种政策。其示惠于滇人，以为侵略之计，其后以滇越铁路与海防港之关系，迄未加以变更。诚以大锡为云南商务命脉，即在法人亦不得不加以爱护，以期两利，藉非然者，滇省地方治安受其影响，滇越边境亦恐多事，滇越铁路与越南税关暨海防港交受其害，其出而抗争者法国人且较中国人尤为得力。法国公使如不提及此层则已，设使提及，我当以镇静出之，愚意大锡免税与修改条约各为一事，两不相涉，充法国公使所为不过空言恫喝无足惧也。或谓此次修约不可过于强硬，越南政府乃不倾向南方。应之曰南方高唱取销现行条约，或且出以非常举动，此为法国政府所深知。而越南政府所志在因利乘便并谋自身之安全，修改条约之事，未必与此并无直接关系，无可虑也。最后尚有管见一端，即我国与外国缔结条约，一经批准，中央政府通令履行，并不制定细则，亦不叙述经过情形，结果同一条文履行之法不难因地而异，不良先例因以成立，吃亏之事在所不免，此其为事应加以矫正，不知当否？

张翼枢谨呈
三月十九日

再：日前晤《巴黎晨报》特派员舒万君 Chauvin，据称，越南总督瓦海楼君 Alexandre Varenne 主张承认南方政府，法政府未为所动等语。瓦海楼君系社会党出身，其思想较为激进，原属意中事。然既任越南总督，其言必为越南设想，似此翼枢所谓偏重局部事实或非过语，合并附及。

中国第二历史档案馆藏北洋政府外交部档案

外交部中法修约说帖
1926 年 7 月 14 日

中法修约说帖　十五年七月十四日

案查光绪十二年三月廿二日《中法越南边界通商章程》暨光绪十三年五月初六日《中法续议商务专条》、光绪廿一年五月廿八日《中法续议商务专条附章》，均系于光绪二十二年六月廿八日即一八九六年八月七日互换施行，计至本年八月七日复届十年限满之期。经本部于本年二月二日提出国务会议议决，于期满前六个月即二月七日以前向法政府声明期满废止，另订新约以代旧约，当于二月四日备文照会驻京法玛使并电驻巴黎陈公使同日转照法政府去后，法政府迄未正式答复。兹于本月十二日准法玛使面送备忘录一件到部，请将上述各约自本年八月四日起再继续适用一年等因。查该约十年期满为条约所明白规定，法使所请殊与法律条约，苦无根据。如径予承认，不特明年展限期满,彼或再要求续展,且我国现正筹备修改不平等条约之际。计本年到期,业经本部提出修改者,有比利时一国,转瞬届满应行提出者为日本、西班牙两国。若听法国开此恶例,恐将来其他条约到期,各国纷纷援例,于修改条约前途大有妨碍。究应如何办理,抑即依约驳复法使之处,提候公决。

中国第二历史档案馆藏北洋政府外交部档案

外交部中法修约说帖

1926 年 9 月 30 日

中法修约说帖　　十五年九月卅日拟

案查光绪十二年三月二十二日《中法越南边界通商章程》暨光绪十三年五月初六日《中法续议商务专条》、光绪二十一年五月廿八日《中法续议商务专条附章》均至本年八月七日期满。经本年二月二日阁议,决定届期废止,另订新约,由本部于二月四日通知法政府。嗣于七月十二日准法玛使面送备忘录,请将上述各约继续一年,本部以法使所请于约无据,且恐开此恶例,于将来与各国修改商约前途大有妨碍,并经于七月二十一日提出阁议决议驳复。八月六日复准法玛使面送备忘录,谓因废约发生事故,应由中国负责,并面称法国运送滇黔等省货物,现在中途者尚多,诸感困难等语。一面并准税务处复咨称,转据总税务司意见,思茅等处路远,电线毁坏,恐不能通告如期停止减税等因。即经本部与财政部税务处所派专员会议,以对于中途货物给以宽限,亦尚为情理所许,且我国海关章程向有四十二日宽限办法,遂拟对于越南边关减税办法予以两个月宽限,当经提请阁议。八月十一日准院函通知照议决定到部,即由部拟具备忘录答复法玛使,告以中国政府通告废约,系照条约规定办理,如发生事故,中国自不负任何责任,惟为表示友谊起见,自动将边关减税办法展限两个月,即望早日开议,另订新约。一面并电驻法陈公使转致法政府,旋准法外部照复陈公使,兹准陈公使函送法外部复照到部。查该照会仍系坚持新约未成立,旧约继续有效,并准税务处咨转蒙自商会请将减税办法展限三年等情到部。当经本部与召集财政部、农商部、税务处所派专员会议,金以中法条约固已失效,惟云桂边境商业困苦亦系实情,拟作为我国自动再行暂予展限两个月,至十二月七日为止,以示格外体恤商艰之意。惟声明作为中国自动临时办法,与条约不生关系。是否有当? 提候公决。

中国第二历史档案馆藏北洋政府外交部档案

外交部存《中法越南商约主要问题稿》
1926 年①

中法越南商约主要问题目录

一、越南设领问题。

二、出入口货减税问题。

三、通过税问题。

四、废除路矿特权问题。

五、华侨待遇问题。

六、废除人头税问题。

七、废除通行证问题。

八、法人征收过越商民护照费问题。

中法越南商约问题之一
越南设领问题

查一八八六年四月二十五日《中法越南陆路通商章程》第二款内载,中国可在河内、海防二处设立领事(官)〔馆〕,随后与法国商酌,在北圻他处各大城镇派领事官驻扎云云。一八八七年六月二十三日《中法续议商务专条》所附换文内载,按照前约,中国可在北圻各大城镇设立领事官,现今彼此商酌,中国允许此等领事官目前暂从缓设,应俟日后两国查看该处地方情形,再行设立。又俟中国在河内、海防两处设立

---

① 原件无时间,据有关文件判定为 1926 年。

领事之时,法国始可于滇、桂两省城设立领事云云。自以换文规定暂从
缓设之后,迁延经年,至光绪三十三年间,始经云贵总督奏请设立,饬部
交涉。当经部向法使磋商,并由驻法胡使向法外交部提议磋商,并提议
以约定之海防换取越南之西贡。磋商累年,彼方多方推诿,并要求交换
条件,以至民国,卒无成议。今法国已在滇省派有交涉员,并先后授以
领事、总领事职权。我国复先后提出交涉,并令驻法陈使向彼磋商,稍
有成议,嗣复变更,迭经催促,仍无相当答复,至今成为悬案,致我国侨
民在彼因无领事保护,遂受种种苛待,故于订立新约时,宜为明确规定,
即日施行,以资救济①。

中法越南商约问题之二
出入口货减税问题

　　查减纳关税②,按照一八八六年《中法越南边界通商章程》业经修
改之第六款规定,凡各项洋货进云南、广西某两处边关者,按照中国通
商海关税则五分减一收纳正税。第七款规定,凡各项土货运出云南、广
西某两处通商处所,照通商海关税则减三分之一征出口正税等语。按
照一八八七年《续议商务专条》内现在施行之第三条规定,所有一八八
六年四月二十五日和约第六、七款内所订税则,今暂行改定。凡由北圻
入中国滇粤通商处所之洋货,即按照中国通商海关税则减十分之三收
纳正税;其出口至北圻之中国土货,即按照中国通商海关税则减十分之
四收纳正税等语。此次法使提案第六条规定,至华盛顿条约第二条所
定普通办法实行之日为止,一八八六年四月二十五日规定之制度,仍暂
予施行等语,是虽将现行之一八八七年续议之税率修改,用以恢复一八
八六年之税率,亦不过仅有些许让步。其于附加税施行以前,仍系一种
差别税率,即其提案第二条规定,一俟华盛顿条约第二条所指之普通办
法实行以后,甲表内所列法越货物,由云南、广西、广东陆路边界输入中

---

① 领事原定设河内、海防两处,现拟添设西贡一处——原件注。
② 中法边关因减税短收共一九一,九二三元——原件注。

国者,对于中国税关所收值百抽五之税,或其相等之从量税,则得享十分之二之减税等语,是更欲于我国附加税施行以后,仍享特别利益。不知从前减税制度,原以交通不便为招徕商务起见,现铁路交通甚便,减税理由已不存在。该条所定十分减二,虽较原约减少,仍不能与各海关税率一致,殊难容纳。且关会现正停顿,即使定有办法,亦难预定实行日期。该条声明在关会办法实行以后,实同虚设。查华府会议关税条约第六条规定,中国海陆各边界划一征收关税之原则即予承认,第二条所载之特别会议应商定办法,俾该原则得以实行。凡一切海关税率,因修改税则而增加者,与夫各项附加税,嗣后因本约而增收者,在中国海陆边界,均应按值课以划一税率等语。是照法使提案所主张办法,即在我实行附加税后,我边关划一税率之主旨,仍不能实行。且除其第二条甲表所列者外,其他一切货物亦须至华盛顿条约第二条所指之办法施行之后,始能与各海关一律课税。又其第二条甲表虽只列法越货物,对其他各国洋货予以删除,但该表内仍有四十六种之多,且尚有奢侈品在内,而第三条乙表所列中国出口入越南货物,只有十三种,亦欠公允。

中法越南商约问题之三

通过税问题

关于中国人民运输货物经过越南,按照一八八六年《越南边界通商章程》第十二条,凡运土货由中国此边关路过北圻至中国彼边关者,或由两边关运出越南海口回中国者,其过北圻时,应照法关税则纳过境税,均不得过货值百抽二;至中国土货出各海关入越南海口,过北圻进边关者,其在越南境内,亦应照以上过境税则办理等语。约文虽如此规定,然据越南华侨阅书报社报告,实际中国土货经北圻过境税值百抽二办法,并未履行。因越南政府加以三种限制:(一)由中国各海口边关运出经北圻须直接运入云南等处边关,倘再中途经外国管地如香港,即不能享此权利,仍按法关税额值百抽二十办理;(二)须载法国船。若由别国船运载,即为违例;(三)须有法领署所发中国出产证明书。有此三种限制,商民颇感困难。又据云南外交司报告,越关对于各项邮包,统指为来自上海,征收百分之二十三通过税。近有和通公司由福建买骨质梳篦,用邮包寄滇。中国海关出口税为三毫七仙一分,而越关乃征五元九毫,以此办法,实与约章抵触。此次法使所提草案,通过税改为值百抽一,虽略有让步,但按国际交通大会自由借道规章第三条规定,对于借道之运输,不得因其借道(连出入口在内)课以任何特别捐税,惟因借道过境而发生之监查及管理等费,得对于是项之运输,征抽捐税以补偿之。此项捐税率额,须与其所备补偿该项经费之数相等,除于某项路线上因监查费参差不一,得将该项捐税核减或竟废除外,所有捐税务须按照前条之规定一律平等课征等语,法国草案主张征收通过税,核与此项规定似有未合。假使法使坚持征收通过税值百抽一,不肯让步,亦宜与之明白规定,应以中国海关出口税估价为凭,核实征收,以便商民。

中法越南商约问题之四

废除路矿特权问题

案法国在云南、广西、广东三省取得路矿特权,实本于一八九五年六月二十日①《中法续议商务专条附章》之第五条,该第五条载:"议定中国将来在云南、广西、广东开矿时,可先向法国厂商及矿师人员商办,其开矿事宜仍遵中国本土矿政章程办理。至越南之铁路,或已成者或日后拟添者,彼此议定可由两国酌商妥订办法,接至中国界内。"查此项规定,定法国片面之利益,实行势力范围之原则,与我国近来订约所奉为圭臬之平等相互主义贯相反背,妨害国权,莫此为甚,故新约中似难认其依然存在。

且关于矿权问题,根据云南外交司报告:前清光绪年间,英法兴隆公司曾订立合同,承办七府矿产。惟旋因人民反对,由政府给银废除合同。是第五条之规定,业经失其效力。再民国九年八月二十四日法驻滇交涉员,因滇政府聘请美工程师及实业家开采矿产一事,曾引用同条

---

① 此为公历。

条文提出抗议。同年十一月三十日又因个旧锡务公司聘用美工程(司)
〔师〕,来照请照约办理。当时均经援引上述理由,严辞驳拒,法交涉员
并无异议等语。是该条不惟事实上已失效力,且事实上之失效,亦似得
法当局之默认。故新约中极应废除,无待疑义。

　　至路权一节,十五年二月十七日交通部节略内开:专条附章后段关
于铁路之规定,照文义解释,越南铁路无论已成未成,因此均有接至中
国界内之权利,其应由两国酌商妥订者不过接至界内之办法。现滇路
已成事实,惟桂路尚多问题,似可空泛主张,滇越铁路目下已通,本条业
属赘文,此外越南铁路如有必要接线之时,可随时再行妥商,毋庸预定
该项条文。则此节之应予删除,亦甚明显。

　　况华会九国间关于中国应适用各原则及政策之条约,开端即声明
维持中国之权利利益,并以机会均等为原则,增进中国与各国之往来,
而其第一条又载称:缔约各国协定尊重中国之主权,与独立之施用各国
之权势以期切实设立,并维持各国在中国全境之商务实业机会均等之
原则①。再第三条载称:为适用在中国之……各国商务实业机会均等
之原则更为有效起见,缔约各国协定不得谋取或赞助其本国人民谋取:
(一)任何办法为自己利益起见,欲在中国任何指定区域内,获取有关
于商务或经济发展之一般优越权利。(二)任何专利或优越权可剥夺
他国人民在华从事正当商务实业之权利,或他国人民与中国政府或任
何地方官共同从事于任何公共企业之权利,或因其范围之扩张、期限之
久长、地域之广阔,致有破坏机会均等原则之实行者。……中国政府担
任对于外国政府及人民之请求,经济上权利及特权,无论其是否属于缔
结本约,各国悉秉本条上列规定之原则办理。再第四条载称:缔约各国
协定对于该国彼此人民间之任何协定,意在中国指定区域内设立势力
范围,或设有相互独享之机会者,均不予以赞助。

---

　　① 原文为:缔约各国协定尊重中国之主权与独立,施用各国之权势,以期切实设立并维
持各国在中国全境之商务实业机会均等之原则。

是矿路特权之规定,又与法国亲自签押之上载华会条约各条文相凿枘,其无存在之可能,更不啻昭然若揭矣。

中法越南商约问题之五

华侨待遇问题

查一八八六年四月二十五日《中越陆路通商章程》第四款内载,越南各地方听中国人置地建屋、开设行栈,其身家财产俱得保护安稳,决不刻待拘束,与最优待西国之人一律不得有异云云。第十三款内载,凡中国人出入北圻边关者,随身所带银钱行李、衣服首饰、纸张笔墨、书籍及自用家伙食物到法越关一概免税云云。第十六款内载,中国人民侨居越南,所有命案、赋税、词讼等件,均与法国相待最优之国之商民无异云云。惟选据各方报告及华侨呈诉,我国在越侨民所受待遇,非特不能取得最惠国人民之地位,且受种种约外苛待。据云南外交司抄呈本部海防捷报关于此节登载之译文,不过藉口该项约章未在安南公布,故不照最惠国待遇耳。依彼解释,我国在越侨民遂未能享受条约上规定之权利,如越南东京、海防华侨阅书报社呈内所称:越南人排华,袭击侨民,法官不能尽力保护;华侨在彼动辄得咎,往往以莫须有之狱,遭其拘囚,些微嫌疑,被其驱逐,且往来各埠须领通行证,限制侨民之自由,输纳重税及人头税等等苛税,均与条约规定身家财产俱得保护安稳,决不刻待拘束,及词讼、赋税一切均与相待最优之国民一律无异之主旨大相违背。又蒙自商会调查报告内称,华人入越,所携随身行李及自用物件,均遭检查,且须完税。华侨在彼动以嫌疑系狱,且施以法外私刑,及纳种种苛税,受种种束缚,一切不能与欧美国人及日本人受同等待遇。并据吴君统续调查报告内称:华侨在越之置地建屋、开设行栈权虽已取得,仍受限制,华人入境所带行李,搜索甚严,自用物件亦须完税,甚有缎鞋一双抽税二元,自带新帽被关员收去之苛虐待遇,及种种限制华侨自由,并不平等课税之办法各节,查条约上之规定如彼,而实际所受之待遇如此。此种事情,固因越南未设领事致不能据约交涉,惟此次订立新约,关于华侨待遇,似仍宜注意旧约条款,再予切实规定,与欧美人同样待遇,以资保护。

中法越南商约问题之六
废除人头税问题

查我国在越侨民关于纳税之义务,曾经《中越陆路通商章程》第十六款为之明白规定,一切与法国相待最优之国之商民无异。乃实际上我国侨民竟受有人头税之苛征,如吴君统续之报告内称:此项人头税系专对华人及无约国人而设,正税之外,尚有加一及照片等之附加费,共分四等:最高额年纳一百六十八元五角之多,最低额亦须年纳十二元三角,幼童妇女及六十以上男子尚须年纳一元一角。又据云南外交司抄送提议取消旅越华侨身税请提交太平洋会议节略内称:按照约章成案,前清李大臣原奏及出使英、法、义、比薛大臣咨呈总督原文,与法外部议除旅越华侨身税,至为详明。乃在彼竟违背条约规定,将我侨民区分等级,抽收身税,于吾侨民之经济人格,均关重要云云。并据越南东京、海防华侨阅书报社之调查表册内载:一九二六年之人头税,虽一律减为十四元五角,但于营业税正额之外,加征百分之六十六以为代替,仍为变相之人头税等语。按该项人头税系违约苛征,曾经我国驻法公使先后向法外部交涉废止,迄无结果,以至于今。惟既与约定纳税义务及决不刻待主旨并最惠待遇之例不符,自应于订立新约时订明撤除。

中法越南商约问题之七
废除通行证问题

查我国在越侨民于身体居住之自由,在《中越陆路通商章程》第四款曾经规定,越南各地方听中国人置地建屋、开设行栈,其身家财产具得保护安稳,决不刻待拘束,与最优待西国之人一律无异字样,条文规定明确,所有中国侨民在越南所受待遇自应与他国人民相同,方与条约相符。惟调查实际则殊不然,即如越南东京、海防华侨阅书报社呈称:中国人民在越南侨居者,偶因事故自甲地前往乙地,须先领取通行证,方得往来无阻。领证缴费一元,其有效时间先只一个月,后且改为十五天。若不领证或遗失者,例须拘罚,且领证时种种烦难。该项制度非特不施之于欧美国人,且亦为日本人所无等情。吴君统续调查报告情形,云南外交司条陈废除越南侨民苛例意见,亦与略同。是因通行证制度之施行,我国侨民所受之痛苦,更仆难数。自应于订立新约时根据旧约既得权利,为此订明撤除。

中法越南商约问题之八

法人征收过越商民护照费问题

案查《中法越南边界通商章程》第五款载,法国人欲行过界入中国者,法国官查明系体面之人,即请中国边界官员发给护照,准其执持前往;至有中国内地人民欲从陆路由中国入越南者,应由中国官员查明系体面之人,请法国官发给护照,一如法国人入中国边界办法等语。民国以前,滇省官商过越,向请由蒙自、河口两处中国外交官署发给护照,送往法国驻滇交涉员,驻蒙自领事或驻河口副领事签证,并不收费。民国以后,凡由云南外交司发给送签之护照,亦未取费。惟闻商民自向法国交涉员请照者,须缴费十元。旋云南外交司于民国初年接法国交涉员照称:奉法政府训令,以后所有由滇过越南商民护照,每张应收费十佛郎,合市价四元四角五分,至中国政府文武差缺现任人员概不收费等因,经外交司呈明云南都督照复允许,并出示照办。嗣河口副办接法副领照称:凡通过越境护照,限期一月者取费四佛郎,一年者取费二十佛郎。经该副办呈请都督电达本部与法使交涉,法使允短期护照限用一月者纳费二佛郎,贫寒减半,年照仍旧等因。复经云南特派交涉员屡次交涉核减照费以便商旅,迄无效果。至民国十年三月法国交涉员照称:法国外交官署及领事署签印处收费新章,业由法国下议院投票表决,自一九二一年四月一号起实行。按照新章,外国人民请领护照一张合银洋十元,请签护照一张合银洋八元三角五仙,惟短期护照以一月为限者尚无变更等由。云南省政府以《中法新约》第四款,《越南边界通商章程》第五款,《中越边界会巡章程》第十二节,均有请照明文,并无收费规定,与法国交涉员往复抗辩,卒无效果。后复屡次加收,竟至每张护照须交富滇银行纸币一十五元二角之多。经云南省政府一再抗议,至十五年一月始行解决,每过越护照一张,收签证费十二元。此法人征收过越商民照费前后变更经过之情形也。查越南为滇省通海唯一之孔道,云南商民来往港沪,必须取道越南,法人苛征照费,殊属有碍商旅。兹届修改《中越通商章程》之际,拟请根据平等相互原则,与法订明:华法商民往来滇越,彼此不收照费,以便边界商旅,而重邻国友谊。彼如坚持不允,则可退一步要求长期护照,彼此遵照国际联合会护照议决案,每张收费十金佛郎,合银洋四元;短期护照彼此免费,或互征半费,庶足减轻华法商民之负担,而便两国边疆之贸易,于华于法互有利益。如彼对于上述两项办法均不同意,则可与彼商订双方收费办法,将护照分为一年期、半年期、三月期三种,照费递减,中法一律,庶符平等相互之原则。

中国第二历史档案馆藏北洋政府外交部档案

3. 外交部就中法修约与中国驻法公使的往来电文

外交部致陈箓①

1926 年 8 月 26 日

修改越南商约事,七月廿七日部电计达。八月六日复准法使面送备忘录,谓照约只可修改不能废止。如因废约发生不利结果及越南总督因此采用各项办法,中国应负其责。当于二十三日以备忘录答复,内开理由如下:(一)条约既规定期满前六个月未经通告修改,仍得继续施行,并以反证。一经正式通告修改,到期当然失效。(二)法使七月十二日备忘录请展限一年,并觇法国政府亦以为欲使该约继续有效,有再行协商允许之必要。(三)中国既恪遵条约规定正式通告,则因各该约终了后发生结果,当然不负任何责任,且法国

---

① 驻法公使。

政府如与中国抱同一友爱精神,中国认为不致发生何项不利结果。(四)中国政府为表证友善起见,已自动训令各关,将中越边界减税办法展限两月。(五)中国政府深信,属于法国政府之越南总督必能愿重中法两国睦谊,恪守一八五八年天津条约第一条与一八八五年天津条约第一条所规定,不致采用何项办法以妨害两国之交及其正式之协定。法使接阅上项备忘录,曾面表满意,据云,已请示政府与我国开始磋商。即希根据上开理由,面向法政府声明并将办理情形电部。来往全文另寄。外。

中国第二历史档案馆藏北洋政府外交部档案

陈箓致外交部

1926 年 8 月 28 日

外交部新外二十六日电悉。当往法外部将电示理由重加声明,据称该部自接法使电告中国政府已将中越减税展期后,即商殖民部电阻越南总督采用对付方法,静候法使在京酌量情形,开始磋商云。箓。二十八日。

中国第二历史档案馆藏北洋政府外交部档案

陈箓致外交部

1926 年 9 月 4 日

外交部新外二十七日电计达。兹准法外部二日照复略称:上月二十三日外交部答复法使备忘录理由实不充足,中国误解约文,其实中国并无废约之权。法使前商延约一年,本属善意,不欲使中国对内对外有所困难。中国政府七月二十四日照会法使,越南商约到期无效,此举有违睦谊,嗣又训令各关停止减税待遇,并事前在报宣布此项办法,故法使八月六日向中国政府声明应(付)〔负〕责任。现中国政府既允展期,日期虽短,法政府极愿从速开议,但新约未定以前,旧约仍须有效。商改时须有负责政府,修定后,南路各省若无反对,方能施行等语。原文邮寄。篆。四日。

中国第二历史档案馆藏北洋政府外交部档案

外交部致陈篆
1926 年 9 月 10 日

　　六日电悉。越南新约草案主要之点有五：一、废除边关减税办法，取消境内通过税。二、边界通商各处法国人民、刑诉讼，在法国人法律地位未变更以前，暂照一八五八年《中法天津条约》第三十七、三十八、三十九等款办理，法属越南人在中国者，概归中国法庭管辖；华人在越南有置地建屋各权，所受刑事、赋税及其他待遇均与西洋人无异。三、中国在河内、海防、西贡三处，法国在龙州、蒙自、河口、思茅四处设领。四、删除路矿电线条款。五、取消越南对华侨所抽之人头税及通行证。余款与旧约略同。草案全文十六条，连同译文审定后另寄。将来定约如在巴黎开议，可免东交民巷空气之压迫，尊意如何？并盼电复。外。

中国第二历史档案馆藏北洋政府外交部档案

陈篆致外交部
1926 年 9 月 18 日①

　　外十日电悉。开议地点无甚成见，仍请大部定夺。以后进行情形仍希随时接洽。

中国第二历史档案馆藏北洋政府外交部档案

---

①　此系收文时间。